Willy Peter Müller
Traumsymbole II – Lexikon der häufigsten Traumbilder

AF219338

Willy Peter Müller

Traumsymbole II

Lexikon der häufigsten Traumbilder

L–Z

Bibliografische Information der Deutschen Nationalbibliothek:
Die Deutsche Nationalbibliothek verzeichnet diese Publikation
in der Deutschen Nationalbibliografie, detaillierte bibliografische
Daten sind im Internet über http://dnb.dnb.de abrufbar.

© 2021 Willy Peter Müller (www.traumpsychologie.de)
Herstellung und Verlag: BoD – Books on Demand, Norderstedt
Layout und Satz: Katharina Jüssen
Fotos: Helmut Schnieder (Landschaften) und Pixabay (Eisvogel)
Cover: Kathrin Gerke

ISBN 978-3-7534-5357-6

INHALT

„Wer wagt, durch das Reich der Träume zu schreiten, gelangt zur Wahrheit." (E.T.A. Hoffmann)

„Der beste Traumdeuter ist, wer Ähnliches mit Ähnlichem vergleichen kann." (Aristoteles)

„Traut euren Träumen, denn in ihnen ist das Tor zur Ewigkeit verborgen." (Khalil Gibran)

Der Traum ... ist ein kosmisches Erleben. Die Seele lebt außerhalb des Körpers". (Rudolf Steiner)

Aktuell pflegen wir zu sagen „Ich träumte", und das meint natürlich, dass das Ich träumt und dass jeder seine Träume als Verantwortlicher oder Urheber gestaltet. Gehen wir zurück zur Romantik oder zum Mittelalter, finden wir die Formulierung „Mir träumte" oder „Es träumte mir". In der heidnischen mitteleuropäischen Antike, vor dem Christentum, sagte man sogar: „Ich wurde geträumt". Diese Alten wussten: gegen Träume kann man sich nicht wehren, ein Ich-Wille richtet da wenig aus. Träume entziehen sich dem leitenden Ich-Bewusstsein, sie agieren selbständig. Wir sind Empfänger im Schlaf – für Botschaften, die uns selbst überraschen, oft aus der transzendenten Welt. Dennoch sind die Träume gleichzeitig auch unser eigenes Produkt.

Die griechische Antike wusste: das Unbewusste ist uferlos (die Seele ist apeiron = nicht abgeschlossen, nicht begrenzt); daher ist die Zahl der möglichen Trauminhalte nicht begrenzt – im Gegenteil. Es gab früher die mythische Ansicht, dass die (anderen) Personen, die im Traum vorkommen, diejenigen wären, die den Traum erzeugten, als kämen sie aus eigenem Antrieb in der Nacht zu Besuch. Niemand weiß, wer die Macher des Traumes sind, und es kann grundsätzlich alles hereinkommen. Wer ruft den Traum herbei? Die Frage ist auch: Wo sitzt der Geist, wo befinden sich die Trauminhalte? Im Gehirn? In einer Art Speicher-Cloud? Im Meer des Unbewussten? Wie viel Unerledigtes, Tabuisiertes, Verdrängtes hat nicht Energie genug, um einen Traum zu erzeugen! Drängt nicht jede unterdrückte Wahrheit aus dem Unbewussten heraus auf Gestaltung, brennt sie nicht geradezu auf Werden und Entstehen? Auch im Albtraum meldet sich Wahrheit, nicht nur im Heilungstraum in einem Tempel von Delphi.

Der Traum ist ein informatives und unterstützendes Phänomen, dem Dank gebührt, er „korrigiert" unsere festgefahrenen, z.T. verhärteten Dogmen des Ichs und des Ich-Bewusstseins. Das Unbewusste ist natürlicher, authentischer und wahrer als unser bewusstes Ich, was nicht objektiv ist, sondern immer einen Korb voll von Zielen hat, parteiisch ist und die Realität sich passend macht. Die Theorien des Ichs können lügen – die Herren des Traumes nicht. „Weisheit kommt zu uns in Träumen", sagen die Indianer in der nordamerikanischen Prärie. Diese

Weisheit umfasst auch die Stammesgenese (im kollektiven Unbewussten), das Schicksal des Einzelnen oder der Familie, die „Aufgaben" eines jeden Lebens, den transzendenten Sinn des Kosmos und die Zukunft.

Die Sprache des Unbewussten ist die Symbolsprache. Der Traum ist das ideale Medium, um das Unbewusste zu erkennen. Der Traum verstellt und zensiert nicht, ist auch nur selten Wunsch, wie C.G. Jung korrigierte gegenüber S. Freud. Das Unbewusste agiert grundsätzlich assoziativ (als Traumkomprimierung bei Freud bezeichnet), d.h. es sind im Traumbild viele Erlebnisstufen des Schlafenden zusammengefasst, zusammengeschweißt, und zwar oft vom Geburtserlebnis an.

Der Traum ist nur deshalb unverständlich, scheint einer Mär oder einer Fantasie zu entsprechen, weil wir die Bildersprache und die Archetypen, die ständig in Träumen verwendet werden und die im Prinzip weltweite Gültigkeit haben, nicht mehr kennen. Auch haben wir noch einseitige Ansichten über die Träume, es werden z.B. die Theorien des Hinduismus, des Buddhismus und der indigenen oder alten Völker außer Acht gelassen. Dies Lexikon hilft, die Bildersprache des Traumes wieder besser zu verstehen. Das Lexikon ist das Fazit von fast 40.000 Träumen, in einem Zeitraum von 40 Jahren gesammelt sowie dokumentiert in über 60 Aktenordnern.

Labor: Nicht unähnlich dem Symbol Fabrik, meint es in der Regel die materielle Welt oder das Erdenleben als ‚Labor'. Entsprechend dem lateinischen „laborare" (arbeiten) verrät die Traumszene meist viel an Anstrengung, Mühe, sogar Not, Pein (das ist auch die alte Bedeutung für Arbeit im Mittelalter).

Labyrinth: Uraltes heiliges Muster für Gottesdienst und für Menschenansiedlung (heilige Plätze); dadurch auch magisch abgegrenzter Bereich (wie der heilige Hain) nach außen hin. Symbol des Inneren, in dem man sich sowohl finden als auch verwirren kann, gefangen bleiben kann. Archäologisch verwandt mit einer „Trojaburg" sowie mit der Qualität Vier, etwas ähnlich einem Mandala und anderen vollkommenen Kreisfiguren (z.b. „oppidum quadratum"). Struktur gebend, also ein Zentrum anzeigend. Gewisser Kontrast gegenüber einem Mandala (was ‚klare Ordnung' darstellt) – ein Gleichnis für Seelenumstände.

Lach-Ausbruch: Man lacht dann, wenn ein Geheimnis mit großer Freude entdeckt wird. Das ist das spontane Lachen bei einem Witz, auch bei einem ggf. zotigen Witz. Es ist also ein starkes körperliches Aha-Erlebnis und kann so eine überraschende Geheimnis-Offenbarung darstellen. Ein unbewusster, verdrängter Wunsch kann auf diese Art zum Vorschein kommen bzw. begleitet werden. Also ein Tabu-Bruch. Daneben steht das Lachen aber auch natürlich für eine sehr große Freude – sowie jedoch auch umgekehrt für ein großes unterdrücktes Leid. Generalisiert könnte man also von einer Gefühlsexplosion sprechen, bei der zuerst einmal nicht klar ist, ob das positiv oder negativ gemeint ist! Das Lachen gehört auch zum Wiedersehen. Bei einem sehr überraschenden, freudigen Wiedersehen beginnen die beiden Personen zu lachen als Auftakt des Kontaktes. Damit sind wir wieder bei dem Motivkreis des Überraschenden angelangt.

Lächeln: Sich anpassen. Eher eine Marotte, eine Geste.

Lachen in Gemeinschaft: Das Lachen im Zusammenhang von Gruppe, Ankommen, Ausgefragt-Werden, ist ein typisches Charakteristikum für die Jenseitsankunft. Es meint die gute Stimmung, mit der nach dem Tod unser Erdenleben beurteilt wird. Anscheinend landen wir nach dem Tod in einer bestimmten Gruppe.

Lachen: Sehr ambivalent, steht also einerseits für einen Ausdruck der Lust, ist andererseits Ausdruck von gequältem Lachen, von Kichern, Stress, verkniffener Peinlichkeit. Nicht selten also für den anderen Pol, für Leid, für ein unterdrücktes verstecktes Weinen (= Komplementärtraum).

Laden, leer: Ein leer stehendes Ladenlokal weist auf das Ende einer Beziehung hin, ob es um die Mutter-Kind-Beziehung geht oder um eine Partnerschaft. Das kann Vergangenheit, Gegenwart oder Zukunft sein. Es kann auch meinen, dass nur in Wahrheit, nicht äußerlich, die Beziehung leer war, ist oder sein wird.

Laden: Jeder Mensch hat einen Laden, hat ein Geschäft. D.h. er hat irgendetwas zu geben, zu verkaufen und auch etwas zu erhalten, an Bezahlung zurück zu bekommen. Menschen leben im Austausch. Ob es um Güter geht oder um Liebe. Das erste Geschäft ist der Laden der Lust, sprich die Muttererfahrung. Wie man weiß, ob im Traum oder in der Realität, laufen in den Läden auch manche Unkorrektheiten, bis hin zum Diebstahl – wie es eben leider im sozialen Miteinander üblich ist.

Ladenbesitzerin: Mutter oder Partnerin. Männlich = als Vaterfigur.

Ladenlokal: Dort trifft man meist irgendetwas, was der Mutter ähnlich ist. Mit anderen Worten, trifft man hier die Vorstufe und die Vorlage an für den späteren Eros.

Ladenschluss: Die Zeit, um noch irgendwas an Lust, Genuss zu erleben, oder auch an Leben, Lebensqualität, läuft ab oder wird knapp. Bei Frauen kann es u.a. bedeuten: kurz vor den Wechseljahren oder darin.

Ladybird: Als der Gottesmuttervogel oder als Madonnenkäfer (Lady-beatle) im Englischen oder als Sonneküken im Niederdeutschen verweist das Motiv auf ein Wesen, das irgendwie ehemals von etwas Ähnlichem wie Ablehnung, Abtreibung oder Fehlgeburt bedroht war – und genau deshalb später gern mutterabhängig, muttersüchtig ist. Also es geht um primär Mutter, aber auch viel um Göttin, Himmel, Jenseits. Vergleiche „Marienkäfer"

Lähmung: Gelähmt sein im Traum heißt nicht körperlich, sondern psychisch blockiert, gehemmt sein; es ist also eine große Unaktivität gemeint, ob Nicht-Wollen oder Nicht-Können. Z.B. eine „gelähmte", dicke, liegende Frau könnte bedeuten: kann nicht gebären. Oder Lähmung in Fuß, Bein: große Sperre, ins Leben auszuschreiten, oder auch Sexualhemmung. In Verfolgungsträumen kommt es oft vor, dass man zwar weglaufen möchte, aber nicht kann. Viele Hindernisse treten auf, eines davon ist, dass die Beine gelähmt erscheinen; dies kann man einerseits als Erinnerung deuten, dass man einer Gefahr tatsächlich einmal nicht entkommen konnte. Andererseits kann man es als inneren Konflikt deuten, dass man nämlich unbewusst auch nicht wirklich weglaufen möchte, sondern nur bewusst. So kann man untätig oder paralysiert feststecken in einer Situation oder Entscheidung, es geht weder vor noch zurück. Doch Entscheidungsschwierigkeiten sind natürlich nicht unnormal im Leben. Die Lähmung wird gerne als partielle Lähmung im Traum dargestellt; also man könnte sagen: teil-gelähmt. Oft unterstrichen durch die Unfähigkeit zu artikulieren und die Unfähigkeit, richtig wach zu werden, ist es eine unbewusste Erinnerung an eine Situation, in der man in Lebensgefahr deutlich unterlegen und machtlos war. Zumal als hilfloses Kleinkind, als Foetus.

Lakritz in den Zähnen: Wir haben hier optisch das Schwarze in den weißen Zahnreihen. Ein negatives Indiz, ein Rest von einem Geheimnis oder auch von Schuld oder auch von Verbrechen. Im ernstesten Falle kann dieses auffällige schwarze Symbol bedeuten: Abtreibungs-Attacken in der Schwangerschaftszeit oder sexueller Missbrauch in der Kindheit.

Lakritz: Es kommt stark auf die Form von Lakritz an, um zu einer richtigen Deutung zu gelangen. Ein Lakritz-Stab kann z.B. Phallisches andeuten.

Lamm: Recht abhängiges, kleines Kind-Wesen (Mutter manchmal als Mutterschaf).

Lämpchen: Siehe „Elektrobirnchen"

Lampe in Rot: Rote Lampenreihen stellen eine besondere Vitalkraft der träumenden Person dar. Wenn sie sich über der Person befinden, können sie wie ein Schutz für das Leben verstanden werden. Wenn die roten Lampen ausgehen, tritt ihr weiterer Sinn zutage, nämlich der von Warnung und Alarm und zwar bezüglich Verlöschen und Sterben.

Lampe: Sie kann auch einmal in Verstärkung die Bedeutung des allgemeinen Lebenslichtes haben. Lampen sind gewisse Lebensfunken; sie können als Lichter etc. mit Entstehungsakten zu tun haben.

Land: Siehe „Grundstück"

Landbesitzer: Da „Land, Erde, Acker" manchmal weibliche Bedeutung haben, etwa als fruchtbare Frau, ist er zuweilen ein Ehemann, Erzeuger, evtl. auch Stiefvater, in der Regel irgendeine Vater-Mann-Variante; vgl. auch „Bauer"

Landesherr: Ob Präsident oder Kanzler und ähnlich: ein Vatersymbol.

Landesregierung: Öffentlichkeit im Sinne eines Erfolgsstrebens. Meist auch mit einem Vaterthema verbunden.

Landkarte: Gern eine gesuchte Information, z.B. zu Personen, Lebensetappen oder Familiengeheimnissen. Es kann um eine Orientierung in folgendem Sinne gehen: Wer bin ich, Wo bin ich? Also dahinter steht gerne eine Herkunfts- oder Identitätsfrage.

Landrat: Ähnlich wie Stadtdirektor oder Papst oder Regierungschef oder Präsident von irgendetwas wird in diesem Symbol oft der Vater dargestellt.

Landschaft: Der Landschaftscharakter ist ein Medium für seelische Stimmung oder für eine Schicksalsfärbung. Außen wie innen – die Landschaft geht zum Mentalen parallel (wie auch das „Wetter" im Traum). Sie kann auch, dann meist in Idealform, das Jenseits darstellen, also geistige Räume (Landschaft verklärt, Paradiesgarten) – ebenso wie den Zustand des Herzens. Ideal-schöne Landschaft am Waldrand: manchmal als Abschied von der Erde, eine Jenseits-Idylle.

Landschaftsoptimum: Siehe „Naturüppigkeit"

Landung: Wenn beispielsweise ein Hubschrauber oder ein Flugzeug im eigenen Terrain nicht gut landen kann, kann das besagen, dass ein interessierter Mensch Schwierigkeiten hat, eine Beziehung mit dem Träumer aufzubauen. – Als Archetyp ist ansonsten die Landung häufig für die Geburtsankunft verwendet.

Lang-Nase: Kann Begehrlichkeit, Gier anzeigen.

Langsamkeit: Lebensschwäche (nicht unbedingt aktuell).

Längsrippen: Auffallende Längsrippen in einem Kleidungsstück, z.B. in einem Pullover, weisen auf eine relativ starke Männlichkeit (ggf. auch in einer Frau) hin und sind eventuell auch noch mit Sexualität in Verbindung zu bringen. Zur Frau gehören eher die Querrippen.

Langweilig: Ein höflicher Ausdruck für Ablehnung, Aversion. Auch als Enttäuschung zu übersetzen. Als Enttäuschung in einer speziellen Lebenssituation.

Lanze: Ähnlich wie Stock, Leiste, zumal wenn aufgerichtet: nicht selten Phallus.

Lapislazuli: Ein Symbol des Himmels, daher der Ewigkeit. Kern der Bedeutung ist das Tief- oder Kobaltblau mit einer Art Goldeinschuss (Pyrit = Katzengold). Es assoziiert zum Nachthimmel mit dem Gold der Sterne, und dies hat tendenziell eine Ewigkeits- und eine Gott-Affinität. Im alten Ägypten symbolisierte der Lapislazuli das „sternenübersäte Firmament" sowie im übertragenen Sinne die „Wahrheit", und das Blau war die „Farbe der Götter". D.h. für den eher grau wirkenden chilenischen Lapislazuli trifft die Bedeutung nicht zu, nur für den asiatischen. Lapislazuli. Hat auch zu tun mit Wundheilung oder Heilung überhaupt, als Mittel gegen Schmerzen, vgl. den heilenden „Buddha im Lapislazuliglanz".

Lapislazuli-Stein: Den kann man als Heilung übersetzen. Könnte z.b. symbolisch zu einem Arztbesuch passen.

Lärm: Siehe „Laut"

Lastwagen: Als fahrender LKW meist große Aggression, Gefahr; kann also für einen bedrohenden Menschen stehen. Manchmal auch für „Last", d.h. für große Beschwernis, für gravierendes Problem. Wie jedes Auto potentiell: oft einen Menschen meinend. Mit dem LKW ist jede Art von Schwierigkeit, von großer Belastung gemeint. In Einzelfällen hat es gern mit dem Männlichkeitsthema oder mit einem Vater-Thema zu tun. Einen Lastwagen zu steuern heißt, eine sehr schwierige Aufgabe zu meistern. Der LKW kann im Gegensatz zu Spielzeugauto stehen und meint dann die Entwicklung zum Erwachsenwerden hin. Z.B. in Jungsträumen kann so der Weg in Richtung Männlichkeit skizziert werden. Hier geht es einmal nicht um die Bedeutung „Last" (was aber auch vorkommen kann) des Lastwagens, sondern um Größe und Stärke eines Autos.

Lastzug: Ein voluminöses LKW-Gefährt, das man ausnahmsweise im Traum steuert (ohne realen Führerschein oft), stellt in der Regel eine besonders schwere Last, Belastung dar.

Latein: Symbol für im weitesten Sinne Männliches oder für eine alte vergessene Wahrheit. Symbol für Fakten, Fakteninformation, weniger für Gefühle. Sehr sachlich, unbestechlich (wie Mathematik).

Latein-Frage: Eine Frage nach irgendetwas im Lateinischen ist eine Frage nach der Wahrheit.

Latein-Gesang: Singen verrät meist eine Hochstimmung in den Gefühlen. Latein wird man dabei als eher männlich deuten können, so dass ein lateinischer Gesang vielleicht vorzugsweise in Männerträumen vorkommt.

Latte: Männlichkeit, manchmal Phallus.

Laub vertrocknet: Zeit, Lügen, Verdrängung haben sich über uralte Ereignisse gelegt.

Lauf: Größere Läufe, z.B. ein Marathonlauf, verweisen auf unseren Lebensweg. Im Traum wird er meistens nicht gegangen, sondern gelaufen. In so einem Traum kann man erkennen, wo man sich befindet, z.B. am Ende des Feldes. Oder man kann erkennen, dass man das Feld von hinten aufrollt, dann steht man wohl vor einer interessanten Aufbruchsentwicklung. Meistens führt so ein Lauf durch die Stadt, und oft ist es auch ein Rundlauf, wie tatsächlich das Leben auch eine Rund-Bewegung ist.

Laufen: Um das Leben oder das Überleben kämpfen. Auch: sich für einen Lusthöhepunkt anstrengen. Siehe auch „Joggen"

Läufigkeit: Die Läufigkeit eines Tieres, z.B. einer Hündin, meint in der Regel den Status einer menschlichen, weiblichen Person, die, um den Eisprung herum, Interesse am Sex hat. Oder auch konkreter: die Interesse an einer Befruchtung hat. Das ist eben Natur, kein Kritikpunkt. Das ist die animalische, unschuldige Bedingung von Sexinteresse. Es wird besonders dann mit drastischen Worten im Traum angesprochen, z.B. als „Läufigkeit", wenn die Frau Ego- und Sexinteressen übertrieben leugnet. Es gibt also einen Grund, das zu betonen, offen auszusprechen. – Der Drang zur Fortpflanzung ist die stärkste Motivation in Leben, Natur, Gesellschaft (ähnlich der Drang, seine Endorphine zu steigern). S. Freud spricht hier von der „sexuellen libido"; der stärkste Trieb ist aber nicht der Sex um seiner selbst willen (es scheint nur so), sondern unbewusst die Fortpflanzung, Reduplikation, Vermehrung, im praktischen und auch philosophischen Sinne.

Lautsprecher: Was per Lautsprecher gesagt wird, wirkt wie eine sehr starke Suggestion, wie ein mächtiger Geist im Unbewussten. Manche psychisch Kranken empfinden die Informationen durch den Lautsprecher als innere „Stimmen". Es ist nicht einfach oder auch oft unmöglich, vor den Stimmen, den Geistern, dem Lautsprecher davonzulaufen.

Lautstärke: Lautes an Musik oder sonstigen Geräuschen ist eine Aggression; „zu laut" ist immer unangenehm, aversiv, nicht unschuldig.

Leben vorher: Er gibt im Traum den Terminus eines „Lebens", bevor die Person bei einer Familie oder unter den Jetzigen auftrat! Im Traum kann tatsächlich die Frage gestellt werden nach der Existenz vor dem Leben. Und da gibt es auch eine Antwort, und die enthält meist Angaben zu Erlebnissen vor der Geburt – als Erklärung für die spätere Biografie. Unser Charakter wird in der Schwangerschaftszeit gemacht. Manchmal wird die Aussage durch ein Tier gemacht, weil ein (schamanistisches) Tier, beispielsweise ein Hund, ein Vogel, ein Pferd, treffender das Unbewusste ausdrückt als ein Mensch.

Lebensflamme: Als große kosmische weiße Flamme zu sehen, überbordend, stellt sie die Hintergrundenergie allen Lebens dar. Ohne diese Flamme/Energie wären wir nicht. Sie lebt durch uns. (Vgl. einen entsprechenden Traum über Vögel von Priestley oder die Kerzenflamme in der Kabbala als Seele.)

Lebensgefährte: Das kann in Zukunftsträumen bedeuten, dass man mit der Person, die im Traum als Lebensgefährte bezeichnet wird, später einmal eine Beziehung hat. Oder: Es wäre eine sehr interessante Beziehung gewesen...

Lebensmittelgeschäft: Steht gern für die Mutter oder auch für die weibliche Sexpartnerin.

Lebenstag 1: Siehe „Vierundzwanzig Stunden"

Leberfleck: Siehe „Muttermal"

Leder: Kann im Erosbereich den unsichtbaren oder unernsten Kampfspielaspekt von Sex andeuten bzw. die erotische Haut.

Ledermantel: Hier geht es um eine Charaktereigenschaft desjenigen der einen betonten Ledermantel trägt, und diese meint Schutz, Abwehr, Verschlossenheit, Stärke, gegebenenfalls ein zu starkes Durchsetzungsvermögen. Also etwas zum Willen kann gemeint sein.

Ledertasche: Kann ein Ersatzsymbol für den Uterus, Uterusaufenthalt sein. (Dort „schlafen und träumen wir", nach der modernen Pränatal-Medizin und -Psychologie.)

Leer: Hier fehlt eine Information oder eine Person; gern Anzeige dafür, dass einem etwas vorenthalten wird oder wurde. Kann bitter sein, z.B. als Einsamkeit. Positiv = große Freiheit. Als „leere Seite" etwa eines Buches: kein Leben, wenigstens Lebensgefahr, als Nicht-Leben zu sehen. Leere droht oder drohte. „Leer" auch so zu deuten: trotz Erwartung hat's hier nichts gegeben, etwa an Zuwendung, Emotion (es war also Enttäuschung). Positiv: vgl. „Leerer Raum"

Leerer Raum: Der „leere Raum" zwischen den Grenzen des menschlichen Ichs und der himmlischen Dimension ist nach den Träumen zu urteilen erfüllt und beinhaltet einen regen Kontakt zwischen dem, was wir gemeinhin Menschen und Gott nennen. Diese „Leere" ist nicht leer, sondern heilig und angefüllt. Die Eigenschaft „leer", bezogen auf einen Platz oder auf eine Naturfläche, kann ein Ausdruck für Befreiungsmöglichkeit sein. Tendenziell ist diese friedliche Entspannung oder Erholung mit der Spiritualität vergleichbar! Überfüllt-Sein ist dagegen ein schlechtes Zeichen. Wenn zu viele, hindernde, aggressive Menschen das Leere füllen, zerstören sie den Lebensweg, d.h. „zu viele Menschen" verkürzen das Leben; sie stressen und greifen die Gesundheit des Erden-Wandernden an. Ein Übermaß an Menschenbegegnungen, als beeinträchtigter Weg oder als Vielzahl von Kollisionen, verbraucht uns vorzeitig. Das Nichts und die Leere sind identisch mit der Ewigkeit. Im vorgeburtlichen Paradies sind wir wie in einem „leeren Raum oder Eckzimmer". – Besonders im Buddhismus ist betont, dass die Realität in Wahrheit aus der Leere besteht. Bei einem solchen Traumsymbol hat man also ggf. eine Erfahrung mit der Ewigkeit vor sich. Es kann sogar eine Prognostik sein über den Zustand nach dem Tod. Die ganzen Einzeldinge stehen für das Diesseits. Es gilt auch: Wer sich in einem Umfeld bewegt, das leer ist, fühlt sich nicht beengt, hat keinen Grund für Ängste.

Leerheit: In Mappen, Taschen, Heften, Unterlagen: Hier entzieht sich vielleicht jemand seiner Verantwortung, beispielsweise ein genetischer Vater. Auffallend fehlende Information.

Leer-Räumen: Komplexe, Vergangenheit, Belastendes erledigen, wegräumen. Sich von Ballast trennen.

Lego-Klötzchen: Dieses Spielzeug assoziiert zur Fruchtbarkeit, Empfängnis, vielleicht könnte man sagen zu Embryos – aber mit einem unguten Aspekt, da Plastik eher negativ ist. Als Spielmaterial assoziiert es auch zur Lust, und zwar zur sexuellen Lust. Und zur Lust des Haben-Wollens.

Lehm: Ähnlich wie Erde oder Boden, welche überall zahlreich vorkommen, geht es gern um die Riesenmenge oder Riesenverbreitung von etwas. Z.B. im Einzelfall für die Ausbreitung einer Idee, auf dem Lehm = d.h. auf allen Böden.

Lehmfarben: Wasser kann im Traum lehmfarben sein, dann haben wir eine gewisse Problematik vorliegen, d.h. Schmutz, Stress, Einschränkung, Schwierigkeit werden angezeigt, und zwar im emotionalen Bereich. Nur Probleme, nicht unbedingt eine Katastrophe.

Lehmspalt: Wenn es nicht um einen normalen Erdenspalt geht, sondern eher um einen lehmigen, matschigen, nassen Spalt, dann kann das auf eine sehr schwere Geburt hinweisen. Schlamm und Matsch sind eigentlich immer negative Symbole.

Lehrer, gleichsprachig: Bei einem Lehrer im Fach Deutsch ist für einen deutschen Träumer, bei einem Lehrer im Fach Französisch ist für einen französischen Träumer der Erzeuger dargestellt, d.h. so etwas Ähnliches wie die väterliche Genetik.

Lehrer: Vaterarchetyp, wegen der einweisenden, initiierenden Tätigkeit.

Lehrerin verweigert: Eine häufige Schulszene ist die, dass die Lehrerin den Schüler, der heftig aufzeigt, nicht dran nimmt. Oder dass sie mit Blicken abweicht und den Schüler ignoriert. Im Traum verrät eine solche Szene, dass man der Mutter ehemals nicht willkommen war. Ähnliches gilt bei solchen Traumbildern mit Lehrern für die Vatererfahrung.

Lehrerin: Mutterarchetyp. Wegen der Bedeutung des männlichen Symbols „Lehrer" meint Lehrerin im Einzelfall auch einmal eine Frau mit latent etwas männlichen Zügen (zumal wenn spezielle ‚männliche' Fächer dazugehören) oder wenigstens mit recht bestimmenden, dominanten Zügen. Ansonsten eben einer der vielen Mutteraspekte.

Lehrling: In die Lehre gehen bei gleichgeschlechtlichem Lehrherrn meint erwachsen werden, sprich: das ist die Pubertät. Ähnlich wie Schwertleite oder Jugendweihe geht es um eine Initiation, bei der man, unbewusst, nach einem Vorbild männlich oder im andern Fall weiblich wird. Der, bei dem man in der Lehre ist, weiht ein, initiiert; so stellt ein Lehrherr gern den Vater oder einen Ersatzvater dar, Entsprechendes gilt für weibliche Personen.

Leibfeindlichkeit: Da unser Tod besonders darin besteht, dass der Leib zugrunde geht, und da nicht sicher ist, ob das Bewusstsein oder die Seele auch stirbt, ist eine leibfeindliche Einstellung im Grunde eine lebensfeindliche Einstellung. Wenig bemerkbar, aber leider doch massiv, ist die Leibfeindlichkeit symbolisch auch ‚gegen Leben generell' gerichtet. Man kann einen versteckten geheimen Tötungsaspekt erkennen oder vermuten, sowie auch ggf. einen Selbsttötungsaspekt – aber eben geschickt versteckt und verpackt, als ginge es nur um „Leib" (Essen, Fett, Sex, Ego und so weiter). – Das Phänomen hat mit dem Ewigen Leben nichts zu tun, es geht nur um diesseitiges Leben. Dennoch verrät es natürlich eine spirituelle Dimension.

Leiche ausgraben: Da beschäftigt man sich mit tödlichen oder tod-nahen Vorgeschichten. Und da geht es nicht selten um Abtreibungen oder Fehlgeburten, die sich u. a. auch in einer vorangegangen Inkarnation ereignet haben können.

Leiche im Keller: Da geht es um Ereignisse verdrängter oder vergessener Art, die einen unangenehmen oder tabuisierten Inhalt haben. Insofern hat natürlich jeder Mensch eine Leiche im Keller. Auch gehört irgendeine Missetat zu diesem Relikt. Eine Missetat, die man bewusst eher abstreitet oder deren Dimension einem zurzeit nicht bewusst gewesen ist. Die Leiche im Keller kann auch als „Stele" oder als „Skelett" oder Mumie bildlich vorliegen. Nicht selten handelt es sich um vergessene, verlorene Geister oder Personen, verstorbenen, nahestehenden Phänomenen ähnlich (passt z.B. zu Abtreibungen).

Leiche: Steht oft für eine abgestorbene, erledigte Sache, also für etwas Entferntes, Ab- und Ausgelebtes; kann aber auch ausnahmsweise auf wirklich Verstorbene verweisen, gar auf Tode des Träumers in ‚Vorstufen' (vielleicht in früheren Einzeugungen oder Inkarnationen), oder auf symbolische Tode des Träumers, selbst wenn die Leichen im Traum unbekannt sind (was nicht relevant ist, denn die Angelegenheit ist eh' nicht bewusst).

Leichtigkeit: Das ist das Gegenteil von irdischer Welt. Es bewegt sich hin zur Levitation.

Leiden: Im Traum taucht auf, dass Leiden für ein gelingendes oder auch glückliches Leben Sinn machen kann. Das Wofür ist jedoch meist kaum zu greifen. Das Wofür, Warum könnte für eine andere Person sein oder für eine andere Dimension oder auch für das eigene aktuelle Leben. Es gibt Gründe und Antworten zum Leid, aber wir kennen diese nicht, nur in Ausnahmefällen. Leid erzeugt einen Wert.

Leihen: Alle Dinge und Beziehungen und Menschen in der Welt sind in Wahrheit für uns nur „geliehen". Hinter dem Symbol Leihen steckt subtil Geben. Leihen gehört zu Verleihen (Geben).So kann sich im Traum zeigen, ob eine Person der anderen Person etwas „gibt". Wer den Leihcharakter von allem kennt, gibt leichter. Nichts ist Besitz oder kann (auf Dauer) festgehalten werden. Vgl. Die Stoiker. So gibt es auch das Thema im Traum, ob Eltern ihren Kindern etwas zur Verfügung stellen oder ob sie sich entziehen. – Wer sich im Traum von einem Mitmenschen etwas leihen will, hat ernstes Kontaktinteresse. Besitz ist Illusion, wir bewegen uns in Wahrheit zwischen Geliehen-Bekommen und Verleihen.

Leinentücher: Mit einem weißen Leinentuch oder mit vielen werden gerne große Geheimnisse, Katastrophen, Traumata überdeckt, zugedeckt.

Leitender: Der wirklich Leitende ist letztlich eine Instanz, welche der Macht Gottes ähnelt. Jeder kann sich selbst die Frage beantworten: wer ist der Leader generell. Ein Leitender ist also mit Schicksal, Gott oder auch Vater zu übersetzen. D.h. im Auftreten einer solchen Person winkt die Schicksalsbestimmung, also auch vielleicht ein indirekter göttlicher Hinweis.

Leiter: Besonders wenn sie gut angelegt ist und aus schönem Holz besteht, ist sie ein Symbol für Erfolg. Unter anderem kann auch der Geburtserfolg gemeint sein. Vgl. auch „Treppe"

Leiter-Benutzung: Wesentliche Entwicklung, gravierender Übergang; daher auch Geburt oder Tod andeutend.

Leiterin: Als Schulleiterin, Leiterin einer Bildungsveranstaltung und ähnlich: Muttersymbol. Ähnlich die Leiterin eines Fachbereichs oder einer Buchhandlung.

Leitungen/Kanäle: In Einzelfällen können Leitungen, Kanäle und Schächte die Blutgefäße und Nervenbahnen darstellen. So scheint es im Traum vielleicht um einen Schaden oder eine Reparatur für Handwerker zu gehen, doch könnte sich evtl. im Innern des Körpers eine Krankheit oder ein Problem andeuten.

Lemminge: Es wird eine unaufhaltsame Reaktion gezeigt. Manchmal geht es nicht um etwa einen Wutausbruch, sondern um einen Lustausbruch. Die Lemminge können z.b. auch zeigen, wie unaufhaltsam der Orgasmus sich Bahn bricht.

Lenkrad: Mut, Wille, Tatkraft, Selbstbestimmung.

Lernen: Es wird ein Bemühen angesprochen, unbedingt eine neue Erfahrung machen zu wollen. Siehe auch „Lehrling"

Lesbierin: Kann allgemein für eine Mutter oder auch für eine Partnerin stehen, die wenig Interesse an Sex mit Männern und Schwangerschaft hat. Es ist ein Symbol, was etwas übertreibt. Meint meist nur: beinahe wie lesbisch. Es dürfte eine Mutterproblematik hinter der Sache mit einer halbwegs lesbischen Frau stehen. Traumata, Verluste, Übergriffigkeiten können die Heterosexualität schwächen. Auch muss man bei diesem Thema eine Sippschaftsvorgeschichte berücksichtigen.

Lesbische Beziehung: Ist eigentlich eine versteckte Information über die Muttererfahrung, -prägung. Z. B. eine „gestörte Lesbenbeziehung" im Traum sagt etwas über die „Störung", das Problem zwischen Mutter und Tochter aus. Manchmal als Süchtigkeit der Tochter nach der Mutter zu sehen.

Lesen als Vorlesen: Indirekt, aber doch vehement etwas aussagen wollen, auf eine wichtige Information hinweisen wollen.

Lesen: Eine wichtige unbewusste Information aufnehmen. Gern auch als Ersatzaktivität, z.B. als Ersatz-Leben, -Lebendigkeit oder gar als Ersatzmutter bzw. Ersatzweiblichkeit. Nicht selten auch als Ersatzsexualität,

Ersatzbefriedigung (wie vielleicht auch Schreiben). „Lesen" und „Bücher" haben nicht wenig (nachträglich) mit Mutter zu tun.

Lesung: Lebensauftritt.

Licht aus: Manchmal verbirgt sich dahinter die Absicht, etwas im Dunkeln zu halten. Man kann sich also nach dem Traum fragen, ob die Person, die kein Licht anhat oder die das Licht ausschaltet, massiv etwas zu verbergen hat. – Ansonsten steht „Licht" für Leben, und das Motiv kann also dramatisch sein. Licht löschen (Knipser ausmachen, Lichtschalter betätigen): Einen Kontakt beenden wollen, auch manchmal im Sinne von Lebensgefahr.

Licht: Kann einen Lebensbeginn (1) oder auch den Anfang von Erotik (2) bedeuten, besonders als „Licht anmachen, einschalten". Licht/Helles bzw. Fensteröffnung steht manchmal für die Geburt. Vgl. „das Licht der Welt erblicken". „Im Lichtkegel stehen" = sich zeigen, manchmal mit etwas peinlichem Gefühl. Lichtausfall: da bricht etwas wie ein Todesthema herein.

Lichterscheinung: Zuweilen ein Erleuchtungssymbol.

Lichtringe: Auch als Lichtkreise, ggf. bunte, zu bezeichnen. Sie können sich in verschiedenem Zustand im Traum befinden, nämlich liegend oder fliegend oder aufgerichtet stehend. Hier meldet das Höhere Ich dem Träumer eine große Weisheit oder Erkenntnis an.

Lichtschranke: Wenn eine Tür durch eine Lichtschranke oder irgendwie mit Photozellen oder auch mit geheimnisvollen magischen Handbewegungen geöffnet werden kann, dann geht es vermutlich um das Tor zur Welt. Das Verlassen des Mutterbauchs und der Übergang zum diesseitigen Leben geschieht wie ein Wunder. Das kann als Magie im Traum dargestellt werden. Das hat auch damit zu tun, dass wir nicht wirklich wissen, wie man aus der geistigen Welt in die Materie kommen kann. Eine magische Bewegung soll die Erklärung sein.

Lichtung: Steht indirekt für das Geburtserlebnis, aber auch für andere Ereignisse von Lust oder Vitalität. Kann sogar einen Himmelsbezug der Art andeuten: einen Kontakt zum Oben, zu einem Verstorbenen.

Liebe: In der Verliebtheit zwischen zwei heterosexuellen Menschen verrät sich primär Erotik/Trieb (1), dann ein Reflex der Muttererfahrung (2) sowie das Zeugenwollen (3). D.h. die Gene entscheiden über die Liebe, kein Ich und kein Bewusstsein. Gleiches zieht sich an, und auch das, was sich optimieren kann. Der bewusste Mensch ist kaum Herr, Entscheider der Liebe, sondern übergeordnete Kräfte bestimmen hier. Vgl. Schopenhauers Erkenntnisse über die „Metaphysik der Geschlechtsliebe" oder die Ansichten der Anthroposophie über schicksalhafte Menschenbegegnungen oder auch Platons Theorie des Eros. Als spirituelles Symbol dagegen meint die „Liebe" im Traum den Sinn des Erdenlebens, das Lernergebnis einer Biografie. Die Liebe ist polar strukturiert und braucht, in Partnerschaft, ein Drittes, d.h. sie wird am Produkt, an der Frucht gemessen. – Wenn im Traum über Liebe gesprochen wird, dann kann ein Träumer verraten oder gesagt bekommen, ob seine Partnerschaft auf Liebe beruht oder, wie oft, auf den vielen anderen rationalen oder auch irrationalen Gründen. Gerade eine Ehe hat sehr oft mit Vorteil, Nutzen, mit einem Deal zu tun, nicht unbedingt mit Liebe. – Manchmal gibt es einen Sonderfall im Traum, dass z.B. über eine schmerzliche Situation gesagt wird: „aus Liebe". Hier geht es um eine tiefe Schicksalsweisheit. Manche großen Belastungen und Bürden bekommen wir zugeteilt, ob nun von einem Mitmenschen oder von einer höheren Gewalt, damit ein Effekt, eine Entwicklung, eine besondere Leistung heraus kommt. Dann kann es eben sein, dass Schmerzen „aus Liebe" zugefügt werden. So eine Konstellation, Begründung lehnen das Bewusstsein und auch das Ego ab. Das Unbewusste kann aber solches sehen, träumen und akzeptieren. – Der Archetyp für Liebe ist das „Kind".

Lied, religiös: Ein religiöses Lied stellt eine Hymne an das Leben oder Überleben dar. Ein Dank an Gott.

Lied, wunderschönes: Deutet übersinnliche, vorgeburtliche oder geistige Welt an.

24

Lied: Das Singen eines Liedes, ob artikuliert oder nicht, zeigt meistens ein hohes psychisches oder mentales Level an. Intuition, Erfolg, Harmonie sind in der Regel nicht fern. Die Motive „Singen" und „Lied" zeigen meist ein Hochgefühl an. Der Text eines Liedes ist gern eine große, aber sehr codierte, allegorische Wahrheitsaussage, passend für die Aktualität. Die Melodie/Musik stellt ein Gefühl dar, und zwar ein tiefes, z.b. Glück, Sieg oder auch etwas Transzendentes.

Liedtext fehlt: Bezüglich der Lieder stellen sowohl die Musik als auch die Texte tiefe Empfindungen dar. Im Einzelfalle Hoffnung und Wünsche, in der Regel jedoch Gefühlserinnerungen. Markant ist nun, wenn im Traum der Lied-Text abbricht oder fehlt. Dann wird man das als Information bewerten können, dass genau der Inhalt, der nun als Text fehlt, auch in einem früheren oder unbewussten Zustand fehlte, also in einem faktischen früheren Ereignis – obgleich heftig erstrebt.

Liegen: Kann dafür stehen, erschöpft zu sein, körperlich oder psychisch ziemlich unten zu sein.

Liegestütz: Turnübungen verschiedener Art können körperliche, sexuelle Aktivitäten darstellen.

Liften: Hier ist die kosmetische Operation gemeint, nach der man „geliftet" ist und zwar besonders im Gesicht. Das ist kein gutes Zeichen im Traum, sondern eine Verstellung, eine Lüge, ein Bluff. Und zwar geht es um Vorgespieltes im Charakter.

Ligusterhecke: Schutz-Zeichen, geschützter Platz, Versteck.

Lila: Die Farbe zeigt, dass blau und rot nicht getrennt sind. Häufig sind Mischfarben problematisch (wie Beige, Rosa); in diesem Falle hier wäre Blau männlich und Rot weiblich, übersetzbar ungefähr als je eindeutige Heterosexualität. Ein Aspekt von Lila kann also eine Tendenz zu homophilen Varianten beinhalten – im auch übertragenen Sinne. Mit solcher Symbolik, Mischung kann dann auch psychische Ganzheit gemeint sein, auch Transzendenz, Spiritualität (wo tatsächlich einseitige Heterosexualität nicht primär ist), Esoterik, Jenseitswelt. Auf diese

25

Weise kommt es dazu, dass Lila wie Violett eine Nähe sowohl zur Mystik, Ganzheit als auch zum Tod, zur Esoterik wie auch zur nicht-eindeutigen Sexualität haben.

Lilie: Zartes, Unschuldiges; Seele (fast wie Lotos); auch Königliches.

Links liegenlassen: Das kann im Traum sich so darstellen, dass an der linken Seite passiert, vorbei gefahren wird (manchmal in Gegenrichtung). Dann bleibt man ggf. selbst links von diesem Zug liegen. In aller Regel zeigt sich dann auch im Traum, dass der Träumer, der links liegen gelassen wird, nicht beachtet wird. Also Ablehnung scheint durch.

Links: Das Unbewusste (1), das Frühere; tendenziell auch das Weibliche (2); das Jenseitige (3), Transzendente, daher auch der Gefahren- und der Tod-Bereich; die Vergangenheit (4), die Regression. Umgangssprachlich meint ein „linkes" Verhalten ein trickreich-hinterlistig-betrügerisches Tun, so etwas meinen auch „link, linkest" manchmal im Traum.

Links-Abbiegung: Meistens eine ungute Situation. Hier bricht oder brach der Lebensweg in Unbewusstes, evtl. sehr Schwieriges hinein; oder er brach ab. Eine Art Umweg, eine Art Behinderung kann gemeint sein. Jedenfalls ist der direktere, gesündere, stressfreie Weg verhindert.

Linsen: Berührt sich mit allen Arten, die potenziell keimen können, z.B. mit Bohnen, und können in Einzelfällen eine Verbindung darstellen zum männlichen Ejakulat. Bei Missbrauchserinnerungen, etwa von Seiten eines Mädchens aus, wird der männliche Samen gerne symbolisch, missverständlich, verfremdet dargestellt, also auch schon mal als Erbsen, Bohnen, Linsen in Flüssigkeit. Der männliche Phallus ist in so einem Fall vielleicht als Zwerg oder Püppchen in der diffusen Traumerinnerung verankert.

Lippen: Ggfs. Ausdruck genetischer Ähnlichkeit, und dann sexuelle Anziehung zeigend. Über diese läuft oft ein erotischer Kontakt oder eine Attraktivität.

Lippenrot: Indirekte Einladung in Richtung der blutdurchströmten Vaginal-Lippen.

Lippenstift: Wenn eine Übermalung vorliegt, also die Farbe, ob nun rot oder pink oder etwas anderes, über die Lippenränder hinausgeht und damit dieser Schminkzustand auch etwas schrill wirkt, kann Süchtigkeit vorliegen. Viele Formen von Sucht sind letztlich auf orale Sucht zurückzuführen. Ein zu stark bemalter Mund zeigt überstarkes Begehren. Das kann man wenigstens als Stress deuten, wenn nicht doch eher als heimliche Gier.

List: Spirituelle Eingebung, Intuition, kluger Verstand.

Literat: Ein Literat oder Schreiber, in Frauenträumen, ist geistig sehr interessant, aber nicht unbedingt betont männlich.

Lizenz: Das kann ein schwerwiegendes Traumsymbol sein im Sinne einer Art Lebensberechtigung. Ohne Lizenz kann bedeuten, dass man ein nicht-legitimes Kind ist, in verschiedener Ausprägung. Man war nicht vorgesehen, nicht erlaubt, nicht gewollt oder ähnlich.

LKW-Fahrer: Ein LKW selbst hat grundsätzlich viel mit Lasten und Belastung zu tun. Im Einzelfalle ist aber mit einem LKW-Fahrer auch einmal eine besondere Männlichkeit gemeint, so dass es eventuell der potente Traummann einer unbefriedigten Frau sein kann. Es kann aber auch ein Vater sein, der Schwieriges bewegt.

LKW-Unfall: Es wird eine Lebensgefahr angesprochen, ob aus uralter Zeit oder aktuell oder zukünftig. Die Gefahr ist gravierender, als wenn zwei PKWs einen Unfall hätten.

Loch im Boden: Verrät, dass sich ein größeres Geheimnis (vergleichbar einer Höhle) im Untergrund, d.h. im Unbewussten, in der Biografie des Träumers befindet.

Loch im Schuh: Frühe Defizite, Defekte, Mängel in der Erfahrung mit einem Elternteil.

Loch: Sigmund Freud hat nicht unbedingt Unrecht, wenn er solche und ähnliche Gebilde mit der weiblichen Vagina assoziiert. Genauso gibt es analoge Geräte im Unbewussten bzw. in den Träumen für den männlichen Phallus. – Wir denken auch an ein Loch in einer Abdeckung, z.B. in einer Glasscheibe. Das kann ein geheimer Hinweis darauf sein, dass man in der Uteruszeit, überhaupt in einem Schutzraum, nicht sicher oder abgesichert war.

Lochbohrer: Kann gern für den Erzeuger stehen.

Locken: Auffällige Haarlocken verraten ein emotionales oder erotisches Interesse.

Locken-in-Grau: Im Prinzip sind Locken eine erotische Ausstrahlung. Beziehungsweise entsprechend des Verbs „locken" ist ein erotisches Streben, ein Anziehenwollen, gemeint. Die Farbe der Locken spielt natürlich eine Rolle. Wenn die Locken beispielsweise „grau" sind, dann ist das erotische Attrahieren nicht ernst gemeint, sondern eher etwas hohl oder Bluff, wenigstens etwas unrealistisch.

Löffel: Steht für Gefüttert-Werden, also für eine Geschichte aus der oralen Phase.

Logos: Ein griechischer Archetyp für die geistige Welt, in dem Sinne, dass der Logos sekundär die materielle Welt schafft. Als Geist, Gott, Wort, Vernunft, als unmaterieller Anfang, als Kreator übersetzbar.

Lohn: Gerechtigkeitsausgleich im Leben.

Lokal: Siehe „Gaststätte"

Lokomotive: Oft aggressiver Teil des Zuges, der archetypisch die schwangere Mutter sein kann, also ggf. gefährlich. Auch ohne Mutterbezug Gefahr bedeutend und suspekte Stärke, Energie. Der Traum der Jungs in früherer Zeit, Lokführer zu werden, enthielt den Dominanzanspruch über Mutter und Frauen, aber auch ein unschuldiges Streben nach Kraft, Potenz.

Löwe als Verfolger: Manchmal bedrohte Zeit im Uterus. Die Großkatze ist gern weiblich.

Löwe, Löwin: Als Großkatze oft stellvertretend für eine Frau bzw. für eine weibliche, gefährliche Aggression, nicht selten aus der Kindheitszeit. Typisch als Ausdruck einer Aversion der Frau gegen Kind, Frucht. In aller Regel Indiz für eine unbekannte, unbewusste, nicht unextreme Aggression von weiblicher Seite aus. Sonst auch allgemein starker Wille, starke Energie oder starke Wut, also durchaus auch das positive Wilde, ob in einer Frau oder Göttin oder überhaupt in einem Menschen. („Tiger" ist noch weiblicher und gefährlicher.)

Luchs: Siehe „Großkatze"

Luft: Meist als ein Problem zusammen mit Todesangst-Erinnerung, Panik auftauchend; Luftmangel: Hochstressindikator. – Wind, Sturm, Hauch-Ähnliches: manchmal den göttlichen (belebenden) Geist andeutend; oder einfach für Seelen bzw. eine Art geistiger Wesen, im Sinne von spiritus, pneuma. – Asthma = alte Verlusterfahrung.

Luftballon: Das Schweben, das Nichtfeste und die Levitation weisen, neben dem Lustfaktor, auf irgendeine Art von jenseitigem Erlebnis hin; gerne vorgeburtlich oder im Geburtsprozess (wegen des Motivs „Ballon") wie gefährlich in den Himmel treiben. Allgemein eine Art Geist-, Transzendenzzustand, noch nicht oder nicht mehr irdisch.

Luftdruck: Das Motiv assoziiert gern mit einer Luftdruckberechnung oder einem Luftdruckmessgerät. Das berührt dann weiter auch ein ähnliches Phänomen mit Wasser, es geht um den Druck mit Wasser oder Wasserspritzen. Auf diese gleichnishafte Weise, auch über das Motiv Luftpumpe, kann das Symbol manchmal zu tun haben mit dem Thema Ejakulation oder coitus interruptus bzw. mit allgemein Angespannten.

Luftnot: Es geht um zu wenig Luft zum Atmen. Man kennt das Sprichwort „Du drückst mir die Luft ab". Es geht also bei Luftnot um eine schwere Bedrängnis, beispielsweise in einer Beziehung oder am Arbeitsplatz, welche zu einer lebensbedrohlichen Krankheit, erst einmal als Stress auftretend, führen kann. Asthma drückt indirekt die Not eines Kleinkindes aus, verlassen zu werden (alleingelassen worden zu sein).

Luftschiff: Gehört zu der Symbolik, im Tod aus dem All abgeholt zu werden, bzw. umgekehrt auf der Welt einzuschweben. Medium für den Wechsel der Dimensionen.

Lüftungsschacht: Der steht für eine ähnliche Passage, wie man sie im Traum auch per „Luke" bewältigen kann. In der Regel geht es um eine Geburtserinnerung mit Problemen und mit Beengung.

Luftverlust: Es geht darum, dass aus einem Gefäß Luft entweicht. Bei dem Gefäß handelt es sich in der Regel um einen Ball oder Autoreifen oder um Ähnliches. Die Bedeutung ist nicht gering, hier entweicht generell Leben, gedacht als Luft zum Atmen.

Lügen: Kann diskreter, sehr indirekter Hinweis auf latente Andersartigkeit der Sexualität sein oder allgemein/heterosexuell auf geheimes Fremdgehen hinweisen. Generell Person mit zwei Charakteren. Bei Süchtigen ist gern zusätzlich auch das Lügen vorhanden, ebenso wie bei Ängstlichen, Traumatisierten, Abhängigen. Misshandelte oder belogene Kinder lügen später auch nicht selten. Oft geht es beim Lügen um eine Notlüge, der Traum zeigt daher, dass eine peinliche Sache nicht offenbar werden soll. Lügen macht immer krank.

Luke: Es geht um eine kleine Öffnung, die eine Sicht oder auch einen Weg auf eine andere, geheime Welt ermöglicht. Hinter der Luke befindet sich eine subtile, tief unbewusste Information. Luke, besonders Dachluke, auch als enge Passage des Geburtsprozesses. Daher indirekte Information über den, Geburtsweg.

Lust (Vergnügen): Ein Symbol für Aufmerksamkeit, Aktivität, Leben (Gegensatz wäre Langeweile); manchmal einfach mit Lebendigkeit zu übersetzen. Unlust als Archetyp stellt das Gegenteil von Leben dar. In das Leben, d.h. vom Jenseitigen in die Existenz zu kommen, ist für das Unbewusste eine große „Lust"; entspricht dem buddhistischen Ur-Durst nach Sein und Werden und Wiedergeburt, dem primordial desire. Lust kann also mit Leben, Leben-Wollen gleichgesetzt werden.

Luxusauto: Zeigt, dass die Person, vielleicht entgegen des äußeren Scheins, ein sehr großes Herz und einen sehr großen inneren Reichtum hat. Ein Auto kann gerne ein Ich darstellen. Hier Großzügigkeit.

Luxuskarosse: Gerade in Männerträumen haben luxuriöse, teure, auch sportlich Autos eine Bedeutung, die zum Sex-Angebot, zur Potenz gehört.

M

Mädchen, kleines Mädchen: Manchmal markante Darstellung des Unerwachsenen in Frau (die psychisch vorpubertär geblieben ist), meint Nicht-Heterosexualität, Mutterabhängigkeit und Unreife, auch als besondere Mutterparteinahme zu verstehen (Kleinmädchen-Haltung). Kurz: die infantile Seite einer erwachsenen Frau. Als zwei Mädchen ist das Symbol etwas ungut. In Männerträumen kann mit dem Mädchen der etwas unreife Charakter einer erotisch interessierten erwachsenen Frau gemeint sein. Sich zum kleinen Mädchen zu machen, kann man ggf. als Angebot deuten. Ansonsten geht es um einen gewissen infantilen Touch einer sexuell reifen Frau. Auch ‚Geist' aus der Kindheit (= Fixierung, Trauma) aus einem Jahre, Alter wie im Traum; nicht unbedingt negativ.

Mädchenkleider: Wenn sie als auffällige Kostümierung daher kommen oder auch innerlich von Trägern/Trägerinnen abgelehnt werden, so kann es sich um eine Erinnerung an eine alte Manipulation handeln. Ein Beispiel dafür wäre, dass die Mutter den Sohn mädchenhaft erziehen wollte oder ihre Tochter zwanghaft nach ihrem Vorbild gestaltet.

Mädchen mit Penis: Dieses Kind (Mädchen) sollte ein Junge werden. Eine meist mütterliche Erwartung, eine Elternsuggestion. Es hat Folgen

31

für die unbewussten Behinderungen, Probleme dieses Mädchens in der späteren weiblichen Sexualität.

Mädchenteppich: Eine Mädchenrolle für ein Kind. Problematisch kann es sein, so wie es manchmal geschehen ist, dass Jungs in Mädchenkleidern aufgewachsen sind. Ein derartiger Teppich ist keine gute Basis für einen Jungen; er soll in eine nicht passende Rolle gedrängt werden. „Teppich" ist unsere Grundlage, Basis.

Mädchen-Verwandlung: Wenn ein realer Junge im Traum als Mädchen gesehen wird, kann es im Einzelfall bedeuten, dass dieser Junge relativ weich und sensibel ist, auch besonders fürsorglich, oder auch, dass er in einer Schwäche- und Trauerphase gesehen wird. Hat nicht oberflächlich etwas mit Homosexualität zu tun, sondern mit dem alten Klischee stark – schwach.

Maden: Wie auch sonst Ungeziefer, ein sehr schlechtes Symbol für die Gesundheit.

Magen: Das Mutterthema beschreibend, und zwar bevorzugt die Muttererfahrung in der oralen Phase. Magenkrankheit = später Reflex von frühem Mutter- oder Mutterbrusttrauma, von entsprechendem Verlust.

Mageninhalt: Wie man weiß, kann man sich übergeben und dann fliegt der Mageninhalt hinaus. Dann kann ein Komplex, eine sehr unangenehme Sache den Weg ins Freie suchen. Im körperlichen Magen liegt Psyche, d.h. seelischer Inhalt, der entweder verarbeitet werden kann oder aber sehr belastend und voller Aggressionen ist. Mit anderen Worten: der Magen ist ein außerordentlich sensibles seelisches Organ.

Magenkrebs: Steht als Symbol für eine ungute Muttererfahrung. Kann sich in der Ehe wiederholen, restimulieren. Der Magen ist der typische Resonanzboden für Emotionen. Stress ist allgemein nicht gut, aber Stress beim Essen ist auf Dauer besonders gefährlich.

Magentrieb: Siehe „Wolfstrieb"

Mager: In Bezug auf Erfolg, Glück geht es einem mageren Menschen nicht gerade gut; als Gegenteil siehe „Wohlgenährt"

Makellosigkeit: Makellos und ideal gibt es auf der Erde keinen Gegenstand und auch kein Lebewesen. Sieht man aber im Traum eine andere Person tatsächlich makellos, und dazu noch optisch in einer gewissen Unschärfe, dann sieht man das vollkommene, engelhafte Bild der anderen Person. Man kann sagen, von jedem von uns gibt es ein absolut makelloses „Urbild", das man einen (den eigenen) Engel nennen könnte, das ewig und parallel in der geistigen Welt bleibt, auch wenn ein „Abbild" davon, als Menschenkörper, vorübergehend inkarniert.

Maklerin: Schicksal, Schicksalsfrau.

Malachit: Typischer Stein der Frauen, steht also gern für Fruchtbarkeit oder Schwangerschaft. Ist kupfer-nah, daher auch venus-nah. Ähnelt in der weiblichen Bezogenheit oder Bedeutung anderen „grünen" Steinen, Edelsteinen.

Malen: Das kann wie schreiben oder sprechen als Ausdruck emotionaler Absicht, Selbstdarstellung gesehen werden. Das Ich oder das Unbewusste will sich ausdrücken, outen, in eine Aktion hinein. Sinnvoll ist die Beachtung, Deutung dann, wenn diese Aktivitäten gestört, blockiert sind oder auch übertrieben; das sagt dann etwas über die ganze Persönlichkeit. Es ist klar, dass das Motiv mit Bildern zu tun hat. Mit Bildern beschäftigen sich viele, z.B. Symbolwissenschaftler oder Traumdeuter. Per Malen wird das Unbewusste dargestellt, und gerade Menschen, die sich mit der Erforschung des Unbewussten beschäftigen, können im Traum im Zusammenhang mit dem Motiv „Malen" auftreten. Siehe auch „Anstreichen". Man vgl. auch die Maltherapie, die Bilder sind wie Träume zu lesen.

Maler: Manchmal, nicht immer, Vertuscher, Umgestaltender, Veränderer.

Man mit Schlapphut: Das ist ein altes mythisches Symbol für das Schicksal oder für den Gott, der unsichtbar in der Nähe ist, zum Beispiel bei einer Schlacht, und der die Gefallenen einsammelt. D. h. wenn man meint ihn zu sehen, ergreift einen ein böses Vorahnen. Er steht da wie der wartende Tod, besonders in der Blendung durch die Sonne. Manchmal aber auch ein männlicher Konkurrent. Vgl. „Mann mit Hut"

Mandala: Ganzheits-, Erlösungs-, Lebensende-, Summen-Symbol, Vollkommenheit. Es stellt „alles" dar, u.a. durch die Zahlen/Strukturen 1, 5, 4 und weitere sowie durch die Verbindung von Viereck und Kreis. Fazit eines Mandalas: alle Wege von außen führen zum Ziel (inmitten) – egal welchen Lebensweg man wählt oder wo man sein Mandala beginnt, alles ist Meditation, Dienst am vorbestimmten, unausweichlichen Ganzheits-Ziel.

Mann der Freundin: Hier geht es um einen Mann, der anscheinend fest gebunden ist; aber – in Frauenträumen – er kann in einer geheimen Beziehung stehen oder latent attraktiv sein. Der Partner oder Ehemann der Freundin ist eine typische Figur, die ein Fremdgehen oder einen Wunsch fremdzugehen andeutet bzw. intendiert.

Mann geschrumpft, eingesperrt: In Frauenträumen: Penis, der vorerst nicht phallisch ist.

Mann im weißen Kittel: Jemand, den man lebend wohl nicht wird erreichen können, sondern der von der Tendenz her im Weiß der Sterilität oder des Todes steckt. Andererseits ist Weiß aber auch immer Potenzierung.

Mann mit Hut: Entsprechend einem Archetyp aus der germanischen Mythologie kann der Tod gemeint sein, eigentlich der Gott, der auf den wartet, der in den Himmel kommt. Gerne steht der Mann mit Hut einfach so im Bild, anscheinend nicht tätig, eher etwas abgesetzt, oft zuschauend, aber ohne direkt sein Gesicht zu zeigen. Verschiedentlich trägt er auch einen Mantel; so steht er archetypisch für den mythologischen Odin, der die Gefallenen abholt. – Kann im Einzelfall für einen Elternteil stehen, für einen Vater oder für den Animus der Mutter, welche sich nicht um die Kinder kümmern, womit sie eine Gefahr für die Kinder ausdrücken.

Mann mit Mantel: Figur des begleitenden, evtl. abholenden Todesgottes; siehe „Mann mit Hut". – Ansonsten zeigt „Mantel" eine umfangreiche, belastende Fremdprägung (aus der Kindheit meist), mangelnde Freiheit.

Mann: Die Aggression ist „männlich" in der Symbolsprache, daher werden Kriegerisches, Kämpfendes, Marsisches oder alle möglichen Attacken in der Regel von Männern oder männlichen Tieren im Traum ausgeführt – obgleich ggf. auch Frauen dahinterstehen können. Das Aggressiv-Aversive oder Tötende in Frau wird gern durch den Mann-Typus dargestellt (als könne sich das Unbewusste „Frau" nur lebengebend vorstellen). Ein Beispiel ist die böse Hexe, die optisch eine quasi vermännlichte Person ist. Ob gut oder schlecht, Männliches kann den Animus, die (neutrale) männliche innere Seite der Frau darstellen. – Ein gesteigertes Aggressionssymbol ist allgemein dabei der „junge Mann" (Halbstarker, Rowdy).

Mann-Auftritt: Wenn eine Frau, die man in der Realität genau kennt, im Traum als Mann auftritt, zeigt es, dass sie große Defizite in der Weiblichkeit hat. Beispielsweise kann diese Figur dokumentieren: ‚zum Gebären bin ich nicht besonders fähig oder willig'. Aber es geht keineswegs zentral um das Gebärensthema. Die (zu) männliche Frau, welche im Traumbild durchaus mit einem Bart auftreten kann, ist halt in Partnerschaft mit einem Mann primär Konkurrenz und Rivalität. Zu Partnerschaften jeglicher Art gehört eine Rollenverteilung, wenn nicht, kann es viel Sand im Getriebe geben.

Männerhose: In Männerträumen beschreibt die Art der Hose (oder auch evtl. ihr Verlust) die Vatererfahrung des Träumers, indirekt seine Männlichkeit, Potenz. In Frauenträumen etwa den männlichen Seelenteil = den Animus.

Männerkleidung: Männlichkeit, ob nun sehr echt oder nur als Rolle oder als Show oder als Kompensation.

Männerkopf: Der Kopf als Haupt ist die Fokussierung der Persönlichkeit. Der Kopf steht also stellvertretend für den ganzen Mann, und zwar nicht selten eingebettet in ein Führungs- und Dominanzthema. Haupt gehört zu Häuptling.

Männerrunde: Sagt meist etwas aus über die Vater-Erfahrung.

Männerschuhe: Männliches Attribut, etwa als Erbe vom Vater oder als Kraft, Potenz. Für Männer sind sie natürlich üblich, normal und zeigen auch die Geschlechterrolle an. Aber für Frauen zeigen sie etwas Spezielles an. Die Männerschuhe können verschiedener Art sein, z.b. klobig oder auch verschmutzt oder aber elegant usw. Diese Schuhe beziehen sich alle auf die Rolle. Männerschuhe an weiblichen Personen im Traum zeigen, dass diese Frau wenig weiblich, sondern relativ männlich ist, wenigstens im Unbewussten, im versteckten Bereich oder auch nur einmal im Spiel.

Männerwahl: In der Männerwahl einer Frau zeigt sich als Traummotiv, und parallel auch im Leben, ob sie einigermaßen glücklich oder unglücklich ist. Ein als Kind schon unglückliches weibliches Lebewesen wählt ständig falsche Männer. Bzw. unter Stress wählt man falsch!

Mannschaftsaufstellung: Wer die Mannschaft aufstellt, zeigt, dass er einen weisen, fairen, neutralen Charakter hat. Und dass er führen kann.

Mannschaftsspiel: Kinder üben mit Spielen Welt, Realität, Leben ein. Bei Mannschaftsspielen hat das Gemeinsame eine große Funktion, und die Konkurrenz eine geringere. Eine Mannschaft kann man vergleichen mit einer Jugendgruppe, die etwas an Gemeinschaftlichem einübt, ausführt, z.b. auch männliches Tun, etwa per Fußball. Die Einheit, Ähnlichkeit ist also primär, das sonst normale Konkurrieren hier eher sekundär, auch natürlich unter Mädchen. So ist Gruppenleben, gruppenfähig sein (etwa die Pubertätsgruppe) eine wichtige Deutung; siehe auch „Spiel".

Mantel des anderen Geschlechts: Nicht selten handelt es sich um die (ehemals versteckte) Information, dass ein Elternteil, z.B. eine Mutter, einen Sohn mit dem weiblichen Mantel zum Mädchen machen wollte.

Ähnlich fatal ist für die Geschlechterrolle ein männlicher „Mantel" für eine Frau, ein Mädchen.

Mantel: Aufgeprägte, früh aufgezwungene Rolle; Wesensart und Charakterzug, die nicht originär sind – aber dann doch genau das Verhalten eines Menschen später sind. Meistens beengende Charakterteile, also Entfremdungen oder Zwang, den Erziehungspersonen ausgeübt haben. Nichts eigentlich Genuines; z.b. ein „grauer Mantel" verweist vielleicht auf eine prägende frühe Todeserfahrung (etwa bei der Geburt) oder auf beherrschte oder begrenzte Emotionen. Oder ein Mantel in „Lila" könnte anzeigen, dass eine Person eventuell sexuell traumatisiert ist bzw. etwas uneindeutig ist. Wenn man mit dem Verdrängen (z.b. bzgl. Muttertabu) aufhört und erlebte Zwänge und auch Todesängste akzeptiert und sich bewusstmacht, hat man eine Chance, den Mantel abzulegen. Dunkelblauer, zu dicker Mantel: Trauer, Depression. Besonders wenn der Mantel schwer und dunkel ist, geht es um eine arge, manipulative Fremdprägung. Vgl. aber „Mantel-Wunsch"

Mantel-Wunsch: Man muss bezüglich dieser Kleidung den Kontrast sehen, nämlich sich in unvollkommener Kleidung zu bewegen oder nur in Unterwäsche oder auch in Nacktheit. Diese Art von positivem Mantel, Überkleid meint symbolisch, eine Haut, Rolle, Umgebung, eine Art Schutz zu erhalten für das Leben auf der Erde. Vor der Geburt sind wir ohne Überbekleidung, Anzug, Mantel. Wenn der Mantel-Wunsch nicht erfüllt wird, kann das etwas Fehlendes in der Genese anzeigen.

Manuskript: Wie Buch: Wahrheit, Information oder Lebensverlauf.

Maria: Der Name ist mittlerweile ein Archetyp für Frau. Die christliche Maria hat viel von Ishtar, Artemis, Isis in sich aufgenommen, so agiert sie logisch als regina universarum, als Allmutter oder auch als Himmelskönigin (deshalb ihr häufiges helles oder dunkles Blau des Firmaments). Als Große Göttin ist sie sozusagen nicht die Grüne/Fruchtbare (die sie theoretisch auch sein könnte), sondern die Spirituelle/Hellblaue. Die stellvertretende Bedeutung der „Maria" wie auch der „Marie" für die eigene Mutter ist im christlichen Kulturbereich, und also auch in Träumen, nicht selten. Siehe auch „Mercedes"

Marienkäfer: Ein „Marienkäferleben" im Traum meint einen Lebensentwurf, eine Person, die zu sehr liebend, sich opfernd ist, die für die Mutter lebt (gar mit Abhängigkeit, Sucht); siehe auch unter „Käfer" und „Ladybird"

Marktplatz: Zentrum des Lebens, besonders im Sinne der eigenen Mitte. Oft die Mutter und den Zeitpunkt/Ort darstellend, als man auf die Welt kam. Etwa so zu denken: Ankunft inmitten der Menschen.

Marmelade: Ein positiver Lustbringer, über das Orale und die attraktive Farbe bis hin zu fernen Stillzeiterinnerung reichend (wobei sie auch als Ersatz in Frage kommt). Zuweilen Erotisches.

Marmor: Material, das einen sehr spirituellen Inhalt (etwa eine Gottesbotschaft oder einen Gottesdienst) darstellt. Wäre immer das symbolisch beste Material für eine Kirche.

Maschen: Die Schlaufen, Maschen, Einzelschlingen einer Teppichware oder eines Tuches stellen die vielen Einzelelemente eines Lebens bzw. der gesamten seelischen Erfahrungen dar. Wer knüpft, arbeitet noch an seinem Leben. Wer die Maschen herauszieht, alles auflöst, dokumentiert Sterben.

Maschinen-Reparatur: Steht stellvertretend für die Reparatur des Unbewussten oder der Seele. Das heißt, ein Mensch versucht, sich wieder zusammenzusetzen und seine Traumata zu heilen. Das kann changieren zwischen einer Nähmaschine und einer Schreibmaschine, einem Radio oder einem Elektrogerät. So lässt sich im Traum auch das mögliche Ergebnis einer Selbstanalyse erkennen. Überhaupt werden die Fähigkeiten eines Menschen, auch generalisiert, dargestellt. Eine gelungene Reparatur macht glücklich.

Maske, Maskerade: Manchmal nur ganz minimal, z.B. durch ein anderes eingesetztes Auge: Unechtheit, Lüge, Verstellung; besonders Unehrlichkeit in Beziehungen (Maskerade); geheime, falsche Absichten. Maske steht auch neutral stellvertretend für eine Figura, für eine Person, für eine Rolle und sogar für einen Fakt, welche aber sehr viel mit

Personen und Beziehungen zu tun hat. Das Unauthentische der Maske dominiert.

Maßangaben: Alle Maßangaben sind austauschbar! 7 Kegel können für 7 Zentner stehen, 1 Meter für 1 Tonne, 6 cm für 6 Tage usw.; irgendeine, vielleicht ganz überraschende Kategorie ist gemeint (z.b. 7 Kühe für 7 Jahre); meist also in stellvertretender Weise zu deuten.

Masseur: Hier geht es um die erotische Ausstrahlung eines Menschen, das gilt also auch für die weibliche Masseuse. Es kann sich auch, weniger sexuell, als bloße Zuwendung zeigen.

Massieren: Es hat mit Körperberührung, und zwar mit intensiver Körperberührung zu tun. Was bietet sich also als Deutung an? Zum einen ist starke seelische Zuwendung gemeint, zum anderen konkret sehr körperliche Berührung, welche in der Regel erotisch gefärbt ist.

Match extrem: Es gibt Traumszenen, in denen ein Spieler in etwa einem Tennisspiel oder Federballspiel ganz extrem, d.h. aggressiv zuschlägt, sodass dem Gegenspieler – der vielleicht der Träumer sein kann – die Bälle um die Ohren fliegen. Hier verrät sich, dass der Erstere im Partnerschafts- oder Sexualspiel außerordentlich aggressiv ist. Die zurückgespielten Bälle gleichen fast eher Kanonenkugeln. Der Träumer kann keinen einzigen Ball erreichen oder retour spielen. Der Traum zeigt dann die versteckte, geheim gehaltene Aggressivität des Partners.

Materie: Sie entspricht kongenial dem vorangegangenen mentalen Konzept, sie entspricht der „Idee des Geistes".

Mathematikaufgabe: Wahrheit. Eventuell nicht lösbar oder für immer verloren. Schwierig zu lösendes Problem. Wenn ein Mädchen, eine Schülerin eine solche Aufgabe lösen soll, ist es ein Test dafür, ob sie mit dem Männlichen umgehen kann. D.h. nicht, dass „Mathelehrer" etwa ein Symbol sein muss für besonders weibliche Frauen. Es geht in diesem Traumbeispiel nur um die Schülerin. Und es werden die Mathe-Aufgaben oft eher von einem männlichen Lehrer gestellt. Die

Mathematikaufgabe im Traum eines männlichen Wesens spricht sein Vaterthema an und überhaupt seine Männlichkeit.

Mathematiklehrer: Meist ein Vatersymbol, oft der Erzeuger.

Mathematiklehrerin: Da geht es um eine Mutter, Chefin, führende weibliche Person, die nicht gerade wenig männliche Anteile hat (wohlgemerkt nur als Traumsymbol).

Matratzen: Schwangerschaftswunsch oder Schwangerschaftserinnerung oder ähnlich. Hat auch generell mit der Einstellung zur Sexualität zu tun.

Matsch: Stress, Mühsal, Pein und Leid, vielleicht Todesnähe; siehe auch „Sumpf ", „Schlamm" und „Wasser"

Matschboden: Etwa in Gräben oder auf Wegen zeigt der Matsch eine sehr schlechte Basis an. Die Basis eines Lebens oder auch die Basis einer Beziehung oder einer vorübergehenden Angelegenheit. Oft ungute Erinnerung.

Matschweg: Schmerzliche Lebensaufgabe, sehr schwieriges Problem, das eine betreffende Person lösen muss oder musste. Nicht unlösbar, aber leidvoll und anstrengend.

Mauer in Schwarz: Diesen Archetyp gibt es auch als den schwarzen Kasten, nicht nur als die schwarze Mauer. Meistens gehört dazu, dass man schlecht sieht oder etwas anderes kaum sehen kann oder dass dieses Schwarze die ganze Blickrichtung verstellt. Dann ist das nicht gerade ein unwichtiges Todessymbol. D.h., dass der Träumer evtl. einen gravierenden Verlust sieht, evtl. retour, also ein deutliches Negativum.

Mauer: Manchmal indirekt das Todthema ansprechend, weil hinter der Mauer die andere Welt ist. Auch als Problem, Aggression, besonders als Widerstand oder Abgetrenntsein. Des weiteren ist Mauer als Person, genauer als Front/Fassade einer Person zu sehen (Vorderseite des Charakters oder Kommunikationsstelle), besonders bei der Hausmauer, in

der eine Muttererfahrung stecken kann. Starke Auffälligkeiten in Haus-
mauern meinen erhebliche Schicksalsänderungen.

Maus mit Flügeln: Vielleicht eine Art geflügelter Phallus. Auch Embryo
oder Foetus mit Todthema, Todnähe.

Maus: Ein nagender Plagegeist, etwa Sorge, Kopfschmerzen, Gefahr;
manchmal ein Indikator für eine latente Panik, vielleicht weil die großen Geheimgänge oder Unterhöhlungen der Mäuse so unsichtbar (un-
beherrschbar) sind, vielleicht auch weil die Mäuse Vorräte auffressen
oder weil sie generell diffuse, ungewollte Gäste sind – wer weiß. In diesem Zusammenhang kann die Maus auch für eine Penisdrohung gegenüber Frau stehen. Maus stellt eher große Angst dar als tatsächliche
Katastrophe, d.h. sie meint großen Stress, große Befürchtung, weist auf
ein Problem hin, ist aber kein großes. Wichtig ist, dass die Maus in der
Regel im Versteck ist, d.h. es handelt sich um eine „versteckte" oder
auch unbewusste Belastung oder Aggression. Da die Aktivität der Maus
nicht direkt, offen oder offensiv ist, sondern eher indirekt, nervend und
geheim, passt es anscheinend öfters zu einer Aggression von der versteckten oder passiven Seite oder Person aus. Insgesamt Symbol und
Darstellung krankmachender Stressoren. Nach Träumen, wo die Maus
Wandlungssymbol ist, etwa zum Delphin sich wandelt und umgekehrt,
ergibt sich der Verdacht, dass die Urform der Maus-Aversion gegen einen Embryo, gegen ein solches „verstecktes Mäuschen/Tierchen" im
Mutterbauch also, welches Belastung ist, gerichtet ist. Das soll aus dem
Versteck weg, besonders in Szenen mit „weißer Maus" (diese soll oft
getötet werden) oder in Traumszenen mit „Mäusen unter Wasser". Möglich ist also durchaus bezüglich „Maus": ein Urschreck wegen Schwangerschaft. Wie viele Kinder und Partnerinnen werden nicht „Mäus-
chen" genannt – das verrät aber auch schon die Allgemeinbedeutung
von „Maus" = möglicher Verlust von etwas sehr Geliebtem, blitzschnell
entweichend. – Maus kann jedenfalls gleichnishaft für Penis und Phallus oder aber für einen Embryo stehen, für ein Kind und für das weibliche Genitale.

Mäuse: Eine Art Unglücksfall, jedenfalls meistens eine Last, Belastung, ein Negativum. Das Unangenehme tritt in der Regel geheim,

überraschend auf. Als wären Mäuse Plagegeister sowie ganz besonders „versteckt", das macht sie verdächtig.

Mayonnaise: Ein Tubeninhalt solcher und ähnlicher Art kann auch einmal männliches Sperma meinen.

Medikament: Da handelt es meist sich um ein psychologisches Heilmittel.

Meer: Urozeanisches Einheitsgefühl, daher meist vorgeburtlich. Stimmungsbarometer (hier die Oberfläche beachten, z.b. aufgewühlt?); manchmal diffuses Gefährdungsgefühl (Überschwemmung, Ertrinken). Weibliches und Mutter darstellen können sowie den ganzen Gefühlsbereich und generell das Unbewusste. Verschiedentlich im Zusammenhang mit großer Reise (Geburt, Tod: Meeresüberquerung). Kann auch sehr beruhigend gemeint sein, da das Meer ganz ist, ohne separatio und archaisch. Insgesamt = aktuelle Gefühlslage.

Mehl: Als Trockenes lebensfeindlich (wie trockener Kalk oder Mörtel); manchmal steht Pulver aber stellvertretend für Flüssiges, z.B. für Samen oder Fruchtwasser. Mehlpaket: Das weiße Mehl in einer Mehltüte oder in einem Mehlpaket hat eher eine ungute Bedeutung. Das Trockene an dieser Substanz ist markant und verrät irgendein uraltes Überlebensproblem. Auch kann Weiß Todesfarbe sein.

Meister: In der Regel geht es um die Variante einer Vatergestalt.

Melanom: Kann in der Traumsymbolik etwa einem größeren verschmierten Blutfleck auf der Haut entsprechen.

Menschen-Größe: Siehe „Kopf, größer"

Menschenschlange: Das ist ein bekanntes Symbol für Stauung, Stockung jeglicher Art. Hier zeigt sich eine große Behinderung, zu einer angestrebten Person zu kommen oder auch ehemals das Licht der Welt zu erblicken.

Mercedes: Hat mit dem Namen „Maria" zu tun und stellt quasi die junge Maria, das Mädchen dar; und diese ist manchmal oder wie in der Moritat das junge schwangere Mädchen, mit Kind, ohne Mann, so die historische Maria. D.h. das Traumsymbol kann auftauchen, wenn ein Vaterbetrug vorliegt, wenn die Frau den Erzeuger unterdrückt, leugnet oder wenn der Erzeuger sich entzieht – oder wenn einfach der Erzeuger unbekannt ist. Hintergrund des Archetyps ist, dass die christliche, sehr junge Maria den weltlichen Vater ihres Sohnes unterschlug, der der römische Besatzungssoldat Pantera gewesen sein soll (nach Kelsos, Origines), was das Unbewusste im Prinzip weiß.

Messe: Gemeint ist die sogenannte Heilige Messe im Christentum. Das ist symbolisch ein Lust- und Lebenshöhepunkt und reicht von der Geburt über die Sexualität bis hin zu anderen Erfolgen. Auch das Thema der Gemeinschaft, der Mitmenschen klingt an. Gemeint ist manchmal auch, dass jemand die Messe liest, z.B. der Träumer, vielleicht noch sogar mit einem Messbuch, und das stellt ungefähr sein Leben und Wirken für die Gemeinschaft dar, wobei das „für andere", also Soziales, evtl. auch mit gutem Lehren verbunden, betont ist. Also geht es um einen Charakter, den man nicht als egoistisch bezeichnen kann.

Messer/Waffen/scharfe Gegenstände: Diese Gegenstände sind oft harmloser zu interpretieren, als es scheint. Z.B. bei einem Messer-Kauf kann es darum gehen, dass ein Mensch, vielleicht ein Kind, die Aggressionsfähigkeit erwerben will. Von Natur her hat jedes Lebewesen so ein Potential und muss es auch manchmal einsetzen. Wer dieses Potenzial gar nicht hat, also keine vorsorgliche Waffe zur Gegenwehr, gehört zu den Menschen, die sich psychologisch nicht wehren können. Natürlich auch manchmal die ungute Aggression, auch gern speziell das Männliche und konkret das Phallische; evtl. Erinnerung an irgendetwas, das durchbohrt werden musste.

Messerspitze: Wir betrachten hier einmal die Situation, in der die Spitze eines Messers auf den Träumer oder eine andere Person gerichtet ist. Es ist logisch, dass hier ein sehr deutliches Alarmsignal gesendet wird. Aber Gefahr und Gefährdung allein müssen noch nicht einer durchgeführten Realität oder Aktion entsprechen.

Metallstange: Sofern Sie einen Halt oder eine Befestigung darstellt, kann sie eine Verbindung zum Vater darstellen; Metall gehört zum Bereich Eisen/Mars/Mann.

Meteorit: Siehe „Komet" und „Stern"

Metzgerei: Es hat damit zu tun, dass „Fleisch" irdisches Leben bedeutet und daneben auch die genetische Abstammung. So kann die Metzgerei das Überleben nach der Geburt, mit anderen Worten, dass Erreichen der Mutter darstellen. Eine ähnliche Mutterfunktion hat auch das Symbol „Bäckerei". Metzgerei ist aber auch ein allgemeines Symbol für Lust.

Michael: In der Religion ist das ein Verteidiger Gottes, ein Engel also. Er nimmt den Kampf auf für das Göttliche. Als Traumsymbol, und dann vielleicht indirekt auf einen Menschen bezogen, meint es, dass der entsprechende Mensch ein Verteidiger des Religiösen, des Göttlichen ist. Dieser Mensch dürfte auch selbst sehr religiös überzeugt sein. Ist aber sehr allgemein zu deuten, nicht z.B. nur für das Christentum.

Miete: Eine spirituelle Erkenntnis, dass wir uns nicht selbst erschaffen haben. Wie zur Miete leben wir hier, dankbar, dass irgendeine Instanz uns Lebensbedingungen geschenkt hat.

Mieten: Siehe „Vermieter"

Mietshaus: Eine Existenzform auf der Erde, da unser ganzes Leben, von der Schöpfung her gesehen, gemietet oder geliehen ist.

Migräne: Wie auch andere Kopfschmerzarten und vermutlich auch Epilepsie hat Migräne einen traumatischen Entstehungsgrund, und zwar nicht zuletzt psychisch, allerdings wegen körperlicher Erfahrungen. D.h. die Urcausa, die meist weit zurückliegt und unbewusst ist, ist ein gravierendes Todesangst-Problem (Uterusgeschichte und Geburtsgeschichte sind da wesentlich!).

Mikrofon: Wenn senkrecht in der Hand und vor den Mund gehalten, kann es Phallusbezüge haben.

Mikrowelle: Ähnlich wie bei Öfen, kann es sich um eine Erinnerung an vorgeburtliche Zustände im Uterus handeln.

Milch: Steht symbolisch gern für Gesundheit, Erfolg. Und dann natürlich für das Interesse der Kinder oder für die Bedürfnisse der Kinder, in der oralen Phase sogar für das Überleben. Es ist also etwas ganz Archaisches, was das Kind bekommt. Wenn Erwachsene im Traum Milch trinken, ggf. auch gierig, so zeigen sie meist, dass sie als Kleinkind erheblich vernachlässigt wurden. Milchkaffee ist ähnlich zu deuten. Milch ist das Symbol für die Erfahrung an der Mutterbrust, bzw. symbolisch für die allgemeine Mutterbeziehung. Steht auch überhaupt für eine Art Erotikfluss, für Nicht-Blockiertheit. Kann auch Sperma meinen (wofür aber als Stellvertreter eher einmal Urin steht). Kosmisch-biologischer Urstoff, ein Prinzip also, dem Kuh-Prinzip ähnlich, aus dem alles entstanden ist (Mythen: Quirlung des Weltmilchmeeres; Milchstraße). So ist Milch also auch ein Schöpfungs-, Werdens-Archetyp. Im Kern ein Archetyp für das Weibliche und auch für den Eros.

Milchgetränk: Da dürfte es in aller Regel um ein Problem aus der Stillzeit bzw. aus der oralen Phase gehen.

Milchprodukte: Hier liegt ein Thema vor, dass auf die Muttererfahrung bezogen ist bzw. auf die orale Phase.

Milchtropfen: Manchmal mit Assoziation zum männlicher Samen. Daher kann damit ein versteckter Hinweis auf den Vater, d.h. auf den wirklichen Erzeuger, enthalten sein.

Milchtüten: Einzelne Milchgefäße, ob Portionen oder Tüten, meinen besonders dann, wenn es um zwei Milchtüten geht, ein Thema, was mit der Mutterbrust zu tun hat. Die Brüste wiederum sind ein starkes Symbol. D. h. über das Bild der Milch wird angezeigt, dass jemand sich mit der Mutterliebe beschäftigt oder mit dem, was ihr ähnlich ist. Hier könnte man das Sexinteresse eines Mannes nennen (auch ein übertriebenes). Aber es kann auch um das Muttertrauma einer Frau gehen, die auf unbewusste Weise zum Beispiel ihr Leben lang eine vermisste Mutterliebe sucht.

Militärkleidung: Der Versuch, etwas Männliches an den Tag zu legen. Eine Frau in solcher Kleidung hat einen starken Animus und Defizite in der Weiblichkeit.

Millionär: Attraktiver Mann, bei dem eine Frau viel Sex finden kann, jedenfalls das erwartet. Daher typisches Klischee in Liebesfilmen.

Ministerpräsident: Vatersymbol.

Minze: Die sehr übertragen gesehene Bedeutung der Minze-Pflanze ist: „Verzeihe mir". Der Hintergrund ist ein Fehlverhalten oder ein Irren.

Mischauto: Normalerweise steht ein Auto oder eine spezielle Automarke für einen Typ, für einen Menschen, für eine Frau usw. Man kann die Ichs gerne durch ein Auto charakterisieren. Wenn einem Träumer ein Mischauto, z.b. aus zwei Fabrikaten – etwa aus Mercedes und BMW – zugeordnet werden kann, dann sagt es irgendetwas über seine Identität aus. Das kann charakterlich gemeint sein, aber auch konkreter beispielsweise zu einem Adoptivkind passend sein; und das würde heißen, das adoptierte Kind hat einen genetischen Vater und einen sozialen Vater, mit anderen Worten zwei Väter.

Mist: Entsprechend der Redewendung ist Mist im Weg oder auf der Bahn ein schweres Hindernis, oder es kann ein kapitaler Fehler angezeigt warden (vielleicht vom Vortag).

Mistel: Große Ambivalenz. Kann Todnähe, Todesgefahr bedeuten (1). Aber auch genau umgekehrt Leben, Unsterblichkeit, Überleben (2). Auch als Weibliches, Mütterliches (3). Näheres kann aus dem skandinavischen Baldurmythos herausgelesen werden oder aus germanischen und keltischen Mistel-Bräuchen.

Misthaufen: Man hat umgangssprachlich Pech oder viel Mist gebaut, d.h. hier geht es um eine schwierige, sehr unangenehme Situation. (Komplementär aber als Glück zu verstehen.)

46

Mitbezahlen: Der Archetyp „bezahlen" heißt, dass man für bestimm- te Lebensmöglichkeiten eine Gegenleistung zu erbringen hat. Das ist normal im Leben und keiner Aufregung wert. In dem Begriff „mitbezahlen" liegt aber oft noch ein Haken verborgen, nämlich, man wird in eine Art Mithaftung genommen für die Gegenleistung, obwohl man vielleicht nicht Täter oder Verursacher ist. Das kommt oft vor, nämlich dann, wenn die Nachkommen für die Kalamitäten oder Schandtaten oder Traumata der Eltern auch viel aufwenden müssen, so dass sie neben dem Hauptbezahler ein Mit-Bezahler sind.

Miteinander: Das Miteinander, z.B. in Sport und Spiel (Ballabgabe, Ballspiele, Passen), ist etwas wie das grundsätzliche weibliche Prinzip. Im Fernsehen und in Zeitungen interessieren sich Frauen mehr für „Beziehungen" als Männer, auch in Träumen. – Im Einzelfall kann etwas Gutes über die Muttererfahrung ausgesagt sein. Das Miteinander muss im Gegensatz zum Einzelkämpfertum gesehen werden, welches tendenziell etwas mehr den Männern eignet. Die geschlechtliche Zuordnung ist aber eigentlich auch nicht ernst zu nehmen.

Mitgehen: Das körperliche Nebeneinander- oder Miteinander-Gehen verweist auf Beziehung. Das dingliche Mitgehen abzubrechen, verweist auf das Ende einer Beziehung.

Mithören: Bezieht sich z.B. auf ein Telefongespräch. Da geht es um ein unbewusstes, recht dunkles Ahnen einer geheimen Wahrheit. Dies Symbol steht dafür, dass jemand ein Geheimnis erraten hat oder erraten kann.

Mitschüler: Ob nun beim Klassentreffen oder bei sonstiger Gelegenheit, die Mitschüler sagen tendenziell die Wahrheit über die träumende Person. Kaum ein Feedback ist so zutreffend über den eigenen Charakter wie das der Mitschüler, u.a. auch erkennbar an passenden Spitznamen.

Mitschülerin (z.B. Freundin aus der eigenen Jahrgangsstufe, aus früher Zeit): Manchmal Spiegel der eigenen Identität weit vor der Manipulation, der Prägung, Erziehung, Fremd- oder Selbstentfremdung; genuine Urtümlichkeit (charakterlich). Den unbewussten „Schatten" einer Frau oder gegebenenfalls ein einzelnes früheres Erlebnis (Kindheit) darstellend.

Mittags: Höhepunkt des Lebens, zeitlich und energiebezogen gemeint; d.h. praktisch kurz nach der Pubertät oder wenigstens knapp vor dem 30. Jahr. Als Umschlag, als Wendepunkt des Tages auch: sterile Mittagsruhe; als Statisches, zu Ruhiges auch evtl. angstmachend, unlebendig. Als Höhepunkt daneben jedoch auch das Lust- und Sexualthema anzeigend.

Mittelgrau: Ein z.B. mittelgrauer Raum kann ausnahmsweise positiv sein, sogar ideal, weil es nichts anderes an Farben oder Gegenständen gibt, die stören könnten. Es ist vergleichbar mit einem leeren Raum oder mit einer leeren Landschaft, was im Gegensatz zur Enge auch positiv sein kann. Ansonsten wird mit „Grau" evtl. aber auch Einiges übertüncht.

Mitternacht: Wir nehmen hier einmal den Spezialfall: um Mitternacht aufbrechen, um ein Ziel zu erreichen. Das ist also ein Weg, der in tiefster Nacht beginnt. Mitternacht meint eine starke Betonung des Unbewussten. So kann es sich u.a. auch einmal um den Geburtsprozess handeln. Dieser ist ein schwieriger Weg aus ur-anfänglicher ferner Tiefe heraus.

Mittlere Gruppe: Eine mittlere Gruppe oder auch eine mittlere Partei bzw. eine Partei der Mitte kann bedeuten, dass es um einen interessanten, höheren Ausgleich in einem Leben geht. Eventuell ist aber auch eine Person gemeint, die ein maßvolles, harmonisches Denken pflegt.

Möbel: Edle oder auch defizitäre, je nach Zustand der Möbel = Charakterteile.

Möbelhaus: Erinnerung an die Schwangerschaftszeit (Uterus = Möbelhaus).

Möbelhausbesitzer: Erzeuger. Auch manchmal Mutter.

Möbel-Umräumen: Das kann extrem so sein, dass alle Möbel umgestellt werden, und dann gibt es hier eine große Identitäts- oder Persönlichkeitsumstellung. Das geht von sinnvoller Änderung bis hin zu Manipulation oder Überfall oder Neurose.

Möbel-Wechsel: Möbel umzustellen, auszusortieren oder zu wechseln, verraten eine Tendenz oder ggf. eine Erinnerung daran, seine Lebensumstände zu ändern. Das betrifft nicht selten Partnerschaften. Da der Schrank ein sehr weibliches Symbol ist, könnte also ein Schrankwechsel bedeuten, dass ein Mann seine Partnerin wechselt. Kann auch eine hektische Änderungssucht anzeigen.

Moderator: Das ist der Mensch als Beobachter seiner selbst – wenn er, vielleicht vorübergehend oder träge, nicht aktiv genug in sein Leben eingreift. Immerhin sieht und erkennt man aber als distanzierter Moderator gut, hat einen geeigneten Diagnose-Standpunkt (für die Selbsterkenntnis). Das kann auch ein Mensch, Mann sein, den eine Frau heimlich liebt, d.h. aus großer Distanz.

Modul: Dafür gibt es in den Träumen die simpleren Ausdrücke: Baustein, Zeile, Plastikklötzchen. Wörter, Zahlen, Buchstaben können auch Module darstellen. Der Traum zeigt durch solche Bausteine, woraus etwas in Wahrheit besteht. Er offenbart den Einzelcharakter eines Ganzen.

Möhre: Möhren, ähnlich wie Gurken, können Phallus-Charakter haben. Sie können aber auch als kleines Stück eines Naturgewächses zu sehen sein und können so für Embryo, Foetus stehen.

Monat: Gehört selten zum Jahreslauf, sondern eher symbolisch zur eigenen Biografie; ein Frühlingsmonat z.B. meint den Morgen, Anfang des Lebens.

Mönch: Gern als Eremit, natürlich auch weiblich als Nonne: Aggressions-, Ego-Verzicht, Erkenntnisstreben. Uralte Bedeutung = Alleinsein (griech. Monos, Monachos). Rückzug. Alleinsein mit Gott, für Gott.

Mond: Meist das Weibliche bedeutend, manchmal konkret das weibliche Genitale. In Männer- wie in Frauenträumen meint ein von Spritze oder Schuss getroffener Mond, der herunterfällt oder herabsinkt, den weiblichen Orgasmus (Sondersituation). So steht der Mond gern für die weibliche Fruchtbarkeit, für Empfängnis, was wohl indirekt auch mit dem weiblichen Zyklus, der mondbezogen ist, zu tun hat.

Mondflug: Allegorisch, anthroposophisch für Ende des Erdenlebens.

Monitor: Elektrische Wellen, Blitze, besonders Ausfälle, wie Bildabsturz, Stromausfall etc., zeigen ein Todesthema an; übrig bleibt manchmal ein Unbild, etwa in dem Sinne: alles ist nur noch grau; meist mit gewissem Angstgefühl verbunden. Solche elektrischen Störungen können nen typisch für Herzinfarkt oder entsprechende Ängste sein. – Ohne Störung: Aufzeigung des geheimen Unbewussten (entsprechende Bildinformation).

Monster: Der Themenkreis Monster, Gespenster, Zombies, Zerlumpte, Obdachlose, Höhlenbewohner kann zu einer Vorgeschichte von Abtreibungen gehören. Wenn ein Mensch, also ein Träumer, eine entsprechende Vorgeschichte hat, dass vor seiner Existenz z.B. Geschwister abgetrieben wurden, dann können ihn die ‚Geister‘ solcher heimatloser Vorläufer im Traum begegnen. Sie machen Angst, sind feindlich und zugleich erbarmungswürdige Opfer. Es ist wie in der Mythologie, es gibt Rachegeister, die von heimlich Ermordeten zeugen. Auch in der Familienpsychologie spielen die Geister von früher Getöteten, auch aus Kriegen, eine Rolle. In Träumen treten diese Geschichten als indirekt eigene Erfahrungen auf die Bühne. Die Therapie kann darin bestehen, die Geister der früheren Toten zu würdigen.

Moor: Siehe „Sumpf" und ähnlich

Moos: Moos im Wald hat eine antibiotische Kraft und stellt einen Rückzugsraum für Tiere dar, die der Genesung harren. Also ist Moos ein optimales Gesundheitssymbol.

Morast: Siehe „Sumpf ", „Schlamm" und „Wasser"

Mord-an-einer-Person: Das ist etwas zu unterscheiden von dem Symbol „Töten", welches manchmal wie in der antiken Bildersprache für ein einschlägiges sexuelles Tun steht. Morden tritt z.b. auf als Ersticken einer Person. Natürlich ist die Vernichtung von irgendetwas gemeint, und auch eine außerordentliche Aggression des Täters ist angezeigt. In der Regel muss man das symbolisch lesen in der Art, dass die Opferperson für etwas Anderes, für etwas Übertragenes steht. Ein Beispiel: Eine Frau wird im Traum zunehmend erstochen, ermordet – gemeint kann aber sein, dass die Frau als „Europa", also ein Kontinent, langsam untergeht. Gerade was Politik und Kriege angeht, so hat man schon in alter Zeit bestimmte Archetypen für Länder und Stämme und Nationen verwendet. Ein Drache steht für den Feind, und der Sieger im Krieg ist kein Land, sondern ein tapferer Knabe. Nehmen wir z.B. Frankreich: Die Frau „Marianne" als Symbol symbolisiert den französischen Staat. Und der „Michel" die deutsche Nation. Es kann sich also um einen Untergang handeln, der personal dargestellt wird.

Morden: In der harmloseren Form des Tötens Symbol für sexuelles Tun. Wer „nicht töten kann" im Traum, könnte sexuell unaktiv oder blockiert sein, das erste Töten ist der erste sexuelle Vollzug – daher also auch Erwachsenwerden. Morden meint allgemein, dass man generell zu einer Welt gehört, als Körper/Lebewesen, in der Geburt, Sterben und Töten, Morden herrschen, ja sozusagen ‚normal' sind. Ein Traum mit Morden oder Töten meint: jeder könnte in gegebener Lage zum Mörder werden; d.h. solche Träume führen zu der weisen Einsicht und Annahme, dass man auch selbst das „tötende Prinzip" in sich hat, ob latent, virtuell oder potentiell, dass man sich also von der Mordfähigkeit an sich nicht freisprechen kann. – Manchmal geht es aber auch eventuell um eine Erinnerung an frühere Leben, mit entsprechenden Missetaten, Tötungsdelikten, oder um Ereignisse aus der Clan-Vorgeschichte.

Mörder in Tür: Ein mörderischer Aggressor in der Haustür oder in einem sonstigen Türrahmen kann ein Abtreibungstrauma andeuten oder ein Todeserlebnis bei der Geburt.

Mörder: Es können Raubtiere oder Männer sein, die im Traum töten wollen oder töten. Diese sind nicht wörtlich zu nehmen, sondern sie stellen ‚Geister', Stellvertreter dar von anderen Wesen, denen gegen-über man sich einmal in einer Todessituation befand. Es ist halt der aggressive Geist, der gerne als Raubtier, Frau oder als Mann auftritt.

Morgendämmerung: Entspricht dem Start unseres Lebens.

Morgenmantel: Ähnlich wie Schlafanzug ein indirektes Symbol für die Nacht, und damit ein direktes Symbol für das Unbewusste. Das Unbe-wusste kann auch mit dem Pränatalen zusammenfallen. Also Erinne-rung an den Lebensbeginn, oft an die pränatale Zeit.

Morgens: Am Beginn des Lebens. Z.B. ein Traum mit 8.00 Uhr als Schulbeginn meint den Kindheitsbeginn (vor der Schulzeit).

Morphogenetisches Feld: Das unsichtbare, Gestalt erzeugende Feld be-stimmt die Positionen der Objekte und Subjekte. Das betrifft auch Ster-ne, Galaxien und die sogenannte Gravitation. Die Gravitation ist eine Eigenschaft des Raumes, des Energienetzes, des unsichtbaren „Feldes", der Krümmung, weniger der Massen. Ähnlich wie man es im Traum sieht, spricht Einstein: die Gravitation ist eine Eigenschaft der Raum-zeit (da geht es eher um ein Feld als um Gewichte).

Motor: Kann für Leben, Vitalität, Lebensantrieb stehen. Ohne Motor zu sein im Traum ist recht tod-nahe. Wenn der Motor aus ist, ist es um den Lebensfunken geschehen.

Motor-Aussetzer: Das Motor-Stottern kann im Einzelfall zu einem Stolpern, Stottern des Herzmotors gehören.

Motoren-Ausbau: Das ist Ausbau, Entfernung, Tausch des Kerns. Sym-bolisch geht es um einen inneren Kraft- oder Identitätskern. Das Motiv geht bis hin zur Lebensgefahr.

Motoren-Mann: Damit ist ein Kfz-Handwerker gemeint oder ein Mann, der mit Motoren umgehen kann oder der viele Motoren hat. Da geht es nicht selten um Potenz, Sexinteresse.

Motoröl: Schwarze, negative Flüssigkeit. In Einzelfällen kann eine solche schwarze Öl-Einfüllung, -Portion als sehr negativer Sperma-Empfang gedeutet werden (Wut der Frau).

Motorrad: Typisch für „Mann", für Männlichkeit in diverser Weise, z.b. auch für den Animus einer Frau. Ein Motorradfahrer kann daher auch den Erzeuger, weniger einen Stiefvater, darstellen sowie den sexuellen Freund einer Frau. Zwei Motorradfahrer: manchmal Vater und Sohn oder auch ein gut zusammenpassendes Paar. Motorrad steht für eine einzelne Person, die Kraft, Stärke hat. Zwei Motorräder bedeuten manchmal ein potentes Paar. (Da kann es auch um das Erotik-Paar gehen, von dem man abstammt.)

Motorradfahren: Wenn als Besonderheit zwei Personen, z.B. Vater und Sohn, auf einem Motorrad fahren, zeigt das eine gelungene Verbindung bzw. eine gelungene Initiation. Ansonsten Motorradfahrer allein = Mann oder Vater, vielleicht auch betont aktiver Mann oder auch ein gewisser Single-Typ.

Motorradfahrer: Hin und wieder ein Symbol für einen Aggressor; sowie auch für einen autonomen Single-Typus. Ansonsten: männliche Stärke, auch gern etwas wie Vater.

Motorrad-mit-Beiwagen: Manchmal Vater und Sohn oder Tochter.

Motorsäge: Das ist eine Art von Männlichkeitsattribut, nicht ganz so brutal wie es klingt, aber auch nicht zartfühlend. Es kann ein Gleichnis für die männliche Sexualität sein, die als aggressiv angesehen wird, als stünde ein uralter Verletzungs- oder Übergriffigkeitskomplex dahinter. Sonst diffiziles Aggressionssymbol, meistens auch tod-nahe; kann den Aggressor, das Aggressionsgeschehen selbst (z.B. Vergewaltigung, Abtreibung, Operation [!], Morden) oder auch das Opfer anzeigen.

Motor-Set: Wenn es um einen zerlegten Motor geht, vielleicht noch gar in einer Holzkiste oder in einem Dachgeschoss, geht es um eine Erinnerung an eine Lebensbedrohung, meist in ferner, früherer Zeit.

Motorzündung: Das Leben beginnt, wie beim ersten Mal, der Lebensfunke zündet.

Müde: Körperlich schwach sein, wie in den Märchen, wo man sich „des Lebens müde" zum Sterben hinlegt. Extrem müde = sehr jenseitsnah sein (a) oder aber noch (früh) im Uterus (b) sein, also pränatale wie postmortale Zustände andeutend. Stark Erholung suchend – Schlaf erquickt – auch überfordert sein.

Müdigkeit: Schwäche und Unterlegenheit. Die Bedeutung kann im Extremen bis zur Lebensmüdigkeit gehen, also Aufgabe, Todbereitschaft anzeigen.

Müll: Bei übergroßem Müll geht es gerne um Belastungen durch andere Personen, durch deren Traumata, Komplexe, Hinterlassenschaft. Häufig stammt der Müll von Vorfahren!

Müllentsorgung: Das ist der Versuch, alte belastende Komplexe aus der Seele zu entfernen.

Müllinhalt: Meint manchmal die unerledigten Komplexe, die man mit sich schleppt.

Müll-Neuordnung: Ob mit oder ohne Mülltonne, es geht um eine Aufräumarbeit in sozialer oder psychologischer Hinsicht. Manchmal muss man seine alten Belastungen tatsächlich neu durchforsten oder ordnen.

Müllschlucker: Ein Mitmensch oder Diener, der sich den Interessen anderer hingibt, in der Haltung eines chinesischen Kotaus; ein Mensch, der sich den Aggressionen, Launen seines Herrn voll unterwirft, der alles „schluckt", um eines geheimen Zieles willen oder aus Angst.

Mülltonne: Ort, wo etwas tatsächlich entsorgt ist oder wird. Gefäß, Vorgang, Stelle mit Anzeige wirklich erledigter Sachen. Etwas in die Mülltonne werfen = etwas zu Ende aufarbeiten, hinter sich lassen, auch kompensieren, ausgleichen, heilen. Enthält oft alte Geheimnisse, besonders wenn der Deckel nicht zu öffnen ist. Wenn die Tonne sehr schwer ist und es um eine problematische Entsorgung geht, kann ein gravierender psychischer oder auch körperlicher Ballast aus früherer Zeit gemeint sein. Mit so einer Mülltonne kann man also ein Trauma mit sich herumschleppen, das der Aufarbeitung und Erledigung harrt.

Mumie: Geist, Schatten, Nachwirkung eines Verstorbenen, womit eine unerledigte Angelegenheit, ein Geheimnis verbunden ist. Eine Vorgeschichte, die nicht wirklich ruht. Mumien können Überreste sein von Verdrängten oder Toten aus der Familien- oder der Sippschaftsgeschichte. Sie treiben quasi als Gespenster ihr Unwesen. Das meint nicht so sehr, dass diese lebendig seien, sondern nur, dass es gewisse Wirkungen und Einflüsse von solchen Personen oder Geistern immer noch im Unbewussten gibt. Sie stellen also unerledigte Komplexe des Clans dar.

Mund: Orale, meist frühere Thematik, doch auch gern fortentwickelt in der Sexualität. Auch das Thema Reden (oder Schweigen) kann angezeigt sein; siehe auch „Mundraum"

Mund-Affinität: Eine Ähnlichkeit nicht nur bezüglich Mund, sondern auch bezüglich Kinn und Nase verrät, dass hier eine Liebe, ein Liebespaar entstehen könnte (genetische Anziehung).

Mundfüllung: Wir denken hier in einfacher Weise daran, dass jemand eine Mahlzeit oder vielleicht auch einen Apfel im Mund hat und deshalb im Moment nicht sprechen kann. Solche Traumbilder zeigen eine Erinnerung aus der vorsprachlichen Zeit.

Mundraum: Oft Gleichnis für die Vagina und besonders für den uteralen Raum (vorgeburtliche Erfahrungen), entsprechend der Symbolischen Gleichung: „Oben = Unten" (nach Wilhelm Stekel, nach Artemidor, nach Hermes Trismegistos). Auch manchmal für den Haus-, Familien-, Beziehungs-Raum stehend (nach Artemidor von Daldis). Und so können Zähne Personen in einem solchen „Raum" sein; so denkt ja auch der Volksglaube: ein Zahnverlust bedeute einen Menschenverlust, einen verlorenen Menschen oder Foetus.

Mund-Rot: Der rote Mund einer Frau zeigt, ob bestritten oder nicht, ein sexuelles Interesse. Er assoziiert zur durchbluteten Scheide. Man könnte es auch vergleichen mit dem Küken im Nest: der rote Mund wird eher gefüttert.

Mundschutz: Kann Personen bezeichnen, die grundsätzlich nicht küssen wollen oder können. Das wiederum verrät eine schwerere allgemeine Sexualeinschränkung.

Mundtot: Wenn man am Reden einer wichtigen Information im Traum blockiert wird, so ist das mehr als das Abwürgen von Worten, es ist eine feindliche Unterdrückungsaktion, also eine Gegnerschaft pur.

Mund voll: Wir beschreiben hier nur die Situation, wenn der Mund zu voll ist. Und das kann auch mal geschehen sein dadurch, dass andere dem Träumer den Mund gewaltsam vollgestopft haben. Man kennt ja die Redewendung „jemanden den Mund stopfen" = zum Schweigen bringen. Da sollte man überlegen: Wer hat ein besonderes, aggressives Interesse daran, dass eine Information bzgl. des Träumers ungesagt bleibt, dass das Opfer selbst nicht richtig sprechen kann?

Münzeinwurf: Es geht um eine Art Kontaktversuch. Dieser kann oder konnte sich abspielen zwischen Mutter und Kind, aber auch zwischen sexuellen Partnern. Manchmal ist eine deutliche Erwartungshaltung bezüglich eines „Gewinnes" dabei zu beobachten, das spricht für sich.

Münzen: Siehe „Geld" und „Obolus"

Museum: Alles Museale, auch das Antike oder Verstaubte, steht für Früheres; da könnte es also um alte Beziehungen gehen oder z.B. um unbewusste frühe Elternerfahrungen. Diese uralte Geschichte kann auch eine vorgeburtliche Geschichte sein.

Museumsführer: Diagnostiker, Therapeut, Welterklärer.

Musik: Als gute Laune, schöne Stimmung zeigt die Musik angenehme Emotionen an. Sie kann aber auch verwendet werden, um unangenehme

Themen zu verdrängen. Musik kann also als Ablenkung fungieren, sie übertüncht die Trauer und die Verletzung. Wenn man beispielsweise im Traum die Musik abschaltet, hört man endlich mit Verdrängungen auf. Ansonsten steht Musikalisches für jede Art von Hoch- und Lustgefühl. Das kann ein spirituelles Erhoben-Sein sein, aber auch Erotik. Es geht um Freude, Lebenslust. Meist ist die Information tiefer, wenn man im Traum eine bestimmt Melodie oder einen bestimmten Text erkennen kann. – Zu laute Musik = Aggression. Unbedingt Musik haben, hören wollen oder zu viel Musik-Intensität = Infantilität, Sucht, Egoismus, Suche nach Gefühls- und Lebensersatz, also Kompensation von Liebesmangel und Zuwendung (gilt für gewisse Musikenthusiasten und für Leute, die dauernd das Radio oder Ähnliches anstellen). Insgesamt einfach mit Gefühl, Urgefühlserfahrung, Triebwelt zu übersetzen. Das spannt sich von der Lust bis hin zur Aggression (Letzteres ist die absichtlich laut gestellte Musik).

Müssen: Bei dem „Muss" scheint es im Traum um Urinieren, Stuhlgang zu gehen, in Wahrheit geht es aber um Leben-Müssen bei der Geburt (oft mit schweren Hindernissen)! Das Verb wird oft gebraucht im Sinne von „ich muss" urinieren oder Kot absetzen. Es ist eine allererste archaische Anmeldung eines Lebewesens, das unbedingt leben will oder leben „muss". Es geht um den unaufhaltsamen Lebenstrieb, z.B. bei einer Geburt. Es kann sich aber auch einmal um großen sexuellen Druck handeln.

Muster-Disharmonie: Auch als Disharmonie von Farben oder von zusammengestellten Heimtextilien deutet es eine Problematik oder Disharmonie der sexuellen Orientierung an.

Mutter des Freundes: Evtl. eine abgespaltene Information über die eigene Mutter, gerne, wenn es ein Tabu betrifft (z.B. Missbrauch).

Mutter: Wie etwa bei einem Maschinenteil, das für eine Mutter/Schraube steht, ist der empfangende weibliche Elternteil gemeint, enthält also oft eine Information über die Umstände der eigenen Zeugung. Die Mutter ist Symbol für Schwangerschaft, Leben, sie ist eine Art Geist, Göttin der Fruchtbarkeit, auch das Ursymbol für Liebe sowie die Grundlage späterer Erotik. Sie ist der Komplex, der für Nachwuchs sorgt – aber durchaus auch die Erstherrin (Chefin). Mütterlichkeit besagt, dass das Kind die Hauptrolle spielt und alles Gutes für es getan wird. Am Verhalten der erwachsenen Kinder in einem Traum, gegenüber Muttersymbolen, kann man ablesen, welche Muttererfahrung zugrunde lag. Wer (echt) liebevoll, rücksichtsvoll gegenüber seiner Mutter später ist, dankt für (echt) Entsprechendes von früher. Hier hat auch das Muttertabu seinen Platz, nach dem nie irgendetwas gegen die Mutter unternommen wird: es hat seinen Sinn, da die Mutter exklusiv, quasi in hoch dankenswerter Weise das Leben gab. Ein Muttertabu ist im Grunde normal (und meist nicht zu brechen).Übertriebene Mutteranhänglichkeit und -parteinahme verrät aber natürlich oft nur Kompensation und Sucht: die Mutter gab Mütterlichkeit nicht, sie gebar Kinder und wusste nicht, was mütterliches Verhalten ist. Dann wirbt (!) man abhängig ein Leben lang um sie, und zwar vergeblich. Besonders bezüglich Mutter gilt der Satz: was du „gehabt" hast, kannst du lassen; übertriebenes Festhalten an Mutter verrät also, dass man die Mutter eigentlich nicht hatte. Viele Symbole, Archetypen für die Mutter gibt es: Wasser, Höhle, Baum, Zimmer, Kuchen, Brot, Pflanze, Katze, Schwester, Ehefrau, Tochter, Tante usf. In Frauenträumen ist die Mutter nicht nur eine Erziehungsperson oder ggf. eine Dominanzperson, sondern sie repräsentiert als Archetyp die archaische, natürliche, positive Weiblichkeit, fern aller Komplexe und Neurosen. Sie ist das zwar unbewusste, aber eindeutige Vorbild.

Muttereinfluss: Er ist einfach überwältigend, prägt den Charakter, die Biografie wie nichts sonst. Wird in der Traumbildersprache natürlich meist nur durch verschiedene Symbole dargestellt.

Muttergeist: Als Geist der Mutter, als quasi-personales Wesen spiegelt diese Figura psychisches und physisches Verhalten einer Frau in ihrem Genitalbereich. Es ist wie eine Besetzung, etwa durch weibliche Vorfahren oder nach dem Muster vieler Ahnfrauen. Und betrifft das Verhalten gegenüber Mann und Kind. Sehr stark wirkt, was die Vorfahren-Mutter (besonders die Oma) sich unterschlagen musste zu tun, zu äußern, während sie unter Druck das Gegenteil tun musste (etwa sich sexuell hingeben musste); die Töchter realisieren die geheime, eigentliche Absicht der Mutter dann unbewusst. „Für die Mutter" tun sie es (verweigern sie sich ggf.), mögen sie sich mit dieser Parteinahme auch selbst behindern. „Für" Mutter, Großmutter und Uroma, in deren Geist, nicht selten widersinnig gegenüber anderen Menschen – das ist eine starke Schicksalskarte, unbewusste Kraft. Der Kern des Muttergeistes ‚sitzt' in der Großmutter, weniger in der Mutter. Der Muttergeist ist ein leben-gebender Unterstützer, aber er kann auch arg unterdrücken, blockieren, d.h. geheim ablehnen, z. B. wenn er eine Schwangerschaft nicht wollte. Seine Suggestionskraft strahlt auf Suizid und Geschlechtswandel aus. Der Mutter-, Großmuttergeist ist oft tätig, ohne dass er ins Bewusstsein kommt, z.b. wenn eine junge Frau abtreibt. Manchmal muss man ihn aus seinem Unbewussten weg- und austreiben, er weicht nicht, er kann in Einzelfällen eine mächtige Zauberin sein. Sollte ein Mädchen aus verschiedenen Gründen den Muttergeist vertreiben wollen oder müssen, gibt es das Risiko, sich zugleich damit die Vorlage zum Frau-Sein zu zerstören.

Muttermal: Manchmal Relikt (Indikator) von konkreten, körperlichen Verletzungen aus früheren Leben, auch Wunden aus Abtreibungsgeschehen; bzw. vererbte Wundmale, Traumata. Jedenfalls kein Zufall.

Mutter-mit-Vatergesicht: Da könnte vorliegen, dass in der Kindheit des Träumers die eigentliche mütterliche Zuwendung von Seiten des Vaters kam, während die Mutter relativ männlich oder inaktiv war.

Muttern: Muttern und diverse Anschlüsse, metallische Anschlussmuttern stellen gern das weibliche Sexualobjekt für den Mann dar.

Mutter-Sitz: Es geht darum, wie und wo die Mutter sitzt. Zu einer wahren Mutter gehört im günstigen Falle, dass sie neben dem Baby sitzt. Das spielt sich im Traum gern auf dem Sofa ab oder auch auf den Autositzen im hinteren Bereich des Wagens. Und hier wird also eine Information geliefert, zum Beispiel diese: Wenn die Mutter sich weigert, sich neben das Kind zu setzen oder das Kind neben sich sitzen zu lassen, ist das ein Indiz dafür, dass die Mutter die Frucht (wenigstens zuerst einmal) ablehnte.

Mutterverlust: Das ist von den sozialen Verlusten das Schlimmste, was ein Kind treffen kann. Es geht über alles. In der Regel ist der Mutterverlust unheilbar.

Mütze: Stellt manchmal eine Manipulation des Kopfes bzw. des Gehirns dar. Das bedeutet, die Mentalität des Betreffenden ist unfrei. Die Gedanken innen sind ähnlich (ggf. kurios – oder aber positiv) wie die Form des Kopfes draußen. Mütze und Frisur verraten die Mentalität innen.

N

Nachahmen: Geht es dabei um eine Personennachahmung, so wird die tätige Person vielleicht Interesse haben, den Platz der nachgeahmten Person einzunehmen; es kann auch stark bis zum Neid gehen. Kinder jedoch ahmen unschuldig, und zwar gerne und sinnvoll das Fortgeschrittenere nach.

Nachbar: Das Motiv hat nicht selten zu tun mit Fremdgehen, Nebenliebschaften, mit geheimen Beziehungen. Zuweilen Synonym für einen Mann konkret, mit dem die Frau fremdging. Das Thema des Nachbarn kann auch in der Variante Nachbarschaft, Nachbarkommune, Nachbarsiedlung auftreten. Im Zusammenhang mit Herkunft, Identität kann es ein Hinweis darauf sein, dass der Träumer evtl. seine Wurzeln in der Nachbarschaft oder beim Nachbarn hat, zumal wenn der Nachbar die Grenzen nicht respektiert; es kann so die Erzeugerfrage mit diesem Motiv angeschnitten sein (eventuelles Fremdgehen). Andererseits im übertragenden Sinne auch dies: dass der Träumer sich in irgendeinem Aspekt „anders" als seine Umgebung empfindet. Wer auch immer als Nachbar im Traum auftaucht, gerade in Männerträumen, er könnte ein geheimer Liebhaber sein.

Nachbardorf: Abgespaltene Person oder abgespaltener Persönlichkeitsteil. Vorübergehende Trennung.

Nachbarhaus: Ein Nachbarhaus als Lebensumstände oder der Nachbar selbst können so gesehen werden, dass der Träumer eine verdrängte unbekannte Seite hat, die man psychologisch als seinen Schatten bezeichnen könnte. Es kann sich auch um ein Ereignis handeln, das vor der Tür steht, womit man aber nicht rechnet. Es kann sich eine Szene abspielen, die zu einem eigenen, sehr verdrängten Ereignis des Lebens gehört. Es kann da also etwas vorgeführt werden, was eigentlich Teil der eigenen Biografie, in der Symbolsprache des Hauses, ist.

Nachbarhund: Hunde sind tendenziell männlich zu deuten. Sie haben Instinkt, Intuition und eine starke Triebkraft. Hinter dem Hund des Nachbarn verbirgt sich gern der Typ des Nachbarn. Der Nachbar kann eine verdächtige Person insofern sein, als er Interesse an der nebenan wohnenden Frau des Hauses hat.

Nachbarin: Hier konzentrieren wir uns einmal darauf, dass die Nachbarin in Frauenträumen vorkommt und sehr oft die Frau des Hauses durch Kontakt, Gespräch mit der Nachbarin beschäftigt bzw. absorbiert. So eine Nachbarin füllt die Rolle aus, die in manchen anderen Träumen die Freundin einer Frau hat. Da geht es vielleicht um eine Muttersucht, um eine Mutterabhängigkeit, um einen Mutterersatz. Wenn man als Frau auf die Nachbarin fixiert ist, hat man natürlich weniger Bereitschaft für den Mann oder für die Kinder. – Besonders der Typus der „älteren Nachbarin" = C.G. Jungscher „Schatten" einer Frau.

Nachbarn: Hier kann es sich um gute Freunde, seelenstärkend, aber auch um geheime sexuelle Konkurrenten handeln.

Nachbars-Vorgarten: Es könnte ein Fremdgehen thematisiert sein. Oder eine Schattenseite.

Nachfragen: In aller Regel dokumentiert die Person, die nachfragt, ein besonderes Interesse an der Person, die Gegenstand der Frage ist. Auch Verstorbene können sich im Traum nachfragend erkundigen.

Nachhause: Das Symbol hat eine vielfältige Bedeutung. Es bedeutet, zu sich selber kommen, auf die Welt zu den Eltern kommen, seine

Identität, seinen Frieden, seine Originalität finden, sein Lebensziel, ja sogar sein Endziel in Richtung Jenseits finden. Der Kontrast oder Anlass ist, mehr oder weniger von sich entfremdet zu sein, ein Ziel überhaupt noch nicht erreicht zu haben. Oder von einer geliebten Person stark abgelehnt zu werden. Hauptbedeutung: die eigene, tiefere Bestimmung finden.

Nach-Hause-Fahren: Kann bedeuten, zu sich selber zu kommen, authentisch zu werden oder zur genuinen Identität zu kommen. Zum Beispiel bei Entscheidungen, so etwa auch bei Trennungen, wäre das ein Hinweis. Aber auch: Erinnerung aufsuchen.

Nach-Hause-Weg: Das hat gern etwas damit zu tun, dass man endlich oder authentisch zu sich selbst kommen möchte.

Nachhilfe: Selbst wenn gute Schüler eine Nachhilfe nicht nötig hätten, dokumentiert das Motiv, dass die betroffenen Personen Lücken in ihrer Entwicklung haben. Es geht nicht um das Schulfach, obgleich dieses eine Symbolik hat, sondern um die Reifung, um das Erwachsenwerden. Es verbirgt sich auch in Nachhilfe die Notwendigkeit, dass irgendetwas sehr Unklares noch aufgeklärt werden müsste in einer Biografie.

Nachholbedarf: Das berührt gern ein gewisses süchtiges Verhalten. Suchen, nicht ohne Grund.

Nachlaufen: Generell stellt diese Laufkunst ein Bemühen dar, ein ganz besonderes Ziel zu erreichen. In der Regel wird ein Kontakt mit einer Person intensiv erstrebt, meist mit Schwierigkeiten.

Nachmittags: Die zweite Lebenshälfte.

Nachschreiben, nachholen, nacharbeiten: Im Gewissen meldet sich eine Kraft, die eine versäumte Entwicklung nachholen möchte; da gab es also Lücken, Verspätung usw.

Nacht: Das Unbewusste, Unsichtbare, bzw. das, was nicht zu erkennen ist, und das liegt in der Regel vor dem 3. Lebensjahr (wo die

Erinnerungsfähigkeit erst beginnt), sehr oft identisch mit dem Angst-machenden.
Mythisch ist die Göttin der Nacht die Mutter der Söhne Schlaf und Tod, nicht unpassend, denn diese Söhne Hypnos und Tha-natos bzw. diese Drei haben Ähnlichkeit miteinander; meistens zu deu-ten als Nicht-Verstehbares und Arges, Negatives. Nachts: häufig auch Erlebnisse aus der Uteruszeit (wo man ohne Sehen war) sowie Hellse-herei.

Nachtausflug: Spannende Information zur Uteruszeit und/oder zum Unterbewussten.

Nachtdienst: Wenn dieses Motiv auffallend zu einem Träumer gehört, dann meint es, dass diese Person sich im Leben viel mit dem Unsicht-baren, Unbewussten, Jenseitigen, also mit dem, was symbolisch zur Nacht gehört, beschäftigt. Es muss natürlich auch Personen geben, die sich mit der geistigen, unsichtbaren Welt oder auch mit der Tiefenpsy-chologie beschäftigen. Die anderen sind dann die, die in der Symbolik die Schicht des Tagdienstes ausfüllen; oder manche haben auch eine Frühschicht usw.

Nachtkleidung: Nachthemden, Schlafanzüge, auch Morgenmäntel wei-sen auf eine Erinnerung an die Schwangerschaftszeit hin, besonders dann, wenn das Symbol Bett oder Matratze zusätzlich auftaucht.

Nachtruhe: Erinnerung an die Entspannung im Mutterbauch.

Nachtschlange: In Kinderträumen hat sie manchmal mit Wasser, Trunk, Gift, Ozean, Reise, Fähre zu tun und steht als Archetyp für Weltleben, Inkarnation, In der Bibel steht die Schlange für den Teufel, der evtl. ein Konkurrenzgott ist, welcher auffordert, den Himmel zu verlassen. Vgl. den Paradiesverlust oder die Midgartschlange.

Nach-Unterricht: Die Art von Verspätung, Nachsitzen bezieht sich ger-ne auf eine verzögerte, blockierte Geburt oder vielleicht auch auf eine verspätete Pubertät.

Nacktheit mit Absicht: Hier provoziert jemand mit eindeutigen Absichten. Es reizt, prostituiert sich jemand, wenigstens symbolisch (erst mal ohne moralische Bewertung). Zu unterscheiden von den meisten Nacktheitsträumen, die nur eine Wahrheit offenbaren.

Nacktheit: Hat nichts oder fast nichts mit Sexualität zu tun; zeigt ungeschminkte Wahrheit, und zwar mental oder psychisch, über das Medium des Körpers, der Materie. Die vielen Träume, in denen man sich seiner Nacktheit schämt, etwa weil man nur oben bekleidet als Lehrer vor der Klasse steht oder halbnackt, wie ein Skandal, durch eine Straße läuft, meinen nichts Körperliches, sondern, dass man sich seiner Existenz und seines Wesens schämt. Diese Peinlichkeitsträume verraten tiefsitzende Minderwertigkeitskomplexe und Selbstablehnungen, im harmloseren Falle nur Schuldgefühle. Selbsthass und Schuldkomplexe (vielleicht eine typische Krankheit der westlichen Zivilisation – jedenfalls nach Aussage eines brahmanischen Lehrers) sind ehemals entstanden durch Fremdablehnung: man war z.b. ein ungewolltes Kind oder wurde in der Kindheit suggestiv als negativ bezeichnet. Die zerstörerische Selbstablehnung ist meistens extrem verdrängt, versteckt, verrät sich nur als Depression oder Suizid oder in den klassischen, so peinlichen Nacktheitsträumen (peinlich kommt von „Pein", Schmerz, sic). Nacktheit, körperlich wie mental, ist Wahrheit und die Bedingung jeder guten Beziehung (d.h. sich so zeigen zu können, wie man ist), das Gegenteil ist Maskerade, Verkleidung und Beziehungstod. Die Schokoladenseite eignet sich nur für die ersten Anfänge eines Flirts, später nicht mehr. Für das Sich-Zeigen haben in manchen Kulturen die nackten Genitalien die Schlüsselrolle übernommen, daher eignen sie sich hervorragend als sprechendes Traumsymbol. Kurzgefasst bedeutet „nackt" einfach „wahr". Kann aber auch einmal bedeuten: sexuell zur Verfügung stehen (müssen), Opfer sein oder aber auch sogar benutzt werden wollen. Wie viel Scham oder Peinlichkeit auch bei der Nacktheit sein mögen, es geht um Wahrheit, und diese müsste ja eigentlich komplexfrei sein.

Nacktkörper: Als nackter Körper steht man zu seiner Wesenheit, zu seiner Wahrheit, zu seiner Bereitschaft, sich zu zeigen. Hier verraten sich daher Minderwertigkeitskomplex oder umgekehrt Selbstwertgefühl deutlich. Schämt man sich, lebt man unbewusst, psychisch in Selbstablehnung. Bei solch einem Traumsymbol tauchen gern körperliche Mängel auf. Auch hier ist die Einstellung endscheidend. Nimmt man einen Makel als gegeben und normal hin, ist man mit seiner Einstellung zu sich selbst im Grunde im Reinen. Scheut man sich, die üblichen Mängel eines Körpers zu zeigen, verrät man wiederum unbewusste Selbstablehnung. – Vor dem Sündenfall waren die ersten Menschen nackt = schämten sich nicht, registrierten es gar nicht! Sie waren zutiefst unsexuell. Nachdem sie dem Gott die Fähigkeit, Menschen zu schaffen per Apfel gestohlen hatten, spielte der sexuelle Unterschied der nackten Körper die Hauptrolle...

Nägel einschlagen: Manchmal männliches sexuelles Tun (als Gleichnis); Potenz, Zeugen.

Nägel: Schneiden = Kann eventuell mit Abschied, Sterbens-Einstellung zusammenhängen (evtl. als Vorbereitung). Bei andern: sein eigenes Vorrecht dokumentieren, durchsetzen. Nägel kauen = Relikt der Brust- und Muttersuche des Säuglings.

Nagel: Oft diffuse Erinnerung an irgendein körperliches oder seelisches, vor-bewusstes Verwundungsthema. Aktuell: jemandem Schmerzen zufügen.

Nähen: Ist beinahe wie: eine Frau produziert etwas, und zwar gern im übertragenen Sinne. So streift es nicht selten das Schwangerschaftsthema. Bei einem Mann anders zu deuten.

Nahtod: Darin ist eine versteckte Information über ein Todeserlebnis verborgen. Wenn z.B. die Nahtodforschung das Thema einer Seminarveranstaltung im Traum ist, dann kann man davon ausgehen, dass es zum Lebensbeginn eine lebensgefährliche Situation gab. – Kann heißen, dass der Tod dort „nahe" war oder ist.

Nahtoderlebnis: An diesem Begriff oder Symbol scheiden sich die Geister. Als Vortragsthema im Traum löst es etwas aus. Betont atheistische Menschen bekämpfen den Terminus Nahtoderlebnis. Man kann an so einem Reizwort im Traum u.a. erkennen, wie die Auseinandersetzung zwischen Gottgläubigen und Atheisten abläuft. Materialisten bestreiten Nahtod-Erlebnisse, obwohl sie ein großer Erkenntnisgewinn sind.

Name: Nomen est omen, d.h. in aller Regel ist ein Namen im Traum nicht konkret, sondern er hat eine symbolische Bedeutung und steht für Qualitäten, für Charakteristisches. Der Name meint also eine Identität im Verhalten, in der Eigenschaft, d.h. er ist meist „sprechend" oder lautmalerisch. Ein Herr Schneider oder Schnitter oder Schnitzler verweist in erster Linie auf das Schneiden-Thema, nicht auf ein Individuum. Der Name kann aber auch eine Verharmlosung, Entstellung, Verballhornung, Ungenauigkeit sein, oft ist er daher im Traum unpräzise, wie stammelnd, und meint einen anderen ähnlichen (!) Namen. Wenn eine Information fehlt oder ungenau ist, dann sind auch alle Namen dafür nur ein Ohngefähr.

Namennennung: Im Unbewussten ist Nomen immer noch = Omen. Das heißt, wird eine Traumfigur mit einem Namen benannt oder genannt, ist ein wichtiger Persönlichkeitsteil der Figur ausgesprochen bzw. verraten.

Namensgleichheit: Wenn z.B. ein Matthias N. von einem anderen Matthias X. träumt, so mag zu deuten sein, dass der zweite Matthias eine Eigenschaft des N-Träumers hat. Es dürfte um einen eher unbewussten, verdrängten Fakt sich handeln. Gegenüber dem ersten Matthias mag der Fakt etwas abgespalten sein.

Namensteile: Sie meinen eine Charaktereigenschaft, nicht eine Benennung des Namensträgers. Ein Herr „Fried" oder „Fried—" z.B. kann für Befriedigung stehen.

Namensversteck: Incognito, falscher Name, Alias = ein Mensch versteckt, verheimlicht sein Tun, meist sein kriminelles oder moralisch schlechtes Tun. Oder er war von Anfang an eine versteckte Existenz, und andere versteckten früh viel.

Napf: Näpfchen/Behälter für Salben, im Einzelfall = weibliches Genitale, die Geliebte.

Narben (ähnlich Muttermale): Zeigen Verletzungen (konkreter Art) aus der Uteruszeit, auch manchmal aus früheren Leben an.

Nase: Charakter-, Empfindungsorgan, im übertragenen Sinne: Affinität zu Penis und Klitoris – wesentlicher aber zum Mentalen, zur Ich-Ausprägung. D.h. die Nase ist ein stimmiges, sprechendes, aber sehr schwer zu lesendes Individualitätsmerkmal. Auch Symbol für Vorwitz oder kleine Person. Organ für Liebe oder Zurückweisung, per Geruch, archaisch. Auch Medium für das erste Finden der Mutterbrust. Im übertragenen Sinne geht es manchmal um Stress, um Unrast, um Befriedigung oder Nicht-Befriedigung. Die Nase ist ein instinktives Vorahnungsorgan, eine Intuition und Erkenntnis urtümlichster Art, weil der Sinn des Riechens außerordentlich grundlegend und untrügerisch ist. Also Merkmal für Stimmungen, Haltungen; siehe auch „Lang-Nase"

Nasenplastik, Nasenoperation: Kann stellvertretend für Verletzung oder Krankheit bezüglich des Penis stehen.

Nasenwurzel: Bei oder oberhalb der Nasenwurzel wird indirekt das Stirn-Chakra angedeutet. Dieses ist für spirituelle Erkenntnis und Wissen zuständig. Mit dieser Nasen-Stirnstelle wird also eventuell etwas über die Weisheit des Träumers ausgesagt.

Natur: Siehe „Landschaft"

Naturkatastrophe: Das meint einen enormen Einschnitt im Leben und ist erst einmal neutral zu sehen. Es kann also die Geburt, den Lebensanfang bedeuten oder auch eine schwere Krankheit, eine schwere Änderung oder auch eine Todessituation. Die Natur im Traum steht für das Innenleben der Seele.

Naturüppigkeit: Das ist ein quasi paradiesisches Symbol. Wenn nicht in der Zukunft, wo existiert sonst noch so etwas? Die wunderschöne Landschaft oder Natur, besonders ausgedrückt durch eine Pflanzenüppigkeit, existiert in unserem herrlichen Aufenthalt im Uterus. Selbst Sigmund Freud hat diese Lebensphase mit schönen Worten beschrieben, nämlich als „ozeanisches" Gefühl. Wachstum selbst drückt sich weniger in Wasser als in Kräutern, Sträuchern, Blumen, Bäumen aus. Wir beginnen quasi im Status „Pflanze". Deshalb stellt eine sowohl sehr urige als auch übertriebene Pflanzenüppigkeit eine Erinnerung an die pränatale Zeit dar. Vergleichbar mit dem Paradies-Garten.

Nebel: Starkes Symbol für Tödliches (Nebelland, Niflheim), mehr noch als die Dunkelheit; ausgesprochene Orientierungslosigkeit. Nebel stellt einen Inhalt dar aus dem Umfeld des Todes. Im Motiv „Nebel" steckt mehr Tod als im Motiv „Schwärze".

Nebenausgang: Wer durch einen Nebeneingang geht, vermeidet die Wahrheit und versteckt sein Tun. Besonders ist es jemand, der sein Verhalten geheim halten will. Aber Nebeneingang und Nebenausgang zeigen primär, dass dem entsprechenden Träumer der Hauptweg einmal verhindert, verschlossen war. Da ist also etwas erreicht worden, ob in irgendeiner Liebesbeziehung oder bei der Geburt, was nur mit Mühen oder argen Widerständen auf einem Ersatzweg möglich war.

Nebenjob: Geheime, versteckte Seite oder Absicht einer Person. Kann auch eine geheime Beziehung, also Fremdgehen, meinen.

Neben-Position: Wir konzentrieren uns hier einmal auf den Platz einer Person neben einer anderen Person, z.B. neben dem Träumer. Diese Position ist positiver, was die Mentalität, die Wohlgesinnung angeht, als etwa die Position ,schräg gegenüber'. „Direkt gegenüber" muss nicht anti sein, sondern kann auch sehr positiv sein. Es werden die latenten, etwas andersartigen Seiten der Hauptperson gezeigt, welche großen Einfluss haben.

Nebenraum: Steht für ein verschüttetes Ereignis oder für eine Schattenpersönlichkeit, überhaupt für eine biografische Einzelheit, die nicht im Lichte stattfindet oder die nicht präsent ist, besser gesagt, die nicht bewusst ist, die aber eine Rolle spielt oder gespielt hat. Z.B. der lange unbekannte Liebhaber der Mutter in einer größeren Familie hält sich in einem „Nebenraum" auf. Auch ein sonst tabuisiertes Verhalten kann dort ablaufen.

Nebentisch: Das ist ein typischer Platz für eine Schattenpersönlichkeit, wer da sitzt, gehört zu dem Subjekt, mit dem man sich im Traum beschäftigt, aber natürlich sehr geheim.

Neben-Tür: Meist ist indirekt gesagt, dass die Haupttür verschlossen oder nicht zugänglich war. Dann wird im Traum gezeigt, dass man nur auf Umwegen unter Not und unter Stress ein bestimmtes Ziel oder eine bestimmte Person erreichte, z.B. die Geburt.

Neger: Altertümlicher, mittlerweile verfemter Begriff. Siehe „niger/nigra (lat.)"

Neid: Fast könnte man sagen, dass die Urform des Neides der Futterneid ist; so ist Neid leider unter Geschwistern ein großes Motiv für Aggressionen, Ablehnungen und kommt in Träumen oft vor. Letztlich geht es darum: Wer kann besser leben? Wer überlebt? Daher ist Neid auch ein Hauptmotiv für Kriege (auch wenn der Aggressor das immer leugnet), so schon von Karl Marx begriffen. Der Neid ist farblich meist in starken Gelbtönen dargestellt. Da Neid typisch für alle Lebewesen ist, ist er eine sehr häufige, jedoch meist versteckt gehaltene Motivation.

Nepal: Hohe Spiritualität. Hat Ähnlichkeit zu „Tibet" und zur „Himalaya-Region", siehe dort.

Nest: Auf ein sehr frühes mutter-bezogenes Thema verweisend. Allgemein gedeutet: Ob nun mit Ostereiern oder auch vielleicht mit etwas Gold, so ist wahrscheinlich ein Erfolg, ein hoher Wert angezeigt.

Nestflüchtling: Wie die Vögel haben auch die Menschenkinder das Thema, das Elternnest zu verlassen. Ein wichtiger Aspekt ist aber, wie das vor sich geht. In der ganzen Natur ist das eine sehr kritische Phase, wenn das Neugeborene die Obhut der Mutter verlässt. Nicht selten, ist es dann sehr gefährlich. Auch Menschen können also verschiedene

Nestflüchtlinge sein, z.b. zu früh hinausgeworfen oder zu lange fest-gehalten oder beim Sprung ins Leben gleich in den Tod geraten. Meist geht es um das Geburtsthema, seltener um die Pubertät. Man muss sa-gen, der Zeitpunkt, zu dem das Nest verlassen wird, ist hoch-wichtig, hat Folgen für das ganze Leben. Es gibt kaum eine Standardantwort für die Bedingungen. Nur: Vorher sollte man saturiert gewesen sein, dann fällt es leichter.

Netz: Dinge, die sich in einem Netz befinden, verraten, dass sie un-frei sind oder kompliziert. Es ist ein eher ungünstiges Symbol, beson-ders als Netzumhüllung von irgendetwas. Das Netz meint dann etwas wie Gefangenheit, Blockierung, Eingesperrt-Sein, wie Unfreiheit in der Aktion oder im sozialen Bereich. Netze tauchen manchmal als herab-hängende Hindernisse auf, und sie erinnern an ein schwieriges Überle-bensproblem (z.b. bei der Geburt) oder an diffuse Widerstände, die man nicht richtig verstehen kann. Also insgesamt gern eine Art Hindernis, was nicht richtig begriffen wird bzw. nicht recht greifbar ist.

Netzumhüllungen: Gern das symbolische Weben einer Frau um die Frucht. Meint also einen Fortschritt in der Schwangerschaft. Kann auch negativ als Mutterherrschaft auftauchen. Ist manchmal mit eben-falls symbolischem Stricken, Häkeln verbunden.

Neun: Sehr oft Zeichen, Chiffre für 9 Monate Schwangerschaft (auch als 900 oder 99); aber wie die 6 kann sie auch bereits als nur bauchige Form, als rundliche Optik, als Grafik der 9, ein uterales Thema meinen. Esoterisch steht 9 für hermetische, mystische Erkenntnis (als Merkur-zahl). Weiter ist sie zu verstehen als 3 x 3, d.h. sie ist eine potenzierte, verstärkte Drei-Qualität (Faktizität). Zu beachten ist auch, dass sie ei-nen Zustand meint knapp unter Zehn/Vollendung. Gegebenenfalls as-soziiert sie auch zu dem Adjektiv „neu"; meint aber auch als Entwick-lung, Einweihungszeit: Beginn von etwas Neuem.

Neunundzwanzig: Die Zahl 29 zeigt das knappe tragische Nicht-Errei-chen der 30 (eines Positivums); daher steht die 29 tendenziell für Miss-erfolg.

Neunzehn: Aus ganz alter Zeit, z.b. aus Dekorationen, Ornamenten von bronzezeitlichen Goldhüten der Priesterkönige und aus der Astrologie gibt es die Spur, dass die 19 eine urkosmische, gottnahe Bedeutung hat, etwa als das spirituell Höchste oder als Glückszahl. Vielleicht ist deshalb im Tarot-Spiel gerade die „19 die Sonne" die Haupt-Glückskarte. Die neunzehn Gravuren oder Figuren oder Kreise auf den antiken Goldhüten fallen auf. Daneben ist die 19 als 1 (= Ich) + 9 zu lesen. Auch gegebenenfalls als Nicht-Zwanzig (2, 20 manchmal als unspirituell und etwas negativ) verstehbar.

Neunzig und Neunhundert: Verstärkte 9.

Neuronales: Neuronale Portionen oder Depots oder Verflechtungen meinen im Traum Klugheit und Weisheit. Wie viele Dinge wird auch die Intelligenz im Traum an materiellen Erscheinungen festgemacht und erklärt. Die neuronalen Zustände stehen also für das Denken.

Neustarts, wiederholte Neustarts: Passt zum psychologischen Wiederholungszwang. Verrät dialektisch Erfolg nach Misserfolg. Siehe auch „Unterbrechungen"

Neutral: In Wahrheit unschuldig, unbelastet, distanziert frei sein.

Neutrales: Wie ein Neutron, als drittes Element, elektrisch ungeladen, ist im Mikro- wie im Makrokosmos, auch in der Psyche, eine neutrale Kraft vonnöten, damit alles in der Balance Bestand hat. Vergleichbar ist vielleicht, dass Buddha den „mittleren Weg" zwischen den Polen, Extremen als Zentrales oder Notwendigkeit erkannte. Drittes, Neutrales ist im Traum auch als wichtiger, unverzichtbarer Teil der Trinität zu erkennen, hält etwas zusammen und kann doch nicht beschrieben werden.

New York: Siehe „Amerika"

Nicht-dran-Kommen: Als langes Warten sehr urtümlich und archaischen Frust zeigend. Taucht eine Lehrerin auf, geht es vielleicht um eine Muttererfahrung, um Ablehnung. Eine Schulsituation, die aber für das Privatleben steht.

Nicht-fertig-Sein: Eine Entwicklung ringt um ein Ergebnis. Es ist also das Bemühen eines Menschen dargestellt, der aber durch äußere Umstände oder durch den fehlenden richtigen Zeitpunkt noch nicht im Ziel ist. Das Ziel kann eine Reifung sein, aber auch eine Erkenntnis. Meist Erinnerung an ein Scheitern in früherer Zeit.

Nicht-fertig-Werden: In einigen Fällen meint es, den sexuellen Höhepunkt nicht gut erreichen zu können; kann in solchen Fällen vorgeblich verbunden sein mit den Tätigkeiten der typischen Arbeitswelt (als stellvertretendes Symbol) oder auch mit einem 6-Symbol bzw. Sexsymbol oder mit dem Motiv Französisch und Ähnlichem. Urvorlage ist in der Regel ein Geburtrauma im Sinne einer Geburtsverspätung, und dann bezieht es sich auf viele praktische Tätigkeiten im Leben (ob nun Kochen oder Koffer-Packen und eben evtl. auch Sexualität), die alle indirekt vom Geburtsmuster abhängig sind.

Nicht-gesehen-Werden: Ablehnung. Das Gegenteil wäre, sich zu zeigen, sich zu outen. Sehen ist Zuwendung oder eine positive Kontaktaufnahme. Trauma aus alter Unterdrückungsgeschichte heraus (z. B. wer von den Vorfahren sollte versteckt werden?). Scham, Selbstablehnung. Nicht-gesehen-Werden ist auch typisches Symbol für eine Schwangerschaft und Geburt, die geheim und versteckt bleiben sollten. Die Mutter begeht eine Art Täuschung bei der Geburt oder hat sonst einen großen Stress, irgendetwas soll nicht bekannt werden. Das passt natürlich gern dazu, dass die Frucht aus einem verbotenen Verhältnis stammt. Die Frucht, die später auch erwachsen wird, trägt ihr Leben lang einen solchen Komplex in sich, sich symbolisch zu verstecken, auf jeden Fall, sich stark zurückzunehmen. Prä- und perinatale Ablehnung stecken also manchmal, wie oft, dahinter.

Nicht-Können: Die Redewendung „Ich kann nicht" ist manchmal eine höfliche Umschreibung für die Absicht, d.h. für „Ich will nicht", aber nicht immer.

Nichts: Die Leere, das Nichts ist das eigentliche Wesen der Schöpfung; allerdings gibt es winzigste Punkte, z.B. als ein Planet oder als ein Menschleben zu begreifen, die in dieser ungeheuren Umgebung der großen Leere schweben. Leben, wie wir es kennen, ist außerordentlich fragil und bewegt sich in dem alles beherrschenden leeren Nichts. Allerdings das Nichts hat auch unsichtbare Strukturen (wie etwa die physikalische Raumzeit oder ein Gitternetz oder Gravitationswellen oder die kosmischen Krümmung), und an den Kraft-, Knotenpunkten entwickelt sich etwas. – Natürlich daneben auch Symbol für eine Katastrophen-, Null-Erfahrung. Siehe auch „Leere"

Nichtstun: Meint manchmal eine deutliche Verweigerung von Unterstützung, etwa in dieser Art: faul, desinteressiert dasitzen. Hormonell bedingte Lethargie (Schilddrüse). Sowie aber auch weise Un-Aktivität, Gelassenheit.

Nichtverstehen: Als Unverständnis, misslungene Kommunikation oder als Nicht-Hören taucht ein Motiv im Traum auf, das bevorzugt verwendet wird, wenn man im Traum Kontakt mit einem Verstorbenen hat. Die Begegnung mit Verstorbenen ist eine relativ normale Angelegenheit, im sozusagen exorbitanten Traumzustand, im transzendenten Traum – aber dabei ist dennoch ein präziser Kommunikationsaustausch in der Regel nicht möglich. Was Wesen einer anderen Dimension oder anderen Seinsweise uns zu sagen haben, verstehen wir nicht(!) oder sehr selten – und das kann man auch nachvollziehen, es überrascht nicht (es ist nämlich zu hoch für uns). Nur eine minimale Art von Kontakt mit eventuell auch einer minimalen Botschaft ist ausnahmsweise möglich. – Weltlich gesehen: Meist ist es so, dass von irgendeiner anderen Seite oder Person aus dem Träumer, der nichts versteht oder der wenig versteht, eine Information mit Absicht vorenthalten wird.

Nie wieder: Im Traum kann ein Entschluss auftauchen, „nie wieder" eine bestimmte Stelle aufzusuchen oder eine spezielle Tat zu tun. So etwas verrät ein traumatisches Ereignis, woraus eine Phobie, eine ewige innere Blockade entstanden ist. Bei ganz schlechter Erfahrung fasst der Mensch im Unbewussten den Entschluss: „nie wieder"! Damit kann ein wichtiger späterer Lebensweg oder eine ansonsten übliche Aktivität für immer ausgeschlossen sein, nicht selten bedauerlich. Der Entschluss „nie wieder" repräsentiert einen inneren Entschluss von höchster Dramatik, u.a. eine eventuell an sich positive Situation in Zukunft zu tabuisieren. Blockierte Sexualität kann aus einer ganz frühen, traumatischen „nie wieder"-Szene, aus einer nur ähnlichen, stammen.

Niederlage im Spiel: In der Praxis, d.h. im Leben, für das Leben ist das ein arger Verlust. Also Liebesenttäuschung, sozialer Verlust, Beziehungskatastrophen, bis hin zum Tod.

Niedrigkeit: Wenn ein Aufenthaltsraum niedrig ist, hat das zur Folge, dass man sich vorsichtig bewegen muss, bildlich gesprochen: den Kopf einziehen muss. Und hier geht es um gewisse Unterdrückungen und Ängste, die man in seinem Leben erfahren musste, und zwar generell, z.B. als nicht gewollte Existenz.

Niere: Das ist ein paariges Organ, und deshalb können die Nieren gerne etwas über zwei Personen aussagen. Wenn z.B. eine Niere fehlt im Traum, dann liegt es nahe, dass ein Elternteil oder ein Teil eines Paares fehlt oder fehlte oder fehlen wird. Man denke aber immer auch an transgenerative Traumata. Daneben sind die Nieren auch ein Organ, wo tiefe Schmerzen und schwere seelische Wunden landen. Also eine große seelische Verletzung spiegelt sich gern in einem (sehr empfindsamen) Nierenphänomen.

Niger/nigra (lat.): (Terminus aus früherer Zeit: Neger.) Ausschließlich wegen der Farbe „schwarz" und ihrer Stärke-Symbolik, nicht wegen der Ethnie, oft ein sehr aktiver Täter oder auch ein Aggressor; vgl. den Archetyp „Schwarzer Mann, Schwarzer Peter" und ähnlich: also manchmal angstmachend, sehr stark oder evtl. zu stark (suspekt) erscheinend. [Hautfarben wie Haarfarben, z.B. auch „rot" als Haar, haben symbolisch im Traum eine spezielle Bedeutung, mit Urteilen über reale Personen oder Typen, Klassen hat das nichts zu tun!]

Nikolaus: Hier geht es um die christliche heilige Bischofsfigur namens Nikolaus. Dieser heilige Mann ist eine Art Gottesvertretung. Und so schwirrt hier das Thema im Raum: Belehrung über spirituelle Entwicklung, Informationen über den Himmel.

Nimbus: Siehe „Heiligenschein"

Nonnen: Ohne diese Frauen in der Realität schlecht zu bewerten, muss man aber als Traumdeuter sagen, dass sie das Gegenteil von gebärenden und sexuellen Frauen darstellen. Nonnen leben ihre Weiblichkeit nicht, jedenfalls im oberflächlichen Sinne nicht. D.h. wenn sie im Traum auftreten, kann man davon ausgehen, dass es um ein Erlebnis mit einer Mutter/Frau geht, die eigentlich nicht gebären wollte oder die nicht gebären konnte. Oder auch um ein Erlebnis mit einer Partnerin, deren Sexualbereich unentwickelt ist oder unterdrückt wird. Nonnen sind als Archetyp einfach eine Gegenanzeige zum fraulichen, erotischen Verhalten. Auch manchmal eine deutliche nachträgliche Info zum Thema Muttererfahrung.

Norden: Steht gern für alles Männliche – im Gegensatz zum Weiblich-Südlichen. Das Vaterthema also wird manchmal mit dem anscheinend unverständlichen oder unverfänglichen „Nord"-Motiv angesprochen, auch konkret territorial: per nördlich gelegene Länder. Ebenso hat es einen spirituellen Aspekt, nämlich wo das Leben auf die Erde kam und wo es in den Himmel geht: das ist der „Nordhimmel" in vielen Mythen. Sonst allgemein eher etwas Kühles, Rationales denn Gefühlvolles ausdrückend. Es gibt eine Territorialsymbolik, und da gehört zum Norden ungefähr: Vater, Mann, Rationalität, Gottnnähe. Je höher der Norden, umso transzendenter ist manchmal der Inhalt.

Nordost: Hartes, aggressives, aversives Männliches oder Väterliches; die Ost-Symbolik verstärkt bzw. verschiebt das Nördlichkeitssymbol.

Nordwest: Richtung, in welche die Toten nach einigen Mythen auf einer Nebel- oder Wasser- oder Schiffsreise gehen. Allgemeine Territorialsymbolik: Transzendenz und Mystik.

Norwegenpullover: Der klassische Norwegenpullover mit dem Norwegenmuster deutet eine gewisse Männlichkeitsattitüde an.

Notausstieg: Der Notausstieg gehört eher zu einem Fahrzeug, z.b. zu einem Zug oder Bus, während es sonst ja auch bei Häusern den Notausgang gibt. In der Regel ist etwas angedeutet in dem Sinne, dass man einmal knapp überlebte. Nicht selten geht es da um das Geburtstrauma.

Notdurft: Die Wahrheit der primitiven, d.i. archaischen, unverstellten Seele. Ein „Müssen" von Leben, Leben-Erreichen und Triebwelt. Siehe auch „Kot".

Notizzettel: Es wird dem Träumer hier eine wichtige Nachricht aus dem Unbewussten geboten. Eine Aufklärung, Erklärung zu einem fraglichen Punkt liegt vor. Es kommt natürlich für die Deutung darauf an, ob der Notizzettel leer oder unleserlich oder vollgeschrieben ist usw.

Notruf: Nicht ohne Grund sucht man hier Rettung in höchster Not. Um irgendeine (vielleicht verdrängte) Einzelheit der Biografie geht es. In der Regel ist in solchen Träumen der Notruf nicht erfolgreich, Ansonsten eine typische Wiederholungssituation, in der entweder der Träumer selbst, aufgrund von Tagesereignissen, mal wieder Hilfe, Zuwendung bräuchte oder in der von einer anderen Person zu sehen ist, dass sie ein Eingreifen in ihre persönliche Not brauchen könnte. Interessant ist im Traum die Reaktion auf eine Notrufsituation. Hier zeigt sich z.b., ob der Träumer in früherer bedrohlicher Situation mit Hilfe, Rettung, Zuwendung rechnen konnte oder ob er ein Trauma in der Art hat, dass man sich um ihn (z.B. als Säugling) nicht kümmerte. Typisch ist z.b. bei einem Notruf, zu viel Zeit verstreichen zu lassen oder die Telefonnummer oder die Ortsangabe nicht recht zu finden. Das verrät, dass man einmal schmerzlich im Stich gelassen worden ist.

Null und Eins: Siehe „Eins und Null"

Null ziehen: Eine Null als Zahl ziehen oder werfen = Nicht-Leben, bzw. die typische Niete.

Null: Ursprung vor der Schöpfung. Nichtsein und Leere vor der Eins. Deus sine natura (Spinoza).

Nummer: Nummern oder Zahlen irgendwelcher Art, beispielsweise als Zimmernummern, können oft eine Information für einen ganz anderen Bereich sein. Ein Beispiel: Es kann sogar eine Hotel-Zimmernummer 72 bedeuten, dass der gesuchte Mann dort mit 72 Jahren woanders stirbt (das Bsp. ist einem realen Zukunftstraum-Traum, der durch Fakten bestätigt wurde, entnommen). Das ist das Phänomen, dass die Maßzahlen immer austauschbar sind.

Nummernschild fehlt: Identität fehlend oder unbekannt, z.b. bei einem potenziellen Erzeuger, der vor der Verantwortung geflohen ist, oder bei einem anderen Täter.

Nummernschildwechsel: Manchmal Elterntausch, d.h. dann im Effekt: Identitätstausch für das Kind.

Nuss: Geheimer, verschlossener Inhalt; zu entfaltendes Wissen oder zu entfaltendes Leben; Rätsel und Problemlösung. Der Erkenntnisaspekt ist häufiger als etwa die manchmal auftauchende Sonderbedeutung für Hoden. Außerdem kann „Nuss" einen verschlossenen, schwierigen Menschen meinen.

Nussöl: Wird im Traum als Heilmittel für viele Anwendungen bezeichnet.

Nutte: Da geht es nicht um eine Prostituierte, sondern um das alltägliche, übliche Sexbegehren einer Frau, allerdings in nicht geringem Maße. Also sie dürfte sehr bereit sein, mehr nicht. Träume extremisieren gern. Siehe auch „Prostituierte"

Nylonstrümpfe: Man berücksichtige, dass diese Strümpfe durchsichtig sind und dass es um die Beine geht. Die Steigerung des normalen Nylonstrumpfes ist der schwarze Nylonstrumpf. Hier geht es um Erotik, um sexuelle Reize.

Oben: Hoch oben, ob im Flugzeug oder auf dem Hochhaus, ist nicht selten die Situation (kurz) vor der Geburt; zum Geburtsende gehören dann das Unten und die Landung.

Oben-Unten: Der Mensch bewegt sich in einer Polarität, die zwischen Geist und Trieb angesiedelt ist. Oft werden die Pole des Menschen als „oben" und „unten" dargestellt. Oben befinden sich der Himmel, der freie Blick und das Fliegen-Können. Unten befindet sich die nasse Erde, der Matsch oder das Modrige bzw. neutral das Weltleben.

Oberarmmuskeln: Manchmal Symbol phallischer und männlicher Stärke.

Oberärztin: Muttersymbol in recht dominanter Ausprägung.

Obergeschoss: Wie erster Stock oder obere Etage, ist körperlich gern der Kopf gemeint, psychologisch der Sitz des Überichs; entsprechend der Analogie, dass das „Haus" eine Lebenssituation oder eine Person ist. Bzgl. des Kopfes können eventuell medizinische Zustände angedeutet sein Das Überich ist meist identisch mit den Prägungen durch die Eltern. Bei symbolischen Frauen-Häusern meint Obergeschoss (oder einfach „oben" bzw. der „Balkon") auch den Brustbereich der Mutter, bezogen auf die orale Phase (nicht selten unerreichbar). Insgesamt gibt es auch eine Affinität zu dem alten Ausdruck „Beletage" = das schöne Obergeschoss, was dann sehr allgemein irgendeinen Lustbereich oder etwas Edles von einem Menschen andeutet. Steht auch für einen transzendenten Blick hinab auf die Welt. – Nicht zu verwechseln mit dem „Dach"-Geschoss, dem Uterus-Aufenthalt.

Oberhemd: Das steht natürlich für den Körperteil, den es bedeckt, d.h. den Brustkorb. Der Brustkorb wiederum steht für Herz, Gemüt, Wille, Selbstvertrauen – oder auch für die entsprechenden Gegenteile, z.B. für Angst oder Unsicherheit. Was da in der Brust sitzt, hat Bezug zum Mitmenschen, zur Kommunikation. Man kann es also sehen oder erleben, könnte man sagen, und deshalb ist es das „Oberhemd". Das Unterhemd ist viel innerlicher. Das Oberhemd steht für den Brustkorb und meint den Sitz des Herzens, des Mutes, der Gesinnung. Ein schönes Oberhemd stellt eine schöne Seele dar oder eine Herzensweisheit. Bezieht sich das Oberhemd auf eine Frau, so ist diese als relativ männlich anzusehen. – Allgemein geht es um Gefühle und Absichten, die in der Brust versteckt sind.

Oberhemdfrage: In Männerträumen ist die Frage gemeint: Welche Männerrolle soll ich diesmal, in dieser Situation spielen? Welche Mentalität soll ich in der Brust tragen?

Oberkiefer: Vaterreflex, Vatererfahrung. Die Zahnreihe und die Zahnstellung gehören zur symbolischen Aussage dazu (doch überwiegend sagt Letzteres etwas zur oralen Erfahrung aus). Es gibt genetische Verwandtschaft, durch etwa gleiche Zahnreihe symbolisiert. Im Unterschied zum Unterkiefer (Mutterthema) verrät das Oberkiefer-Symbol gern indirekt etwas zum Thema Männlichkeit, Vater, Sohn. Es ist eine Art Geheimschrift. Auch als Oberkieferzähne oder als Oberkiefer-Zahnprothese auftretend.

Oberkiefer-oder-Unterkiefer: Wenn entsprechende Verletzungen hier im Spiel sind, kann es zu der simpel formulierten Frage gehören: Habe ich ein Vatertrauma (Oberkiefer) oder ein Muttertrauma (Unterkiefer)?

Oberkieferzahn: Je nach Zustand des Zahnes zeigt sich eine Schwäche oder Stärke im Männlichkeitsbereich. (Der Unterkiefer gehört symbolisch mehr zum Weiblichen.)

Oberkörper: Einstellung, Gemüt, Wille, Herz, Mut. Vgl. „Oberhemd"

Oberleitung: Hier geht es um das Grundproblem der Elektrizität, und zwar des symbolischen Lebensstromes von oben. Wird oft abgehandelt an den Symbolen Straßenbahn, Bahn, O-Bus. Da geht es um den Lebensgeist, um die Lebenskraft im Menschen. Da können also bezüglich des Überlebens auch kritische Szenen auftauchen, z.B. Gesundheitsprobleme im Kopf.

Oberschule (oder Oberstufe, Jugendalter): Phase betont vor einer Reifung – die ganz verschiedener Art sein kann, nämlich vor Geburt, vor Pubertät oder vor dem Erwachsenwerden.

Oberteil in Rot: Im Oberkörper, quasi in der Brust, sitzen Mut, Wille, Herz, Liebe und Abneigung. Ein rotes Oberteil kann so große Erregung und/oder Verliebtheit zeigen.

Obolus: Als Münze, Chip, Startgeld, Berechtigung, ob für einen Fährmann (vgl. in der griechischen Mythologie den Charon) oder auch für das Autofahren, sowohl in Geburtsträumen als auch in Todesträumen auftauchend. Eine Art Schlüssel für eine entscheidende Fortbewegung, besonders für den Wechsel von Dimensionen (z.B. Diesseits–Jenseits).

Obst: Tendenziell ein Gegensatz zu Fleisch, d.h. weniger sex- und aggressions-orientiert; meist auch weniger männlich. Das Obst und die Früchte neigen zu einer weiblichen Symbolik (auch im Zusammenhang mit Mutterbrust). Wir können Obst als Liebesaustauschgabe verstehen, wie im Indischen beim Besuch eines Gurus. Sofern es den Eros berührt, ist es sublimierter und zarter. Als Frucht/Früchte ist Obst also erstens leicht erotisch (a) und zweitens ein Ergebnis, nämlich die Frucht von etwas (b) anzeigend, und drittens tendenziell weiblich (c), und viertens tendenziell unaggressiv (d).

Obstkern: Einen Stein aus Kernobst entfernen heißt gar in Einzelfällen: abtreiben.

Odin: Der Gott in Tiefenschichten des (europäischen) Unbewussten, der gern im Traum zugegen ist, wenn ein Tod-Thema oder ein Einweihungs-Thema angesprochen ist. Nicht ganz selten als Prognostik zu begreifen, und zwar tritt er da gern als Jäger oder als Mann mit Mantel und Hut auf (vgl. die nordische Mythologie). Mitteleuropäisch als Wotan, Wuotan, Wut. Auch allgemein für Schamanismus und Sehertum. Mit dem lateinischen Merkur und griechischen Hermes und deren Symbolik vergleichbar. Ein Komplex, der zu Runen, Weisheit und Prognostik gehört, nicht primär zum Kriegerischen.

Ödipus: Siehe „Dädalus"

Öfen in Dreiheit: Indirekter, kodierter Hinweis auf drei Sexerlebnisse oder auf drei Schwangerschaften.

Ofen: Ähnlich wie bei Herd, Backofen ist meist der Mutterofen gemeint, also die Mutter und/oder die Gebärmutter, in der etwas (z.b. das Kind) gebacken wird oder entsteht. Der Backofen im Märchen Hänsel und Gretel ist das destruktive Weibliche in der Hexe. In aller Regel ein Traummotiv über die Schwangerschaftszeit, z.b. meint ein Ofen mit Überhitze oder sonstigen Schäden: Lebensgefahr für den Foetus (oder das Baby). Dazu allgemein weiblich, sowie auf Wandlung, Verwandlung verweisend.

Ofen-Verstopfung: Es können unbrennbare Gegenstände in einem Ofen diesen verstopfen. Steine, Plastik, Eisen und Ähnliches. Die Materialien oder Gründe, die einen Ofen extrem schlecht brennen lassen, liegen in Personen, z.b. in einem Paar, was durch Traumata ein sexuelles Feuer nicht entfachen kann. Auch Geburtstraumata können negativ in einem Ofen liegen, z.b. Steine als Widerstand gegen eine Geburt.

Öffentlichkeit: Oft sozialer Druck, Scham, Schuldgefühl.

Ohnmacht: Einzelfall: Es kann sich im Leben eines Träumers oder einer Beziehungsperson anscheinend nur dann etwas ereignen (was man evtl. erwartet), wenn eine Person eine gewisse Kontrolle über sich verliert. Ansonsten unbewusstes Ausstiegs- und Überforderungsphänomen.

Ohren: Wie in Abbildungen der Ohr-Akupunktur sinnfällig zu sehen, ist im Ohr quasi verborgen der embryonale, fötale Zustand (vgl. die Baby-Einzeichnungen in der Ohr-Grafik), also geht es bei „Ohr" im Traum gern um einen Hinweis auf uterale Ereignisse. Natürlich ist das Ohr auch ein passives Organ, wie etwa symbolisch weiblich, ein Empfangstor für Einflüsse von außen, mit Liebe, Gegenwehr oder sonstiger Reaktion (Stress, Krankheiten) des Menschen. In der Regel geht es um unbewusstes Empfangen oder Hereinnehmen-, Integrieren-Müssen (a) sowie um ein frühkindliches Thema/Trauma (b), nicht zuletzt bei Ohrenschmerzen. Ohrkrankheit: Überforderung (in anderweitigen Bereichen).

Ohren-Schließen: Auf die innere, wundersame, intuitive Stimme hören.

Ohrfeige: Oft geht es im Traum nur um den Anlass einer solchen Geste, und sie verrät natürlich eine große Aggression. Die Ohrfeige ist so ein erster oder verbreiteter Standard, um zuzuschlagen. Das Hauen und Schlagen bricht aus einem Menschen heraus, der viele Aggressionen gesammelt oder gespeichert hat. Die Aggressionen können nicht selten, wenigstens im Traum, berechtigt sein. In Träumen holen wir auch vieles nach, was wir im Leben versäumt haben. Gerade solch eine Ohrfeige gegen einen Menschen im Traum kann anzeigen, dass wir lebenslang versäumt haben, diesem Menschen unsere Gegenaggression zu zeigen.

Ohr-Kugel: Die Kugel meint die Umhüllung eines im Ohr gedachten, platzierten Embryos (vergleiche die Ohr-Akkupunktur). So haben wir also in diesem auffälligen Gebilde ein Symbol für den runden Uterus.

Ohrringe: Dieser Schmuck soll indirekt eine erotische Attraktivität sein, ein sexuelles Interesse ausdrücken, ein erotisches Signal sein (wie meist bei Schmuck). Besonders die Ohrringe der Frauen haben damit zu tun, sich etwas erotisch herauszuputzen. Man zeigt irgendeine subtile Variante, wo es darum geht, aufzufallen, sich attraktiv zu machen. Die Ohrsymbolik (vgl. Ohrakkupunktur) passt zur Foetus-Symbolik, und die tief versteckte Basis unserer Sexualität sind eh' Baby- und Foetuserfahrungen.

Oktogon: Ideale, heilige Form, bevorzugt für Gotteshäuser; sowie symbolisch für die eigene optimale spirituelle Entwicklung. Das Achteck ist die idealste Form für den Bau einer Gottesstätte, für Gottesdienst. Früher waren viele heilige Gebäude, zu Recht, achteckig.

Öl: Schwarzes, teeriges Öl oder Altöl zeigt ein arges Trauma von früher an. Es geht um ein negatives Erlebnis, hat mit Todesnähe, Malheur, Aggression zu tun.

Oldie: Meist ist ein Thema aus alter Zeit unerledigt, oder aber man möchte ein früheres Verhalten gerne korrigieren. Vielleicht will man auch einen interessanten früheren Zustand wiederherstellen oder halten. Im übertragenen Sinne bedeutet also, wenn man im Traum in einem Oldie (-Auto)fährt, dass eine alte, scheinbar vergessene Geschichte wieder ihre Aktualität hat.

Oldie-Musik: Sehnsucht nach jugendlichen Gefühlen. Oder es geht um eine lustvolle (erotische) Ausnahme, Episode im Alter. Musik aus früherer Zeit klingt an mittlerweile entschwundene, vergangene Erlebnisse an.

Oldtimer: Rückblick zu einem alten, längst vergangenen psychischen Zustand. Oder aber auch manchmal konkret Symbol für einen Vorfahren.

Oma: Träger des Hauptgeistes der Frauen in einer Familie, Sippschaft. Das kann also negative Komplexe, gegebenenfalls ärgerliche Verhaltensweisen betreffen, die wie vererbt weiterwandern, z.B. das Fremdgehen oder die Männerfeindschaft oder die Tanzwut. Das kann andererseits Positiva und das Wissen, die Weisheit, den Aspekt weiblicher Führung betreffen. Gerade das Mütterliche spielt hier eine Rolle – wenn überhaupt durch jemanden, wird es zentral durch die Großmutter, auch als Große Mutter, repräsentiert. Es ist nicht überraschend, wenn die Oma in einem Traum auftritt und der Enkelin die Geburt eines weiteren Kindes ankündigt, obgleich Letztere nicht mehr schwanger werden will und es z.Zt. auch nicht ist – es aber später doch bald wird. Auch wenn die Großmutter nicht eine mögliche Schwangerschaft „ankündigt", ist sie doch oft auf sehr geheimnisvolle Weise irgendwie in der Nähe, in einem Traumbild also, wo es um die Schwangerschaft der Enkelin zu gehen scheint. Auch sex-abwehrendes Verhalten der Enkelin, wie bei einem Vergewaltigungsopfer, stammt nicht selten aus einem realen Sexübergriff ehemals gegenüber der Oma. Die Verbindung Oma-Enkelin (Komplex- und Charaketer-Übetragung) ist oft enger, wesentlicher als die Verbindung Mutter-Tochter.

Omnibus: Alle Varianten von Bus, z.b. gelber Postbus oder Schienenbus oder Kleinbus, meinen die schwangere Mutter, den Aufenthalt im Uterus, meist kurz vor der Geburt. Versinkender Bus: Todesnähe-Trauma bei der Geburt. Ausstieg verpassen oder Türen defekt: ebenfalls großes Problem bei der Geburt, der Austrittszeitraum wird (wurde) nicht erwischt. „Bus" taucht dann auch wieder als eine Art Abholfahrzeug beim Todesthema auf.

Onanieren (mit Pollusion): In Männerträumen kann man hier erst einmal feststellen: Es fehlt die Frau. Es gibt viele Gründe, warum der Mann auf sich allein bezogen oder zurückgeworfen ist. Eine Deutungslinie wäre: Die Mutter ehemals und vielleicht auch später eine Partnerin verweigert sich dem Mann. Es fehlt eine Frau: das kann im sehr übertragenen Sinn gemeint sein. Natürlich kann auch die überzogene Geilheit gemeint sein, etwa bei Missbrauchsszenen. Sexuellen Missbrauch in der Sippschaft kann man im dritten, vierten Glied noch träumen. – Onanieren ist auch ein Indiz für verschiedene Arten, unter großem Druck zu stehen. Allgemeiner Erregungsindikator.

OP-Arzt: Er kann als Operateur den Gevatter Tod darstellen, aber auch umgekehrt die Kraft, die den Träumer einmal aus Todesnot gerettet hat oder aktuell rettet.

Opel: Das ist eine Automarke, die zwar Männliches anzeigt, aber stark abgeschwächt oder schon mit einem weiblichen Hauch (männlicher sind z.B. die Marken BMW, Porsche. Ferrari). Opel hat gleichnishaft (rein symbolisch! nicht von der Technik oder Qualität her) eine gewisse Affinität für einen biederen Mann oder für das biedere Männliche in einer Frau, sagen wir für den braven Mann (das ist nicht kausal, sondern nur aus einer gewissen Erfahrung geholt!). Automarken, überhaupt alle Produktmarken haben eben eine symbolische und charakterliche Besetzung im Unbewussten. Das gilt auch für die Assoziationen zu Teppichmarken oder Käsesorten. Ob man es wahrhaben will oder ob es richtig ist, ist eine ganz andere Frage. Ein Image kann sich natürlich auf jeden Fall auch langfristig ändern. Und muss auch mit dem Auto dieser Marke faktisch nichts zu tun haben. (In der Realität beschäftigen sich viele Werbestrategen in der Autoindustrie mit genau diesem Thema.)

Operation im Zahnarztstuhl: Schwerer Eingriff, der tendenziell in der Schwangerschaftszeit stattfand. Zähne im Mundraum sind den Embryos oder Foeten im Uterus vergleichbar, das wusste schon der griechische, antike Traumdeuter Artemidor von Daldis (von Ephesos).

Operation: Im eigentlichen Sinne geht es nur um eine Aktion, um eine wesentliche, welche zuerst einmal weder negativ noch positiv ist und auch mit Krankheit nichts zu tun hat. Es ist eine Art von action, einfach eine activitas. Ein Operateur kann zum Beispiel ein Chef sein. Ein Chef ist der, der am wesentlichsten agiert. In wenigen Einzelfällen kann es sogar eine gravierende Operation sein, nämlich unsere Wandlung vom Leben zur Jenseitsgestalt. Allgemein ist ein Änderungsfaktum angezeigt. Manchmal eben als nicht gerade schmerzloses Wandlungssymbol, etwa bei Wiedergeburtsthemen, also in der Nähe von Tod. Insgesamt ein Symbol für nur psychische große Eingriffe, für Behandlungen, Therapien, für eine erhebliche mentale Wandlung, für Verhaltensänderungen, selten körperlich zu deuten.

Opfer: Betrifft oft eine mentale Vergewaltigung, d.h. Gehirnwäsche, die man wirklich erlebt hat (z.B. in der Erziehung). Kann natürlich auch sexuellen, latenten, Missbrauch betreffen. Ansonsten evtl. Komplementärgeschehen zum Täter-Sein, das hieße, es wäre dann ein hochspiritueller Traum, in welchem man etwa nach der Anthroposophie oder der Karmalehre erlebt, wie das Opfer der eigenen Aggression leidet oder ehemals litt. Dieses Sich-Hinein-Versetzen in das Gegenteil, in genau die Alternativ-Rolle ist nicht selten im Träumen. Auf den ersten Blick ist es schwer verständlich: dieser Wechsel in den Täter-Opfer-Rollen, aber es gibt ihn. Im Traum kann man tatsächlich von irgendwo oben her als Opfer sich festgesetzt sehen, als lakonische Traum-Info autauchend. Da geht es anscheinend um eine Schicksalsbestimmung, die man erleiden muss. Nüchtern gesagt, wechselt man im Leben oder auch in den Inkarnationen sowieso zwischen Opfer-Sein und Täter-Sein ab.

Opferritual: Siehe „Goma" und Homa

Orales: Orale Themen oder Szenen im Traum sagen meist etwas aus über die Stillzeit; d.h. wir finden leider bei vielen Menschen (der typischen westlichen oder auch modernen asiatischen Zivilisation) ein schweres Mutterbrusttrauma; dies wiederum verweist in der Regel auf überhaupt eine schwere Schädigung in der Muttererfahrung. Orales steht stellvertretend für „Mutter". Essen ist = Mama (so ist auch Magersucht anzugehen, welche eigentlich ein Befreiungsversuch aus der Mutterabhängigkeit heraus ist). Zum Fehlenden, zum Schaden oder Mangel stellt sich logischerweise die Sucht ein (d.h. oralfixiert zu sein, wenn auch scheinbar in anderen Sucht-Varianten). Folge: Schädigung und Süchtigkeit u.a. im Beziehungsverhalten und in der Sexualität. Aber auch Alkoholismus, Geiz und vieles andere fußt auf einem oralen Trauma. Siehe auch „Vollgefressen"

Orange: Als Farbe vergleichbar mit Sonne. Lebensbeginn, Zeugung, Vitalkraft. Auch als gesteigertes Gelb sowie intensiveres Rot: dann zeigt es vielleicht Erregung, Wut, Verzweiflung, auch Sucht an.

Orange-Kleid: Frau in Liebe, in weiblicher Erotik, wenigstens in irgendeiner Art von Erregung.

Orange-Weiß: Etwa als Lichtaura geistiger Gestalten zu verstehen, als überirdisches Licht.

Ordensschwester: Der Archetyp der Nonne ist natürlich ambivalent. Wenn es um eine leitende, sehr aktive Frau im Traum geht, kann eine Muttererfahrung dargestellt sein. In einem solchen Falle dürfte die Mutter real etwas unweiblich und nicht betont mütterlich gewesen sein. Neben den Werten der Spiritualität und des Dienens können Anti-Sexualität, Anti-Beziehungsfähigkeit gemeint sein.

Oregano: Dürfte vom Wortlaut und Wortklang her, ggf. im Zusammenhang mit weiteren Attributen im Traum, nicht unbedingt ganz weit von der Bedeutung des Orgasmus entfernt sein.

Organe: Krankheiten in Organen, Körperstellen haben ihre symbolischen, sprechenden Ursachen. Magenkrebs z.B. oder Tumor im

Unterleib verraten seelische Kausalbedingungen. In den Organen ‚sitzt'
eine Erlebnis- und Erfahrungsqualität, eine jeweils spezielle Emotion.
Brustkrebs und Hodenkrebs sind z.b. sehr „sprechend", sind neben der
Medizin immer auch symbolisch zu lesen.

Orgasmus: Er ist letztlich ein Indikator für die Fortpflanzung. Alle Lebewesen sind so programmiert, dass sie die Fortpflanzung automatisch
als Ziel haben, auch wenn man vielleicht denken kann, es sei nicht
die eigene Entscheidung. Das Symbol ist also mit Fortpflanzung verbunden. Wenn wir uns aber mehr auf den Lustaspekt beim Orgasmus
konzentrieren, dann müssen wir auch hier sagen, dass die Lebewesen
so programmiert sind, dass sie alle zum Lustziel hinstreben. Auf diese Weise kann man die Freudsche Theorie halten, dass tatsächlich die
sexuelle Libido die Hauptmotivation der Lebewesen ist. Der Orgasmus
ist als Motor für die Evolution einfach angelegt. Das Lustoptimum ist
das höchste Ziel der Kreaturen – kein Frage. Man hat schon formuliert:
„Vergnügen und Macht" sind die beiden Ziele, wonach die Menschen
zuallererst streben. Die Historie bis heute beweist das eigentlich. An-
orgasmie z.b. ist sprechend, ist ein Symbol dafür, dass eine der Vor-
fahrinnen nicht schwanger werden wollte, ist ein Komplex-Erbe. – In
besonderen Fällen kann der Orgasmus ein sehr verschleiertes, ein hoch
verfremdetes Todessymbol sein.

Orientierungslosigkeit: Damit wird großer Stress, eine Verwirrung am
Rande einer Ohnmacht, Hilflosigkeit in extremo angesprochen, oder
auch im Einzelfall eine Narkotisierung oder Bewusstlosigkeit.

Orkan, Orkaneinbruch: Schlechtes Omen, Ausdruck für Stress, eventuell für einbrechende Krankheit; vgl. „Wind". Unwetter im Traum stehen
für schwere seelische Erschütterungen.

Ortsbestimmung: Eine genaue Ortsbenennung im Traum kann in Einzelfällen auch symbolisch für einen Inhalt stehen, der, vielleicht recht
zufällig, mit diesem Ort in Verbindung steht. Es ist aber meist eine bekannte Verbindung. Also der Ort Mekka wird im Traum assoziativ mit
Mohamed verbunden sein. Oder der Ort Bad Wörishofen wird, und zwar
in der allgemeinen (deutschen) Öffentlichkeit, also kollektiv, unbewusst

gern verbunden mit Wasser/Gesundheit, mit Sebastian Kneipp. Und dann muss man weiter übersetzen, wenn das Beispiel Bad Wörishofen im Traum auftaucht, dann könnte eine Heilbehandlung, mit viel Empfehlung für viel kaltes Wasser gemeint sein; also ein Hinweis, ein Rat. Oder nehmen wir das Beispiel Las Vegas – womit das unbewusst assoziiert wird, wird ja mancher wissen.

Osten: Als Himmelsrichtungssymbol = beginnend, erzeugend, Orient (vgl. lat. oriri > oriens = entstehend). Des Weiteren ist das territoriale Symbol Ost ein häufiges Zeichen für Vater und Männlichkeit, und zwar eher ein negatives, aggressives. (Westen und Süden sind tendenziell weiblich.)

Ostereier suchen: Sein Identität, Genese, ursprüngliche Wahrheit suchen. Passt z.B. zu Personen, wo ein Elternteil vertauscht worden ist. Bei so einem Traum liegt eine Überraschung in der Luft, genau wie es beim Finden der Ostereier einen Aha-Aspekt gibt.

Ostermorgen: Sehr frühe Kindheitserfahrung.

Out-of-body-Erlebnis: Siehe „Schweben"

Overall: Dieses Kleidungsstück betont die Hüfte, die Taille, die Körperform nicht. Und so kann es sogar den Komplex andeuten, eine Schwangerschaft zu verstecken oder zu verbergen.

Ozean: Erinnerung an die Schwangerschaftszeit. Meer der Gefühle.

P

P: Hinter Namen, die mit P anfangen z.B. Paul, Pollux oder Potemkin, kann sich das Phallische eines Mannes verbergen. Namen im Traum sind immer auch grafisch und optisch zu lesen! Auch Zahlen sind so zu deuten, die 8 etwa hat die grafische Bedeutung „oben rund + unten rund", neben ihren sonstigen Inhalten.

Paar mit Kind: Ob es sich um ein strahlendes, erfolgreiches oder um ein kleines, armes, zurückgebliebenes Paar handelt, in jedem Falle dürfte eine geheime Information über die eigene Kindheit mit den Eltern vorliegen, je nach näherer Ausgestaltung des Symbols. Auch steht das Kind-Symbol für eine starke Bindung.

Paar: Das Motiv zeigt irgendeinen engen Zusammenhang von zwei Menschen an, keineswegs nur die übliche Partnerschaft, z.B. Kind mit einem Elternteil. – Ansonsten steht jedes Paar, Pärchen im Verdacht, d.h. in der Bedeutung, das Elternpaar des Träumers stellvertretend darzustellen. – Wird statt eines Mannes oder statt einer Frau gleich ein Paar als Kontaktperson im Traum gesucht bzw. angestrebt, könnte Bisexualität angedeutet sein.

Päckchen: Da geht es um ein Paket in einer gewissen Größe, d.h. in einer kleinen Größe, als wäre der Inhalt nicht so gravierend. In dieser verharmlosenden Form spricht man von Schicksalselementen, die man als „Päckchen" (Portionen) tragen muss und die angeblich nicht so schwer sind, sondern vorübergehend sind. Meist geht es um Lasten, um Enttäuschung, um Schmerzliches. Unsere Biografie besteht aus vielen Päckchen oder Paketen. Interessant ist, dass mit dem Motiv auch ausgesagt ist, dass wir solche Schicksalselemente zugeschickt bekommen, ähnlich wie mit der Post. Auch Kinder kommen als ‚Päckchen' zu uns, mit einer manchmal sprechenden Verschnürung.

Paket als Postsendung: Es wird gerade eine wichtige Nachricht transportiert – die einen gewissen, größeren Inhalt hat (es wird etwas „gebracht" [auch manchmal sogar ein gezeugtes Kind]). „Im Paket" ist der Gegenstand oder die Information zuerst noch nicht recht sichtbar (also eher eine Überraschung oder manchmal auch etwas Unangenehmes). Solche Sendungen im Traum sind sowohl verdrängt, unbewusst („eingepackt") als auch meistens sehr wahr, wichtig. Eine Brief- oder Paketsendung beinhaltet nicht nur eine wichtige Information, und zwar eine unbewusste, versteckte, sondern ist auch eine Kontaktbemühung, d.h. der Brief oder das Paket steht für eine Berührung, Beziehung von Mensch zu Mensch. Das Paket ist manchmal eine psychische Last, die wir mit uns tragen, gern ein Geheimnis (weil man in das Paket nicht hineinsehen kann), das kann positiv oder negativ sein.

Palaver: Das Palavern oder Vielreden oder endloses Quasseln und Quatschen zeigt deutlich, dass jemand die Wahrheit vertuschen und verheimlichen will. Auch Nervositätsüberbrückung. Und Ersatz für Erotik.

Palmblätter: Getrocknet, mit Aufschrift: eine wertvolle, spirituelle Erkenntnis. Dokument der Genese und des Unbewussten.

Panik: Meistens kommt es im Traum nur zu einer Paniknähe, d.h. kurz vor Panikausbruch bricht der Traum ab bzw. wird man wach. Es dürfte sich in der Regel um eine Erinnerung an eine extreme Todesangst handeln, ein Beispiel dazu: gravierende Todesnähe bei dem Geburtsvorgang, Eingeschlossen-Sein, Gelähmt-Sein, ein Tunnel- oder Fahrstuhlproblem, extreme Enge, Kriegserlebnisse (oft vererbt). Der Kern ist nicht selten: Angst vor Mutter-Verlust. Auch vor der unangenehmen Wahrheit (Albtraum) kann sich Panik einstellen.

Panter: Der schwarze Panter (oder Panther) ist eine große Aggression, allerdings eher sehr versteckt oder latent. Tödliche Gefahr, manchmal von weiblicher Seite (die Großkatze gehört eher zur aggressiven Frau).

Pantoffel: Steht wie Schuh gern für eine Person, ein Leben (Pantöffelchen = Baby, Foetus). Pantoffel stellen keine optimale, starke Basis eines Menschen dar. Gegenüber der Ausrüstung mit Schuhen wird ein Mangel angezeigt, z.B. ungenügende (psychische) Ausstattung in der Kindheit, fürs Leben. Daher Pantoffelheld = ein nicht gerade starker Mann. Eine Art Pseudostärke auf einer wenig geeigneten, eher unsoliden Basis. Vgl. auch das Symbol „Ersatzschuhe".

Panzer: Eine aggressive Person oder Tat. In Ausnahmefällen ein Kriegserlebnis aus der Clan-Geschichte. Kann also in Einzelfällen auf das Drama eines Familienmitglieds, z.B. eines Großvaters verweisen, der im Krieg war (Panzer als Rettung oder aber als Gefahr). Es liegt dann die nicht seltene Komplexwanderung in der (Groß)-Familie vor („Die

Macht des Clans"). Kriegstraumata pflanzen sich grundsätzlich in vielen Familienmitgliedern fort.

Panzertür: Eine gepanzerte Tür, manchmal auch sehr groß, oder aber sonstige Elemente eines Tresors oder Safes verbergen ein enormes Geheimnis, meist aus der Persönlichkeits- oder aus der Familiengeschichte.

Papagei: Eine eher weibliche Seele, die kommunizieren kann und die die Symbolik des Bunten trägt. Außerdem ist die Größe wichtig. So kann im Einzelfall ein sehr starker Mutterbezug dargestellt sein oder ein ziemlich belastendes Muttererbe. So wäre dann der Papagei auch eine Art Mutterersatz. Kann er auch als Stellvertreter für einen Mann sprechen? Seltener.

Papierblätter: Da geht es also um Bögen, die etwa DIN A4 Format haben. Interessant ist daran Folgendes: Wie viele Blätter sind leer, wie viele Blätter sind schon vollgeschrieben oder unterschrieben? Die leeren Blätter sind meist das Ungelebte oder die Zukunft. Die beschriebenen Blätter sind etwa die Jahre oder Inhalte, die schon abgelebt wurden.

Pappel: Das ist ein hoher schlanker Baum, und indirekt steht er für Stolz, Größe, Überblick, Fernsicht.

Papst: Eine hochpotenzierte, manchmal überzogene Figur für Mann oder Vater, jedenfalls mächtig und führend. Eventuell ein Gottesbote, wie ein Engel, als Schicksalsmacht, als indirekter göttlicher Wille (Auftrag). Auch ein Lehrer, eine Lehre sowie ein Ganzheitssymbol. Kann die spirituelle Bestimmungen eines Menschen durchgeben.

Paradiesverlust: Verlust der Weisheit; Leben ohne Erkenntnis, besonders Verlust der prognostischen Fähigkeiten. Außerdem Einbruch der Sexualität, als „Apfel-Essen", in die Seelen. Abschied von unserem eigenen Engel, der in der Ewigkeit west.

Parallelbewegungen: Wenn zwei Menschen im Traum, ob nun als Autofahrer oder als Pfadfinder oder Wegsucher oder wie auch immer, parallele Bewegungen, möglichst noch in halbrunder Form oder sonst harmonisch, machen, dann ist von einer wunderbaren mentalen und emotionalen Übereinstimmung auszugehen, von einer optimalen Harmonie.

Parasiten: Siehe „Insekten"

Parcours: Symbol für die Bahnen des Lebens. Es stellt beispielsweise ein matschiger Parcours ein schwieriges, schmerzliches Leben dar.

Paris: Diese französische Stadt hat gern etwas mit Erotik zu tun, eben mit l'amour, wie ähnlich in der gängigen, klischeehaften Vorstellung.

Park: Ein Rückzugsgelände gegenüber Straßen und Stadt. Ein Wissen oder Geschehen des Unbewussten wird im Park gezeigt, oder auch eine ferne Vorgeschichte (z.B. Vorgeburtliches). Siehe auch „Parkplatz"

Parkhaus: Meist geht es um ein großes Problem, auf die Welt zu kommen. Da gibt es zwei übliche Varianten: Man kann das Parkhaus im Traum nicht oder nur schwerlich verlassen (1). Oder man findet das Haus, den Eingang und ganz besonders sein geparktes Auto nicht mehr (2). Generell bedeutet sein Auto nicht wiederzufinden ein großes ehemaliges Geburtsproblem. Der „Beton" im Parkhaus ist nicht unwesentlich, er zeigt eine Widrigkeit an.

Parklücke: Das zeigt an, ob man als neuer Erdenbürger einen Platz hat, einen Platz sucht oder den Platz verweigert bekommt. Es zeigt also in gewisser Weise an, ob das Baby willkommen ist, auf der Erde, bei den Eltern – oder nicht.

Parkplatz: Platz des Ankömmlings auf der Welt. Zahlreich sind Träume, in denen ein Parkplatz gesucht wird, oft verpasst wird oder in denen der Boden von unangenehm steiniger Konsistenz ist – das alles sind erinnerte Geburtsprobleme. Parkplatz auch als Aufenthaltsraum, eventuell kurz vor der Geburt (bevor man sozusagen losfährt), meistens aber für unmittelbar nach der Geburt. Wird das Auto auf dem Parkplatz gestohlen, kann es sich um geraubte, echte Identität handeln. Die meisten Szenen, Probleme mit „Parken" im Traum haben mit der Ankunft auf der Welt zu tun. Parkplatz und Park können wegen des identischen Wortbestandteils ein verwandtes Symbol sein, beides meint dann den Erst-Platz (d.h. die Umstände) bei der Ankunft auf der Welt. In der Regel zeigt der „Parkplatz" den unmittelbaren Abschluss der Geburt, ein Problem mit dem Parkplatz zeigt dann Stress, Verwirrung, Ohnmacht im Endstadium der Geburt.

Parkplatz-Suche: Einen Parkplatz zu suchen oder anzusteuern oder sich ihm zu nähern, ist meistens gleichbedeutend mit der tief unbewussten Erinnerung, sich dem Geburtsfinale zu nähern. Das Auto auf dem Parkplatz nicht mehr wiederfinden: Symbol für ein gravierendes Geburtstrauma, z.B. für eine vorübergehende Ohnmacht damals.

Park-Tor: Schwelle von Diesseits und Jenseits. An dieser Stelle kann z.B. eine Zeugung erraten, vermutet werden.

Parkverbot: Auch als vergebliche Parkplatzsuche im Traum (nicht selten) auftauchend, kann sich eine Art Behinderung verraten, in der Art, dass die Eltern den neuen Erdenbürger nicht wollten. Wenn das Parkverbot den Träumer betrifft, dann gibt es oder gab es solche oder ähnliche, gravierende Konstellationen für die Hauptperson.

Parkwächter: Eine ominöse Schicksalskraft, die irgendeinen Zugang zulässt oder nicht. Was der Parkwächter erlaubt, lässt das Schicksal zu. Da kann es also um Rollen eines Menschen gehen oder aber überhaupt um die Frage: Tod oder Leben. Selten verbirgt sich real ein Mensch hinter dem Parkwächter, z.B. ein Erzeuger, der verhütet oder nicht verhütet. Meist muss man den Parkwächter transzendenter sehen, wie den Wächter zu Schicksalswegen.

Parodie: Meist ernster gemeint als man denkt; z.B. kann eine Enkelin Komplexe und Leben der Großmutter ‚nachahmen', dafür führt sie dann leider weitgehend nicht ihr eigenes Leben. Oder es parodiert ein

Sohn seine Mutter, das zeigt, dass er stark an dem Unbewussten der Mutter trägt und hängt.

Party-Machen: Das ist ein mittlerweile im Jargon verbreiteter Ausdruck, und er bedeutet viele Möglichkein, Spaß zu haben. So ist es auch im Traum, es geht darum, irgendetwas zu tun, was Lust macht. Es läuft nicht selten auf die Bedeutung hinaus, miteinander Sex zu betreiben.

Pass: Eigene Tief- und Kern-Identität (als Person oder auch als Abstammungsthema); ähnlich wie Führerschein und Fahrkarte; es geht nicht um eine oberflächliche Identität.

Passage: Vielleicht auch als enge Furt oder spezielle Rinne, bei solchen Formen kann man immer auch an die Geburtspassage denken, welche in unglaublich vielen Träumen eine Rolle spielt, oder auch an die vaginale Passage. Davon abgesehen ist meist die Bedeutung relevant, irgendeine allgemeine schwierige Passage oder Angelegenheit bewältigt zu haben.

Pass-Spiel: Siehe „Miteinander"

Pass-Unterlagen: Dinge wie Pässe oder Cards verweisen auf ein Identitäts- oder Abstammungsproblem. Auch Karten verschiedener Art, ob nun Atlanten oder Spielkarten, können zum Abstammungsthema passen.

Pastor: Religiöses Schuld- oder Rechtsgefühl, moralische innere und äußere Instanz; Autorität, die ersatzweise aber auch gern angegriffen wird. Auch ein Element der Vitalitäts-, Lustunterdrückung. Andererseits ein Ersatz für den Kontakt mit Gott, also gegebenenfalls Göttliches repräsentierend, im hohen, weisen, edlen Sinne. Allerdings auch manchmal den genauen Gegensatz aufzeigend, nämlich dass der Teufel gerade in der Verkleidung von religiösen Autoritäten und Schriftgelehrten sich einschleicht; da gibt es nicht selten im Traum den vom Bösen oder auch manchmal vom Sex infizierten Kleriker (den Schauspieler, den Unechten). Auch eine Figur, oft mutterabhängig, die sich über das theologische Amt selbst bzw. allgemein kompensatorisch

Männlichkeit schafft und bei manchen Frauen die Funktion als Ersatz-vater oder -mann einnimmt bzw. unterstellt bekommt. Weibliche Pas-torinnen können eventuell eine Weiblichkeitsproblematik aufweisen und nach Bestimmenwollen und männlichen Attitüden streben und auch wie ihre männlichen Kollegen ein Unsicherheitsproblem kompen-sieren (indem sie als Autorität gelten), andererseits aber auch das his-torisch unterdrückte weibliche religiöse Lehren und Leben darstellen.

Pathologie: Kann einen seelischen Irrtum, eine seelische Unkorrektheit zeigen, nichts an körperlicher Krankheit.

Paulus: Der biblische Paulus ist der eigentliche Begründer, der wesent-liche Missionar des Christentums. Es kann also sein, dass ein Träumer mit diesem Motiv sich stark engagiert, und zwar im Bereich der Spi-ritualität und der Ausbreitung von Gedanken. Auch mag ein Träumer im Zusammenhang mit Paulus ein starkes Selbstbewusstsein für seine Aufgabe oder Bestimmung haben. Jedenfalls dürfte er sehr spirituell und vermutlich auch durchsetzungsfähig sein.

Pause: Kann einen Mangel an Vitalität zeigen. Als Erholungsbedarf, aber auch als Abbruch von etwas. Manchmal ist auch die kosmische Pause gemeint: diejenige zwischen zwei Inkarnationen. – Die Pause verharmlost auch gern und deutet ein wirkliches Ende an.

Pausenbrot: Das Pausenbrot wie überhaupt ein Butterbrot ist in der Re-gel ein etwas einfacheres Lebensmittel. Dennoch ist es auch ein Liebes- und Erotiksymbol. Wenn ein Paar groß angelegt, mondän und elegant essen geht, dann haben sie Sexualität im Sinn. Aber es gibt natürlich auch eine banale, eingeschränkte Sexualität, z.B. von älteren Leuten, dann geht es nicht mehr um ein üppiges Mal, sondern nur um ein But-terbrot oder Pausenbrot im symbolischen Sinne.

Pedal: Es geht um ein Auto-Pedal, gerne zum Gas-Geben, das in Ord-nung sein kann oder aber Probleme aufweist. Mit diesen Symbolen des Fußes, des Fahrens und der Aktivität ergibt sich ein weiter Bedeutungs-horizont. Im Traum eines Mannes kann es seine Männlichkeit und sei-ne Durchsetzungskraft bedeuten, im Traum jeder anderen Person, und natürlich auch bei Männern sowie bei Frauen, verrät sich im Zustand des Pedals ein wesentlicher Aktivitätsaspekt im Leben.

Peinlichkeit: Das kommt von „Pein" und meint durchaus großen Schmerz; zeigt arge Ablehnungserfahrung. Geheimsymbol für schwere Schuld-, Minderwertigkeits- und Selbstablehnungskomplexe.

Pelikan: Dieser Archetyp zeigt etwas von Opferbereitschaft an, von sehr altruistischer Elternliebe zu Kindern; oder er steht umgekehrt für Gabe/Opfer von Kindern aus.

Pelzkragen: Kein gutes Symbol, denn es gehört zu „Haar/Fell", das üblicherweise die tierähnliche Aggression darstellt, und es betrifft den Hals. Der Hals des Menschen ist ein hoch empfindlicher Körperteil, und zwar fürs Töten; viele Sprichwörter zeigen das: jemanden an den Hals gehen usw. Der Hals ist auch zart und für die Liebe und Ähnliches geeignet. Der Pelzkragen beengt oder greift an einem besonderen Sensibilitätsbereich an oder zeigt, dass am empfindlichen Hals ein Trauma sitzt. Eine Schwierigkeit der Geburt, wo es darum geht, nach dem Kopf den Körper austreten zu lassen (was nicht immer glatt geht oder wo es oft stockt), schlägt sich in einem Hals-Traum wie in einem Hals-Trauma gern nieder (später in Hals-Krankheiten). Der Hals ist psychosomatisch hochsensibel und sehr bedeutend; so kann „Pelz-Kragen" ein aggressives Trauma (z.B. bei der Geburt) zeigen, etwa so: schwere Blockade (mit Todesangst) bei einer Bewegungsabsicht. Das hochgefährliche Stocken manifestiert sich im Halssyndrom. Ein Pelzkragen kann auch den zärtlichen Hals verdecken, verrät also Aversion.

Pendel: Hier ist besonders das Hin-und-Her-Pendeln gemeint und gerne betrifft es Personen im Traum, die zwischen zwei Polen oder Personen hin und her pendeln, manchmal auch unschlüssig. Das deutet an, dass diese Person zwischen zwei Lebensentwürfen oder auch Personen pendelt.

Penis in Kirche: Symbolischer Zustand des männlichen Foetus oder Babys in dem Uterus, speziell unmittelbar vor, in, bei der Geburt; hier eher als Phallus (= Gleichnis für extreme Hocherregung).

Penis: Im Traum eines Mannes = dessen Sohn; oder auch dessen Vater, d.h. allgemein sein Männliches. Als Foetus oder männliches Baby manchmal ähnlich wie ein Phallus zu deuten, und dann kann er symbolisch den Mann selbst oder den Mann in kleiner Form meinen. Im Traum einer Frau: ihr Animus, in Einzelfällen ihre zu große Männlichkeit, d.h. ihre mangelnde Weiblichkeit und Erotik, oder auch eventuell ihr früheres Leben als Mann.

Penis-Übertragung: Wenn von einem Penis etwas auf einen anderen Penis übertragen werden soll, mit welchem Medium auch immer, wird man an eine Initiation denken, d.h. an die Gabe eines Vaters an seinen Sohn, die Männlichkeit allgemein betreffend.

Penthouse-Wohnung: Versuch, einen großen Überblick oder eine Distanz zum banalen, simplen irdischen Leben zu haben. Ausstieg aus dem Alltag. Im positiven Sinne hat ein Mensch der Penthouse-Wohnung ein großes Interesse an Erkenntnis und Religiosität. Man kann auch sagen, an Erkenntnis bezüglich Himmel, Ewigkeit.

Pepita-Muster: Eine schwarz-weiße Mischung – „Schwarz auf Weiß" – verrät ein wesentliches Faktum, steht also für die Betonung von irgendetwas Wichtigem, gern positiv. Auf der anderen Seite ist eine Mischung aus zwei Farben aber auch ein Symbol für Uneinheitlichkeit, also für eine gewisse innere Gegensätzlichkeit, d.h. etwas Ungutes.

Perle: Einerseits eine Träne, andererseits ein hoher spiritueller Wert – vielleicht Leid, was zu Himmelsgold wird (was nicht unüblich ist).

Perlenstickerei: Meistens geht es um etwas, was zusätzlich auf ein Kleidungsstück aufgetragen ist, z.B. auf einen Pulli. Das ist manchmal eine fragwürdige Dekoration, denn wenn z.B. dieser Schmuck im Traum sich von dem Kleidungstück löst und etwa zu Boden fällt, dann bricht eine Illusion zusammen.

Person in der Höhe, in der Luft: Hier hat eine Person einen überzeitlichen, unbewussten, eingeweihten Blick auf Dinge oder Erlebnisstufen, die bewusst nicht zugänglich sind, die nur wie im Geist oder als Flieger noch zu erkennen sind.

Personalausweis: Kerncharakter der Persönlichkeit. Identität.

Personengleichheit: Es kann im Traum vorkommen, dass z.b. eine Tochter gleich ist oder agiert wie eine Schwester. Dann wird man davon ausgehen, dass für den Träumer diese Personen eine sehr ähnliche Funktion und auch eine sehr ähnliche Emotion haben.

Personenwechsel: Gerne zeigt sich ein Personenaustausch im Zusammenhang von Stuhl, Sitz oder gar Auto-Beifahrersitz. Das kann anzeigen, dass jemand seinen Partner wechseln will, also im letzten Fall will das vielleicht der Fahrer.

Perücke: Betrug in der Rolle, in der Identität, Täuschung im mentalen (auch emotionalen) Bereich, d.h. im Symbol „Kopfhaar". Es geht meist um eine Verfremdung. Ein Mensch, z.B. ein Kind wird mit einer Perücke in eine bestimmte Rolle gedrängt, in eine Funktion, und natürlich für andere Leute. Besteht die Perücke, z.B. bei einem eben genannten Kind, aus roten Locken, so ist das Kind früh zum Lustknaben oder Lustmädchen gemacht worden oder sucht selbst viel (Ersatz-)Lust.

Pfanne: In Männerträumen kann es ein indirektes Symbol für eine Frauenbeziehung sein. Steht also eher für weibliche Sexualität. Wenn erhitzt: sexuelle Erregung.

Pfarrer: Siehe „Pastor"

Pfau: Symbol der Wiedergeburt. Vernichtung beim Tod ist eine Illusion. Ein folgendes neues Leben, ob als Auferstehung oder als Reinkarnation, kann durch diesen Vogel, durch das Pfauenartige generell angezeigt werden.

Pfeile: Da geht es um Angriffe, die gegen eine Sache oder gegen den Träumer gerichtet sind, in einem altertümlichen Bild, aber in einer eventuell aktuellen Zeit.

Pferd, braunes: Nicht selten Frau mit Muttertrauma bzw. eine in Weiblichkeit und Heterosexualität geschädigte Frau. „Dunkelbraun" (ist hier das Symbol) jedenfalls zeigt meist ein psychisches Problem an.

Pferd, falsches Pferd: Entsprechend der Redewendung hat man sein Vertrauen auf eine falsche Person gesetzt. Ein Pferd assoziiert eher zu Frauen.

Pferd, weißes: Kern oder Seele eines Menschen. Sein wesentliches Gefühl, sein Innerstes. Auch gern mit seiner erotischen Aktivität oder Identität gleichzusetzen.– Insonderheit aber etwas Transzendentes.

Pferd: Die Leidenschaft im Menschen, besonders in der Frau; passend zum zivilisierten Menschen: wild, naturnah und doch auch domestiziert; Freiheit; weibliche Sexualität. Für viele Mädchen Mutterersatz, aber auch das eigene urtümliche Weibliche. Für manche Männer quasi die Frau (oder auch ihre Anima) bzw. ein gewünschtes Dominieren über irgendjemanden; aber auch für Männer einfach nur Freiheit, Weite, Natur. Kann sehr viel Weisheit bedeuten, besonders als das weiße Pferd; bevorzugtes Tier der Schamanen für esoterisches Reisen. Treue, Kamerad und Wissenssymbol. Eine klassische Funktion des Pferdes, in vielen Träumen, ist: die Schwangere darzustellen (u.a. mit dem Bild: kleines Pferd in großem Pferd oder mit dem Motiv Fohlen), vielleicht wegen des markanten Pferdebauches – aber vermutlich auch, weil das Pendant, nämlich der Pferdephallus auch ein wichtiges Kult-, Religions-, Fruchtbarkeitssymbol war (z.B. germanisch, nordeuropäisch). Ansonsten können Pferde, neben der intuitiven Weisheit, auch in allgemeiner Weise Sexualität bedeuten. – Oder aber auch in anderer Weise bzw. erheblich abgeschwächt: großer starker Freund eines Mädchens, der sexuell (noch) nichts von dem Mädchen will. Generell ein tendenziell weibliches Symbol.

Pferdekopf: Da das Pferd ein weiblicher Archetyp ist, kann ein Pferdekopf, in der Nähe oder im Umfeld, in Einzelfällen die Muttersuche eines betreffenden Menschen anzeigen. Erinnerung an den ‚Geist' irgendeiner mütterlichen Aktion.

Pfirsich: Pfirsiche haben eine noch stärkere erotische Bedeutung als der berühmte Apfel. Der Apfel scheint neben Sex auch Schwangerschaft, Fruchtbarkeit zu meinen. Dagegen ist Schwängerung im Symbol des Pfirsichs nicht unbedingt enthalten, da geht es primärer um die Lust.

Pflanze: Frühes Wachstum. Weibliches. Schwangerschaft. Der „Tod einer Pflanze": kann auch schon einmal symbolisch das Sterben meinen. Überzogen von Pflanzen sein = stark im Mutterbezug stehen.

Pflanzen: Pflanzliches Leben entspricht bezogen auf die Genese des Menschen einer sehr frühen körperlichen Seins-Stufe. Die Charakteristik der ersten Wochen im Mutterbauch ist als „pflanzlich" anzusehen. Im späteren Verlauf der Schwangerschaft wird man eher tier-ähnlich. Oft gibt es in Träumen pflanzliches Leben in Behältern, in Gläsern oder in Töpfen, dann ist die Bedeutung Embryo sehr naheliegend (aber auch: eine Mutterbrust). Der Sinn eines solchen Traumes ist nicht unbedingt eine anstehende Fruchtbarkeit, sondern eine diffuse Erinnerung an die ersten Wochen im Mutterbauch. Die Logik ist die: Jeder neue Erdenmensch macht die gesamte Genese des Lebens auf der Erde erneut, sozusagen im Schnelldurchgang, durch, und es begann mit Pflanzlichem.

Pflanzensprache: Es kann vorkommen, dass im Traum nicht nur Tiere, sondern auch Pflanzen sprechen. Diese sind zu deuten wie ein Selbstgespräch. Der pflanzliche Teil eines Menschen ist der Teilaspekt einer tief-unbewussten, anfänglichen Seele, und er meldet sich, er äußert sich, er hat etwas zu sagen. Manchmal an Lob, manchmal an Kritik. So kann sich die Pflanze beispielsweise über Vernachlässigung beklagen und das ist dann eine Art Selbsterkenntnis.

Pflanzentöpfe: Besonders wenn es um zwei Pflanzentöpfe oder zwei Grünpflanzentöpfe geht, könnten die zwei Brüste einer Frau gemeint sein.

Pflanzenwachstum: Leben in seiner frühen Entstehung, also deutlich vorgeburtlich.

Pflaster: Pflaster für eine Wunde: Etwas, was psychisch gut tut, was seelisch heilt.

Pflastersteine: Hier meinen wir besonders eine recht unebene Straße, wo man also von deutlichen Pflastersteinen oder auch Buckelsteinen sprechen kann. Hier ist dem Träumer an irgendeiner Stelle seines Lebens ein heftiger, vielleicht nicht offensichtlicher Widerstand geleistet worden. Meist also ein ‚ungutes Pflaster' (kein netter Empfang). Siehe auch „Fels"

Pflicht: Dieses Stichwort, eventuell auch als „Pflichtjahre" (des Lebens), meint, dass man genau entsprechend dem inneren oder pränatalen Auftrag oder der kosmischen Sendung gemäß lebt (und zwar zu dem Zeitpunkt, zu dem im Traum „Pflicht" angesprochen ist). Als Pflichtbewusster lebt man nicht in erster Linie um seiner selbst willen. Vgl. auch Kants großen Pflichtbegriff. Nicht das Ego, sondern Bestimmung, Karma oder höherer Auftrag entscheiden bzw. dominieren das Leben. Die Akzeptanz der Pflicht kann heilend sein. Wir sind auch Funktion für andere, das ist eine Art Dienen oder Pflicht.

Pflug: Manchmal mit Bezug zum Zeugen eines Mannes (tätige Pflugschar).

Phallischkeit: Übergeordneter, übertragener Ausdruck für die Gesundheit eines männlichen Embryos oder Foetus.

Phallus eindringend: Im Einzelfall Tötungsabsicht, reale oder symbolische Tötungstat. Symbolisch ist ‚töten' = Sex, das kann man in Träumen erkennen, aber auch in der antiken griechischen Mythologie (und zwar oft [Vater des Ödipus; Perserkriege; Dädalus]).

Phallus einer Frau: Es gibt Träume, in denen Frauen einen Phallus in der Hand haben, oder am Körper, ob als Spielzeug oder echt. Es gibt auch Träume, in denen Frauen sich den Penis oder Phallus haben wegoperieren lassen. Solche Traumszenen verweisen meistens darauf, dass die betreffenden Frauen eine starke männliche Seite haben, und die ist in der Regel von den Erwartungen der Eltern initiiert (Muttersuggestion

wirkt enorm stark). Die Folgen sind, dass diese Frauen etwas eingeschränkt sind in ihrer weiblichen Sexualität, auch im Schwangersein,
im Gebären und manchmal sogar auch in den Mutterpflichten. Sie lieben es, in Konkurrenz zu stehen mit Männern, in der Auseinandersetzung mit dem Mann scheinen sie sich richtig wohl zu fühlen.

Phallus: Leben, Lebenszeit (manchmal gemäß der Länge des Phallus).
Nach altägyptischer Symbolik: Wiedergeburt. Wenn eine Frau vom sexuellen Missbrauch in der Kindheit träumt, steht für den Phallus etwas
wie Zwerg, Puppe. Ansonsten Zeichen für den Animus oder den Domi-
nanzwillen einer Frau. In Frauenträumen evtl. Erinnerung an ein früheres Leben, gerade zuvor, als Mann, also nicht so überraschend, wie
es zuerst scheint. In Männerträumen gleichzusetzen mit dem Mann als
Foetus oder Baby, und zwar besonders genau zum Zeitpunkt der Geburt, d.h. in hormoneller Erregung, und das nämlich ist wie phallisch.
Die Eichel steht für den Kopf des Babys bzw. des Mannes später (z.B.
„Eichelverletzung" meint lebenslange Kopfschmerzen des Mannes).

Phallusfigur: Primär ein Symbol für den Vater. Im Einzelfall kann man
aus diesem Bild Informationen über etwa einen vermissten Vater her-
auslesen; gilt ausschließlich für genetische Väter, für die Abstammung,
z.B. wenn die Figur aus „Holz" geschnitzt ist.

Philosoph: Hiermit ist ein allgemein kluger und weiser Mensch gemeint, nicht wörtlich ein Philosoph.

Philosophisch: Heißt generell: wissend und klug, kann sich auf praktische Alltagstätigkeiten beziehen, keineswegs nur auf Erkenntnisse,
meist aber auf Spiritualität.

Photo, Photoapparat: Siehe „Fotoapparat"

Physikraum: Hier geht es um die Physis, indirekt darum, materialisiert
zu werden, d.h. geschaffen oder erzeugt zu werden. Der Physikraum
deutet also die Bedingungen der Körperlichkeit an.

Pilgerweg: Spiritueller Aspekt des Lebensweges (wie Pilgerstätte, Pilgertreppe). Das Leben als ‚Gottesdienst' – so legen es manche Träume nahe.

Pilz: Männliches Sexsymbol sowie ein allgemeines Wachstumssymbol. Auch Glückssymbol (weil der gesuchte Pilz selten gefunden wird).

Pilze essen: Ein gewisser Erfolg wird erinnert oder ist in der Luft.

Ping-Pong: Ein Ping-Pong-Ball selber oder dieses Hin- und Her-Spiel, wie alle entsprechenden Ballspiele, zeigt die Beziehung zwischen Mann und Frau an. Ping-Pong-Spiel oft als typische Heterosexualität.

Pink-Stoff: Pinkstoff über einem Objekt deutet an, dass ein an sich männliches oder neutrales Objekt umgewandelt worden ist in etwas Weibliches hinein, dass vielleicht auch eine Manipulation in Richtung einer Mutterabhängigkeit stattgefunden haben mag. Infantilität kann angedeutet sein.

Pinzette: Kann für ein Operations- oder Abtreibungswerkzeug stehen.

Pistole: Männliches Genitale, Phallus; im übertragenen Sinne Männlichkeit, Potenz, Vater (von dem der Sohn die Männlichkeit erwirbt); siehe auch „Gewehr". Wie bei allen Waffen, liegt eine der Deutungsmöglichkeiten in dem sexuellen Werkzeug des Mannes.

Plan: Pläne, besonders Architekturpläne, verweisen auf wichtige Informationen, nicht selten über die Eltern; die „Konstruktionspläne" können also auch ein Kind betreffen.

Plastik: Krankheit, Stress, Neurose, Lebensfeindliches, körperlich wie psychisch, oder kombiniert psychosomatisch, eigentlich immer ein schlechtes Symbol (positives Gegenteil ist „Holz"). Z.B. Plastikflasche mit milchigem Inhalt = negative Erfahrung an der Mutterbrust.

Plastikchip: Siehe „Obolus"

Plastikeimer: Plastikeimer oder Plastikmülleimer berühren gern ein verborgenes Abtreibungsthema (das oft mit dem Motiv „Eimer-Aus-schütten" verbunden ist).

Plastikflasche: Alle auffallend verschlossenen kleineren oder größeren Gefäße, etwa Flaschen, ggf. noch plakativ bunt, sind weniger gut. An eine unwillkommene Frucht im Mutterleib wird man nicht selten denken können. „Plastik" ist grundsätzlich ein Negativum. Wenn die Plastikflasche voll Inhalt ist, wird eine Muttersucht oder Oralsucht angedeutet, die, wenn z.b. das Trink-Streben, die Gier ohne Ende sind, problematisch werden kann.

Plastikkellen: Gemeint sind etwa Schöpfkellen, und wenn es bei diesen um zwei Stück geht und sie aus Plastik sind, dann kann man erraten, dass eine Person wahrscheinlich ein Mutterbrusttrauma hat.

Plastiksack: Meistens gibt es dazu eine übliche Assoziation mit einem Müllsack. Es kann also um Negatives gehen, was möglichst entsorgt, erledigt werden müsste.

Plastikstift: Ein Kuli oder Stift, betont aus Plastik, sagt irgendetwas aus, meist etwas Defizitäres, vielleicht über die männliche Potenz. – Natürlich kann es auch banal etwas über ein Schreib-Thema meinen, da heute die meisten Stifte sowieso aus Plastik sind.

Plastiktüte: Die Tüte ist ein weibliches Symbol, allerdings in negativer Variante, wegen des „Plastiks". Also können Erfahrungen im Mutterbauch oder überhaupt mit Frauen dargestellt sein, und zwar ungute Erfahrungen.

Platine: Kann im Traum als Zauberplatine oder auch als das berühmte magische Brett auftauchen. Meistens sind die Schaltungen oder Einritzungen, Figuren darauf sehr kompliziert und erst ganz am Ende zu begreifen. Das deutet an, dass wir erst kurz vor dem Tod oder im Tod den Sinn unseres komplizierten Lebens begreifen – das sich quasi auf einer Platine abspielt. Wir sind nicht nur für unsere Biografie, sondern auch allgemein für den Geist, d.h. den Weltgeist „Trägerplatine".

Platten: Gemeint sind hier große Bodenfliesen, ob nun in einem Hof oder Flur oder gar vielleicht über dem Wasser. Sie bedeuten eine sichere Basis, auch als Lebens-Anfang oder überhaupt als Überleben, können aber je nach defizitärem Zustand natürlich auch eine große Schwierigkeit anzeigen. Allgemein ein Überlebensboden – wenn sie nicht brechen.

Platzbesetzung: Wenn z.b. der Platz in einer Reihe oder Bank besetzt ist, heißt das oft, dass durch Behinderung und Aggression von anderen Leuten der eigentlich vorgesehene Lebensweg nicht begangen werden kann. Die Biografie ist dann einem Umweg oder Ersatz vergleichbar. Passt z.b. zu einer Identitätslüge, also zu der Unterschiebung eines Kindes. Platz besetzt oder gesperrt: Wer in so einer Szene einen Platz für sich sucht (und nicht hat), muss einsehen – so eben im tieferen Traumwissen –,dass er ein unwillkommener Gast auf Erden war oder ist.

Plätze, markiert: Markierte, abgegrenzte Bodenstücke oder Plätze oder Grundstücke können stellvertretend für Personen stehen. Also etwa so: zwei Grundstücke = zwei Menschen.

Platz-Einnehmer: Ob nun eine Person einfach auf einem Platz zwischen zwei Akteuren steht, überraschend, unerklärlich, oder ob jemand einen Platz raubt oder vorenthält, es stellt ein Indiz dar für ein unerwartetes, aber wahres Problem = irgendjemand stört gewaltig, ob einen Kontakt, ein Erlebnis, eine Information, eine Existenz.

Platzen, Explodieren: Es geht um eine Art Explosion, die wie ein Verpuffung abläuft, und zwar so, dass Netz-, Gitterrollen oder Röhren einen Druck, Überdruck von innen (!) erfahren, vielleicht sogar noch „im Keller". Dann ist dies ein Geburtsanfang, mit der wichtigen Information: der Impuls zum Geburtsbeginn geht vom Foetus, Säugling aus, wie auch das Küken im Ei von innen (!) aktiv wird, und das sollte nicht vom Gynäkologen ausgehen. – Ansonsten natürlich jeglicher heftiger Gefühlsausbruch.

Platz-frei-Halten: Derjenige, der überraschend im Traum einem Menschen einen Sitzplatz oder Parkplatz „frei hält", ist derjenige der beiden

Eltern, der unbedingt, vielleicht im Unterschied zum anderen Elternteil, diese Zeugung wollte.

Platz-Probleme: Es kann sich z.b. um einen Sofa- oder Sesselplatz handeln oder auch um einen Stuhl. Man kann daran etwas Grundlegendes erkennen, nämlich ob man gemocht, willkommen ist im Leben, z.b. bei der Geburt oder in einer Partnerschaft, oder ob man tendenziell abgelehnt ist. Im letzteren Falle gibt es also zu viel Enge zum Sitzen, oder es ist der Platz besetzt, oder es liegt Müll auf dem Platz oder es gibt keinen freien Stuhl.

Platzregen: Sehr schlechte psychische oder soziale Situation.

Plumeau: Siehe „Kissen"

Po: Zeigt wie der Gang den Charakter eines Menschen (a), ist nicht nur oberflächlicher, sondern tief-somatischer Indikator für das Wesen eines Menschen. In der Erotik (so auch in antiken Kriegsdarstellungen) typischer Körperteil für das sexuelle Benutztwerden, das dem Unterlegenen droht, bzw. der Po fungiert als Unterwerfungssymbol (b), als Tötungssymbol. Ergo kann oft das Missbrauchsthema indirekt angezeigt sein; die Person mit nacktem Po muss sich sexuell zur Verfügung stellen, männlich wie weiblich (bzw. eventuell will sie dies). Abgesehen vom Missbrauch kann also auch eine sehr positive Hingabegeste mit dem Po-Zeigen verbunden sein.

Po-Fetischismus: Da kann eine Erfahrung aus der Kindheit angestoßen sein, als nämlich Erwachsene sexuelles Interesse an einem Kinder-Po hatten.

Po-Griff: Als Besonderheit der Berührung des Hinterns wollen wir hier den berühmten ‚Klaps auf den Po' beschreiben. Das Symbol gibt es im Alltag wie auch im Traum. Es ist gemeint als Aufmunterung, als Trost und als Vertraulichkeit. Oft wird es von einer Person, die sich dominant oder größer fühlt, gegenüber einer kleineren oder schwächeren Person ausgeführt. Einerseits ist positive Aufmunterung gemeint, allerdings eine sehr große Vertraulichkeit, ja eine Intimität einschließend, ob nun von einem Trainer oder von einem Liebhaber. Und da steckt das Problem, sowohl im Alltag als auch im Traum: Will die betroffene Person bei dieser Zuwendungsaktion wirklich so vertraulich berührt werden? Oder empfindet sie das als Übergriffigkeit, sexuelle Übergriffigkeit, was auch oft stimmen dürfte?

Pony-Frisur: Die Stirn als Sitz des Denkens und der Absichten wird auffällig verdeckt, geheim gehalten.

Polen: Rein als Archetyp, Symbol gesehen (nicht politisch): manchmal Aggressoren und Stehlende (wenn die problematische „Ost"-Symbolik betont ist) oder abgeschwächt als Personen, die ihren Vorteil im Auge haben. Positiver: Gottgläubige. Gern auch Gegner Russlands.

Politik: Das Motiv kann gerne benutzt werden, um persönliche, private Beziehungen, quasi als Gleichnis, darzustellen oder zu pflegen. Kaschierung (Verallgmeinerung) des Personalen. Medium, das sich eignet, sein Ego hinter Ersatzvorgängen zu verstecken.

Polizist: Die Polizei stellt eine Rettung in der Not dar; auch das Gewissen und Recht, auf das man zählen, das man reklamieren könnte. Leider greift oft die Polizei im Traum nicht ein oder schaut nicht hin, d.h. man bekommt/bekam überraschend sein Recht nicht. Polizei soll das Korrekte, Richtige darstellen, auch gerechte Reaktion, Strafe, das erwartete Eingreifen, den guten und verdienten Erfolg – und eben Hilfe. Jedoch manchmal im Traum enttäuschend, und das meint dann eine unbewusste Wahrheit: man wurde im Stich gelassen. Der Polizist kann zwar das Recht vertreten und also ein Hilfegesuch im Traum darstellen, aber er kann auch für eine willkürliche Obrigkeit stehen. Dann kann er auch die Gesetze der Gesellschaft oder der Familie, an denen man zerbricht, symbolisieren.

Polizistin: Wir nehmen einmal den Fall an, dass die Polizistin kontrolliert, was ja nicht selten ist. Also haben wir da ein Symbol für eine strenge Chefin, gerne für eine Mutter letztlich. Und dann hat es irgendwo einmal ein Problem gegeben, wo solch eine Mutter etwas betont anderes wollte, als ihr Kind. – Polizistin kann aber auch Helferin bedeuten, dann geht es um ein Thema, in dem ein Kind eine Rettung von irgendeiner Seite erwartete. Evtl. verrät sie manchmal eine etwas männliche Attitüde oder Seite.

Polster: Das assoziiert zu den Symbolen „Sofa, Sessel, Liege, Kissen, Plumeau". Daher hat es meist etwas mit der Muttererfahrung zu tun, in der Regel aus der Schwangerschaftszeit. Wenn man vom zu kleinen Polster hinunterfällt oder abfliegt, davonfliegt, sagt das schon genug über einen problematischen Uterusaufenthalt aus. Siehe auch „Kissen"

Ponyfrisur: Nicht selten verdecken die Haare tief in der Stirn Gedanken, Geheimnisse, unbekannte Absichten sowie Selbstkritik. Es kann etwas nachhaltig verdrängt sein.

Porno: Der Begriff steht oft unpornographisch und simpel für ganz normale Sexualität.

Pornofilm: Das Verhältnis zu Porno- oder Sexfilmen im Traum deutet etwas darüber an, ob man in seiner Sexualität etwa gehemmt ist oder aber umgekehrt dreist oder sicher sein kann. Natürlich gibt es real Pornofilm-Süchtige, aber im Traum geht es da meist banal um übliche Sexualität.

Pornografisches: Steht gern für normalen, harmlosen Sex.

Porree: Die Form dieses Gewächses als 'Stange' hat eine gewisse Assoziation zu einem Phallus. Der Streit um eine Art männliche Vorherrschaft (auch unter Ehepartnern) kann sich in Porree-Feldern indirekt ankündigen.

Porsche: Hat eine nicht gerade unphallische Besetzung im Unbewussten, wie für superschnelle Sportwagen üblich.

Portal, magisches: Zugang zur Himmelswelt (jenseitig, nachtodlich, vorgeburtlich, esoterisch).

Portemonnaie: Erosschatz, bei beiden Geschlechtern. Als Weibliches auch nicht ganz unkonkret, d.h. sexuell-körperliches Genitale einer Frau andeutend. Daneben allgemeiner oder übertragen wie „Geld" als Gefühl/Liebe zu deuten.

Portemonnaie-Verlust: Emotionale oder sexuelle Beraubung.

Portugal: Gern ein Sehnsuchtsziel, z.b. von Töchtern mit ehemals kalter Mutter.

Porzellan: Insbesondere als Porzellangeschäft oder -laden kann die Mutter gemeint sein, bei der der Träumer oder die Träumerin Befriedigung suchte, gern mit Frust, Misserfolg am Ende. Der Gefäßcharakter und das Orale (Beispiel Porzellanmilchkännchen, Schälchen) spielen eine Hauptrolle, daher oft die Bedeutung von Mutter während der Stillzeit.

Porzellanschäden: Wie im Klischee oder Sprichwort ist es tatsächlich so im Traum, dass zerstörte Porzellangefäße die Zerstörung einer Beziehung, einer Lebenssituation oder einer Ehe zeigen.

Positionen: Siehe „Steh-Position"

Post, Postschalter: Verrät Informatives über das Unsichtbare, über das Unbewusste.

Postkarte: Ob mit Foto oder ohne Foto, und vielleicht also nur mit schriftlichen Grüßen, so handelt es sich doch um eine wichtige Botschaft, die über die Schiene des Unbewussten läuft. Da kann es um Beziehungen, um die Identität oder um geheime Ablehnungen und vieles mehr gehen. Meistens handelt es sich aber um einen positiven Kontakt. Gern ist die leere Postkarte ein Hinweis, dass man aktuell etwas abschicken sollte oder eine Nachricht bekommt.

Postler: Hat mit dem Unbewussten, mit unbewussten Sendungen, nicht mit dem realen Beruf zu tun; in Deutschland auch mit dem Gelb-Thema (Gelb steht z.B. für Begierde) verknüpft. Manchmal geht es um unbewusst angepasste Menschen bis hin zu geheim süchtigen Personen, obgleich an der Oberfläche oder grundsätzlich als braver Charakter, pflichtbewusster Mensch zu denken. Die Postler transportieren Geheimstücke, Psychenportionen, unbekannte Informationen, die sie nicht kennen (also Unbewusstes – für andere), daher sind sie manchmal fremdbestimmt oder im altertümlichen Sinne dienend, brav, bieder. Ein Postler, Briefträger kann auch stellvertretend für die Botschaft, Sendung selbst stehen.

Postminister: Dieser Mann verrät etwas entschieden Unbewusstes. Vielleicht einen großen Auftrag oder gar eine höhere Führung, eben wie das Symbol „Post" oder „Brief".

Praktikum: Diese Mitarbeit muss man als Lernzeit deuten. Es wird eine Person, gern ein Jugendlicher, der noch nicht als ‚fertig' gilt, eingeführt in bestimmte Berufsbereiche, gemeint ist aber in bestimmte private Lebensbereiche. D.h. der Praktikant, als Unkundiger, kann stark beeinflusst werden, deshalb gibt es auch die Bedeutung des Praktikums als Initiation (gehört meist zur Pubertät des eigenen Kindes).

Pralinen: Besonders das, was man von der Mutter hätte erhalten sollen an Liebe, Eros und Zuwendung, wird gerne durch die Pralinen mit ihrem deutlichen Oral-Bezug ausgedrückt.

Praxis: Der Begriff kommt von griech. pragma (Tat) und pran (handeln), daher ist die ganze Welt der dinglichen Realität gemeint, sowie das Tun (alles Tun) im Gegensatz zum Theoretisieren.

Predigen: Meist hat ein predigender Mensch Wesentliches über die Spiritualität, über den Ewigkeitsaspekt des Menschen zu sagen. Predigen ist in der Regel positiv im Traum. Es wird da nicht über den Alltag oder über äußere Verhaltensweisen geredet oder über simple schwarzweiße Urteile, sondern über den wesentlichen transzendenten Kern des Menschen. Der Prediger ist ein religiöser Lehrer (was ja in jedem Menschen steckt).

Preis-Gewinn: Lebenschance, Existenz, also Erfolg in sehr archaischer Art. Preisverlust im Sinne des Verlierens bei einem Spiel oder bei einer Wette zeigt Gefahr bezüglich der Existenz oder des Überlebens an.

Priester: Der Träumer bemüht sich um den Kontakt mit Gott. Die Aufgabe des Geistlichen, Priesters, Predigers ist genau diese Vermittlung: Rückbindung (vgl. re-ligio) an die Ewigkeit. Oder auch nur Aufklärung, Information über das Spirituelle. Siehe auch „Prediger" und „Kirche"

Primitivität: Ist ein Zeichen psychischer Gesundheit, sie steht stellvertretend für Natürlichkeit, gegen Entfremdung und gekünsteltes Getue.

Probesingen: Vorspiel zu späteren realen sexuellen Absichten.

Professor: Kann ein Zeichen für die Intelligenz des Träumers sein. Ansonsten wie ein Lehrer-, Vater-Archetyp.

Programme: Wie der PC hat auch jedes Lebewesen eine Software, die als Automatismus und Unbewusstes sein Verhalten bestimmt. Anlage, Natur, Lebenskonzept als eine Art Programmierung. Siehe auch „Rechnen"

Programmheft: Ob nun als VHS Programm oder als Veranstaltungskalender, es verbirgt sich hinter dem Programm der Verlauf und die Entwicklung des Lebens, also der Hintergrund der persönlichen Biographie.

Prominente(r): Name oder Adresse oder Telefonnummer von in der Gesellschaft führenden Persönlichkeiten, von Chefs, Königen, Ministern und ähnlich, meinen letztlich den Kontakt zu einem Vater oder zu einer Mutter. Also die üblichen Leader/Führungspersonen ersetzen die Eltern im Traum. Autoritätselemente sehr heterogener Art, ob echte oder falsche. Mit einem Prominenten verbindet man einen speziellen Charakter, der auf andere Personen im Traum übertragen wird. Der Prominente steht also für ein Charakteristikum (1) oder für attraktive Macht (2), gegebenenfalls auch für sexuelle Wünsche (3) und ist in aller Regel stellvertretend zu sehen, zu deuten.

Prominenten-Biografie: Wenn man sich im Traum mit der Biografie einer prominenten Persönlichkeit beschäftigt, besagt das, dass es irgendwelche Ähnlichkeiten des Träumers zu dieser Biografie geben muss. Die können aber sehr geheim und indirekt sein. Meistens wird gezeigt, dass man eine diesem Prominenten ähnliche Charaktereigenschaft, vielleicht zur eigenen Überraschung, denn doch hat.

Promotion: Erfolg in einer Entwicklungslinie, in vielen verschiedenen Bereichen möglich.

Prostituierte: Im Traum einer Frau Reflex auf starkes sexuelles Erleben am Vortag; oder intensiver sexueller Wunsch. Im Traum eines Mannes: willige und erotisch betonte Frau. Zur Prostituierten erst werden im Traum bedeutet: sich mit neuer erfüllender sexueller Erfahrung beschäftigen. Die Prostituierte zeigt aber (zumal in der Realität) oft gerade nicht Liebe, Gefühl, sondern das Sich-benutzen-Lassen, verbunden mit innerer Kälte und mit bemitleidenswerter Sucht nach Zuwendung. Sie zeigt auch eine Frau, die nach Erwägungen der Taktik und Nützlichkeit (Erfolgsstreben), nicht nach Gefühl, den Eros lebt, sowie eine Frau mit erheblichen Bindungsproblemen. Auch gerissen kann sie sein, sie setzt gegebenenfalls clever und kühl ihren Körper oder anderes ein. Auch an „dienend" muss man denken. Also allgemein Aspekte eines Frauencharakters, nicht nur ein Sexthema. – Manchmal gilt dies: Eine Prostituierte ist in Männerträumen nur scheinbar ein abfällig beurteiltes Wesen. In Wahrheit geht es um eine Frau, die liebend und sexuell „bereit" ist. Als solche steht sie sogar im hohen Sinne für Leben und Weiterleben. Fungiert wie eine normale Geliebte. Hat dann nur wenig mit Pornographischem zu tun.

Prothese: Ersatz, Betrug im meist übertragenen (=mentalen) Sinne. Zeichen einer psychischen, unschuldigen Schwäche oder einer Verletzung von außen her.

Protokoll-Schreiben: Das Festhalten-Wollen und Eröffnen-Wollen von Lebnsereignissen. Dokumentieren heiß Bewusstmachen. Siehe auch „Geldstrafe"

112

Prüfung: Da lässt sich vieles zusammenfassen, für das Unbewusste sind alle Prüfungen gleich, z.b. Führerscheinprüfung, Examen, Abitur, Gesellenprüfung, auch etwa die erste heilige Kommunion. Gemeint ist eine allgemeine Matura, eine Reife, die sich auf die seelische Persönlichkeit bezieht, als Abschluss einer Entwicklungsstufe, und sehr oft der geschlechtlichen Reife zum Mann oder zur Frau (auch innerlich). Um das reale Abitur z.b. geht es in solchen Fällen fast nie. Geburt (sehr oft), Abnabelung, Pubertät (sehr oft) sind eigentlich gemeint. Die misslungene Prüfung oder wenigstens die Angst vor dem Versagen oder der ganze Prüfungsstress kommen oft im Traum vor, als Erwartungsangst oder als schlechte Erinnerung (auch als Übertreibung). D.h. z.B. das Geburtstrauma wirkt nach (a), oder man ringt wieder einmal stark um einen sonstigen Entwicklungsabschluss, um ein Ziel (b) (auch evtl. um Orgasmus). Sehr großer Prüfungsstress zeigt auch, dass dem Träumer diese Prüfung zu wichtig ist, bedeutet: dass man vom Urteil anderer abhängig ist. Vielen geht im Traum ungefähr dies, ganz unausgesprochen, durch den Kopf: ‚die wirkliche Reife habe ich doch nicht erreicht...‘ Kern und Urmuster aller Prüfungen und Prüfungserinnerungen liegen im perinatalen Bereich. Aus solchen Quellen stammen also Prüfungsprobleme, schwere Entwicklungsblockaden und Ängste. Menschen mit einem Geburtstrauma haben kein oder kein gutes Muster, um „Prüfungen" durchstehen zu können, sondern einen enormen Stress; sie zittern, weichen aus. Ein Mensch mit besonders großer Prüfungsangst kann auch andere Ablehnungstraumata (mit Minderwertigkeitsgefühl und Wut) haben. Ein Prüfungstraum ist nicht prognostisch zu deuten, er meint meist den Erst-Entwicklungs-Schritt, allenfalls dann die (mentale) Pubertät. Nachts durch die Prüfung zu fallen heiß keineswegs, am nächsten Tag eine Prüfung nicht zu schaffen.

Prüfungs-Zukunft: Tendenz oder Versprechen oder reale Zukunft einer wichtigen Entwicklung. Der Archetyp „Prüfung" hat nicht mit einem Lernstoff oder einer Schule zu tun, sondern in aller Regel mit der psychischen Reifung. In manchen Träumen wird einem die Prüfung verweigert, und das ist keine banale Information, sondern hier haben Kräfte, vielleicht Elternanteile, Entwicklungen nicht ohne Absicht verzögert oder verweigert. Und dann ist die Zukunft in dem symbolischen Prüfungs-Inhalt, in diesem Lebensbereich zerstört.

Psychologe: Sollte sich ein Traum oberflächlich auf eine medizinische, körperliche Krankheit beziehen (manchmal als erster Hinweis), so wird korrigierend mitgeteilt, dass die Krankheitsursache in Wahrheit in der Psyche liegt.

Psychosomatik: Die Träume erwähnen die Psychosomatik als ein wesentliches, tragendes Gesetz der Welt. D.h. ungefähr so, dass auf Dauer alles Mentale materiell wird oder dass das Körperliche (Somatische) Abdruck des Psychischen ist. „Die Materie ist Ausdruck des Geistes" – den Träumen zufolge.

Psychotherapeut: Diese Person gibt eine Information zur seelischen Gesundheit des Träumers, welcher sich dann gern wie ein Klient, Patient in einer Untersuchung befindet.

Pubertät: Die Pubertät ist eine ‚zweite Geburt'; in der ersten Geburt werden wir für die Welt, das Leben geboren, in der zweiten für die Erwachsenenwelt und die Sexualität. Die Pubertät ist Wiederholung und Information: im Traum wie auch real im Leben verläuft die Pubertät wie die Geburt (analog – z.B. Verzögerungen, Blockaden); es sind die unbewussten und vergessenen und verdrängten Geburtsereignisse und -traumata an der Pubertät abzulesen. Für beide Geburten brauchen wir eigentlich Initiierende, bei der ersten Geburt ist das wenigstens die Mutter (plus Hebamme), bei der zweiten ein gleichgeschlechtliches Vorbild. Oft fehlen die Helfer aber, z.B. als Vaterlosigkeit beim Sohn. In der Pubertät brechen immer wieder typische Komplexe abrupt, bzw. scheinbar abrupt aus und auf (z.B. Magersucht oder andere Süchte, auch Krankheiten, Depressionen, Selbstverletzungen): als latente Geheimnisse, Traumata stammen sie aus der geburtsnahen Zeit, frühesten Kindheit, und nicht eigentlich aus dem Pubertätsphänomen. Die Pubertät steht stellvertretend für jede Art von Reifung und Entwicklung.

Pudel in Schwarz: Ein sehr unangenehmes Geheimnis, daher früher als teuflischer Inhalt verstanden (Schwarzes und Krauses des Fells lösen das symbolisch aus). Schwierigkeit oder Aggression, in allerdings geheimer versteckter Art. Ein Pudel oder ähnlicher Hund ist ein Komplex, eine Art Plagegeist, der symbolisch „beißt/belastet", der aber auch selbst verstresst, leidend und unerlöst ist.

Pullover in Blau: Zeigt ein nicht so lebenslustiges Herz an, sondern evtl. sogar etwas wie Trauer. Blau steht nicht unbedingt für Vitalität oder Emotion, eher für Selbstbeherrschung.

Pullover, längs-gerippt: Grundsätzlich bedeutet längs-gestreift tendenziell etwas Männliches, und quer-gestreift tendenziell etwas Weibliches. Mit dem Pullover ist eine Gesinnung im Brustkorb, im Herzen gemeint, wenigstens eine Rolle, hier also eine männliche.

Pullover: Charakterseite, die über der Brust, dem Herzen liegt, damit etwas wie Mut, Selbstbewusstsein, Überzeugungskraft, Wille, mentale Stärke (oder aber Schwäche) anzeigend (wie griech. thymos). Stark-rippig gestrickt meint betonten, nicht schwachen Psychenteil. Senkrechte Rippen = eher Männliches. Schwarz = diesseitig und sexuell, nicht emotional schwach.

Pullover-Kauf: Da geht es um eine Bekleidung für den Oberkörper, und mit dieser Bekleidung ist natürlich eine Rolle gemeint, die man für das Leben erwirbt bzw. die in starkem Maße dem Kind von den Erwachsenen aufgedrängt wird. In der Brust sitzen wichtige Seelenanteile, z.B. Mut, Feigheit, Selbstbewusstsein, Vertrauen, Herz, Identität. Farbe und Art des Pullovers im Traum verraten das, was emotional im Raum des Herzens vorhanden ist. Manchmal geht es im Traum darum, dass ein solcher Pullover gekauft wird, nicht selten von weiblichen Personen, dann ist zu erkennen, dass die Charaktereigenschaften im Brustraum von anderen gegeben oder aufgezwungen wurden oder auch positiv als Geschenk erworben wurden (z.B. von der Mutter). Der Kauf verrät die Übernahme einer Rolle.

Pult: Wer am Pult sitzt oder steht, hat das Sagen oder möchte die Dominanz erstreben.

Pulver im Rohr: Einen Spezialfall stellt weißes Pulver/Pülverchen im Rohr/Röhrchen dar. Da geht es wohl um das Sperma des Mannes oder um eine Option, die die grundsätzliche Phallusfähigkeit, die Pollusionsfähigkeit eines Mannes darstellt. Wenn hier, als Beispiel, ein zerbrechliches Plastikröhrchen im Spiel ist, haben wir eine gefährdete, fragile Männlichkeit vorliegen, wie sie etwa zu einem kleinen Jungen passt, der sexuell missbraucht wird und dadurch vielleicht seine spätere Phallusfähigkeit verlieren kann.

Pulver, weißes: Tendenziell ein Negativum. Eine relativ tödliche Basis oder Umgebung.

Pummelig: Das kann zu einer gewissen Regression gehören, denn besonders Kinder oder Babys erscheinen „pummelig". Es kann also subtil ein nicht erreichter Reifeschritt angedeutet sein. Symbolisch kann man es etwas mit dem Begriff „Babyspeck" vergleichen.

Pumps: Irgendetwas von Erotik ist im Umfeld einer Frau mit Pumps anzunehmen. Siehe auch „Stöckelschuhe"

Puppe: Dieses Symbol ist sehr vielschichtig. Es gibt lästige Puppen wie lästige Spiele oder Kontakte. Es gibt Puppen, die subtil einen sexuellen Missbrauch in der Kindheit andeuten. Wenn jemand im Traum die Puppe loswerden will, kann man auf der Spur eines verdrängten, unbewussten Traumas aus der Kindheit sein. Erwerb, Erfolg, Freude bezüglich einer Puppe verraten etwas Positives zum Foetus-, Baby-, Kindzustand des Träumers bzw. der Träumerin. Bei Puppen geht es also meistens symbolisch um Kinder, und zwar oft um ungeborene Kinder. In vielen Sippschaften gibt es Geheimnisse über früher abgetriebene oder fehlgeborene Embryos, Foeten. Die Puppe steht für ein Baby, Kind, gern für die eigene, meist sehr frühe Kindheit. Ein Trauma ist nicht selten, weil die Puppe nicht recht lebt, sondern quasi gelähmt oder wie krank oder wie tot ist. Viele Puppen= Kompensation von Ablehnung als Kind oder für Kinderlosigkeit. Puppen können etwas aussagen zu Abtreibungen, toten oder willenlosen Kleinkindern, überhaupt etwas zur Kindheit, gegebenenfalls natürlich auch positiv. – Ähnliche Bedeutung manchmal wie die figura/imago von Penis/Phallus = Missbrauchserinnerung ansprechend.

Putzen: Manchmal eigentlich sexuelles Tun, aber auch Verdrängung von Sexualität sowie Ersatz für Sex. Allgemeine Bedeutung: es soll etwas nicht offenbar werden, sondern gereinigt, vertuscht, weg-ge- putzt werden. Bzgl. Sex heißt das, dass eine Sexualität geheimgehal- ten werden soll oder aber auch eine Schwängerung vermieden (weg- geputzt) werden soll; siehe auch „Putzsucht". Auch manchmal später Ausdruck einer bezüglich Moral und Sauberkeit hysterischen Erzie- hung (Reinigungszwang). Hauptbedeutung als Komplex: Unangeneh- mes und scheinbar Anstößiges weg-putzen; ideal und rein dastehen wollen. Wie bei „Kehren" und „Fegen" ist das Ergebnis oder die Absicht des Reinigens, Putzens: die Sauberkeit und das Fertig-Sein, und dieser Zustand kann auch unbewusst dem entsprechen, was man als sexuel- le Befriedigung erlebt. – Es kann jedoch auch um ein erstrebenswertes, sinnvolles Ziel gehen, nämlich darum: ein Trauma soll gelöscht, bear- beitet werden; dann haben wir also eine Heilungsabsicht im Putzen.

Putzfrau: Frau in dem Haus oder inmitten des Hauses, d.h. eine nicht gerade unzentrale oder überflüssige Person. Im Gegenteil, sie putzt Ge- heimnisse und Psychenmüll weg; wie ein Dienstmädchen früher ist sie auch „Mädchen für alles", z.B. für Anvertrautes oder gar auch für Se- xuelles. – Tendenziell eine ältere, sehr erfahrene, bodenständige Per- son, unverblümt die Wahrheit sagend bzw. etwas aus alter Zeit wis- send. Meistens ist sie also eine Wissende, auch wenn sie verheimlicht oder arg weg-putzend vielleicht lügt. Niemand weiß besser, was im Haus bisher geschehen ist, sie hat es oft faustdick hinter den Ohren. Die Putzfrau ist also eine massiv, handgreiflich Wirkende, oft eine Ma- nipulierende, öfter eine Wissende, auch manchmal eine sehr Positive, die reinigen, sanieren, heilen will. – Zum Problem, was eine Putzfrau angeht, angreift: Irgendetwas meist Unangenehmen soll gereinigt wer- den, soll weggewischt werden. Nicht selten sind die Putzfrauen Kon- trollgeister, wie etwa bestimmte Mütter, die das sexuelle Tun der An- deren, etwa ihrer Töchter, aufspüren, wegputzen, vernichten wollen. Auch ihr eigenes sexuelles Tun können Putzfrauen zu leugnen suchen.

Putzsucht: Oft ein Relikt aus dem kollektiven Unbewussten (Erbe) der Frauen einer Sippschaft. Ursprünglich gab es einmal etwas wie das Bestreben, eine ungewollte Empfängnis wegzuwaschen, Erotisches zu löschen oder sich als Frau zu wehren. Das setzt sich später evtl. fort in eine Schwierigkeit hinein, ein Kind zu bekommen (eine Art unbewusster Widerstand), bzw. es wirkt insgesamt in verschiedene weibliche Sexprobleme hinein [daher konnte S. Freud in Putzen/Reinigen einen Sexersatz sehen]. Hat auch generell etwas mit Angst, übertriebener Vorsorge zu tun, mit Beherrscht-Sein, Beherrschen-Wollen. Nicht zu übersehen ist jedoch auch der Aspekt, dass „putzen" meint, etwas sinnvoll zu reparieren, also im übertragenen Sinne positiv zu reinigen, zu heilen. Der negative Aspekt dagegen ist, dass ein putzsüchtiger Mensch eine Neigung fast zum Lügen, zum (gegebenenfalls aufgezwungenen) Verdrängen hat. Am meisten wird der Egoismus verdrängt, geleugnet. Daneben zu beachten: diffuser Ersatz für Sexstreben. Schließlich ist noch die Bedeutung wichtig, dass eine große, verschobene Änderungs- und Entwicklungsabsicht gemeint sein kann, in Form eines Ersatzhandelns, eben als Viel-Putzen – statt etwas anderes zu tun.

Putzteufel: Eine Person, die man wegen überhöhter Reinigungs- und Putztätigkeit als Putzteufel bezeichnen kann, hat eine gewisse Angst vor der Lebendigkeit. Das meint: Angst vor Emotion und Eros und Ego, sowohl der eigenen Person als auch der Mitmenschen. Zum Beispiel wird die Gefühlslebendigkeit, Spontaneität eines Kindes von einem Putzteufel (als Mutter oder Vater), der auch kontroll-süchtig ist, an die Wand gedrückt. Vgl. „Putzsucht"

Putztücher: Ein Medium um zu lügen; das Putztuch verwischt, verdrängt, verleugnet etwas, gern auch etwas Erotisches; auch umgekehrt, selten Mittel, etwas heil zu machen, sinnvoll zu löschen.

Pyramide: Sie kann Materie und Form vertreten, d.h. sie ist dann z.B. ein Symbol des Körpers, in welchem sich die Seele (rund, kugelig, inmitten) inkarniert, befindet. Oder die Seele ist manchmal auf der Spitze der Pyramide, als Tempel, Sonne, Kugel, zu denken. – Archetyp oder Hieroglyphe für das Leben; auch Einweihungsstätte und Erkenntnisort im Sinne der Mysterien; so auch Raum für out-of-body-Aspekte, Postmortales und Pränatales. Hauptbedeutungen: Uterus, Grab, Initiation, Erleuchtung, Neugeburt (Weg zum Himmel!), d.h. etwa Erinnerung an die Initiations- und Schwangerschaftszeit. Daher nicht Grabkammer,

sondern Vorbereitungszeit, für das Jenseits, die Nachtmeerfahrt, für
Osiris.

Pyramidenform: Diese kann einfach für ein Ich stehen. Besonders dann,
wenn die Trinität noch eine Rolle spielt, wenn also die Pyramide einen Dreiecksgrundriss hat. Es hat etwas von dem Auftreten, von der
Anwesenheit einer Ich-Existenz. Man könnte sagen, wenn jemand auf
die Erde kommt, ist die Pyramide als Symbol seiner selbst da, z.b. als
Gleichnis im Garten oder Vorgarten vorhanden bzw. passend.

Pyramidenspitze: Auch als Obelisk- oder Dreiecksspitze auftretend, die
sich manchmal, als Besonderheit, in ein buntes Rundes, was wie son-
nenartig ist, hineinbewegt, ggf. hineinbohrt. Da geht es dann nebenbei
auch um einen zentralen Archetyp der Eindringung des Männlichen
in das Weibliche. Somit kann die Zeugung gemeint sein, aber ebenso auch Tod/Jenseits, wo wir zu einem neuen Leben in spiritueller Dimension gezeugt bzw. geboren werden. Letzteres wäre das Eindringen
in das All-Eine.

Q

Quadrat: Wie Rechtecke, Vierecke oder Flächen, die kantig eingefasst
sind, meinen solche Symbole: Schwierigkeiten, Unweiches, dem Leben
gegenüber eher Feindliches, das Eckige ist nämlich das Gegenteil des
positiven Runden. – Das Rechteck kann aber auch einmal mandala-
ähnlich sein, als ideales Ganzes.

Qualm: Siehe „Rauchen"

Quaternität: Eine ideale Ganzheit, nicht unbedingt spirituell, sondern eher irdisch, materiell, wie etwa die vier Himmelsrichtungen. Wir
könnten von weltlicher Vollkommenheit (Harmonie) sprechen. In diesem Sinne vielleicht der Pythagoräischen Tetraktys vergleichbar, dieser Vierheit, aus welcher auf geheimnisvolle Weise alle Zahlen und

Bausteine der Welt sich herleiten. – Vierheit hat aber auch oft einen gewissen Leid-, Passionscharakter.

Quelle: Ursprung, Anfang, Grundlage. Fließendes Wasser ist lebenskräftiger als ruhendes Wasser. Recht weiblich (wie Born, Brunnen oder Mutter), das sieht man daran, dass die Mythen weibliche Göttinnen, Schutzgeister dort angesiedelt haben: Quellnymphen nämlich.

Quer: Eine Querposition, vom Betrachter oder Träumer aus gesehen, eines Gegenstandes, z.b. eines Tisches oder auch einer Person, wenn diese also in Seitenansicht zu erleben ist, verspricht nichts Gutes. Wie in dem Verb „sich querstellen" erkennbar ist, geht es um eine Art Abfuhr, Ablehnung. Es geht um Dessinteresse. Was quersteht, querliegt, zeigt Behinderungen an, z.b. bei Lebensweg, Geburtsweg. Als Querbalken auch als „Nichts-sehen-Können" oder schwarzer Block vor den Augen auftretend. Also insgesamt ein Hindernis anzeigend, besonders als „Querstraße".

Querstreben aus Beton: Erinnerung an eine schwere Blockade, z.B. in der Frage einer Beziehung oder am Beginn des Lebens (Geburt).

Querstreifen: Sie zeigen manchmal ein großes Problem für das Objekt an, auf dem die Querstreifen liegen. Drastisches Beispiel: Querstreifen auf einer Mädchenscheide: hier kann Missbrauch angezeigt werden. In Kinderkleidung meist ohne spezielle Bedeutung. Im Prinzip verweisen auf sonstiger Kleidung Längsstreifen auf Männliches und Querstreifen auf Weibliches. Wenn z.B. das Kleid einer Frau schwarze Querstreifen aufweist, so ist sie im Moment recht weiblich, d.h. vermutlich auch erotisch interessiert.

Querstrich: Manchmal als schwarzer Strich quer durchs Bild oder über einen Monitor = Blockiert-Sein, Blockiert-Werden, bis eventuell hin zum Durchstreichen oder Durchgestrichen-Werden. Es kann da eventuell um Probleme bis hin zur Todesnähe gehen.

Quizmaster: Er ist der Herr der Welt; wir Menschen nehmen alles zu ernst – er nicht. Siehe auch „Spielleitung" und „Bühne"

Rabe: Dieser (schwarze) Vogel stellt eine Art telepathischer Verbindung dar; er bringt Kontakt, Botschaft, sogar manchmal Liebe; er sagt ungefähr: ich denke an dich (neutral). Den entsprechenden Archetyp finden wir in der Mythologie: Odin hatte die zwei Beivögel, Attribute Hugin und Munin, das waren zwei Raben mit der Bedeutung „Gedanke" und „Erinnerung". Wenn Odin diese Vögel aussandte, konnte er Fernes, Früheres, sonst Unsichtbares sehen. Ein Rabe im Traum stellt also einen transzendenten Kontakt zwischen Seele und Seele dar, z.B. zwischen dem Träumer und einem entfernten Vertrauten, auch zwischen dem Träumer und einem Gottesboten. Er ist eine Art Liebesbotschaft und von sehr hoher Erkenntnisqualität. Ist er jedoch eher als „schwarzer" Vogel gedacht oder betont, kann er Ungutes darstellen bzw. kann er ein Jenseits- und Todesbote sein. Im Prinzip ist er aber negativ erst durch das Christentum gemacht worden (sekundär dämonisiert worden). Der Rabe ist nicht nur ein „Unglücksrabe", der Negatives voraussieht, sondern er steht genauso auch für positive Prophetie. Er hat Bezug zum tendenziell Männlichen, zum Jenseits und generell zum Unbewussten, er ist sehr wissend. Unsichtbares verkündet er – er ist ein klassischer Seelenvogel oder Weisheitsvogel.

Rad: Etwas wie das allerälteste, heiligste Zeichen (Kultsymbol); wie Galaxien, Swastika, Seelenrad, Sonnenrad, Chakra. Ein Bild für Zeit und Evolution, genauer für das Wissen von der ewigen Wiederkehr des Gleichen. Das Rad stellt also Gott, Ewigkeit und Seele oder den Ur-Archetyp von „Leben" dar. Zum Teil nicht mehr leicht verständlich, wie z.B. in den Felsritzungen in Bohuslän (Westschweden), meint das Rad in den alten Kulturen psychisch, mystisch und heilig ein Ganzheitssymbol, vermutlich stark reinkarnations-bezogen, das Zentrum des Göttlichen und des ewigen Lebens darstellend. Es ist ein sinnfälliges Symbol für das Gebet an die Allgottheit.

Radamanthys: Er ist der Richter der Toten in der Unterwelt. Er steht als Gott stellvertretend für alle Götter der Gerechtigkeit. Und zwar gibt es in den meisten Mythen einen Richter der Toten, das meint also eine spezielle Gerechtigkeit nach dem Tod, über mehrere Leben hinweg. Es gibt ja verschiedene Ansichten unter den Menschen, ob eine böse Tat gerächt und bestraft wird oder nicht. Manche glauben, wenn die Strafe einen bis zum Tod nicht ereilt hat, gibt es sie nicht mehr. Man spricht dann von Ungerechtigkeit in der Welt. Die Träume neigen aber zu einer anderen Ansicht. Manchmal scheint das Prinzip durch, dass einen auch auf den ewigen Bahnen die Gerechtigkeit am Ende einholt, d.h. dann auch, dass man für ein Vergehen Buße tun muss. In diesem Zusammenhang können manchmal die Götter, die das Totenreich beherrschen, auftreten im Traum. Ein Beispiel dafür ist dieser Radamanthys. (Ähnlich stehen für die ewige Gerechtigkeit Dharma, Maat, Dike.)

Radieren: Das spricht für sich, es ist die Auslöschung einer Information oder eines Inhaltes oder auch ggf. einer Entwicklung.

Radio: Kontaktmittel zum Unsichtbaren, auch zu Früher, Zukunft, Jenseits hin. Meist spirituell gedacht, nämlich so, dass wir nur Botschaften empfangen, nicht senden können; also passiv – keine gegenseitige Kommunikation. – Auch Ablenkungsgeräusch, wenn man sich selbst allein nicht aushalten kann. Ein gedachter, künstlicher Menschenersatz (meist Mutterersatz): im Radio ist jemand anwesend, der spricht. Ein unbewusst ersehnter Kommunikationspartner. Auch allgemein natürlich als Informationsträger, aber vornehmlich als unbewusster. – Des weiteren Ersatzlust, Kompensation oder auch Überspielung einer unangenehmen Wahrheit.

Radioempfänger: Liebesbereitschaft, z.B. von einer Frau aus.

Radiolärm: Übertünchung, Ablenkung, Kaschierung.

Radiomusik: In Übertreibung gern als Sucht oder krampfhaftes, regressives Luststreben. Auch als Aggression einsetzbar. Erotikersatz oder auch per Musik Erotikausdruck.

Rahmen: Tritt nicht selten als das Motiv des Bilderrahmens auf, und dieser ist eine Fassung für etwas. Es ist ein Rahmen für eine Person oder für eine Beziehung und nicht selten für eine Frucht im Mutterleib.

Wenn also der Bilderrahmen fällt, ist das eine markante Information, z.b.: zerbricht da etwas? Im deutschen hat der Rahmen verschiedene Bedeutungen. Er kann eine Umrahmung meinen, aber auch den Kernbestandteil einer Sache z.b. den Rahmen bei einem Fahrrad. Es geht dann also um tragende, ganz wichtige Anteile. Ein Defekt im Rahmen sagt natürlich dann sehr viel.

Rakete: Hat meist mit dem Fliegen in der Luft zu tun, und dies wiederum mit Schweben, Out-of-Body-Zustand; d.h. es geht vielleicht um Entrückungen, Jenseitsreisen in verschiedener Weise (vorgeburtlich, postmortal u.a.m.).

Rankgewächs: Etwa wie Efeu an der Wand, stellt es frühes Wachstum dar, was nicht einfach entfernt werden kann, z.b. den Beginn einer Schwangerschaft. Steht ansonsten für Bindung, sogar für starke Abhängigkeit.

Ranzen: Schul-, Kinder-Ranzen steht manchmal für Schwangerschaft. Ansonsten oder meist: seelische Last, die man mitschleppt. Von der Schule-Affinität einmal abgesehen. Als pars pro toto kann ein Ranzen für eine Kindperson stehen (oder Schuhe für einen Menschen usw.)

Rasen: Siehe „Gras"

Rasenmähen: Kann ein pflichtbewusstes Arbeiten und Aufräumen sein, ggf. auch ein beflissener Freundschaftsdienst. Löscht aber auch Spuren eines anfänglichen Wachstums. D.h. Herkunft, Vorgeschichte können mit dem Mähen ausradiert werden. – Ein motorisierter Rasenmäher steht stellvertretend für das häufige Symbol „Auto", und zwar stellt der Rasenmäher das Auto in klein dar, d.h. wenn ein Auto die Persönlichkeit und den Körper und die Rolle eines erwachsenen Menschen widerspiegelt, dann illustriert der Rasenmäher etwas wie die Kindheit dieses Menschen. Interessant ist die extreme Ausformung, d.h. wenn der Rasenmäher radikal, rücksichtslos oder gar hysterisch, aggressiv sein Werk tut. Dann geht es um einen Kampf gegen das ganz junge, wachsende Leben (als grünes Gras). Z.B. bei einem möglichen Abtreibungsthema.

Rasieren: Wenn es also um das Übliche geht, dass ein Mann sich im Traum rasiert, so geht es hier um eine Information zu seiner Pubertät. Die Pubertät ist natürlich auch allgemeiner zu sehen, nämlich generell als die Männlichkeit einer Person. Der Fokus liegt halt in der äußeren Entwicklungsgeschichte, sozusagen beim erstmaligen Rasieren. – Körperenthaarung ansonsten hat die Bedeutung sexueller Einladung, sehr indirekt oder subtil, insofern als viele Haare für Ego und Aggressionsfähigkeit stehen oder stünden und als Symbol entfernt sind. Rasiert scheint man in diesem Zusammenhang bescheidener und partnerschaftsfähiger zu sein.

Rasierklingen: Das sind indirekte Werkzeuge zum Töten. Sie können eine Erinnerung an ein Abtreibungserlebnis darstellen.

Rathaus: Indikator für Beurkunden, Dokumentieren etc. Also Identität, Identitätsprüfung, Abstammung, Offizielles können hier ein Thema sein. Meist Wahrheitssymbol; aber Betrug ist auch möglich.

Ratte: Steigerung der unangenehmen Maus, daher sehr aggressionsnah, auch erheblich verborgen; zudem unmoralisch im Sinne von: egoistisch, gierig, rücksichtslos, aggressiv, doch dabei sehr überlebensfähig. – Es ist immer auch an die eigene rättische Seite zu denken: etwa alles an sich raffen und hinterlistig sein.

Ratte als Haustier: Manchmal wird da ein gemäßigtes, nicht ganz so unsympathisches Rattenbild verwendet, etwa als Bisamratte oder als Haus-Tier. In diesem Haus herrscht ein unterminierender Geist, und wenn abgeschwächt: mehr latent als offen. Und das kann kaum zu etwas Gutem führen. Ratte im Haus: Latente Sprengkraft in z.B. einer Beziehung.

Ratte mit Käppi oder Haube: Ein Ego mit Aggression, was in das Symbol des gierigen Phallus mündet, übergeht. Haube oder Käppi spielen dann da eine Rolle bezüglich der Vorhaut.

Rattenkadaver: Verschollene, Versteckte, auch Verstorbene. Meist mit verruchter Tat verbunden. Also Geheimnisse, wie beispielsweise unentdeckte Morde oder verleugnete Abtreibungen.

Rau: Beziehung, Kontakt, Gefühl oder ähnlich sind sehr spröde. Rau ist tendenziell unemotional, abweisend (nicht weich im übertragenen Sinne). Zum Beispiel als raue Wände = gefühlsarme, widrige Verhältnisse (oder Personen).

Räuber: Ähnlich wie Einbrecher meist diffuse Erinnerung an eine tatsächliche reale feindliche Attacke aus früherer Zeit (gern, bevor sich das Bewusstsein entwickelte). – Kann auch evtl. einen erotisch Nehmenden = Raubenden meinen.

Raubtiere: Natürlich stellen sie eine Aggression dar. Und beispielsweise Frauen oder Mütter zusammen mit Raubtieren, z.B. Großkatzen, auftretend sprechen eine deutliche Sprache. Für die Aggression allgemein steht meistens ein männliches Symbol, auch ein Raubtier, aber die Lebenserfahrung zeigt, dass auch Frauen aggressiv sein können, und zwar bevorzugt per Großkatze.

Raubvogel: Tendenziell ein überlegener Aggressor (er kommt von oben, ihm ist schwer auszuweichen); tendenziell männlich. Als Falke (Falkenauge) betont mit Weisheit, Erkenntnis verbunden, auch mit Rache für den Vater (der ägyptische Falke ist der vaterlose Horus = Sohn, der rächt). Im Einzelfall sollte man Volksglauben und Mythologie zur Erklärung eines speziellen Raubvogels heranziehen. Z.B. ist der Habicht im Volksmund als Hühner-Habicht bezeichnet, Hühner wiederum haben tendenziell eine Bedeutung von Mädchen, Frau, evtl. Seele (Vogelwesen sind zwar eher symbolisch weiblich), also hätten wir im Hühnerhabicht eventuell den Räuber einer weiblichen Seele.

Rauchen, Qualmen: Steigt Rauch aus einem Gerät, etwa aus einem Stift oder Auto, so ist dies ein Zeichen dafür, dass das Gerät (was seinerseits eine eigenwertige Information über einen Sachverhalt oder über einen Menschen sein kann) defekt ist, beinahe ganz zerstört ist bzw. kurz vor dem Aus steht, so wie z.B. ein Motor heißläuft, was ein eindringliches

Warnsignal ist. Also Alarm, Notlage, Explosionsgefahr sind angesagt, nicht selten als Warnung vor Krankheit, Überlastung oder Schlimmerem.

Rauchen, Tabakrauchen: Zeichen für Stress, Angst, Sucht, Abhängigkeit, Befriedigungssehnsucht (ohne dass der Mensch als realer Drogenkonsument auffallen muss). Außerdem typische Kompensation für ein Mutterbrusttrauma (markante Oralität). Die Brusterfahrung wiederum prägt die spätere Sexualität, so dass mit genüsslichem Rauchen/Saugen auch indirekt sexuelles Tun gemeint sein kann (wenn auch illusionär). Manchmal eine ärgere oder eine andere Drogensucht anzeigend, bzw. eine im übertragenen Sinne (Personenabhängigkeit). Allgemein Zeichen für Ersatzbefriedigung und versuchten Stressabbau. Grundlage ist, dass etwas fehlt oder in der Entwicklung fehlte. „Sucht" kommt von „Suchen". Man kann also ein Muttertrauma (weil Rauchen deutlich oral ist) oder aber auch einen fehlenden Vaterbezug vermuten. Bei jüngeren Menschen ist es auch indirekt ein Ersatz für Erwachsenwerden, und deshalb markiert es auch beginnende erotische Eigeninteressen. Wie bei vielen Drogen geht es um ein Ersatzwachstum und auch um Cliquen-Zugehörigkeit.

Raum nebenan: Es gibt natürlich zu unserer Realität eine Reihe von Schattenwelten: das Unbewusste, das Tiefenpsychologische, das Soziale, das Geistige, das Jenseitige und so weiter. Der Raum nebenan meint also im Prinzip das Unsichtbare von uns, was uns begleitet, was es durchaus gibt, was aber nicht so auffällt und was manch ein Zeitgenosse auch bestreitet.

Räume: Ein Raum oder ein Zimmer stellt die Persönlichkeit dar. Manchmal gibt es im Traum mehrere Räume, das sind dann Persönlichkeitsaspekte, eventuell relativ unverbunden oder abgespalten. Räume zu renovieren, z.B. zu tapezieren, deutet an, dass der Träumer seelisch an sich arbeitet und sich verbessern und erneuern möchte.

Raumschiff: Siehe „Fähre"

Raumwechsel: Identitäts- oder Rollenwechsel, typisch z.b. für ein adoptiertes Kind.

Raupe: Unangenehm wie typischerweise „Insekten" – aber andererseits auch ein großes Symbol für Entwicklung, Wandlung, Wiedergeburt (Verpuppung als kräftiges Bild, Symbol für Embryo).

Rauschgift: Zeichen von Hochstress, d.h. der Rauschgiftsüchtige ist extrem verunsichert, neurotisch oder psychotisch gemacht worden. Er muss ehemals ein sehr verwirrtes und abgelehntes Kind gewesen sein (Suchtdisposition kann auch schon in der Schwangerschaft sich ereignen). Bzw. der Traum zeigt, dass es aktuell mental so etwas wie zerrüttende Faktoren gibt. Rauschgift ist ein Ausdruck für Verwirrung und starke Lustsuche der Seele. Insgesamt Hochstress und/oder Abhängigkeit. Vgl. „Sucht"

Raute: Die Raute kann man als zusammengesetzt aus zwei Dreiecken verstehen. Ähnlich wie der Begriff Symbolon ursprünglich zwei Teile meint, die man „zusammenwerfen" konnte, die passten. Die Raute kann also ein Erkennungszeichen, ein Wiedererinnerungsbild meinen. Die angesprochenen zwei Elemente, das Doppelte also, können ggf. auf zwei Eltern (Vater plus Mutter) hinweisen, und so kann die Raute in Einzelfällen einen subtilen Hinweis auf unsere Zeugung meinen, auf unsere Entstehung aus zwei Personen, Elementen, Kräften, die ein Drittes, nämlich die Rautenfigur, darstellen, entstehen lassen. Ähnlich wie die zwei Elemente Yin und Yan das Tao ergeben.

Realität: Träume zeigen die Realität der Welt, wenigstens Realitätsmöglichkeiten, gern auch als Optionen (!), sie zeigen Leben, die naheliegen und wahrscheinlich sind oder sein könnten, sie zeigen nicht primär Einbildungen oder Wünsche. Und außerdem bilden die Träume natürlich die Realität per Symbolsprache ab.

Rebhuhn: Siehe „Hühner"

Rechnen: Mit Zahlen arbeiten, etwas errechnen, etwa am Computer, stellt eine geistige Vorbereitung dar; d.h. vor den Fakten kommt die

Errechnung, die Vorausberechnung des Zukünftigen. Zahlenverhält-
nisse (vgl. Pythagoras: alle Wirklichkeit beruht auf Zahlen) oder die Er-
stellung von PC-Programmen ergeben eine virtuelle Welt, die „errech-
net" ist. Erst dann folgt die Umsetzung in Materie. Man könnte sich
vorstellen, dass die Götter Millionen Rechnungen und Programme er-
stellt haben und nach diesen Ergebnissen, incl. Verifizierung, das materielle All erschaffen haben, sekundär. Daher bedeutet „rechnen": etwas planen, einen Aufriss erstellen, im Geist vordenken, mit späterem,
sekundärem Kreieren. Das betrifft selbst Schwangerschaften. Ausge-
dachtes Konzept, Plan vor der Tat, Schöpfung, das ist Rechnen. Daher
ist es fast mit Denken, Konzeptionieren identisch. Das Rechnen oder
das Denken oder Kombinieren mit Zahlen bedeutet, ein Ziel zu erstreben, das mit dem Ego zusammenhängt, es meint also planen, konzeptionieren, sich ausdenken. Neben dem Ego ist die Wahrheit das Ziel.

Rechnung, überhöhte: Für die Komplexe und Taten anderer muss man
manchmal mit zu viel seelischem Leid, mit Hingabe, Engagement, Aufgabe, Opfer bezahlen.

Rechnung: Als Bon aus dem Kaufhaus Wert und Indikator dafür, ob
man psychischem Raub ausgesetzt war oder ob Nehmen und Geben
gerecht ausgeglichen waren bzw. sind (betrifft meist die Kindheit). „Zu
teuer" heißt: Man wurde benutzt, bekam wenig. Also gern eine bi-
lanzierte Beziehung beschreibend, ein Fazit nennend. – Rechnungen
schreiben heißt, Einzelheiten der Biografie dokumentieren, erinnern,
überliefern. Eine Rechnung in der Art eines Kassenbons oder ähnlich
zeigt etwas an, an Ereignissen oder Beziehungen, für das man einste-
hen muss, selbst dann, wenn es so aussieht, dass es eine fremde Rechnung ist.

Rechnungsabsender: Ein Mensch, der mit dem Inhalt seiner Rechnung
sein wahres seelisches Verhalten verrät.

Rechteck: Siehe „Quadrat"

Rechthaben: Rechthaberei ist im Traum dann leicht zu erkennen, wenn
es auch um Irrtum und Lüge geht. Da tritt eine Person auf, die verstockt

und verbockt auf ihrer Ansicht beharrt, mit viel Gestik und Lautstärke.
Es gibt aber auch ein bescheidenes Rechthaben, ohne Unterstreichung
oder Klamauk oder hektische Betonung, und dann zeigt sich darin,
dass die betreffende Person vermutlich die Wahrheit ausspricht.

Rechthaberei: Das ist ein Aggressionszeichen. Als Dominanzstreben ist
es zu harmlos bezeichnet. Manchmal typisch für "männliche" Frauen,
d.h. für Frauen mit einem starken Animus (so C.G. Jung).

Rechts: Das Männliche. Auch das Bewusste. Sowie die Progression und
die Zukunft, d.h. das Nach-Vorne-Gerichtet-Sein. Auch das Richtige
oder das Recht. Das Diesseitige (im Unterschied zu links, das oft transzendent, unsichtbar ist oder auch schon einmal tod-nah oder betrügerisch ist, jedenfalls sehr unbewusst ist und tendenziell rückwärts ge-
wandt ist).

Rechtsanwalt: Eine Vaterfigur. In Frauenträumen stellt er manchmal
einen überstarken Animus dar. Man könnte auch landläufig sagen, er
ist das Symbol der Besserwisserei (nach C.G. Jung sind zu männliche
Frauen auffallend besserwisserisch). Der Juristenberuf als reines Symbol: evtl. dominanter Kopf und Wille, mit evtl. mangelnder Emotion.

Rechtwinkeligkeit: Diese Konstellation betrifft gern Tische. Einer der
Tische oder auch ein Stuhl, ein Platz ist also im rechten Winkel zu einem größeren Tisch angeordnet. Das ist ein interessantes Symbol für
eine Beziehung, bei der beide Partner recht selbständig bleiben, aber
sich auch nahe sind. Gibt es eine Gegenüber-Konstellation, ist es direk-
ter gemeint: eher eine Antihaltung oder umgekehrt ein gutes Verhältnis. Wiederum das Nebeneinander-Sitzen in einer Reihe ohne Winkel
oder Ecke oder nicht über Eck, dies meint manchmal eine gute oder
auch zu starke Verschmelzung.

Rede: Bedeutet, eine Wahrheit über sich äußern, also sich outen, auch
in sehr aktiver Weise selbständig sein. Wenn das gestenreiche Auftreten bei der Rede betont ist, meint es „leben", existieren, da sein. Generell Information und Dokumentation über das eigene Leben oder über
einen Sachverhalt, der mit dem eigenen Leben zu tun hat. Auch als

Leben überhaupt oder als ein Anstatt für Aktivität, Ersatz für Sexualität. Auch manchmal eine Ersatzinformation über das eigene Leben. Eine betont öffentliche Rede assoziiert zu einem Geständnis, zu einer möglichen Offenlegung eines Geheimnisses. Aber sie zeigt auch die Freude am Auftreten, Sich-Darstellen, Dasein.

Redefluss: Wenn der Redefluss stockt und die Wörter fehlen und alles peinlich ist, ist irgendein (sehr unbewusstes) Tod-Thema angedeutet, wenigstens eine Ur-Angst (meist aus der Kindheit). Redefluss ohne Stockung = Angstfreiheit. Stockung = Angst vor Verlust, Katastrophe.

Reden: Ein sehr tiefes, bedeutendes Symbol, was den ganzen Zustand der Psyche verrät. Besonders das Unbewusste und die Reste traumatischer Erinnerungen wirken sich später im Redefluss oder in der Redehemmung aus. Der Mensch verrät ggf. eine große Blockade oder umgekehrt eine starke Kompensation, wenn das Reden auffällig ist. Mit Auffälligkeit meine ich entweder einen endlosen Redeflash oder eine starke Redehemmung (zum Letzteren gehört auch das Stottern). Es geht um eine alte existentielle Frage, die könnte man etwa so formulieren: Bin ich hier angenehm oder ungewollt? Danach richten sich Fluss oder Hemmung der Rede. – Eine Rede kann sowohl Symbol für große Weisheit sein als auch umgekehrt für bevorzugtes Lügen. – Grundbedeutung ist: seine Aktivität, Lebendigkeit zeigen, aus dem Schatten heraustreten.

Redeschwall: Eine nervige, endlose Rederei im Traum, umgangssprachlich als das endlose Gequatsche – hat in der Regel die Bedeutung, eine wichtige, unangenehme Wahrheit heftig zu verleugnen. Auch in der Realität quasseln die Menschen endlos, um von etwas abzulenken.

Redner: Wie ein Professor, meint gerne eine vaterähnliche Figur (oder den Animus einer klugen Frau). – Allgemein gilt aber: Reden und Schreiben und die Worte fußen auf der Muttererfahrung.

Referat: Referat/Vortrag halten, mit Auftritt = Lebensstart, Geburt. Freude an der Selbstdarstellung. Auch Wahrheit verkündend.

Reformhaus: Hier sollte man auf nähere Informationen, Spezifikationen achten, die dürften der Gesundheit des Träumers dienlich sein.

Regal-Welt: Man kann sich manchmal im Traum inmitten von hohen Regalen finden. D.h. gern in einem der engen Zwischenwände, wo bezeichnend ist, dass man andere Raumwelten nicht sieht. Das kann gut eine uterale Erinnerung sein, und in den Personen, die dort in der Regalwelt auftreten, können sich Elterninformationen verstecken.

Regen: Bedeutung wie in der Redewendung „Da stehst du im Regen". Es sind negative Lebensumstände gemeint, also etwas wie leidendes Alter oder viel Stress in der Partnerschaft. Regen bedeutet unangenehme Situation verschiedenster Art, nach Regenstärke variierend. Wenn man im Regen steht, hat man Pech gehabt, genau das ist gemeint. Als Erinnerung meint „viel Regen" = großes frühes Leid. Oder allgemeiner einfach als das Leiden an der Welt zu verstehen.

Regenbogen: Symbol für Erkenntnis, Gottesverbundenheit, Ewigkeit.

Regenkleidung: Erinnerung an eine psychisch sehr schwierige, belastende Situation (die man aber wohl überstehen konnte).

Regenschauer: Hier herrschen große Probleme, viel Stress und Ähnliches mehr. Der Stress variiert in der Stärke vom Nieselregen bis zur Schauer.

Regentropfen: Es kündigt sich leise und latent eine seelische, soziale Verschlechterung an. - Regentropfen sind aber als unzählige Tropfen, welche im Zusammenhang stehen mit Wachstum, Fruchtbarkeit, Natur, manchmal umgekehrt ein Gleichnis für die unendliche Schöpferkraft des Vaters oder des Gottes, sprich des Vater-Gottes. Sie können also für alle Lebensformen, alle Lebensäußerungen und alle Lebewesen stehen. Sie sind ein Überfülle- und Schöpfungszeichen. - Negativere Bedeutung der Regentropfen: Hier tut sich ein Problem im Alltag auf, was erst schlimm erscheint, was auch ärgerlich ist, was aber dann doch leicht gelöst werden kann (wenn es nicht zu heftigem Regen kommt).

Regie: Siehe „Spielleitung"

Regierungschef: Vatersymbol.

Regisseurin: Die Mutter.

Regression: Siehe „Zurück"

Reh: Quasi ein Bambi-Teil im Menschen, gern in einem weiblichen Wesen; z.b. im Märchen „Brüderchen und Schwesterchen" ist das Rehlein sowohl der unreife Animus in dem Mädchen (zugleich der Bruder) als auch seine Regression, Schutzbedürftigkeit, als auch seine sexuelle Scheu oder Angst, als auch sein erotisches Jagd-Beute-Sein (das spielerisch selbst mit-verführt), als auch die eigene offensive sexuelle Tätigkeit. Wir haben also im Reh wenigstens erstens etwas Kindliches (sehr Verletzliches), zweitens etwas Mädchenhaftes, das in einer bestimmten Kultur (etwa im Biedermeier) den verkappten Eros in Frau darstellen soll oder kann. Aber ausnahmsweise auch für einen Jungen stehend. – Ein scheues, vorsichtiges, aber doch verführbares Wesen; manchmal (männlich wie weiblich) zu leicht zu verführen; das betrifft z.B. das Drogen-Thema. Kann auch ein einsames Kind sein.

Reibekuchen: So sehr sie munden mögen oder man sie liebt, sie stellen symbolisch zerriebene, zerstörte Kartoffel dar (welche Hoden entsprechen können). Also haben wir vielleicht hier eine Männlichkeit, die zerbröselt ist oder besiegt. Eine magere Männlichkeit quasi: angepasst, untergeordnet, vielleicht nur ein Restphänomen von Männlichkeit oder Potenz. Oder doch überhaupt Männlichkeit?

Reich: Unabhängig vom Materiellen meint Reichtum seelisch-emotionale, auch sexuelle Fülle, etwas wie reiches Sozial- und Liebesleben. Reich sein kann aber auch bedeuten, enorm angepasst zu sein. Reichtum kann sich als Element der Unfreiheit erweisen, er kann eine starke Abhängigkeit von weltlichen Dingen darstellen. Reichtum provoziert nicht gerade zu Änderungen, Erkenntnissen, großen spirituellen Entwicklungen, sondern kann hierin ein Hindernis sein (vergleiche das Armutsideal). Deshalb gibt es Träume, in denen man, scheinbar überraschend, Reichtum ablehnt, aus Weisheit. – In der Regel, im über-tragenen Sinne meint es, sehr zufrieden mit sich zu sein, genussfähig zu sein.

Reichtum: Seelischer, philosophischer, auch emotionaler Wert, meist nicht ein weltlicher Besitz.

Rein: Siehe „Putzsucht" und „Sauber"

Reinkarnation: Wird in Träumen als Tatsache vorausgesetzt, oft er-wähnt und bestätigt, besonders bei Geburts-, Weltankunftsträumen; siehe „Wiedergeburt"

Reis: Fruchtbarkeit und Erfolg im Allgemeinen. Als Kernsymbol kön-nen unbewusst männliches Ejakulat bzw. konkrete Befruchtungen ge-meint sein. Daher haben die Reiskörner im Hochzeitsbrauch ihren Sinn. Ist der Reis „kalt", spricht das gegen sexuelles Tun.

Reisebüro: Hier liegt eine Absicht in der Luft, irgendwohin zu reisen. Es kann darum gehen, dass das Reisebüro die Sehnsucht nach einer Per-son darstellt, und wenn das Reisebüro geschlossen ist, heißt das, der Kontakt zu dieser Person kommt nie zustande. Es kann auch bedeu-ten, dass jemand unbewusst, latent oder unbemerkt einen Plan hat, den Träumer zu besuchen. Also Bewegung, Fahren, Reisen mit Kontakt-wunsch sind bei dem Motiv „Reisebüro" angerissen. Auch allgemeine Entwicklungsziele können gemeint sein, oder allgemeine Lust-Ziele.

Reisen: Ambivalent wie im realen Leben, einerseits Wissens-, Entwick-lungserweiterung, andererseits Flucht, Suchtcharakter oder Unstetig-keit wegen Unzufriedenheit/Unglück. Erlebnisse, Lebendigkeits- und Luststreben. – Ansonsten (ähnlich wie in der Astrologie) Archetyp für inneres Reisen, d.h. neue Erfahrungen machen, sich mental ändern.

Reisetasche: Kann in Einzelfällen, wie bei Koffer, Aktentasche, auch schon einmal eine Schwangerschaft andeuten.

Reiseziel: Entwicklungsziel, Erkenntnisziel, Lebensziel, Lustziel.

Reiten: Meistens positiv auf einem Weg sein, dabei aktiv die Zügel seiner Entwicklung in die Hand nehmen; die Richtung bejahen, sich fortentwickeln. Das Pferd zeigt an, um was es geht, z.b. um Erkenntnis, Erleuchtung (Reiten auf dem weißen Pferd) oder um die Annahme des Weiblichen, Mütterlichen. Reiten in der Bedeutung der männlichen Sex-Aktivität ist selten. Eher schon in der Bedeutung, krampfhaft Größe erlangen zu wollen. Schließlich noch ein markantes Freiheits- und Natürlichkeitssymbol. Für Mädchen die Wiedergewinnung des Weiblichen, Mütterlichen.

Religionsunterricht: Die Person, die damit zu tun hat, hat vermutlich eine starke spirituelle Ausstrahlung, führt ein Leben mit dem Hauptinteresse am Göttlichen.

Religionszugehörigkeit: Besagt eine grundsätzliche Andersartigkeit. Die Religion ist nur eine Chiffre, ein Vehikel für eine andere, gegnerische mentale Auffassung, und zwar in persönlichen Beziehungen.

Religiöse Diskussion: Der Mensch nähert sich im Grunde seiner wahren Identität an, wenn er im Traum überhaupt von Gott spricht. Meistens ist das, mag es auch den atheistischen Träumer überraschen, erfüllend und befriedigend.

Rendez-Vous: Kann ein geheimes Gleichnis für den ersten Kontakt mit der Mutter bei der Geburt sein. Steht dann später natürlich auch für ein echtes Rendez-Vous, in welchem aber meistens unsere Erstbeziehung nachwirkt.

Rennen: Selbst ein Rennen mit Formel-1-Autos kann der Start eines neuen Erdenlebens sein. „Rennbeginn" ist ein Archetyp, für Lebensetappe oder Leben.

Reparatur: Sie scheint technisch, physikalisch zu sein, meint aber in den meisten Fällen die Bearbeitung eines seelischen Traumas, Themas. Oder die Hilfe beim Überleben, Aufwachsen.

Reparieren (z.B. als Handwerker): Da geht es oft um eine Persönlichkeitsänderung, betrifft z.b. Psyche, Identität, Verhalten. Ähnlich wie „renovieren". Auch manchmal übergreifend für Herstellen, Bearbeiten oder gar Zeugen. In der Regel als seelische Änderung zu lesen. Hier kann das Reparieren von Traumata gemeint sein.

Reporter, Journalist: Botschaft oder Botschafter mit wichtiger Nachricht; es geht um irgendeine (vielleicht fehlende) Wahrheit, um ein Wissens-, Informationsthema, was mit dem eigenen Leben zu tun hat. Reporter ist jemand, der als Informationsträger aus dem Unbewussten über ein früheres Ereignis oder über ein Geheimnis berichtet.

Resopal: Vgl.bar ist die Bedeutung von „Plastik", daher sind Tisch und Schrank aus Resopal ungute Symbole (nicht Gesundheit, nicht Natur).

Restaurant: Stätte von Lust, Sex, Erotik. Mit anderen Worten geht es hier nicht nur um Essen und Trinken, sondern meist oder indirekt um genitale Vergnügungen.

Retten: Wenn es darum geht, jemanden aus einer Behausung zu bergen, herauszuziehen, kann das Thema vorliegen, dass jemand unter Schwierigkeiten das Licht der Welt erblickte. Allgemein ist beim Rettungsmotiv oft an versteckte Todesgefahr, Todeserinnerung zu denken. D.h. Lebensrettung ist oft das Thema. Und das ist durch etwas Früheres begründet.

Rhein: Es assoziiert am ehesten dazu die alte Rhein-Romantik. Also kann es um Freude, Lust, um eine nette Beziehung gehen.

Richtungs-Irrtum: Das gibt es nicht selten, dass man im Traum die falsche Straße, die falsche Richtung erwischt hat - meistens vergriff man sich unter Stress, unter Druck. Gern wird das im Traum eingesehen und erkannt, dass man in die falsche Richtung gefahren ist und das ist immerhin noch erfreulich, sodass man als Träumer erkennen kann, man war in den letzten Tagen auf einem falschen Trip. Meistens geht es um ein Ziel, was Personen, also Beziehungen betrifft.

Richtungswechsel: Wir denken hier an eine Traumszene, in der zwei Personen je eine andere Richtung nehmen. Für ein Paar bedeutet das, dass das Ende der Beziehung in Sicht ist.

Riechen: Der Geruch ist die älteste und stärkste Erinnerungsform. Auch die tiefste, intimste. Was man riechen kann im Traum, ergänzt oft das, was einem im Bewusstsein fehlt. Das greift z.b., wenn sexueller Missbrauch in der Kindheit zu vergessen oder verdrängt ist.

Riesengroß: Größenaufblähung, etwa in Gliedmaßen, kann einen Konturen-, Beherrschungsverlust meinen (manchmal Krankheitszeichen, meist jedoch ungefährlich). In der Regel mental zu deuten, aber selten als Größenwahn, eher als Moral- und Intelligenzgröße.

Riesenhund: Riesenaggression, wenn dieser Hund auch noch schwarz ist.

Rigoletto: Die Vorlage für diese Oper von Verdi war der sexinteressierte mächtige Mann („Le roi s'amuse"). Es geht um eine Beziehung mit Mord, Ego, Betrug, Namensproblemen, Schuld und Irrtum. Der erste Titel der Oper hieß: La Maledizione = der Fluch. Vermutlich träumt man mit Rigoletto etwas über das Chaos seiner Zeugung und der Elternbeziehungen, über Fluch oder Verhängnis bezüglich der eigenen Genese.

Rinder: Wenn als Begriff für etwas junge Tiere gewählt, im Unterschied zu „Kuh", dann geht es evtl. um junge Frauen oder junge Mädchen, um Jugendliche. Oder es ist eben geschlechtsübergreifend gemeint.

Ring: Liebesangebot, jedenfalls ein Beziehungszeichen; also Werbung und Bindung, jedoch keineswegs nur erotisch. Ring zerbricht: Beziehung ist zu Ende oder wird von einem der Partner nicht gewollt. Ring groß und schwer: Besonders betonte, wichtige Bindung, feste Verpflichtung.

Rinne: Manchmal der Geburtsweg, die enge Geburtspassage (ähnlich wie Kalle, Gasse).

Riss in der Kleidung: Eine vielleicht versteckte (z.b. im Rücken) vorhandene psychische Verletzung oder Krankheit. Die Kleidung steht für unser charakterliches Auftreten.

Robben (als Tiere): Hinweis, wenn auch apokryph, auf Uterus- oder Babyzeit.

Röckchen: Hier schauen wir uns einmal dieses weibliche Kleidungsstück für einen Jungen im Traum an. Die Deutung ist einfach: einflussreiche Personen, meist die Mutter, haben versucht, diesen Jungen oder Sohn zu kastrieren, d.h. möglichst weiblich zu machen. Bei Frauen steht es für eine betonte Jugend, frühe Zeit.

Rodeln: Alles was dem Rodeln oder Schlittenfahren ähnlich ist, verrät ein Interesse am Gleiten, d.h. an der Lust, oft am sexuellen Tun, bis hin zum Coitus. Siehe auch „Schlittenfahren"

Rohr: Liegt ein größeres Rohr vor oder besteht eine Ähnlichkeit zu Gängen, Kanälen, vielleicht zum Abwasserbereich, so verweist das manchmal auf ein Problem im Geburtskanal oder in der pränatalen Zeit.

Rohrschnitte: Es ist nicht ausgeschlossen, dass Rohre, die rechtwinkelig zum Verlauf aufgeschnitten sind, d.h. also, dass man dort von Rohröffnungen sprechen könnte, das weibliche genitale Empfangsorgan darstellen. Das assoziiert zum Symbol „Loch", das durch so einen Schnitt offensichtlich ist, das schon S. Freud gern als vaginale Öffnung oder als Frau überhaupt deutete.

Rolle: Die Träume zeigen auf, dass man als Mensch auf der Erde eine „Rolle", einen Auftrag übernimmt und ausführt. Unser Verhalten ist aufgespielte Software. Unsere Biografie ist eigentlich eine Schauspielrolle, unabhängig davon, ob es sich um eine Hauptrolle oder um eine Nebenrolle handelt. Und am Ende des Erdenlebens, so heißt es in den Träumen, werden wir von dieser Rolle wieder befreit, wir können sie zurückgeben. Mehr als eine Lebensrolle, Schauspielrolle ist unsere Individualität im Grunde nicht, zumal nicht für die anderen Personen.

Rollenspiel: Unsere biografischen Verhaltensweisen sind eigentlich alle Rollen. Das ist die Funktion, die man, besonders für andere Menschen, darstellt und vorführt und ausführt. Man könnte sagen, der tiefste Kern des Menschen gehört nicht zum weltlichen Verhalten, sondern zur Ewigkeit und ist auf jeden Fall nicht identisch mit dem Lebenslauf und mit einzelnen Aktionen. Besonders in der Geschlechterbeziehung werden Rollen gespielt und also auch vorher übernommen. Ohne eine Rollenverteilung funktioniert kein Theaterspiel, funktioniert auch keine Welt. Manchmal gibt es natürlich Konflikte zwischen den Rollen, die man gerne hätte und die man bekommt. Oder der andere Mensch erwartet eine Rolle, z.B. erwartet ein Mann von einer weiblichen Person eine Frau-Rolle. Außerdem gibt es Irrtümer im Traum, d.h. man erkennt tief unbewusst, dass man sich vertan hat oder dass man eine Rolle nur vorspielt oder dass man eine falsche Rolle hat. Solche Erkenntnisse sind aber eher im Traum, der die Wahrheit spiegelt, vorhanden als in der bewussten Alltagswelt. Außerdem ist die Rollenverteilung auch nebensächlich, sie wechselt pro Inkarnation, und auch die falsche Rolle ist richtig. Die Märchen und Mythen zeigen solche Rollen sehr schön, z.B. ist „Rotkäppchen" eine Mädchenrolle in der Pubertät. Oder es gibt die Rolle der „bösen Stiefmutter". Die Möglichkeiten unserer Rollen und auch unserer Verhaltensweisen sind endlos.

Rollenverteilung: Ein typisches Symbol für die Zuteilung von Schicksalsrollen. Mit so einer Rolle ist eine ganze Biografie, ein ganzes Leben gemeint. Die Verteiler können das Schicksal, Gott oder die Eltern oder man selbst sein – in Zusammenarbeit. Es kann im Traum darum gehen, dass Personen für eine bestimmte Rollenbesetzung, meist innerhalb eines Theaterstückes, gesucht werden, z.B. ein Kind. Dann wird angedeutet, welche Funktion ein bestimmtes menschliches Wesen für seine Umwelt hat, z.B. ein Kind für seine Eltern. Dass wir Menschen hier in Rollen agieren, wie Beauftragte oder wie im Theater, ist keine Überraschung. Viele Träume führen so etwas vor.

Roller: Hier als Kinderroller, auch manchmal sehr kleine angesprochen: Symbol für Auftauchen eines Kindes, also indirekt für Zeugung, Geburt, Existenz (manchmal: ein neues Kind rollt an).

Rollladen: Sie eignen sich zur Verkleidung, zum Verstecken von irgendetwas. Sie können aber auch eine Tür oder eine Öffnung nachhaltig schließen. Die betont heruntergelassenen oder gar herunter rasselnden Rollladen verweisen auf eine wesentliche Blockade oder auch Abwehrhaltung im Leben des Träumers.

Rollladenbänder: Sie haben mit dem Öffnen und dem Verschließen von Fenstern zu tun. Sie stehen ähnlich wie das Fenster selbst für eine Sperre oder Schaltstation zwischen Diesseits und Jenseits. Aus diesem Grunde können die Zustände der Rollladenbänder – z.B. verschmutzt oder verwittert – eine indirekte Auskunft auch über die Geburten in dem betreffenden Haus sein, also symbolisch über das, was landläufig durchs Fenster kommt.

Rollschuhe: Wie auch Skateboardfahren oder Skifahren verweist das Flitzen oder Gleiten mit den Beinen gern auf Sexuelles.

Rollstuhl: Eine Möglichkeit der Deutung dessen, dass im Traum ein Mensch im Rollstuhl sich befindet, ist, dass dieser Mensch gesundheitlich schon sehr eingeschränkt ist, mehr als man im Moment sieht. Und das kann im übertragenen Sinne bedeuten: dass man von diesem Menschen vielleicht sogar bald Abschied nehmen muss. – Außerdem steht der Rollstuhl für seelische Schäden und Schwächen, weniger für körperliche. Mentale Behinderung. Eingeschränktheit im übertragenen Sinne.

Roman: Das Motiv kann auch als Einleitung, als Romanbeginn im Traum auftauchen. Hier wird wahrscheinlich die wahre Geschichte des Träumers, wenn auch in kodierter, verfremdeter Form, dargestellt. Gern als indirekte Aussage über Lebensereignisse, die versteckt oder unbewusst sind bzw. waren.

Romananfang: Vergleichbar überhaupt mit Anfängen, aber besonders mit literarischen Anfängen, z.B. mit dem Anfang eines Gedichtes oder eines Epos. Hier drängt sich die Bedeutung hinein, die ein Buch als Literatur hat, nämlich das Buch steht für das Leben. Damit bedeutet ein literarischer Anfang den Start eines Lebens und schon eine erste Stimmung

Röntgen: Eine unentdeckte, unsichtbare Wahrheit finden bzw. diagnostizieren. Hier wird also etwas gesehen, was man normalerweise, mit unseren menschlichen Augen, nicht sieht. Ergo geht es um einen geheimen Befund. Das kann sogar in Einzelfällen, im Traum, ein Hinweis auf eine noch nicht entdeckte Krankheit sein. Per Röntgenstrahl sieht man etwas, was also sonst nicht sichtbar ist: ein Geheimnis? Beispielsweise aus der Schwangerschaftszeit, wo man das Kind im Bauch auch nur indirekt bemerkt bzw. sieht? Aber das Motiv passt auch zu allen möglichen Beziehungsthemen. Wer beruflich röntgt, für den stellen Röntgenprobleme im Traum private Probleme dar.

Rosa: Farbe für eine sozusagen nicht ganz erwachsene Eindeutigkeit (d.h. weder Weiß noch Rot). Steht für Süßigkeit, auch Kitsch, für Liebe und für Kleinmädchencharakter. Auch im idealen oder positiven Sinne eine weibliche Person darstellend, die der Mutter in ihrem Mädchenherzen sehr treu bleibt; d.h. etwas an weiblicher Infantilität ausdrückend, und andererseits das Streben nach Idylle, heiler Welt. Als Altrosa typisch für die erwachsene, ältere Frau, mit einem Anteil verbliebenen Mädchentums. Auch in harmloser Weise: einfach typisch weiblich, nicht gerade unzart. Bei Männern: eine nicht betont männliche oder heterosexuelle, sondern manchmal fast eher eine vielleicht homosexuelle Farbe; hat auch hier einen etwas kindlichen oder verspielten oder betont unaggressiven Touch.

Rose: Wie bekannt, die Liebe bzw. tendenziell eine weibliche Person. Da es in Beziehungen immer ein Grundproblem gibt, nämlich wie man Abwehrmaßnahmen, Aggressionen oder einfach nur Hindernisse gegenseitig überwinden kann, passen die Dornen der Rose außerordentlich gut zur Liebe; dabei muss es nicht immer so extrem zugehen wie bei Dornröschen. Insgesamt: Liebe allgemein; Sex; auch Mutterliebe; sowie Mädchen. Jedoch mit latenten Dornen.

Rosinenbrot: Es kann sich um ein Liebesangebot von einer Frau handeln.

Rostfleck: Spur einer alten Aggression, welche durch das Medium Eisen (Mars) ausgeführt wurde.

Roststaub: Gehört zu einer uralten Geschichte (Erinnerungstraum), zu einem Inhalt, der kaum mehr zu aktualisieren, zu vergegenwärtigen ist.

Rot: Energie, Vitalität, besonders die Liebe in unendlich vielen Varianten, mit dem Schwerpunkt auf Erotik. Es besteht auch eine deutliche Affinität zu Blut, Krieg, Aggression. Der Kriegsgott Mars gilt nicht umsonst als „roter" Planet (bei Nostradamus ist der Krieg der „rote Hahn"). Reife – im Unterschied zum Grün. Wärme, Sonnenartiges. Insgesamt geht es um Lebenskraft potenziert. Rote Kleidung = man ist im Liebeszustand (gegebenenfalls natürlich aufgesetzt bzw. nur kompensatorisch) oder im Suchtzustand oder aber im Aggressionszustand. Der sexuelle und der süchtige Aspekt finden sich auch in Varianten-Rottönen, d.h. in Purpur, Rosarot, Lilarot – wo sie aber schon etwas ins Neurotische abdriften können. Übertriebenes, abgewandeltes Rot zeigt eine eher ungesunde Energie. Dunkelrot: meist besonders starke Liebe oder schon Sucht, sowie starke Mutterbezogenheit.

Rote Farbe oder Tinte: Eine Bedeutung, neben anderen, ist der Schritt zur Pubertät, Heterosexualität, z.B. zur Weiblichkeit hin.

Rothaarigkeit: In der Symbollehre verrät dies größeren Stress im Mutterbauch. Die Frucht kommt dann gleichnishaft mit roten Haaren auf die Welt. Ein ähnlich betroffener Mensch färbt sich später die Haare gern rot. Subtiler Hinweis auf ein Trauma, insbesondere eine Anspielung auf Liebes-Süchtigkeit, in der Regel auf eine frühe Muttersucht. Bevorzugt ein Uterustrauma oder -erbe darstellend, seltener ein Geburtsproblem. Rote Haare stellen also eine latente Sucht-Frust-Veranlagung im Charakter dar, sie stehen als Archetyp auch gern für Aggressivität kombiniert mit Liebessehnsucht, verraten als latentes symbolisches Thema nicht selten ein Mutter-Problem. (Nicht zu verwechseln mit körperlich gegebener Rothaarigkeit! Hier nur als Symbol zu lesen.)

Rotkehlchen: Ähnlich kann auch die Bedeutung eines anderen goldroten Vogels sein; es geht um eine Affinität zu Feuer, Lebenskraft, zu Rot und zu bestimmten Göttern.

Rot-Schwarz: Man denkt gerne, das sei eine Alarmfarbe, aber es ist eher eine erotische Farbe und passt gern zum Sinnen oder Verhalten einer Frau. Im Traum des Mannes ist eine Frau mit rot-schwarzer Kleidung ein Liebesangebot.

Rotwein mit Saurem: Es kann im Traum ein Rotwein mit ein paar Sauerkirschen darin auftauchen, oder mit anderem Saurem. Die Deutung ist einfach: die Liebe ist gemischt mit unangenehmen oder defizitären Dingen. Solche emotionalen Mischungen gibt es ja nicht selten.

Rotwein: Einerseits Sex, Erotik, mit leicht süchtiger Note. Gehört andererseits vielfach zum Thema Muttersehnsucht, Mutterersatz, Trost. Kann man auch einfach mit Liebe, Lust, theoretischer Sexualflüssigkeit übersetzen. – Jedoch, man kann auch umgekehrt, d.h. sehr aversiv Rotwein in Richtung einer Person schütten. So etwas kann z.B. unter Rivalinnen zutreffen. Also heftige Ablehnung ist es dann.

Rot-Weiß: Manchmal hat diese Farbkombination mit dem Weiblichen zu tun, oder aber spezieller mit Sex und Zeugung. Wenn im buddhistischen, tibetischen Totenbuch „die weiße und rote Essenz zusammenfließen", dann geht es um die Entstehung eines neuen Erdenmenschen. Kann sonst auch eine Alarmfarbe sein. Tendenziell jedoch: Erotik, Sexualität, und zwar eher in weiblicher Form oder Darstellung.

Rückbank: Hier meinen wir speziell die Rückbank, die die hinteren Sitzplätze in einem PKW sind. Gängiger Weise sitzen da als Familienmitglieder die Kinder. Und deshalb informiert so eine hintere Rückbank in der Regel über die Kindheit des Träumers oder anderer Traumpersonen.

Rückblick: Als Rückblick auf das Leben, evtl. noch mit einer Art Rechtfertigung, und vielleicht dann noch in einem Brief an einen Träumer versandt, geht es vielleicht um einen telepathisch, wie aus dem Jenseits zugesandten, nachgetragenen, mitgeteilten Abschied (einen endgültigen), also um eine Nachricht ex post. Wahre Lebensrückblicke gibt es im Diesseits und in der Realität nur im Umfeld der Todesnähe (wenn das Ende sicher ist; oder in den Nahtoderlebnissen).

Rücken gegen Rücken: Normalerweise kann man sich so nicht weiterbewegen und deshalb heißt es meist, dass man einen Widerstand, eine unsichtbare oder unbekannte Person im Rücken als Hindernis hat.

Rücken: Im Rücken findet sich das Unsichtbare, also das Geheime, Unbewusste, gegebenenfalls Verdrängte oder das ganz Unbekannte, quasi die Schattenseite oder das absichtlich Versteckte einer jeden Person, ebenso die Wahrheit (verborgen), auch gern die Vergangenheit sowie Lasten. Rücken zuwenden/zeigen meint: starke Ablehnung. Jemandem „in den Rücken fallen" ergibt evtl. eine Rückenkrankheit.

Rückenbeugung: Ein gekrümmter Rücken bedeutet Leid, und zwar aus sehr früher Zeit.

Rückenlehne: Damit ist etwas zu dem Platz, den man im Leben hat, gesagt, nämlich ob man eine Unterstützung hat oder hatte, als stabile gute Rückenlehne, oder ob man allein, schutzlos sich im Leben bewegte, d.h. ohne Rückenlehne sitzen muss.

Rücken–Zuwendung: Ablehnung. Hier zeigt eine Person, dass sie die Absicht hat, jemanden zu verlassen oder aber auch deutlich abzulehnen.

Rückfahrt: Interessant, dass dieses Motiv im Unbewusste oft für eine erste Fahrt oder für eine Anfahrt steht. Manchmal wird unser Ankommen auf der Welt als „Rückfahrt" bezeichnet, z.B. als Rückfahrt aus dem Urlaub, gemeint ist aus der Schwangerschaftszeit. Dann ist es eine Chiffre für das Ankommen auf der Welt. Auch kann es die Tatsache der Reinkarnation aufzeigen, indem bei der Ankunft die Vokabel „wieder" verwendet wird.

Rückgrat: Ist sehr verletzlich, steht zugespitzt für: Leben-oder-Tod.

Rückkehr: Der Grund für eine Rückkehr ist in der Regel, dass etwas unerledigt ist, ob es um eine ungelebte Tat in der Biografie geht oder ob es um ein nachträgliches Verstehen geht. Rückkehr macht Sinn, und zwar für eine Aufarbeitung. Wenn man an alten Sachen zu sehr hängt, kann es auch zu einer Rückkehr kommen.

Rückreise bzw. Rückreisetag: Manchmal Beginn der aktuellen Inkarnation.

Rucksack: Die großen Lasten, alten Prägungen und Komplexe, die man unbewusst mit sich führt, die man aufgedrückt bekommen hat, natürlich auch aus der Aktualität. Das sind also psychische Inhalte, die eher schwer und geheim sind oder verdrängt: Belastungen, Lebensprobleme aller Art, nicht zuletzt durch Personen auferlegt, nicht auf den ersten Blick sichtbar und zur Vergangenheit gehörend. Insgesamt als versteckte Last, Prägung, als persönliche Geschichte zu deuten. Rucksack als Versteck: Die alten Traumata oder Aggressionen oder Tabus sind gerne versteckt worden, werden geheimgehalten. Doch sie verschwinden nicht, der Rucksack erscheint im Traum, manchmal sogar rot, d.h. er ist dann sehr energiereich. Im banalen Sinne tragen wir alle Rucksäcke auf dem Rücken, denn wir alle haben eine Vorgeschichte. Nicht selten ist sie belastend. Als Rucksack auf dem Rücken oder im Versteck geht es oft genug um ein gerade nicht offensichtliches oder gezeigtes Geheimnis. Rucksack-Verlust: Geschichtsverlust, Erinnerungsverlust, Identitätsverlust. – Rucksack als Verbergendes: Im Rucksack kann sich als Geheimnis ein verdrängtes oder zukünftiges Ereignis befinden. Allgemein eine versteckte Last, meist aus älterer Zeit. Alle Arten von Belastungen, die man mit sich schleppt, sind möglich. Eventuell ein Zeichen von Unfreiheit.

Rückseite: Etwa die Rückseite von einem Blatt Papier oder von einer Liste oder von einer Postkarte oder von einem Dokument: zeigt das momentan Geheime, Unsichtbare oder das Unbewusste. Dieser Revers von einem Avers ist als Information im Traum nicht zu unterschätzen. Die Vorderseite zeigt das Offenbare, auch die Zuwendung, die Rückseite zeigt das Komplementäre, das dazugehört; es ist zu überlegen, was wahrer ist.

Rücksichtnahme: Auch im Sinne eines großherzigen, edlen Verzeihens zu verstehen.

Rückspiegel: Das Schauen in den Rückspiegel zeigt eine starke Erinnerung, eine Rückschau zu Phasen der Biographie.

Rückspulung: Kann eventuell etwas mit einem Tod-Thema zu tun haben, weil man nur im Tod (Nahtoderlebnis) und im Traum sein Leben von rückwärts her betrachten kann.

Rückwärts-Fahren: Meistens geht es um ein Auto, das rückwärts fährt, das dann auch ein Hindernis darstellt oder vielleicht einen Crash verursacht. Oft trifft einen das rückwärtsfahrende Auto aversiv, jedenfalls gibt es einen Gegensatz, ein Problem. Es kann sich in dem Rückwärtsfahren nicht nur irgendein Hindernis im Leben, sondern auch eine aktive Person im Beziehungsumfeld verbergen. Diese Kräfte handeln massiv, vielleicht versteckt gegen den Träumer. Manchmal meint Rückwärtsfahren Stopp, Stockung bei der Geburt – das überdauert dann als gewisses allgemeines Lebensmuster. Es gehört zu Umwegen und Abwegen, zu Hindernissen. Meist setzt man nur in der Not, wenn man nicht weiterkommt, zurück. Tendenziell ist es also eine ungute Erinnerung an eine Großblockade, frühe Hemmung im Leben (zu beachten ist ein Geburtstrauma).

Rückweg: Meist passt die Deutung, dass es wahrscheinlich um die zweite Lebenshälfte geht.

Ruinen: Stehen oft nicht für Bauten oder Häuser, sondern deuten Nachwirkungen von früheren oder unbekannten Personen an, sie sind als Spuren von Traumata zu verstehen.

Rund: Ist das „Leben" (im Unterschied zum Kantigen). Im Kosmos gibt es in Wahrheit keine Gerade, sondern nur runde, ovale Linien, Richtungen. Rundheit, Abgerundetes etc. ist daher das Schöpfungsprinzip, die positive Lebendigkeit an sich oder per se.

Runde: Runden um die Stadt oder im Rennen = das Leben des Träumers, sein Weg. Das Leben ist ein Kreisweg.

Runden-Drehen: Die Rund-Kurse stehen meistens für das Leben, also für Lebensläufe. Diese können auch Runden nur im Uterus darstellen, d.h. es ist mit einer solchen Runde in Einzelfällen eine Lebensphase bis zur Abtreibung oder Fehlgeburt gemeint. Ansonsten ist das Symbol des Rundkurses generell typisch für einen biografischen Weg.

Rundholz: Etwas Lebendiges, meist ein Mensch, manchmal ein Foetus. Das Runde und das Holz: beide bedeuten „Leben". Ganz allgemein gedeutet: Überlebenspotential, Überlebensstab. – Sollte das Rundholz irgendwie und irgendwo herausragen, kann es ein Phallussymbol sein.

Rundhölzer: In der Form kurzer, abgesägter Stamm- oder Asthölzer, wie sie gern für späteres Brennholz zugeschnitten sind, bedeuten sie: Arbeit und Pflichten, zumal wenn sie transportiert werden sollen. – Sie können aber auch einen Phallus oder einen Menschen darstellen.

Rundkurs: Meist der Lebenslauf, etwa als Rundfahrt durch eine Stadt. Hin und zurück – so geht das Leben, welches ein Kreislauf ist. Die Route kann auch in den Bergen stattfinden. Eine Biografie ist eine Bahn, die scheinbar linear irgendwo hinführt, aber in tieferer Wahrheit ein Rundweg ist. Alle Geraden im Kosmos sind in Wahrheit Rundbahnen.

Rundtour: Es ist meist ein Lebenslauf gemeint. Vergleiche die Traumsymbole „Rundkurs" und „Runden-Drehen".

Runterziehen: Gehört im Deutschen zu „herunter, nach unten", hat im Englischen den passenden Begriff „down", und meint = jemanden runterziehen, d.h. jemanden depressiv machen (und sei es nur als Anklage). Mit negativen Unterstellungen, Vorwürfen kann man das erreichen, besonders aber mit der Verschiebung der eigenen Projektion auf andere, so taucht es im Traum gern auf.

Ruß: Es kann z.B. eine Menge von schwarzem Ruß (Kamindreck) in einem Eimer in einem Traum auftauchen. Dann schleppt jemand eine arge Belastung mit sich herum, einen großen alten Stress oder auch ein Trauma. Dann geht es gerne im Traum um die Frage: Wie werde ich das los? Kurz kann man den Ruß, als eine Art Asche und auch wegen der Schwärze, als negative alte Last deuten.

Russe: Steht manchmal für einen gewalttätigen Mann.

Russland: Russisches ist für Mitteleuropäer gern ein Vater-Mann-Symbol, nicht gerade unaggressiv, also keineswegs sanft (wie sowieso gern der „Osten" Männlichkeit antippt).

Rutsche: Bei diesem Symbol dürfte eine Assoziation zum Geburtserlebnis nicht fern liegen.

S

Saatreihen, Pflanzenreihen: Hier ist evtl. der Bereich, die symbolische Domäne eines bestimmten Mannes angesprochen, der nicht selten ein Rivale ist.

Sachen-Packen: In der Realität kommt es ja oft vor, dass eine Person, z.B. eine Mutter, für eine andere Person die Sachen packt. Dieses Bild im Traum ist nicht so harmlos wie es scheint. Es zeigt eine starke Prägung und Einflussnahme, ggf. auch eine Manipulation, der einpackenden, vorbereitenden Person an.

Sachse: Es scheint, der Sachse hat eine aufrechte, gute, korrekte Bedeutung. Vielleicht ist er auch als Typus authentischer als mancher andere? Jedenfalls ist das Motiv meist positiv gemeint.

Sack: Wie ein Sack zugebunden, auch mit spitzer Mütze, Kopfbedeckung, mit Ärmeln, als Haut/Kleidung getragen, jedoch beengend = so befindet man sich im Mutterbauch. Wird der Foetus geboren, entledigt er sich eines solchen ‚Sackes'. Im Uterus zu sein kann also so dargestellt werden: im Sack (auch in in Zug, Bus) sich befinden. Je nach

Umständen kann man so auch als „Glückshaut" oder mit „Glückshaube", wie es diese landläufigen Begriffe gibt, geboren werden.

Sackgasse: Ein Lebensweg, wohin etwas oder eine untaugliche Fahrerperson, Führungsperson jemanden führt. Auch als die Enge zu empfinden. Vielleicht ungutes (eventuell zukünftiges) Ende von Familie, Partnerschaft, Berufswahl und ähnlichem. Als Erinnerung: eine tief im Unbewussten verankerte Blockade, Erstblockade.

Sadismus: Es kommt vor, dass jemand den anderen quält, obgleich er andere, d. h. positive, liebevolle Möglichkeiten hätte. Gerade in Partnerschaften, in Beziehungen, im Bereich der Emotionen (auch der Sexualität) kann als Übertreibung ein sadistisches Verhalten im Traum auftauchen. Meist ist es nicht extrem manifest, sondern abgeschwächt, und es ist für den seelischen, mentalen Bereich zu deuten.

Säen: Wenn etwas in die Ackererde oder in Furchen gesät wird, heißt dass in Männerträumen manchmal: befruchten, zeugen.

Sägeblatt: Das Sägeblatt in einer extremen Form ist das rasende, rotierende Sägeblatt einer Kreissäge. Ohne Frage ist das ein Todessymbol. Vielleicht ist die noch größere Steigerung eine Motorsäge, zum Bäume-Fällen, in Aktion. Gern wird ja das Tod-Thema in typischer Übertreibung oder Drastik, als große Gefahr oder Möglichkeit im Traum dargestellt. In der Regel haben wir eine dramatische Erinnerung oder aber eine Warnung, z.B. bzgl. einer Operation. Zu jedem menschlichen Leben gehören einige tod-nahe Situationen und eben die entsprechenden Ängste. – In Einzelfällen ist nicht auszuschließen, dass so ein Sägeblatt nicht nur übertragen, sondern konkret auf eine Verletzung oder eine enorme Aggression hinweist.

Sägen: Oft, z. B. in der Form von zwei aktiven Kreissägen, meint es radikale Trennung.

Sahne: Wenn auch noch gepaart mit Alkohol, geht es vielleicht um eine mysteriöse, geheime Sexszene.

Saitenspiel: Man muss sich das nicht nur als Musik, sondern auch optisch als flinke Bewegungen eines Geigenbogens auf einer Saite vorstellen, und in dieser Kombination von Musik und schneller Bewegung verrät das Symbol nicht selten ein sexuelles Thema.

Salat: Manchmal Geringwertiges (abschätzig gemeint). Frauen legen im Restaurant bei der Bestellung zuweilen größeren Wert auf den „Salat" als die Männer; das verrät, dass das Pflanzenartige eher eine gewisse Affinität zum Weiblichen hat. Siehe auch „Gemüse"

Salz: Lebens- und Eros-Symbol. Auch ähnlich wie in Magie und Volksglauben auf Reinigung und Schutz verweisend.

Sand, grob-körnig: Sand mit kleinen Steinen vermischt oder auch eine Ansammlung von kleineren Betonbrocken bedeuten eine Steigerung des Symbols „Sand". Sand fungiert gern widrig und auch zudeckend sowie unstabil. Die Feindseligkeit des Sand-Motivs kann also gesteigert werden.

Sand: In der Regel ein ungutes Symbol, da es anzeigt, dass man nicht festen Boden oder sonstigen Halt unter den Füßen, d.h. im Leben hat. Unsichere Lebenslage. Oder so: das ein und das andere verläuft sich. – Aber auch manchmal in dieser Weise positiv, echt, wie man barfuß über Strandsand läuft, etwa als Natur, Freiheit, Gefühl.

Sandalen: Es geht um nicht gerade festes Schuhwerk. Diesen Unterschied gilt es bei der Traum-Interpretation zu beachten. So ist tendenziell Schwäche statt Stärke angezeigt. Und zwar in einem nicht offenbaren Bereich, in der allgemeinen Aktivität oder in der Gesamtpersönlichkeit. Die Basis und die Grundlage der Entwicklung einer Person sind nicht besonders stabil.

Sandfüllung: Wie man weiß, rinnt Sand leicht weg. Wer also versucht, mit Sand etwas zu füllen, zeigt entweder Mängel in seiner Gabe oder aber muss damit rechnen, dass die empfangende Person mit der Sandfüllung wie auch mit einer entsprechenden emotionalen Gabe wenig anfangen kann.

Sandkippe, Sandschüttung: Mit dem Abladen von Sand versucht jemand, einen negativen Einfluss, eine Verletzung oder Täuschung zu einer Sache oder zu einem Vorgang hinzuzufügen. Nicht selten geht es um eine Täuschung, wie man der Redewendung „jemandem Sand in die Augen streuen" entnehmen kann.

Sandstein: Besonders der rote Buntsandstein steht für unseren, den Tod überdauernden ewigen Aspekt. Vgl. „Buntsandstein"

Sandsteinmarkierungen: Solche Markierungen, auch als Sandsteinwülste, die eine Strecke einfassen, bedeuten glückliche, günstige Bedingungen, die das Überleben auf dem Weg des Lebens sichern.

Sandweg: Das ist eine eher schlechte Basis für Wege, Entwicklungsphasen, die der Träumer durchmachte.

Sarg: Symbol für die Erledigung einer Sache (etwas „begraben"); umgekehrt für etwas, das doch noch da oder sichtbar ist, also nur misslungen verarbeitet ist. Auch manchmal ein Symbol für Wiedergeburt, Auferstehung (nicht selten), und zwar wenn sich z.B. im Traum jemand aus dem Sarg erhebt, der anscheinend das neue Leben in einer anderen Dimension anzeigt, ohne dass ausgeblendet wird, dass er für diese Welt verstorben ist. – Es geht insgesamt seltener um Tod als vielmehr meistens um das Beenden einer Entwicklung oder eines Thema, um das Begraben einer Sache.

Sarkophag: Natürlich zeigt sich hier irgendwie ein Todesthema.

Saturn: Hier wird ein Thema angetippt, das vielleicht mit einem alten oder früheren oder vielleicht auch verstorbenen Vater zu tun hat.

Sau: Siehe „Schwein"

Sauber: In der Regel ist das moralisch, psychisch Saubere gemeint, die edle gute Seele, die nichts Schlechtes hat (Gegenteil: schmutzig = moralisch schlecht).

Sauerstoff: Indikator für Leben oder ggf. für Nicht-Leben. Steht also für die Luft zum Atmen, die der Mensch braucht, um nicht zu sterben. Sauerstoffmangel oder Sauerstoffende bedeutet bekanntlich Tod. Kann also ein Bedrohungssignal sein.

Säule: „Säulen" können einzelne Elemente sein, nicht immer aus Stein, wie in der Realität, sondern im übertragenen Sinne, so z.B. Kapitel in einem Buch oder Zentralereignisse in einer Biografie.

Säulenstelle: Meist geht es um eine Passage, die von hohen Säulen eingerahmt ist, und oft ist ein betont enger Durchgang gemeint oder auch ein zu enger. Dann können die Säulen Blockade, Widerstandsbegleitung aus frühester Erfahrung darstellen.

Sauna: Gruppe, Nacktheit und Gesundheit spielen hier eine Rolle. Oft ist daher das Thema der Gemeinschaft (a) betont sowie die Körperlichkeit (b), auch die Sexualität.

Schacht: In ganz besonderen Einzelfällen kann es sich um die Beschäftigung mit dem Tod, d.h. mit dem symbolischen Vorthema des Grabes und Grabens handeln.

Schädel: Ein Knochenschädel ohne Haut, Fleisch etc. kann, wie in dem mittlerweile enorm und platt verbreiteten Totenkopfsymbol (hier aber als Spielerei, bloße Provokation), irgendeine Info zu irgendeinem, vielleicht längst Verstorbenen darstellen.

Schaf: Ein Opfertier und kein Raubtier. Da dürfte es sich um einen gutmütigen, leidensfähigen Menschen handeln. – Weibliche Schafe können fruchtbare Frauen oder Stammmütter darstellen.

Schaffell: Ein Schaffell auf einer Oberfläche getragen kann nicht selten eine Tarnung, eine Verstellung meinen. Und zwar nach dem Sprichwort: „ein Wolf im Schafspelz". Ein partieller Schafspelz kann also im Traum für eine Täuschung stehen. Dabei wird besonders gerne die Aggressivität versteckt. – Ansonsten hat aber Schafwolle oder das Vlies mit Liebe, Kindheit, Zuwendung zu tun.

Schafwollteppich: Gute Basis für Gefühl, Glück, Lust. Als Berührung meist unbewusst verbunden mit einer glücklichen Mutterbeziehung; gilt nicht selten generell für Schaffelle. Als Teppich ist aber dieser Wert als Basis betont.

Schal: Kann Indikator, Widerstand, Trauma bezüglich Sexualität sein (Halsregion als Verschiebung für eine Unterleibserfahrung). Auch soll Schal umgekehrt vor Verletzung schützen (Schutzcharakter), behindert aber evtl. nicht selten.

Schallplatte: Dieses oder ein ähnliches Medium steht meistens für Musik, für ein Lied, und das Lied und eine Musik wiederum deuten tiefer als Worte ein bestimmtes, meist großes Gefühl an.

Schalterbeamter: Person, die einen ablehnt oder annimmt. Daher kann sich ein Elternteil in einer Person hinter dem Schalter verbergen.

Scham, oder sich schämen: Meistens schämt man sich im Traum wegen bestimmter nackter Körperteile oder Genitalien. Mit Sex hat das fast nie etwas zu tun, sondern es verrät eine ideelle, mentale Selbstscham, sprich Selbstablehnung, einen Minderwertigkeitskomplex. Dieser unbewusste Komplex, früh erworben aus Fremdablehnung, hat aber dann tatsächlich auch den Effekt, in der Sexualität blockiert zu sein bzw. in der Sexualität (als übertriebene Scham) sich auszuwirken. Sich schämen im Traum, mit zusätzlichem Streben, nicht gesehen zu werden, verweist also auf einen Minderwertigkeitskomplex, und zwar seelisch, nicht körperlich. Die Selbstablehnung entsteht durch Fremdablehnung. In diesem Zusammenhang dürfte es auch einen großen Schuldkomplex geben. Wahrscheinlich (aber das ist nicht sicher) ist der Schuldvorwurf unkorrekt und damit auch die Scham, die Selbstscham also oft in tragischer Weise unrichtig. Wer sich schämt im Traum, lehnt meist leider, zwar verdrängt, aber massiv, wichtige Seiten seines Selbst ab, und nicht selten sich ganz und generell.

Schamanismus: Manchmal eine Kritik an unrationaler Arbeit oder an unwissenschaftlichem Vorgehen. Vielleicht eine arrogante Kritik – oder aber auch eventuell umgekehrt berechtigt. Bzgl. der Intuitionen ist Schamanismus ein positiver Begriff.

Schatten, der folgt: Eine Schatten-Gestalt, Figur, die „hinter" dem Menschen hergeht, sich versteckt = ist manchmal der Tod, als ständiger, d.h. normaler Begleiter (ab der Geburt). Im Märchen kennt man diese begleitende Nebengestalt sehr gut. – Psychologisch können auch neutralere Persönlichkeitsvarianten gemeint sein.

Schattenumriss: Wenn die Gestalt identisch mit dem Träumer ist, aber ohne Gesicht, könnte evtl. ein Todesthema angesprochen sein.

Schaukel(n): Erinnerung an selige Uterus- und Babyzustände. Freude, Sex, Freiheit. Affinität, Vorgeschmack zum „Fliegen" (siehe dort). Ferner Hintergrund und Erinnerung ist die ‚paradiesische' Schwingung für die Frucht im Bauch.

Schaumstoff: Steht oft für negative Bedingungen (ähnlich wie Plastik).

Schauspielerei: Das meint Rollen spielen im Leben. Gilt eigentlich für alle Menschen. Es kommt gern in Träumen von Menschen vor, die als Kinder manipuliert wurden, die zu einem bestimmten Verhalten hin dressiert wurden.

Scheiben: Als Scheibchen (Wurst-, Gurkenscheiben), Splitter, Kleinkacheln, Holzchips zuweilen: männlicher Samen. Frauen, die sich symbolisch im Traum mit dem Phallus beschäftigen, schneiden Möhren oder Gurken in kleine Scheibchen.

Scheide in Po: Ist die weibliche Scheide in einem nackten oder auch kindlichen Po sichtbar, und zwar anstatt des Anus, ist dieses Thema angezeigt: Vergewaltigen, Missbrauchen, frühes Homosexualisieren. Das meint etwa penetrierendes, invasives Benutzen einer Person; durchaus aber auch (oder gegebenenfalls sogar besonders) mental zu denken, also im Sinne von Beeinflussung, Gehirnwäsche oder Besiegen, Benutzen.

Scheiße: Wenn es nicht ein typischer Toilettentraum ist, mit seiner Sonderbedeutung, und wenn auch das Wort „Scheiße" relativ manifest im Traum vorkommt (und nicht z.b. Kot), dann erschließt sich die Bedeutung, wenigstens im Deutschen, nach der Redewendung „Scheiße gemacht, oder Scheiße im Kopf ". Ergo handelt es sich bei Scheiße um einen Fehler, um ein Missgeschick, um Pech, Pleiten, Pannen. Als Kot, der im Körper (zu sehen) ist oder aus irgendwelchen Stellen des Körpers austritt, ist Scheiße eventuell = schwere Krankheit, mitunter sogar Krebs (z.b.: die Unterhose voll Scheiße passt zu Enddarmkrebs). Man muss aber bei Träumen, die Krankheiten anzeigen könnten, immer daran denken, dass Träume gern bildkräftig übertreiben. Scheiße von anderen: Abwälzung von Komplexen anderer Leute auf den Träumer, drastisch ausgedrückt.

Scheiße wegwaschen: Da weist jemand enorme Anstrengungen auf, ein schweres Trauma zu bearbeiten oder zu entfernen.

Scheitel-Chakra: Es wird durch eine Art Lichtfarbe dargestellt, welche ungefähr folgende Farben enthält: Indigo, Lila, Blass- und Dunkelrot. Oder auch so: ein lichtdurchflutetes Weiß mit zarten Anteilen von Magenta oder Violett oder Amethyst. Und das ist die Farbe des Geistes. Dargestellt ist also eine hohe Stufe der Erkenntnis.

Scheitholz, Brennholz: Manchmal zerstörtes, zerhacktes, gefährdetes Leben.

Schemel: Ganz einfacher, simpel-archaischer Sitz, damit etwas wie Kindheit, Kindlichkeit andeutend. Oder etwas wie Nichtfülle, Nichtbesitz (annähernd = arm, im übertragenen Sinne). Auch Bescheidenheit im Leben, in Gruppe.

Schenken: Schenken und Leihen sind Gegensätze zum Kaufen und Erwerben einer Sache. Die Liebe gibt und schenkt oder leiht. Ein fremder oder feindlicher Mensch besteht auf Bezahlung und Gegenleistung. Z.B. unter Partnern sollte man nicht Kaufen und Verkaufen, sondern Geben und Schenken, auch zwischen Eltern und Kindern.

Scherbe: Das Sonder-Motiv, nach dem Sprichwort „Scherben bringen Glück" bringen, hat damit zu tun, dass das Leben dialektisch verläuft, d.h. abwechselnd im Hoch und im Minus. Ansonsten zeigt eine Scherbe natürlich an, dass irgendetwas zerbricht oder kaputt zu gehen droht.

Schere: Ein Symbol für die Trennung, für die Ablösung von etwas. Und zwar meist ziemlich abrupt und aggressiv, besonders dann, wenn die Spitze der Schere auffällt.– Kann auch zum Komplex der Abtreibungsgefahren gehören. Zusammengefasst bedeutet Schere meist, dass irgendeine Aggression ein Geschehen begleitet oder dass es um ein Ende von etwas geht. Dennoch positive Bedeutung nicht ausgenommen.

Scheune: Ähnlich wie Schuppen ist ein Aufenthaltsraum genannt, der in der Nähe des Hauses ist; d.h. „Haus" steht in diesem Falle für Welt, Leben, Existenz, und Scheune ist der klassische Nebenraum, damit ist gern der Uterusraum gemeint, die Unterkunft „vor" dem Haus/Leben. Ähnlich ist der Archetyp „Garage", auch manchmal der „Hof" zu deuten.

Schicksalsfrauen: Drei schamanistische oder göttliche weibliche Wesen, die im Traum als Begleitung oder Kurz-Begegnung auftreten können und für das weitere Geschick sorgen, absolut mächtig, entsprechend der alten Vorstellung, dass die drei (germanischen) Göttinnen Urd, Werdandi und Skuld (Vergangenheit, Gegenwart und Zukunft) die Schicksalslose werfen, wie ähnlich die Matronen, Moiren oder Parzen. Manchmal als Drei in Eins, wie die griech. Hekate, abwechselnd. Die Bestimmenden oder Beschützerinnen des Lebenswegs. Ist die Wandlung zwischen einer Göttin und einer menschlichen Person hier auffällig, dann wird erkennbar, dass sich hinter den göttlichen Frauen oder Matronen weibliche Ahninnen verbergen (welche tatsächlich zur schicksalsbildenden Kraft gehören). Unser Schicksal ist, in vorgeburtlicher Festlegung, eine Mischung aus Zuteilung und Wahl (vgl. auch Platon).

Schicksalsgemeinschaft: Dieses Symbol kommt nur als indirekter Ausdruck vor, selten direkt als Wort. Eine Schicksalsgemeinschaft, z.B. von Vater, Sohn und Bruder oder von Vater, Sohn und Enkel, wird durch drei gleiche grafische, optische Motive im Traum gezeigt. Also beispielsweise durch drei ähnliche Linien. Unser Schicksal zeigt sich ja eher apokryph, d.h. in indirekter Weise, es kann nicht bewusst oder klar begriffen werden. Deshalb ist die Darstellung ebenfalls indirekt, codiert, ein Gleichnis. – Auch im Traummotiv „Schiff/Boot" zeigt sich gern eine Schicksalsgemeinschaft.

Schiedsrichter: Nicht selten eine Art Familienvater, in der archaischen Bedeutung eines verbindlichen Beurteilers, aber oft auch als Gesellschafts-, Welturteil zu verstehen. Allgemein eine leitende, entscheidende Person.

Schießbahn: Terrain, wo die Sexinteressen eines Mannes als Gleichnis geortet werden können.

Schießen: Manchmal Zeugen. Oder auch allgemein etwas erreichen. Meist männliches Tun, typisch für Ejakulation (und deren Symbolik). – Auch natürlich = etwas vernichten wollen, klares Aggressionsbild.

Schiff: Sehr oft als Mutter, Mutterbauch, besonders dann, wenn ein Strandthema in der Nähe ist oder es darum geht, ein Schiff zu verlassen (= geboren zu werden) bzw. zu erreichen. – Ansonsten etwa wie Haus die momentane Allgemeinsituation darstellend, manchmal mit all den Mitmenschen als Schiffsbesatzung, und auch einfach als Stimmungslage (Gefühl). Tendenziell ist ein Schiff weiblich, so dass neben der Mutterbedeutung auch Partnerin, Ehefrau, Frau allgemein (evtl. mit Familie) gemeint sein können. Da Schiff in Küstennähe „Geburt" bedeutet, meint das Gegenteil, also der Mythos vom Schiff, das abreist, z.b. nach Nordwest aufs Meer, gegebenenfalls mit einem toten Häuptling darauf (Legende), die Jenseitsreise (Tod). Das (ganze) Leben kann sehr klassisch als Schiffsreise dargestellt sein (wie etwa in der Odyssee oder bei dem zypriotischen Mystiker Daskalos): es gibt viel Freiheit (im Leben, auf dem Schiff), aber nicht bzgl. Abreise und späterer Ankunft.

Schiffs-Start: Das Ablegen oder die Abfahrt eines Schiffes zeigen die Entstehung, den Beginn eines Lebens. Das kann die Zeugung sein oder die Geburt, aber genauso auch ein neuer Lebensabschnitt.

Schiffsunfall: Schwangerschaftsunfall oder Geburtsunfall. Der Unfall meint also eine traumatisch empfundene Situation.

Schiffsunglück: Allgemein Todesnähe, Todesangst. Da man Mutter, Leben und Schiff symbolisch gleichsetzen kann, weist das Motiv Schiffsunglück oder Schiffsverlust oft auf ein Geburtstrauma hin.

Schildkröte: Die Mutter, aber besonders die schwangere Mutter, d.h. auch den Foetus (und so gegebenenfalls den Träumer selbst) darstellend oder überhaupt die Uteruszeit meinend (Schwimmen und Meerestiere passen ideal zum Uteruskomplex). Die Schildkröte hat Affinität zu Fischen, Schlangen, Meeressäugetieren und indirekt zu einer Muttererfahrung, besonders als Meeresschildkröte.

Schimmel: Ähnlich wie bei „Müll" und „Asche" geht es um Reste von ärgerlichen Vorfällen oder von Traumata.

Schirm: Tendenziell Schutz/Schirm im Sinne einer Mutter (wie bei der Gottesmutter) oder wenigstens im Sinne eines sonstigen Beschirmt-Seins. Auch als Hilfswerkzeug – oder aber umgekehrt als Last, Überflüssiges.

Schirmstock: Manchmal Phallisches, bzw. Männliches generell.

Schlafanzug, ähnlich Morgenmantel: Ein/e Träumer/in in dieser Kleidung erinnert sich meist an ein Erlebnis aus der Schwangerschaftszeit, denn Schlaf und Uteruszeit sind symbolisch identisch. Der Morgenmantel geht tendenziell vielleicht eher nur bis zur frühen Kindheit zurück, wegen des Themas „Morgen" (der Morgen des Lebens). In diesem Zusammenhang sei angemerkt, dass sich Uteruszeit, Uteruserfahrung und Unbewusstes generell sehr ähnlich sind, weshalb man also bei dem Motiv Schlaf/Schlafanzug zuerst einmal deutet: Uteruszeit, und dann folgend: Unbewusstes. In diesen Themenkreis gehören auch die Archetypen Bett, Plumeaus, Kissen, Matratzen, Nacht/Dunkelheit und Schlafsack. – Im Schlafanzug zu sein kann auch bedeuten, dass die Person nicht wach ist, und das wiederum bedeutet etwa, dass die Person unwissend ist oder sich im unbewussten Zustand befindet. Die

Aktion eines Träumers im Schlafanzug verweist also gern auf eine vorgeburtliche Erinnerung.

Schlafen: In aller Regel eine Erinnerung an die Zeit als quasi „schlafendes" Wesen im Mutterbauch, also an die Uteruszeit. Im Bauch vor der Geburt und später im Bett haben wir den gleichen, ähnlichen Zustand: wir schlafen und träumen (so drückt sich die moderne Pränatalpsychologie und -medizin aus).schlafen auch in der übertragenen Bedeutung: unbewusst sein oder eine Sache nicht erkennen können, wehrlos sein. Umgekehrt: hellseherisch sein (wie im Traum). Auch ggf. nur als Erholung zu deuten. Im Gegensatz dazu manchmal aber auch als komatös zu verstehen. – Es bedeutet" schlafen" auch: sich mit den Träumen zu beschäftigen, sein eigenes Unbewusstes anzusehen sowie frühere, teils pränatale Ereignisse zu behandeln, zu klären.

Schlafhaube: Ähnlich wie die Symbole „Morgenmantel" oder „Schlafanzug" zeigt sich eine gewisse Fixierung auf die Uteruserfahrung. Irgendetwas in der Schwangerschaftszeit war sehr problematisch oder kann innerlich eigentlich nicht losgelassen werden. Manchmal ist es natürlich auch neutral oder banal, was per Schlafhaube aus der Uteruszeit gezeigt wird.

Schläfrig: Meistens ist im Traum bei der Schläfrigkeit auch die Unbeweglichkeit dabei. Dann finden wir eine Person vor, deren Verhalten sehr unbewusst und verdrängt ist, auch unaktiv oder hilflos war, in einer speziellen Situation.

Schlafsack: Vgl. auch „Schlafanzug". Ein Beispiel: Schlafsackdiebstahl oder -tausch = vielleicht Vatertausch vor der Geburt. Betrifft insgesamt gern eine Information aus der Zeit im Mutterbauch, in einer Art Sack-Zustand.

Schlafzimmer: Unbewusstes, wo man die innersten, auch unangenehmen Geheimnisse verbirgt. Hat mit Sex wenig zu tun. Siehe auch „Haus". So wie man „eine Leiche im Keller" haben kann, gibt es dies auch als das Geheimnis „im Schlafzimmer" (z.B. Fremdgehen oder Abtreibungsattacken).

Schlaganfall: Steht als Gleichnis, d.h. manchmal als Übertreibung für möglicherweise eine andere, schwächere Art von Muskelkrankheit oder auch Lähmungserscheinung. Andererseits sind manche Menschen besonders vom Schlaganfall bedroht, z.b. Migräniker. Man kann grundsätzlich nie bei einem Traum die mögliche Bedeutung als Vorzeichen ausschließen.

Schläge in Sanftheit: Sie können ein Ausdruck liebevoller Aktivität sein (statt Nichtstun und Nicht-Reagieren), besonders gerne in der Erotik, weil das Agierensreservoir im Menschen auch in der Sexualität gefordert ist, ein Startsymbol ist. Das ist vergleichbar dem freundlichen, aber nicht laschen „Klopfen" auf die Schultern, oder auch auf den Po, als Aufmunterung, Lob, Bestätigung.

Schläge: Urform der Aggression (1). Aber auch Archetyp für Schicksalsschläge (2). Manchmal Sex (3), weil aggressio aus dem gleichen Potential, Hormon stammt, wo auch die sexuelle libido beheimatet ist (z.B. Testosteron). – Es kann im Traun als Konfliktsymbol ein Mann auftreten, der wütend nach dem Träumer schlägt. Es sei angemerkt, dass Aggression grundsätzlich in der Symbolik „männlich" auftritt, dass aber hinter einer schlagenden Person sich ggf. auch eine aggressive Frau verbergen kann. „Schlagen" ist Ausdruck von Wut, von berechtigter oder nicht. Maximumsymbol für Streit. Evtl. nur psychische Ablehnung.

Schlagen ohne Kontakt: Es kommt nicht selten vor, dass jemand im Traum nach dem Träumer schlägt oder haut, dass es aber nicht zu wirklichen Treffern und Kontakten kommt. Auch umgekehrt kann das ablaufen. Da müsste man sagen, dass der Träumer sich an eine latente Aggression erinnert, also vorzugsweise in der Kindheit oder früher, dass er aber nicht offen und handfest angegriffen wurde. Es geht also um das permanente ungute Gefühl einer ständigen versteckten Bedrohung. Man wird den Traum so deuten müssen, dass tatsächlich Aggression auf die Objektperson gerichtet worden war oder auch aktuell gerichtet wird. Irgendwelche Umstände haben es verhindert, dass man schwer getroffen wurde! Aber aggressiv war die Situation nicht zu gering.

Schlamm: Wie bei Matsch, Morast, Gülle, Mist, Kot-Boden und sehr trübem Wasser ist gemeint, dass ein gefährliches todnahes Thema erinnert wird oder aktuell oder zukünftig ist. Gegebenenfalls handelt es sich nur um Angst, Befürchtung, Hochstress, gefährliche Krankheitsnähe. Jedenfalls meist ein schlechtes Zeichen.

Schlammbad: Hier gedacht als Baden in schlammigem Wasser und nicht als Fango-Kur, bedeutet sehr ungünstige Bedingungen für etwa eine Beziehung oder für Sexualität oder für eine Lebensaktion.

Schlammboden: Matschiger Untergrund oder schlammige Straße verweisen auf arge, todgefährliche Schwierigkeiten, die der Träumer einmal zu bestehen hatte oder evtl. in der Gegenwart vor sich sieht.

Schlange: Symbol der Weisheit – ebenso der Lüge, also des Gegenteiles von Weisheit oder Wahrheit. Versteckte, nicht offene, schwer verstehbare Aggression (nicht selten von Mutter oder sonstiger „weiblicher Seite" in früherer Zeit), daher auch betrügerisch. Schlange als List ist ambivalent: besondere Klugheit und aber auch Trug. Ähnlichkeit zum gefürchteten Lindwurm-, Drachensymbol (z.B. in der Kosmologie, in den Mythen). Positives Symbol der Reinkarnation, sogar des ewigen Lebens (vgl. das Gilgamesch-Epos; und vgl. die Häutungen). Sexualität beider Geschlechter, aber besonders die phallische (eine Legende zum Sündenfall besagt, dass Eva fremdging; bzw. sie übertrat generell, oder vor der Zeit, das Sex-, Menschenschöpfungsverbot). Überwiegend hat „Schlange" also einen eher weiblichen Touch (Weisheit und Verführung gelten als weiblich). Alle Symbole sind ambivalent, besonders die Schlange.

Schlangenkopf: Phallusspitze.

Schlangenlinie: Die Schlangenform, Schlangenlinie oder das Sich-Durchschlängeln steht für Verführung und Sucht und Falle. Die Linie hat ihre Ausschläge, rechts und links, als symbolisches Hin und Her oder Ja und Nein, als der Versuchung nachgeben oder als die Versuchung überstehen. Daneben inkludiert es oft auch eine versteckte Tücke oder Gefahr; das berührt dann allgemein den „Schlangen"-Archetyp.

Zeigt insgesamt Einiges an Behinderungen und Widrigkeiten auf, die den direkten Entwicklungsweg stören. – Schlangenlinien zeigen auch neutral (und oft positiv) den Geburtsprozess.

Schlapphut: Siehe „Mann mit Schlapphut" oder „Hut"

Schlauch: Schläuche, besonders als Schlauch-Ende, Schlauchnippel, haben nicht selten eine genitale Bedeutung, vordinglich beim Mann, aber auch bei der Frau.

Schleim: Oft affin zur Sexualflüssigkeit, daher gern ein Sex- oder Zeugungsthema ansprechend. – Schleimmangel, „Trockenheit" = ein Hochstress-Symbol.

Schließen: Eine Wohnung oder ein Fenster zu schließen bzw. abzuschließen, weist gerne darauf hin, dass man etwas beenden möchte.

Schlitten: Gehört zu einer Freiheits-, Lust-, Spaß-, Eros-Bewegung (ursprünglich Geburtsprozess, später sexueller Prozess).

Schlittenfahren: Es hat mit Lust zu tun, nicht selten auch mit erotischem Hintergrund. Es mag evtl. auch ein infantiler Touch in diesem Luststreben enthalten sein.

Schlitz: Da kann es im Traum z.B. um den Schlitz des Briefkastens oder ähnlich gehen. Also auch darum, dass in den Schlitz etwas hineingeworfen oder geschoben wird. Schwängerung, Befruchtung können als Interpretation hier naheliegen.

Schloss: Ähnlich wie bei Stadtmitte, Burg, Haus kann mit dem Symbol gemeint sein, die Welt, das Leben zu erreichen. Auch andere Ziele sind möglich, sehr allgemein oder auch als eine Person (vgl. Kafkas „Schloß"-Roman, da geht es codiert um Ablehnung durch Personen). Im Deutschen hat es natürlich auch die Bedeutung, dass das erstrebte Ziel recht „verschlossen", unzugänglich ist. „Ein schönes Schloss in der Landschaft" enthält die Aussage über den eigentlich wunderschönen, fähigen, ursprünglichen, pränatalen, heilen und heiligen Kern der

Persönlichkeit, meint also im weitesten Sinne eine Person, und zwar in Idealität.

Schlossbesitzer/Hausbesitzer: Manchmal der legitime Ehemann, im Kontrast zu einem Nachbarn, der fremd geht, oder sonst einem Liebhaber.

Schlucht: Eine markante Felsspalte, tiefe Schlucht, Bodenspalte oder auch Gletscherspalte stellt eine Erinnerung dar an eine Situation, in der man drohte zu sterben. Passt z.B. zu einem Abtreibungs- oder Geburtstrauma.

Schlucken: Was geschluckt wird, manchmal ostentativ hinunter geschluckt wird, soll integriert und möglichst sicher besessen werden, soll auch vielleicht als Unangenehmes erledigt werden.

Schlüpfer-Verlust: Unbewusstes, vielleicht verdrängtes, sehr tabuisiertes, sexuelles Interesse einer Frau.

Schlüpfrigkeit: Besonders in der deutschen Sprache hat das mit Schlüpfer/Slip zu tun, meint sogar manchmal direkt Sexualverkehr bzw. ein konkretes sexuelles Tun.

Schlüssel im Schlitz: Einen Schlüssel in einen Schlitz oder einen Baum stecken: manchmal Coitus oder Start von einer anderen Aktion.

Schlüssel: Wichtiger Zugang, ein Sesam-öffne-Dich, z.B. für Wissensbesitz, Erkenntnis, Berechtigung. Fehlender Schlüssel: irgendjemand enthält/enthielt dem Träumer eine zentrale, wichtige Information vor; auch Raub von Entwicklungsschritten oder Personen, oder gar etwas wie Kastration. Insgesamt meint der Schlüssel: „die notwendige Voraussetzung für...". Sehr gerne werden einem Menschen Verständnisschlüssel und Entwicklungsschlüssel geraubt. Im Märchen „Der Eisenhans" muss der Sohn einen Schlüssel unter dem Kopfkissen der Mutter „stehlen", um seine Entwicklung (Männlichkeit) voranzutreiben, sic. Schlüssel bedeutet also 1. ein Geheimnis oder eine geheime Aktivität (gegebenenfalls blockiert, versteckt), 2. den Zugang zu etwas, 3. den

Machtbesitz (z.B. Herrschaft eines Elternteils über ein Kind). – Schlüssel verraten, ob man einen Zugang zu einer Person, zu einer Lebensweise oder Aktivität, zu einer Wahrheit hat. Genauer könnte man sagen: ob man Zugang zu einer bestimmten Entwicklung hat oder nicht. Bei alten oder altertümlichen Schlüsseln liegt das Erlebnis weit zurück. Man kann sogar sagen: ein Schlüssel ist der Zugang zur eigenen Identität und Wahrhaftigkeit, gar zur eigenen Bestimmung, gar für's Leben.

Schlüssel kaputt: Ein Schlüssel, der nicht mehr zu benutzen ist oder auch gänzlich verloren wird, zeigt an, dass Zugang und Information zu einer wichtigen biographischen Sache nie mehr möglich sind. Etwa so: man ist belogen worden, und das bleibt so.

Schlüsselbund: Man kann annehmen, dass es um eine Steigerung des Symbols „Schlüssel" geht, weil an einem Schlüsselbund meistens mehrere Schlüssel hängen. Wenn es nicht um das Fehlen eines solchen Schlüsselbundes geht, dann haben wir hier eine Art Fülle vorliegen. Der Träumer, in dessen Nähe sich ein Schlüsselbund befindet (vielleicht findet er ihn), bekommt hier ein Bild über seine vielen Möglichkeiten und Optionen geschenkt. – Viele Schlüssel können auch viele Beziehungen bedeuten, bis hin zur Promiskuität.

Schlüsselchen: Eine besondere Kleinheit des Schlüssels zeigt an, dass der gewünschte oder notwendige Zugang zu einer Person, zu einem Ereignis oder zu einer Wahrheit oder zu einer Aktivität nur ganz schwach ausgebildet ist. Eine ähnliche Bedeutung hat die Traumszene, wenn ein Schlüssel oder Schlüsselchen nur ganz kurz gesehen wird und dann wieder verloren geht.

Schlüssel-Einklemmung: Das ist ein Zeichen dafür, dass manches an Aktivität und Vitalenergie des Träumers feststeckt, blockiert ist. Im Einzelnen kann es um einen ganz speziellen Schritt gehen, der gehemmt ist.

Schlüsselverlust: Dramatischer Verlust einer frühen, wichtigen Information; auch Verlust einer Person, eines Erlebens, dass nötig gewesen wäre.

Schlüssel-Wegwerfen: Meist geht es darum, dass man fatal eine Aktion auslässt oder einen Zugang versperrt oder außer Acht lässt, was man später bereut. Die Reue zeigt sich dann im Traum darin, dass man den weggeworfenen Schlüssel wieder sucht. (Im Christlichen kann man, wie die Großmütter, zu dem heiligen Antonius aus Ägypten, dem Schweinehirten, bei der Schlüssel-Suche beten. Die heiligen Gestalten einer jeglichen Religion können immer auch einmal als Helfer oder als Initialzündung dienen.)

Schmetterling: Eine Seele, die für einen Menschen, ein Wesen stehen kann; meint gern eine Seele im Wandlungszustand (vgl. Verpuppung), also im Zusammenhang von Geburt oder Sterben. Oder man könnte sagen: eine Seele noch im geistigen Bereich, wie in der Materie noch nicht inkarniert, etwa eine vorgeburtliche (auch abgetriebene!) oder eine verstorbene. Transzendent also ein Symbol sowohl für Tod als auch für Wiedergeburt. – Auch manchmal die zitternde weibliche orgiastische Seele (vgl. den Spruch: Schmetterlinge im Bauch).

Schmied: In der Mythologie der höchste Künstler, beste Handwerker, mit übernatürlichen Kräften.

Schminke: Es ist leicht zu erraten, dass es hier um eine Fassade geht. Mit Schminke wird das wahre Gefühl unterdrückt oder wenigstens vor anderen versteckt. Wenn die Schminke im Traum verrutscht, dann war es das mit der Verstellung. Besonders wenn die Schminke stark ist oder gar grell rot ist, sind neben der Unwahrhaftigkeit, dem Bluff auch Süchte gemeint. – Als Unechtes typisch, wie zu Karneval.

Schmuck: Meistens nicht wirkliche Selbstliebe anzeigend, sondern nur das Bemühen, sich schön, liebenswert, erotisch attraktiv zu machen, sich anzupassen. Auch Eitelkeit, Unechtheit. – Es kann aber auch hoher seelischer und moralischer Wert in Schmuck, in Gold, Perlen symbolisch dargestellt werden, also dann doch als Gleichnis des Echten einer Persönlichkeit.

Schmuckkästchen: Das ist der Seelengrund einer Person, bevorzugt einer Frau. Man kann den Inhalt als die Liebe und das Geben und das mental Innerste einer Person bezeichnen. Damit ist es auch etwas, das man nicht so leicht anderen zur Verfügung stellt.

Schmutz: Als Brühe, vielleicht braun, oder auch als Fluten, bedeutet es, dass man Schweres ertragen musste. Dass man eine Geschichte hat mit leidvollen Schwierigkeiten, die psychische Schmerzen verursach(t)en. Die seelische Befreiung hätte dann mit den Symbolen Wasser und Reinigung zu tun. Oft moralischer Unwert („schmutzig" im übertragenen Sinne). Schmutz z.b. als Lehmdreck, Erd-Verschmutzung, etwa an einem Glas, verrät ein sehr negatives Geheimnis. Schmutz ist nicht dinglich gemeint, sondern es geht um etwas Soziales oder Psychologisches, das von einer breiten oder dominanten Mehrheit abgelehnt wird und zwar auch manchmal hysterisch. Beim Schmutz geht es um seelischen Ballast, um unerledigte, alte, negative Erinnerungen.

Schmutzig: Im übertragenen Sinne gemeint, als ein negatives moralisches Urteil, eine Abwertung. Ebenso gern einen neutralen oder unschuldigen Makel darstellend, der aber von andern kritisiert wird.

Schnabel: Werkzeug für den Lebenserwerb (1) und für Sex (2); als Oralmedium und als Aggressionsmedium für den Vogel wichtig (Überleben). Ohne Schnabel sein heißt todgeweiht sein. Die deutsche Vokabel „schnäbeln" für Coitus-Vorspiel, Flirt und Küssen zeigt, dass „Schnabel" (als aktionsgeladener Mund gedacht) ein Sexpotential sein kann. Natürlich auch ein Medium, um etwas auszusagen (Symbol für Mund, Rede). Schließlich als Vogelschnabel auch ein typisches weibliches Aggressionssymbol (vgl. z.B. die surrealen Bilder von Max Ernst).

Schnaps-Trunk: Das kann (wie oft Alkohol) auch eine Einleitung sein zu irgendeinem sexuellen Verhalten.

Schnauze eines Autos: Gemeint ist umgangssprachlich etwas wie die Motorhaube eines Autos vorne. Die sagt manchmal etwas aus über Phallischkeit oder über Nicht-Phallischkeit. Dazu gehört auch der sogenannte Penis-Neid, den Sigmund Freund bestimmten Frauen zugesprochen hat. Interessant oder problematisch ist in Träumen von Männern, ob die Schnauze oder Kühlerhaube des Autos eine Beschädigung erfahren hat oder aufweist. Sie ist symbolisch ein Durchsetzungsorgan.

Schnecke: Schnecken, Robben oder fischförmige Tierchen, auch sogar Wesen wie Igel – sie verweisen gern auf ein Schwangerschaftsthema, und zwar anfänglich, d.h. auf den Schwangerschaftsbeginn. Daher manchmal als Indikator für Embryo, Foetus anzusehen.

Schnee: Große inhaltliche Spannung zwischen Katastrophe und Rettung. Als Lawine sehr gefährlich (Unfall, Krankheitseinbruch). Als weißes Landschaftsbild eher Frieden, Harmonie. Schnee meint zusammengefasst: höchste Gefahr mit knapper Rettung in oder aus besonderer Not. Eis hat dagegen keinen Rettungsaspekt. – Als Attribut hoher Berge ist Schnee erleuchtungs- und gott-nah (vgl. den heiligen Berg Kailash oder den Olymp). Trotz aller Gefahren verweist „Schnee" also letztendlich oder meistens auf ein glückliches Ende, wie auf einen knapp überlebten Unfall.

Schneeball: Trifft einen der Schneeball, so verrät das, dass irgendwann in der Biographie eine große Gefahr auf jemanden zugekommen war. Die Person, die den Schneeball wirft im Traum, ist natürlich sprechend: ein Beispiel: wirft eine betont dicke Frau, einen Schneeball nach dem Träumer, so zeigt das, dass der Träumer in der Schwangerschaft nicht leben sollte – aber überlebte.

Schneemann: Symbolisch gesagt, geht es vielleicht um einen Toten, der zum Leben auferweckt werden soll, oder dessen Geist, Erinnerung nicht tot ist.

Schneesturm: Extreme Lebensgefahr, z.B. im Krieg, oft knapp überstanden.

Schneeweg: Wir beschäftigen uns hier mit dem Schneeweg, der durch Glätte schwierig ist. Das ist meist eine Erinnerung an eine sehr schwierige vorherige Entwicklung, z.B. in der Kindheit. Die Probleme sind aber doch, so gerade eben, bewältigt worden.

Schneeweißes: Oft Vorgeburtliches und/oder Himmlisches anzeigend, jedenfalls selten etwas Diesseitiges. Allgemein wie „weiß" = Verstärkung (a), aber auch Sterilität (b).

Schneiden: Hier geht es manchmal darum, dass eine Person eine andere mit Nichtberücksichtigung ‚schneidet'. In der Realität, die zu diesem Traum gehört, sieht es viel schärfer aus: die schneidende Person lehnt die andere Person klar ab. Siehe auch „Abschneiden".

Schneidig-Fahren: Symbol für rücksichtsloses, aggressives Tun, was verharmlost wird.

Schneidwerkzeug: Das hat mit irgendeiner Aggression zu tun, und wenn messer-artig, berührt es gern die Mischung einer männlichen Haltung aus Aggression und Sex.

Schnelligkeit: Enorm schnelle Bewegung kann den Dimensionswechsel andeuten, d.h. von Diesseits zu Jenseits, von Jenseits zu Diesseits. Vgl. die Nahtoderlebnisse, wo dieses extreme Tempo im „Tunnel" angesprochen wird. Siehe auch „Beschleunigung".

Schnelllaufen: Ganz abgesehen vom sportlichen Tun kann möglicherweise auch einmal ein anderes Ziel erstrebt werden, nämlich das Lebens-Ziel (= Geburt) oder gar das Lust-Ziel (= Orgasmus).

Schnitte: Solche Symbole, als schmerzliche, können eventuell eine Abtreibungserinnerung aus früherer Inkarnation darstellen.

Schnitter: Auch bekannt als Archetyp Sensenmann, stellt den Tod dar, besonders einen schnellen, überraschenden. Varianten sind z.B. im Deutschen der Schnitzler oder ein Herr Schnitzler oder jeder, der irgendetwas „abschneidet".

Schnitzler (als deutscher Familienname): Kann bedeuten Schnitter = Tod (1). – Oder es ist eine Variante von Schreiner, Holz-Schnitzer, dann meint es vielleicht den Vater/Erzeuger (2).

Schnur: Klares Zeichen einer Bindung oder eines Beziehungsversuches. Das kann eine Partnerschaft betreffen, aber auch viele andere Konstellationen. Häufig eine Frage von Bindung oder Verlust zwischen Kind und Elternteil.

Schnürsenkel: Sogar Schnürsenkel können, wie vom Archetyp „Schuhe" gut bekannt, für den Charakter einer Person bzw. eines ganzen Menschen stehen.

Schoko-Kaffee: Hier geben sich Infantilität, Unreife, Muttersucht, Genusssucht die Hand. Es ist selten damit eine positive, normale Befriedigung gemeint.

Schokolade: Da geht es zum einen um ein latentes Aphrodisiakum, also um irgendein Erotikthema. Zum anderen liegt das Suchtthema nahe. Die Schokolade soll anregend, lustvoll, kompensatorisch wirken im Bereich Urtrauma, Mutterbrust oder Sex. Insgesamt also ein gewisses Süchtigkeitselement. Steht für tatsächliches Angeregt-Sein oder auch nur für das Streben nach Lust (genauer: nach Befriedigung). Der Genuss schüttet Glückshormone aus – es geht also um Befriedigung. Die Quelle sowohl der Sucht als auch des auffälligen Schokoladen-Bezugs liegt in der Muttererfahrung bzw. in der Brusterfahrung.

Schokoladenkekse: Das sind Liebesgaben. Schokolade ist eigentlich ein Aphrodisiakum. Also sind diese Zuwendungsgaben nicht selten erotischer, sexueller Natur. Die Zahl der Schokoladenkekse ist nicht uninteressant. Wenn es z.B. um zwei Schokoladenkekse geht, ist eher ein Problem in einer Beziehung oder in einem Liebesfeld angezeigt. Geht es aber um 3 plus 2 = 5 Schokoladenkekse, dann ist in symbolischer Weise ein Treffer gemeint, also ein Erfolg. (Dieser Erfolg kann bei einer sexuellen Beziehung in einer Befruchtung liegen.) 2+3 ist die optimale Zahl eines heterosexuellen Paares. Schokolade hebt auch bei Kindern die Stimmung, ist aber eher untunlich für sie.

Schokoladenkuchen: Ein Angebot voller Liebe und Erotik, meist von Frau aus.

Schokoladenpudding: Kakao und Schokolade haben mit erotischer, aber natürlich auch mit unerotischer, harmloser, kindlicher Liebe zu tun. Als Geschenk und Gabe sollen sie ausdrücken: Ich mag dich. Ein Mitbringsel der Freundlichkeit, aber auch der Verehrung, Liebe wird durch Schokoladenpudding dargestellt, wo das Präsent in besonders weicher, sanfter Form sich darbietet, was für ein nettes, liebes Kind als beteiligte Person passt.

Schön: Wir finden dasjenige „schön" im Traum (aber auch im Paarungsverhalten, in der Realität also), was wir lieben. Etwas nicht schön finden heißt: etwas ablehnen, gegebenenfalls durchaus heftig. Schönfinden beruht meist auf einer Ähnlichkeit, auf einem latenten (oder auch erkennbaren) Verwandtschaftselement. Genetik sowie allgemeine Harmoniegesetze spielen eine Rolle.

Schönheit: Schönheit des Körpers meint meist auch: wundervolle Seele.

Schönheitsideal: Wenn eine Person in auffallender, idealer Schönheit im Traum auftritt, wie sie real nicht ist und auch nicht sein kann, so spricht das nicht unbedingt für gesundes, starkes, diesseitiges Leben, denn zum Diesseits gehören Mängel und Unvollkommenheit. Absolute Schönheit dagegen ist beinahe ein Zeichen der jenseitigen Welt. Oft illusionär, aber nicht immer.

Schonung: Kann eine Erinnerung an eine falsche oder fatale Rücksichtnahme gegenüber einer Autoritätsperson, Überlegenheits-Person sein.

Schornsteinfeger: Steht manchmal für einen Mann, der mit seinem Glied aktiv ist.

Schoß: Das ist im Unbewussten eine Stelle, wo man Liebe zu Kindern pflegt, wo man ein zahmes Tier streichelt, wo überhaupt Zuwendung und Sich-Kümmern-Um gelebt werden oder gelebt werden sollten. Der Kernarchetyp ist der Mutterschoß, aber auch Männer haben Liebesobjekte auf ihrem Schoß.

Schräge: In der Umgangssprache bezeichnet „schräg" eine nicht gerade korrekte Sache. Um etwas Unvollkommenes oder Unpassendes dürfte es also auch im Traum gehen.

Schräg-Gang: Relikt einer Opferszene, d.h. die Person musste einem Leiden oder sonst einem starken Druck sehr nachgeben. Das ist dann schemenhaft an der äußeren Figura zu erkennen.

Schräg-gegenüber: Hier liegt eine geheime Gegenabsicht verborgen. Direkt gegenüber, ob in einer Straße oder an einem Tisch, ist eine offene Gegnerschaft, und zumindest ein ehrlicher Kontakt, der auch nicht selten positiv (!) ist. Versetzt gegenüber als Position meint im Traum eine zwar verheimlichte, aber gravierende Gegnerschaft. Es ist eine klassische, ungute Position im Verhältnis von zwei Menschen zueinander, weil hier auch eine Indirektheit, eine Unoffenheit herrscht, außerdem innere Fremdheit. Anders wäre es bei „direkt gegenüber". Insgesamt also eine Feindlichkeit, bei der die Gegnerschaft nicht offen ist. Siehe auch „Diagonal gegenüber"

Schrank: In aller Regel der mütterliche Uterus oder die Mutter (bzw. Frau) generell (z.B. mit Tellern darin: die stillende Mutter). Gegebenenfalls auch Aufbewahrungsort für Geheimnisse. Ein Kern- und Ähnlichkeitssymbol zum Schrank ist das Schrankfach. Wie weit die Symbolik gehen kann, soll an folgendem Beispiel erläutert werden: ein gefesselter, gebundener, überwältigter Schrank kann eine, real oder quasi, vergewaltigte Frau darstellen. Insgesamt ist mit Schränken nicht selten ein weiblicher Leib (Uterus) gemeint. Aber auch hin und wieder eine Information.

Schränkchen: Das Symbol, ggf. also auch in klein, gibt eine Information zur eigenen Uteruszeit. Man kann indirekt erkennen, ob es eine geliebte oder abgelehnte Schwangerschaft war. An den möglichen Schäden des Schränkchens lässt sich ablesen, ob man in der Schwangerschaftszeit gesundheitlich gefährdet war oder gar abgetrieben werden sollte. Im letzteren Falle haben die Türen des Schränkchens Spalten und Schäden.

Schrankfront: Ähnlich wie das Motiv Hausfront kann die Vorderseite einer Persönlichkeit gemeint sein. Es ist also möglich, an einer Schrankfront hinunter zu sehen und dabei sich selbst zu sehen, meistens im Sinne von seiner eigenen Geschichte (als Kind unten). Gern geht es um die Front einer anderen Person, eines Gegenübers, z.B. der Mutter (ähnlich bei dem Motiv Hausfront).

Schrankgeheimnis: Hier gibt es alte versteckte Sachen, die man im Traum hinter der Schrankwand oder unter dem Schrank oder in einem abgelegenen Fach entdecken kann. Da der Schrank nicht selten ein Frau-Mutter-Gebärmutter-Symbol ist, entdeckt man hier ggf. auch unterdrückte Schwangerschaften oder ähnliches Tabuisiertes.

Schrankinhalt: Information über das Weibliche einer Frau, besonders im schwangeren Zustand.

Schrank-Inneres: Nicht selten geheime Information über die psychischen, sozialen Umstände in der eigenen Schwangerschaftszeit.

Schrankschlüssel: So ein Schlüssel eröffnet eventuell eine vorher unbekannte, eine andere, eine vielleicht lange nur latente Lebensweise.

Schraube, S-Form: Erinnerung an die Geburtspassage, als man „sich eindrehte" für den Geburtsausgang. Überhaupt ist das die kosmisch idealste Fortbewegung: schraubenartig nach vorn; vgl. gedrehte Gewehrläufe oder die Planeten- oder Galaxienbewegung. Die Schrauben-Bewegungsart ist relativ vollkommen und supereffektiv. – Ansonsten ist Schraube anzusehen als Eisenstück, das Holz durchdringt, d.h. ungefähr: eine Art Waffe/Aggression durchdringt symbolisch Fleisch, verletzt oder tötet Lebendiges. So kann Schraube auf ein Mordwerkzeug verweisen. Schraube meint auch manchmal den Vater, den Erzeuger, also den eindringenden Mann, bzw. mehr noch sein befruchtendes Glied. Zur „Schraube" des Mannes gehört die „Mutter" als passendes Maschinenteil, in welche die Schraube sich hineindreht.

Schrauben-Herausdrehen: Schrauben drehen, herauslösen kann bedeuten, dass ein schwieriges, nagendes Problem gelöst wird. Dinglich gesehen werden aber mit den Schrauben auch materielle Sachen weggenommen, evtl. untunlich.

Schreibbrett: Auch als Schreibtafel, hochgehaltener Schreibblock, geht es um ein Attribut des „Herrn der Zeit" oder des „Rechners der Jahre", d.h. z. B. des ägyptischen ibisköpfigen Gottes Thot. In den heutigen Träumen tritt dieser Archetyp, vor dem man Rechenschaft über sein Leben ablegt, in einfachen, normalen Männern mit Schreibbrett auf. Ein solcher Mann notiert die moralische Qualität, das Gute und die Abweichungen. Siehe auch „Thot", „Bewertung" und „Ibis"

Schreiben: Eine Wahrheit aussagen, d.h. eine unbewusste, unbekannte, verdrängte Wahrheit nun endlich dokumentieren, in eher symbolischer oder indirekter Weise, also etwas chiffriert wirkend. Seine geheime Identität auf den Tisch legen, offenbaren, schriftlich ausdrücken. Daher ist etwas in Schreibform fast urkundlich und besonders wahr. Die Wahrheitsinformation, um die es geht, kann auch in den Utensilien sich darstellen, z.b. in der Art des Schreibgeräts, vielleicht Kugelschreibers, im Papier, in der Briefmarke, in der Unterschrift, in der Umschrift (etwa als Zahlen). Aufgeschriebenes geht nicht verloren (Erinnerungsaspekt) und dient der Bewusstmachung. Vgl. auch „Malen"

Schreibmaschine: Da geht es um Texte, evtl. Bücher. Diese Maschine kann also das Talent, ggf. das verborgene oder zukünftige Talent eines Träumers zeigen, sich gut schriftlich auszudrücken oder ein schriftliches Werk zu verfassen und zu hinterlassen. Das Lebenssymbol eines Autors ist (war früher) die Schreibmaschine. Eine Schreibmaschine ist eine Ausdrucksweise einer Person, so ähnlich wie eine Selbstdarstellung. Sie kann auch das Produkt der Tätigkeit einer Person sein, und dann können Schreibmaschinen sogar, als symbolische Produktion von Schriften, stellvertretend sogar für die Kinder (= Kopien) einer Frau stehen.

Schreibmaschinenblätter: Je nachdem, wie edel und harmonisch das grafische Bild auf diesen Blättern ist, ist ein schöner, harmonischer Charakter einer Person beschrieben.

172

Schreiner: Erzeuger, d.h. echter Vater, nicht zuletzt weil er mit dem Le- benssymbol „Holz" zu tun hat (für den Vater können manchmal auch andere Handwerker oder Bauern stehen). Fremder Schreiner = Ersatz, Stiefvater.

Schrift: Ist oft im Zusammenhang zu sehen mit Schriftbild, Heftseite, Manuskript. Die Struktur sagt etwas aus, also der optische Eindruck. Wenn z.b. die Seite ganz voll mit Schrift ist, kann es darauf hinwei- sen, dass dem Träumer wenig Platz und Freiheit im Leben blieb oder er selbst sehr viel besetzen möchte.

Schriftstück: Ein Schriftstück mit dokumentarischem Charakter, z.B. als Beleg, als Versicherungspapier, als offizielles Schreiben, enthält eine wichtige Botschaft über den Träumer, speziell über die Identität des Träumers. Wenn da beispielsweise Unterschrift oder Stempel feh- len, dann gibt es irgendeine unkorrekte Sache, vielleicht einen Identi- tätsdiebstahl oder Betrug in der Biografie. Insgesamt eine recht objek- tive Nachricht.

Schritte: Entwicklungspassagen oder Erkenntnisstufen.

Schrott: Seelisch oder mental hoch defizitär. Steht auch gern für Be- trug.

Schubkarre: Das Schubkarre-Fahren ist ein Gleichnis für die Schwan- gerschaftszeit, damit ist es überhaupt ein Symbol für unseren Lebens- Fahr-Weg. Man könnte daher sagen, dass das, was aus der Schubkarre fällt, dem Tod anheim gegeben ist. Es liegt bildkräftig ein Symbol für den Mutterbauch vor. Und übertragene Bedeutung: für allgemein Ge- schoben- bzw. Getragen-Werden.

Schublade: Als Fach manchmal Frühstadium einer Schwangerschaft. Gehört zur Schrank-Symbolwelt.

Schuh-Angebot: Wenn von Frau aus im Traum ein Angebot an einen Mann ergeht bzgl. Schuh, Socke oder Strumpf, handelt es sich um ein erotisches Angebot.

Schuhdreck: Anhaftung eines Beweisstücks zu einer alten Tat. Auch Karma.

Schuhe (Füße): Basis und Grundlage unseres Lebens, insofern auch als Erstausrüstungsgegenstände zu verstehen, d.h. es geht um die ökonomischen und mentalen Gaben der Eltern bzw. um die Herzgaben. Fehlende Schuhe oder nur die Hälfte eines Paares bedeuten also große Mängel in den primären Elterngaben. Schuh fungiert auch als Darstellung einer Persönlichkeit, also z.b. stellvertretend für einen Charakter (grobe Schuhe), auch manchmal für einen Verstorbenen (vgl. Zeichnungen aus der Bronzezeit: Fußumrisse) gleichermaßen wie für einen Lebenden. Allgemein psychische und andere Anfänge, auf denen wir ein Leben lang gehen oder agieren (ähnlich die Symbole „Strümpfe, Socken"); frühes Lebenswerkzeug. Im übertragenen Sinne ist ein Mensch gemeint, besonders für Männer das Vatervorbild, für Frauen das Muttervorbild. Großes Defizit im Bereich der Schuhe ist ein Lebenskraft-, Unterstützungsdefizit oder gar konkret ein fehlender Elternteil. Schuhe auch als Kraft-, Aktivitäts- und Sexwerkzeug bzw. Sexindikator, etwa so: je eleganter der Schuh, umso sex-orientierter sein Träger. Schuh ist pars pro toto für eine ganze Person, z.b. bezüglich Nachfolge: in die Schuhe von jemanden treten, oder bezüglich Abstammung von einem Vater. Zusammenfassend: Schuh hat einen hohen Identifikationswert betreffs Person, Charakter, Identität. Dazu kommt noch die erotische Bedeutung: der Schuh umhüllt einen Inhalt wie ein weibliches Genitale, hat also diesbezüglich eine spezielle Bedeutung für Männer; er stellt aber auch ein Mutterthema dar, weshalb es dann Frauen mit Schuhkauf-Manie gibt (Muttertrauma, Muttersucht). Auch die Durchsetzungskraft kann im Schuh verraten sein, mit kernigen Auftreten und in der Schuhspitze lokalisiert. In den hochhackigen Frauenschuhen zeigt sich etwas wie erotische ‚Schärfe', zeigt sich Angeregt-Sein (ein Sexthema ist in der Luft). Ein Schuhpaar kann gerne die genetischen Eltern bedeuten und daher ein Schuh einen einzelnen Elternteil meinen. Sofern Schuhe Stellvertreter für Personen sind, kann man im Beziehungsreigen im Traum auch feststellen, wer zu wem passt, d.h. anhand der Schuhe.

Schuhe, nass: Wenn Wasser in den Schuhen steht, zeigt sich eine ganz schlechte Lebenssituation, die man vermutlich in den Anfängen durchgemacht hat. Es ist also gern eine Erinnerung an die eigene Basis, an die eigenen Grundlagen, an Enttäuschungen und Probleme.

Schuhe-in-Grau: Trauriger, unlebendiger, kritischer und gefährdeter Lebensstart könnten evtl. angedeutet sein. Wobei aber „grau" ambivalent ist.

Schuhlosigkeit: Ein gravierendes Elternproblem, zum Beispiel ein fehlender Elternteil, ist hier angedeutet. Auch generell: Verlust einer Beziehungsperson oder überhaupt von wichtigen Personen. Einsamkeit.

Schuhverkäuferin: Archetyp für eine Frau, die einen Mann (gern erotisch) unterstützt oder aber auch ihre Kinder.

Schuhwechsel: Manchmal werden im Traum Schuhe übernommen oder man verkauft sie, stößt sie ab. Es wechseln also dann die den Schuhen zugehörigen Personen. Das hat meistens mit dem Generationenwechsel zu tun, also es gehen z.B. Persönlichkeitsanteile des Vaters auf den Sohn über. Das kann aber auch zu Kindern passen, deren Identität geändert wird, z.B. zu Adoptionskindern oder zu untergeschobenen Kindern.

Schulbeginn: Tendenziell = Geburt. Meist mit irgendeiner Einzelheit, einer verdrängten, einer unbewussten, zum gesamten Geburtsumfeld gezeigt. Wenn die Geburt etwas blockiert oder ziemlich behindert war, dann taucht die „Verspätung" bzgl. Schulbesuch in Träumen auf, dann wird der Schulbeginn erst mal verpasst.

Schulbesuch: Es werden Entwicklungsstufen oder Entwicklungsprobleme aus der Kindheit angezeigt, die im Erwachsenen noch wirken. Oft kommt das Motiv der Rückstufung vor, das besagt, dass eine gewisse Entwicklungsstufe innerlich nicht wirklich durchlaufen ist. Wenn man im Traum am ersten Tag der Schule krank ist, wird ein Geburtstrauma angezeigt. Das Symbol Schule meint Kindheit, Leben, Entwicklung. Die Zahlen der Klassen haben eine symbolische Bedeutung. Die

Grundschule gehört zu Entwicklungsproblemen in der frühen Kindheit. Es geht meistens nicht konkret um Schule, sondern um andere, seelische Wachstumsprozesse. Dazu gehört, dass die Lehrerin meist die Mutter darstellt.

Schuld: In der Regel ist ein psychologisch zu sehender, unbewusster Schuldkomplex gemeint. Der kann entstehen, wenn z.b. jemand einen Partner nicht sehr liebt, dieser Partner aber viel Eros vom Ersteren nimmt oder haben will, dann geht es um ein ungutes Gewissen, um einen Komplex mit viel Selbstkritik (z.b. sei man evtl. an der amourösen Kühle oder auch an einer Trennung selbst schuld). So ein Schuld-Komplex entsteht auch sehr früh, und nicht gerade selten, wenn man beispielsweise eine für die Mutter unwillkommene Schwangerschaft war (und von ihr viel haben wollte). Ein abgelehntes Kind hat meistens oder zwangsläufig ein Schuldgefühl, fühlt sich schuldig, als Belastung, wegen eines entsprechenden, unausgesprochenen Vorwurfs. Im Zusammenhang mit Karma kann ein Schuldgefühl im Traum aber auch durchaus echt sein, es fühlt sich so an, als wäre man vorübergehend von der Rolle des Opfers in die des Täters geschlüpft; ein ähnlicher Rollenwechsel wird auch zu nachtodlichen Zuständen, etwa von Rudolf Steiner, berichtet. Zusammenfassung: 1. Schuldgefühl als Minderwertigkeitskomplex, schlechtes Gewissen, ähnlich der Scham, als verkappte Selbstablehnung. 2. Schuld als Übernahme eines Komplexes von einer anderen Person, d.h. das Opfer tabuisiert Aggression (traut sich nicht), fühlt sich schuldig, obwohl in Wahrheit ein anderer Täter schuld hat, nimmt Schuld irrig auf sich, so gern Kinder gegenüber ihren Eltern. 3. Echte eigene Schuld, weder Einbildung noch Neurose. 4. Im Zusammenhang der Wiedergeburtslehre oder der Jenseitslehre könnte Schuldig-geworden-Sein eventuell aus einem früheren Leben oder aus einer Art spiritueller Reue stammen.

Schulden: Ähnlich kann auch in labilen oder falschen Konten dargestellt sein, dass eine Konstellation, eine Annahme, eine Konstruktion auf sandigem oder faulem Boden gebaut ist. Insgesamt etwa so zu übersetzen: ein Konstrukt droht zusammenzubrechen.

Schuldvorwurf: Wir schauen uns die Situation an, wo ein Kind oder ein Kunde fälschlich Schuld zugeschoben bekommt. Von einem Wirt, von einer Verkäuferin, von einer erwachsenen Person. Dann haben wir hier ein Gleichnis dafür, dass Erwachsene Kinder falsch anklagen, eine Verursachung von sich selbst aus verschieben und dem Kind ein schlechtes Gewissen zuschieben, als Belastung. Das gibt es leider zwischen Eltern und Kindern nicht selten.

Schule: Eine Früh- und eine Übungszeit generell, meint also jede Art von Vorbereitung, Vorstufe. Steht häufig für die Kindheit (Hauptthema), seltener für die Schwangerschaftszeit (die ist die „Schule vor" dem Leben, ähnlich wie das Motiv „Hof" oder „Schuppen" vor dem Haus). Der Schulbeginn, oft 8.00 Uhr, meint den Beginn des Lebens (ein Tag = ein Leben). Als Schul- und Studentenzeit gern auch die Zeit vor der / oder knapp bis zu der Pubertät, eine Vorbereitungszeit bis zu einer Reife/Reifung meinend, ähnlich wie eine Lehrzeit als Vorstufe zum Erwachsenwerden. So kann auch eine Lehr- oder Lern-Übung für einen Ernstfall (etwa als Theoriespiel einer Katastrophe) als „Schule" bezeichnet werden. Schule ist also jeder Bereich, wo man etwas einübt, nicht zuletzt, z.B. als „zweite Schule", den Erwerb der Männlichkeit oder Weiblichkeit. Alles vor der gelungenen menschlichen Reife ist ‚Schule'.

Schülerausweis: Als Variante gibt es dafür auch den Kinderausweis. Es geht um eine Identität in sehr früher Zeit, irgendwo am Beginn des Lebens. In Szenen der unsicheren oder getauschten oder fehlenden Vaterschaft fehlt dem entsprechenden Kind im Traum ein Schülerausweis.

Schülerin-Lehrerin-Beziehung: Information über das Verhältnis einer Tochter zur Mutter.

Schulfächer: Latein, Mathematik haben mit Erkenntnis und eher mit Männlichem zu tun. Sprachen sind in diesem Zusammenhang weiblich (vgl. „Muttersprache", nicht „Vatersprache"), können also etwas in Richtung Muttereinfluss, Venus oder Anima andeuten. Philosophen und Literaten sind muttergeprägt (vgl. das Mittelalter: die Philosophen sind an den Brüsten der Sophia, der Weisheitsgöttin, dargestellt). Handwerker und Juristen sind eher vatergeprägt oder vaterbezogen.

Die Fächer Griechisch und Französisch sind etwas eros-besetzt, venus-bezogen. Geschichte verrät Interesse daran, etwas Altes aufzudecken, auch sich kennenzulernen, ist ein tendenziell männliches Fach/Interesse. Biologie und Naturwissenschaften indizieren: es ist jemand um Leben besorgt, am Überleben interessiert, nicht ohne Grund. – In Träumen verraten die Schulfächer eine Orientierung hin zur Weiblichkeit oder zur Männlichkeit. Beispiel: Wenn ein Mädchen im Traum beim Schüler-Wiedersehen vornehmlich die weiblichen Personen trifft, die die Fächer Mathe, Physik, Geschichte, Biologie belegt hatten, dann verrät das annähernd, dass das träumende Mädchen (oder die Mutter) unbewusst eine starke männliche Seite hat.

Schulleiter: Da gibt es auch die Begriffe Rektor, Direktor, Schulmeister und hinter dieser Figur wird man in der Regel ein Vatererlebnis vermuten.

Schulraum, erster: Er zeigt etwas an aus unseren ersten Atemzügen, aus dem ersten Lebensjahr.

Schulrektorin: Die Bedeutung changiert zwischen Schicksal und Mutter.

Schulweg: Primär Erlebnisse in der Kindheit, nach der Geburt, d.h. von der Geburt bis zur Kindheit und dann bis zur Pubertät.

Schürhaken: Eine Not-Waffe in sehr großer Gefahr. Wenn man bei einer Bedrohung – und wahrscheinlich geht es im Traum um eine Erinnerung – keine Gegenwehr hat, dann könnte man nach alter Wohnweise notgedrungen nur noch zu einem Ersatz greifen, der im ganz nahen Lebensbereich liegt (schnell zu packen ist), zu einem Schürhaken am Ofen beispielsweise, auch Stocheisen genannt. – Manchmal arges Abtreibungswerkzeug (ähnlich „Spaten").

Schuss ins Leere: Manch ein Mensch hat lebensbedrohliche Situationen überstanden. Er hätte eigentlich in einer gewissen Situation sterben müssen oder erwartete das, doch zum Glück überlebte er. So kann man im Traum erschossen werden, wird aber nicht getroffen.

Schuss: Natürlich ist das ein Todessymbol, ein extremes Aggressionssymbol, und es kann das Ende der beschossenen oder erschossenen
Person darstellen. Es ist aber auch besonders ein Nur-Aggressionssym-
bol, so dass auch ein Verteidiger auftreten kann, um mit seinen Schüs-
sen einen Angreifer zu erlegen. Dann haben wir also eine starke Macht
in dem „Schuss", die kann tödlich sein oder aber umgekehrt vor dem
Tod erretten.

Schüssel, Schale: Mütterliche Lebens- und Liebesgabe.

Schusswaffen: Sie haben wie auch Motive im Umfeld der Schützenver-
eine oder Soldaten oder ähnlich meist mit einem Männlichkeitsthema
zu tun.

Schwager: Steht manchmal für eine der Familie sekundär ‚zugefügte'
Person, in dieser Weise für eine Pseudo-, Geheim-, Zusatz-Persönlich-
keit, wie z.B. der geheime Geliebte der Ehefrau oder ein Stiefvater es
ist, oder eher noch der unterschlagene Erzeuger.

Schwan: Steht für Weisheit, fast überirdischer Art, und für Todesnähe
(vgl. die nordische Mythologie und Literatur), ähnlich Ente, Gans, Kranich. Selten phallisch gemeint wie bei Zeus (Leda mit dem Schwan).
Variante: Zusatzbedeutung als Frühling, Leben, dann aber doch eher
gern als Kranich. Vgl. „Ente" und „Gans"

Schwangerschaft ablehnen: Hier kann man immer daran denken, dass
es eventuell eine alte Familiengeschichte gibt, die als Komplex weiter
wandert. Das hatte dann vielleicht so ausgesehen, dass ein zu junges
Mädchen in einer sehr ungünstigen Situation schwanger geworden ist.
Bzw. dass ein Tabu sich überliefert hat. Alles natürlich völlig unbewusst.

Schwangerschaft: Die Mütter bekommen die Botschaft, dass sie schwanger sind, unmittelbar nach der Zeugung im Unbewussten gezeigt. Die
Väter erhalten im Traum eine ähnliche Information. Allerdings erfahren die Mütter in den Träumen auch manchmal Monate, Jahre vorher,
dass sie ein Kind bekommen werden – was sie aber sehr oft vergessen,

wie sowieso alle Träume. Solche Vorankündigungsträume werden weniger vergessen als vielmehr gern missverstanden. Eine Ahnfrau oder Oma tritt in entsprechenden Frauenträumen als Botschafterin auf. Der Hintergrund ist natürlich auch, dass das Schwanger-Sein mit den weiblichen Vorfahren zu tun hat.

Schwarz vor Augen: Erinnerung an tod-nahe (katastrophale) Situation, oft bzgl. Geburt.

Schwarz: Primär Sexualität, Diesseitigkeit, Körper, Wiedergeburt. Allgemeine Attraktivität, gern im Rahmen eines feierlichen Rituals, das im Traum meist versteckt bios- und eros-bezogen ist, etwa als eleganter schwarzer Anzug. Power, Stärke, Männlichkeit, Aggression – daher natürlich auch Angst erregend. Andererseits meint Schwarzes bekanntermaßen Unheil, gern als Vorzeichen, das ist das Gegenteil von Licht, Helligkeit (die lebenspositiver sind), bis hin zum Todesthema. Todwarnung, Todfakt sind z.B. als Hund, Vogel, Wolken, Mauer in Schwarz, besonders auch als schwarzer Strich, schwarzes Tuch, möglich.

Schwarz-auf-Weiß: In der Regel eine wichtige und ziemlich wahre Nachricht anzeigend.

Schwarzbär: Gern steht der Bär für eine weibliche Person, ob es nun um eine aggressive Mutter oder gar um die Himmels-Königin geht. Der Schwarzbär ist etwas runder oder kugeliger als der Braunbär, deshalb hat er gerne eine Assoziation zur schwangeren Mutter, bzw. ist als aggressive Frau nicht entscheidend gefährlich. Der Braunbär ist dominanter, ist schon eher ein Beherrscher (meist also weiblich).

Schwarze Kleidung: Meist geht es nicht um Trauer, sondern um betont Irdisches, und zwar im Sinne von Geburt, Wiedergeburt, Sex, Aktivität. So ziehen Frauen das (knappe) „Kleine Schwarze" für die Party an und mag der Zuhälter schwarze Kleidung bevorzugen. Stumpfes Schwarz passt hier nicht, jedoch z.B. die samt-weiche, eng-anliegende, vielleicht glänzende schwarze Hose.

Schwarze(r): Als Dunkelhäutiger, Farbiger, siehe „niger/nigra" (lat.)

Schwärze: Meint gerne das Nicht-sehen-Können, also eine Art Blindheit. Das wiederum ist eine große Orientierungslosigkeit und Lebensgefahr. Da geht es gerne um eine Erinnerung an eine extrem tod-nahe Situation tief im Unbewussten, z.b. in der Schwangerschaftszeit oder in der Geburt. Die Schwärze vor den Augen ist ein spezieller Aspekt des vielfach vorkommenden Motivs der Blindheit. Es meint Ohnmacht, Bewusstlosigkeit, Todesnähe.

Schwarzer Mann, Schwarze Frau: Feierlichkeit, Stärke, zumal bei schwarzer Kleidung. – Eventuell jedoch Tod-Nähe, -Gefahr, -Erinnerung bzw. Trauer, Depression.

Schwarzer Strich: Manchmal noch „quer" über etwas darüber gehend, darüber ziehend: Thematik von Verlust und Tod.

Schwarzhund: Der große schwarze zottelige Hund bedeutet Stärke, irgendeine große Potenz. D. h. er kann für Alarm und Aggressivität stehen, und zwar vorwiegend – aber auch umgekehrt für eine angenehme, starke, positive Potentialität. In der Regel ist, wie im Aberglauben, der große schwarze Hund im Traum jedoch ein gewisses Unheils-Symbol. Wenn er sich dann noch geifernd, aggressiv beißend benimmt und eine besonders auffallende Größe hat und außerdem sehr nahe an einer Person, beispielsweise am Träumer, dran ist, dann liegt eine aggressive, gefährliche Attacke gegen den Träumer in der Luft, möglicherweise demnächst, oder aber auch als Erinnerung an früher.

Schwarz-Rot: Kraft, Aggression, Potenz. Auch eine Alarm- und Signalfarbe (Gefahr).

Schwarzwasser: Schwarze Flüssigkeit, oft als wörtlich „schwarzes Wasser" im Traum auftauchend, ist grundsätzlich ungut und verweist auf ein Todesereignis in der Biografie. Es kann sich um eine reelle Todeserinnerung, um eine Todeserfahrung oder um eine große Todesangst handeln.

Schwarz-Weiß: Wie in der Redewendung „etwas schwarz auf weiß haben" ist eine nachhaltig wichtige Botschaft gemeint, eine betonte

Wahrheit, z.B. per schwarzer Druckschrift auf weißem Blatt oder per Zeitung. Auch manchmal unweich, kühl, zu sachlich, unbunt, unlebendig, emotionsarm. Gelegentlich zu einseitig, im Sinne des „Schwarz-Weiß-Malens." Steht als Archetyp „Schwarz und Weiß" auch manchmal für große Gegensätzlichkeit, für Unvereinbares. – Schwarz und Weiß je zur Hälfte: nehmen wir als Traumbeispiel, dass ein Geschirr im Traum halb schwarz und halb weiß ist. Das ist ein klassischer Ausdruck für die Ambivalenz einer Sache, man könnte auch sagen für einen Gegensatz oder für eine Art Spaltung, für eine größere polare Spannung. Geschirr hat viel mit dem Thema Weiblichkeit, Mutter zu tun, so dass man in diesem Falle evtl. von einer gespaltenen, ambivalenten Muttererfahrung sprechen könnte. – Ansonsten ist Schwarz-Weiß eine besonders wahre, wichtige Botschaft.

Schwarz-Weiß-Unterschied: Obwohl der Kosmos polar ist und ambivalent und alle Gegensätze in sich vereint und Gut und Böse nicht unterscheidet, hat doch der individuelle Mensch als Ich-Lebewesen die Aufgabe, zu beurteilen und zu unterscheiden. Das gehört zum Subjekt-Sein. Und zwar im großen Kontrast zu der Tatsache, dass die Schöpfung eben jenseits von „Gut und Böse" ist. Der Mensch kann alles bewerten und positiv und negativ fühlen, aber er sollte nicht vergessen, dass die Natur, die Schöpfung unschuldig ist.

Schweben: Kurzer jenseitiger, tödlicher oder tod-naher Zustand, oft als Erinnerung. Ansonsten Zeichen von mystischer Erfahrung, Erleuchtung. Schweben ist eine dem Tod ähnliche Situation, ist z.B. typisch für Nahtoderlebnisse. Wenn man im Traum über den Boden schwebt, kann es anzeigen, dass an eine verdrängte, vergessene Todesgefahr sich nachträglich erinnert wird. Es hat aber auch einen Freiheitsaspekt und den Aspekt der außersinnlichen Erkenntnis. Ohne einen Verbindungsabriss (zur Erde) bedeutet das Schweben nur eine besondere Höhe einer spirituellen Erkenntnis, eine Erleuchtung. Geht es aber um „in die Höhe schweben", um „wegschweben", um „aufsteigen" ohne Rückbindung, dann wird man eher annehmen müssen, dass die andere schwebende Person den Träumer verlässt oder aber auch, dass der Träumer selber geht, vielleicht für immer (Archetyp „Himmelfahrt"). Es kann sich evtl. um einen Vorgriff auf ein mögliches, endgültiges Abschiednehmen handeln.

Schwebende Person: Zeigt sich eine solche im Traum, ob nah oder fern, kann man auch einmal vermuten, dass eine verstorbene Person indirekt auftritt.

Schwefel: Ob Schwefelbrühe oder Schwefelstücke, hier berührt man oder erinnert man eine vielleicht tödliche, jedenfalls sehr gefährliche Situation.

Schweigen: Stellt eine tiefere Wahrheit, als wie sie mit Worten darstellbar ist, dar. Archetyp für höchste, göttliche Weisheit. Gern auch als wortlose Übereinstimmung, Harmonie von zwei Meinungen.

Schwein: Steht meist für ein weibliches Wesen (vgl. Matriarchat; Sauen führen die Rotten). So gehört auch in der Mythologie die Sau zur Göttin, Großen Mutter etc. Wenn Odin auf dem Eber Gullinborsti reitet, verrät er, dass er muttergeprägt ist bzw. eine starke weibliche Seite hat, d.h. ein schamanistischer Gott ist, mit Dichtungs-, Weissage- und Runenkunst (welche symbolisch weiblich sind oder von der Mutter stammen). Außerdem ist ein Schwein oralinteressiert oder -fixiert; Schweine sind sozusagen Schnauzenwesen, die permanent mit Schnauze/Rüssel Nahrung suchen, aktiv sind, deshalb stehen sie für Sucht (diese hat ja meist eine orale Quelle). Ist außerdem das Ego noch sehr ausgeprägt, dann gibt es im Traum den „Schweinehund", ein Mischwesen aus Hund (ebenso schnauzenorientiert) und Schwein; so kommt es zu der charakterlichen Abwertung gegenüber dem Menschen: „Du Schwein". Im Traum können Schweine stellvertretend für sex- und egogierige Menschen stehen. Andererseits sind sie sehr sozial, klug und im Prinzip sauber, symbolisch wie faktisch besser als ihr Ruf. Als ein meist negativ gedachter Charakter (sicherlich nicht wenig wegen des Suhlens im Matsch) hat das Schwein auch seine gegenteilige Komplementärbedeutung: das Glücksschwein (das passt vielleicht auch etwas zum Schweinisch-Sein im Sinne von Sich-wohl-Fühlen). Das Sparschwein ist eine Variante zum Thema Glück/Lust, aber umgekehrt drückt es auch eine Art Ego des Haben-Wollens aus. Insgesamt ein Symbol für das Weibliche, für die Große Mutter; kann förderlich wie auch stark dominierend sein.

Schweinefleisch: Hat gern etwas zu tun mit Sexpotential, Sexhormon, Sexdrang, Trieb.

Schwer: Tendenziell = unten bleiben, etwa als denn doch nicht sterben wollen oder seinen Platz verteidigen. – Häufigste Bedeutung ist natürlich die einer beschwerlichen oder wichtigen Last. Eine Sache oder eine Person kann eben „schwerwiegend" sein.

Schwert: Es steht für Männlichkeit, männliches Glied und für Aggression. Hormonell sind beim Mann Aggression und sexuelle Potenz miteinander verbunden. Das Schwert mit seiner gewissen Phallus-Form und seiner aggressiven Gefährlichkeit, hat eine gewisse, obskure Mischung aus Männlichkeit und Töten. Ist das Schwert im Besitz einer Frau im Traum, dann dürfte womöglich das greifen, was Sigmund Freud als Penis-Neid zu bezeichnen glaubte. – Wie im Tarotspiel steht „Schwert" aber auch für Geist (das ist Unterscheiden), für große Unterscheidungs- und Entscheidungskraft!

Schwester: Dahinter verbirgt sich im Traum oft die Mutter, besonders, wenn es die ältere Schwester ist (Stellvertreterin). Es zeigen sich in ihr auch überraschende, ganz unbekannte Mutterseiten, die man manifest nicht sehen, erleben konnte. Natürlich auch als die reale Schwester oder aber auch für eine andere Schwester, ebenso für eine Geliebte auftretend. Schließlich die Anima eines Mannes verkörpernd oder den C.G.Jungschen Schatten einer Frau. Schwesterschatten oder ähnliche Nebenpersönlichkeit (Nachbarin) im Traum einer Frau repräsentiert eine Seite, die versteckt ist. Sie kann auch einen Komplex, eine Charakterseite oder ein Trauma repräsentieren, das in der weiblichen Vorfahrenschaft der Träumerin verankert ist. Ein unbekannter, verdrängter Mutter- oder Oma-Geist einer Frau tritt im Traum vielleicht als „Schwester" auf.

Schwester-Aktion: Das Traumsymbol „Schwester" in Frauenträumen kann in Einzelfällen eine gewisse Homoerotik anklingen lassen. In Männerträumen kann es für die Geliebte stehen.

Schwestern-Trinität: Stark wirkende, bestimmende, göttliche eingreifende und zuteilende Schicksalsmacht. Alter Archetyp: die drei Nornen, Moiren, Parzen, Matronen und die „Drei Schwestern".

Schwiegervater: Gewisse Verwandtschaftsbezeichnungen sind austauschbar. Die Verwechslung von Kennzeichen einer Sache oder einer Person ist sowieso im Traum recht üblich. Oft kann mit dem Schwiegervater eigentlich ein Schwager gemeint sein. Er kann auch gern ein verfremdetes Symbol für den eigenen Vater sein oder aber genauer für eine befremdliche Seite des eigenen Vaters. So etwas kann analog auch gelten für andere verschwägerte Verwandte, Angehörige, Onkel oder ähnliche.

Schwimmbad: Symbolische Szenerie für sexuelle Aktivitäten (1). Daneben unbewusste Erinnerung an die Schwangerschaftszeit (2).

Schwimmen: 1. Körperliche und psychische Erfahrungen im Uterus (wo man schwimmt und leicht ist). 2. Aktuelle emotionale Situation. 3. Sexualität. 4. Eine Art Weg zum Jenseits, umgekehrt auch zur Inkarnation, kann also mit Tod bzw. geistiger Welt zu tun haben, z.B. als Tauchen in eine andere Welt oder als Schwimmen von Insel zu Insel (= analog dem Wechsel von einem Universum in das andere). Überwiegend ist die Bedeutung: momentaner Gefühlszustand sowie der direkte (wenn auch meist sehr unbewusste) Zusammenhang von Uteruserlebnis und Sexerlebnis. Zusammengefasst: Tiefes Gefühlserlebnis (a). Erinnerung an die Uteruszeit (b). Erotisches Tun (c).

Schwimmringe: Relikt einer Schwangerschaft. Passt z.B. für eine Frau, die Fehlgeburten oder Abtreibungen hinter sich hat. Es kann sein, dass sie als unbewusste Inhalte auch ein Hilfeersuchen bei dem symbolischen Schwimmen darstellen bzw. eine Überlebensrettung in diesem Zusammenhange darstellen. Assoziation zu Schwangerschaftstreifen.

Schwindel: Ist ein versteckter Angstausbruch, der auf ein vergessenes schweres Trauma zurückgeht.

Schwirrflug: Siehe „Flügelrotation"

Schwitzen: Man fühlt sich nicht wohl in seiner Haut = großer psychischer Stress. Verschwitztheit auch als Ablehnungsthema oder als Krankheitsomen.

Schwulität: Ein im Jargon geläufiger Ausdruck (eher abfällig) für Homosexualität. Da Träume gern übertreiben, kann bei diesem Stichwort auch gemeint sein, dass Personen nur ein wenig homophil sind. Es ist also die psychische, nicht körperliche Seite gemeint. Es kann auch eine solche Person im Traum als ‚schwul' bezeichnet werden, die für eine heterosexuelle Partnerschaft nur oberflächlich oder auffallend wenig geeignet ist, dann als flapsige Bemerkung, Beleidigung.

Sechs als Klasse: Schulklassen oder Schulstufen haben ja Nummern. Und so gibt es in der Realität wie im Traum die „Klasse 6". Damit ist in der Regel im Traum codiert das Sexualitätsthema gemeint. Klasse 7 wäre: gelungenes Ende einer Entwicklung, Etappe (7 als Erfolgszahl).

Sechs Gegenstände: Diese Zahl, zu irgendwelchen Gegenständen oder Maßeinheiten, verrät gerne, dass es eigentlich um Sexualität geht.

Sechs: 6.00 Uhr, 18.00 Uhr, im Traum ausgesprochen als „sechs" Uhr, oder die Sechs auf andere Maßeinheiten bezogen, etwa im Beispiel „Sechslinge", meint meistens Sex oder Sexnähe; auch die Varianten von 6, besonders 60 sowie 600 meinen in der Regel Sexualität. – Ansonsten aber auch: Zahl des harmonischen Gleichgewichts.

Sechshundertsechsundsechzig, Sechssechssechs: Die biblische, apokalyptische 666 könnte die extreme Orientierung einer Welt an Diesseitigkeit, Ego, Sex/Fleisch, Gier und Verführung sein. Dieses große Gegenteil von Spiritualität und Religiosität, in dreifacher Form, als 3x6, meint zudem auch: sehr faktisch, nachhaltig. – Man könnte es als Omen eventuell so deuten, dass aktuell oder zukünftig das Hauptthema im Internet und in vielen Medien Pornographie ist; wie ähnlich in der Untergangszeit (sic) des Imperium Romanum oder vor Katastrophen im Alten Testament.

Sechsundneunzig: Sehr weibliche grafische Form (Sex, Empfängnis, liebende Bereitschaft); auch die Zahlenbedeutungen von 6 und 9 zielen aufs Schwanger-Werden einer Frau; in besonderer Betonung auch als 960 vorkommend. (69 ist ein anderer Aspekt.)

Sechsundzwanzig: Kann Sex (6) bedeuten, um ein zweites Kind zu erzeugen. Manchmal ist nämlich eine zweistellige Zahl so zu lesen = als 6+2 oder 2+6.

See und Berg: Eingefasste, also nicht zu große Seen von einer Bergwelt umgeben, können eine Erinnerung sein an die Schwangerschaftszeit (an das ‚Wasserbassin‘) und zusätzlich an den Vater/Erzeuger (‚Berg‘). Ein See in Gebirgsumgebung ist gern ein mystischer Ort. Hier kann man eine verlorene Vergangenheitsgeschichte wiederfinden oder aber umgekehrt eine Spur für eine zukünftige Wiedergeburt finden.

See: See kann für Geist, für die mentale Aufgabe stehen. See meist in dem Sinne, dass das Wasser im ruhigen See die Geistestiefe und -ruhe, die Erkenntnis sowie die mentale und kosmische Aufgabe, etwa für ein Paar oder für ein Leben, darstellt. Besonders in einem klaren See kann man den Archetyp „Wasser" mit Geistigem gleichsetzen. Abhängig von bestimmten (trübenden) Umständen, Zutaten kann das Wasser in einem See oder Teich auch einmal negativ sein oder, auch nicht selten, ein Geheimnis, ein Unbewusstes beinhalten (wie im Grimmschen Märchen „Die Nixe im Teich").

Seelenanteil: Wenn ein „Seelenanteil verlöscht" im Traum, kann damit der Tod eines Menschen gemeint sein. Oder so gesagt: ein hochenergetischer Komplex, ein unerledigter Inhalt scheint mit dem Sterben eines Menschen unterzugehen, z.B. wegen Wahnsinn oder Selbstmord, existiert aber in der Weise weiter, dass er sich, im Sinne der Systemischen Familienpsychologie, auf eine andere Seele als Anteil wirft. Praktisch bedeutet das, dass ein Nächstgeborener diesen Komplex „austrägt".

Bevorzugt übernimmt der „Fühlende" (das ist ein Mitfühlender, ein Liebender, oft ein Kind) Komplexe des Clans und lebt sie aus. Dies wird als Albtraum erlebt, kann aber auch gegebenenfalls eine Wachstumschance sein. – Verdrängte Komplexe der Vorfahren (besonders der Großeltern) äußern sich als „Stimmen" von innen, z.B. bei dem sogenannten Schizophrenen. – In der Kabbala ist es so gedacht, dass von bedeutenden Menschen nur „Anteile" sich in mehreren Personen inkarnieren könnten.

Seelöwe: Nicht selten mit Foetus-Bezug. Robben-, Fisch- und Wassertiere haben oft eine Assoziation zur Uteruszeit (wo wir nämlich „im Wasser" sind). Wie Wale oder Meeresschildkröten zeigt sich in diesem Symbol eines sehr großen Tieres im Wasser sozusagen eine Koloss uteraler Erinnerung. Das meint, die träumende Person hat ein sehr gewichtiges uterales Erlebnis gehabt, was selber groß war oder was mit Größe kompensiert werden soll. Es liegt eine Fixation, Bindung an ein bedeutendes vorgeburtliches Erlebnis vor, nicht selten als großes Hindernis, als eine Stauung (Geburtsstau), hier vielleicht wegen des Löwen mit zusätzlich einem Aggressions- oder Männlichkeitsphänomen verknüpft.

Seeoberfläche: Wenn die Oberfläche still und ruhig ist, geht es um die Einheit, um die Ur-Eins, aus der wir kommen; oder um den inneren Frieden. Unser Weltleben spielt sich im Gegensatz dazu in der Polarität, Unruhe ab, im Auf-und-Ab. Neben Ruhe, Entspannung kann aber jede andere Emotion mit einer Wasseroberfläche gemeint sein. Also große Erregung und Hektik, z.B. bei starkem Wellengang; Stress bei einer Wasseroberfläche, die zu kochen scheint.

Seepferdchen: Symbol für eine gelungene Einzeugung, etwa wenn im Traum, als Symbol, ein Seepferdchen in den Mundraum gelangt.

Segeln: Nicht selten Synonym für sexuelle Tätigkeit.

Segelschule: Initiation eines Vaters gegenüber einem Sohn und einer Mutter gegenüber einer Tochter.

Segnen: Man denkt vielleicht, nur Priester oder uralte Leute könnten jemand anderen segnen. Das trifft aber nicht zu. Jeder kann jeden segnen. Man bezeugt jemandem Dank und man wünscht jemandem Glück, das kann man durch Segnen ausdrücken. Man hat im Wünschen gegenüber einer anderen Person mehr mentale Kräfte, als man selbst glaubt. Insofern kommt man sich im Traum ein bisschen seltsam vor, wenn man „segnet", man muss auch schmunzeln, aber die Sache ist echt und hat auch Wirkung.

Sehen von oben: Gern auch als Nach-unten-Sehen oder Nach-draußen-Sehen: eine fürs Bewusstsein unbekannte, also unbewusste, übersinnliche oder auch pränatale Information erleben, erblicken. Grundsätzlich ein transzendenter Aspekt.

Sehen: Wie „ansehen" und „sehen wollen" zu deuten, und d.h.: lieben, Interesse an jemandem haben. Auch als endlich geglückte Geburt zu verstehen: das Licht der Welt erblicken, daher in der Bedeutung „leben". Wegsehen heißt ablehnen. Das Symbol bedeutet Liebe, Ereignis oder Kontakt. Umgekehrt ist es also im Traum interessant, wenn man nicht sehen kann oder nicht gesehen wird, dass dann die Art von Liebe zwischen den beiden Personen eher eine Illusion ist. Dann haben wir also eine Aufklärung im Traum. Oder die Einschränkung kann bedeuten, dass das Sehen und Zusammentreffen erst in der Zukunft stattfindet. Auch kann irgendetwas zu einem „Wiedersehen" gemeint sein.

Seife: Wenn es um ein edleres Stück Seife geht, kann manchmal ein Geschenk unter Frauen angedeutet sein. Das hat natürlich eine übertragene Bedeutung, es geht überhaupt um eine Beziehung zwischen Frauen und natürlich nicht selten zwischen Mutter und Tochter.

Seifenschaum: Wahrscheinlich Sexualflüssigkeiten, ggf. also mit Vermischung oder umgekehrt Abwehr und ähnlich. – Vielleicht auch Schaumschlägerei.

Seil, Tau: Manchmal Symbol für die Verbindung mit der lebenserhaltenden höheren Macht, aber auch Bindung an einen Menschen.

Seilbahn: Streben nach Schweben in einer höheren Welt oder nach Angstfreiheit. Wegen des oft damit verbundenen Motivs Berg mag es manchmal ein Männlichkeitssymbol sein. Als High-Sein ein Orgasmus-Symbol. Als Höhe,Himmelsnähe ein Gottnähe-Symbol.

Seite (page): Informationsmerkmal, oder auch spezielle, geheime Identität, besonders wenn eine Art website oder homepage als „Seite" gemeint ist. Einzelner Aspekt einer Person, der auch mal gern übersehen wird.

Sekretärin einer Frau: Es kann die Möglichkeit einer gewissen homophilen Tendenz der ‚Chefin' vorliegen.

Sekretärin: Zuarbeitende Frauenberufe erzeugen symbolisch gewisse Assoziationen; insofern meint Sekretärin auch gern die Geliebte, besser noch die Frau, die sich sexuell einer Art Chef zur Verfügung stellt, oder einfacher, die den Mann liebt. Ähnliches finden wir auch manchmal bei den Symbolen Krankenschwester oder Dienstmädchen oder Kellnerin. Diese Interpretation ist natürlich unbewusstes Männerempfinden. – Ansonsten typisches Symbol für eine Frau, die eine Art von Dienst ausführt. Das kann sein ein Dienst am Kind, ein Dienst am Mann, eine allgemeine Bereitwilligkeit und Beflissenheit und auch Fürsorge gegenüber einem anderen Menschen. Steht auch für die Frau, die Ordnung hält, für die Managerin.

Sekt: Auch als Sektglas, hat meistens mit Sexualität, Lust, vornehmlich von Frau-Seite aus gesehen, zu tun. Typischer Sexersatz, ein Anstatt also. Für Frauen gern ein Ersatzsymbol für Liebe, Zuwendung, männlichen Sex, auch für Stressbewältigung, auch für Süchtigkeit (als Sektflasche), nicht zuletzt für larvierte Muttersucht.

Selbstbefriedigung: Eine Person mit Selbstbefriedigung im Traum hat bezüglich der Heterosexualität mit einem Partner in der Realität vermutlich große Probleme. Kann auch eventuell ein verschleiertes Indiz zu einem früheren sexuellen Missbrauch sein. Vielleicht auch Introversion, Kontaktschwierigkeit.

Selbstbestimmung: Ein auffälliger Kampf um Selbstbestimmung, Autarkie, verrät meist, dass die träumende Person außerordentlich unterdrückt und benutzt worden ist in der Kindheit – und trotzdem gern und als Ausgleich ein sehr großes Ego leben möchte.

Selbstdarstellung: Verrät die erste, tief unbewusste Erfahrung: entweder willkommene Frucht (Existenz) zu sein – oder abgelehnt worden zu sein in der Schwangerschaftszeit. Also sehr urtümliche Selbsteinschätzung.

Selbstmord: Meist identisch damit, dass die schwangere Mutter den später suizidalen Menschen in den ersten 9 Monaten erheblich ablehnte (= geheimer Grund für viele Selbsttötungen). Oft auch eine Übertragung von Unbewusstem zu Unbewusstem: eigentlich wollte die Mutter oder Großmutter sich damals umbringen, hat es aber nicht getan, also ein latenter Suizid, Suizidgedanke ist „weitergegeben" worden als Komplex (gegebenenfalls auch von Vaterseite). Selbstmord tritt auch als Nachfolgen, Nachahmen eines Vorbilds auf. Wenn der Vater mit 42 Jahren Selbstmord beging, ist der Sohn im 42. Lebensjahr tatsächlich gefährdet. Wenn das Kind einen Elternteil früh verlor, wird das als „Verlassenwerden" registriert, empfunden und kann ein unbewusstes „Ich folge dir nach" auslösen.

Selbstverletzung: In der harmloseren Form, sich die Augenbrauen auszupfen oder die Finger oder Nägel kauen = man fühlt sich sehr unwohl und steht in latenter Aggressivität, muss aber echtes Gefühl unterdrücken. Große und andauernde Spannung im Unbewussten. Heimlich gierig nach etwas sein oder heimlich wütend sein.

Sellerie: Gilt manchmal als Aphrodisiakum, taucht im Traum aber dann eher als Stangensellerie auf. Hat der Art eine Bedeutung, die mit Männlichkeit zu tun hat, also könnten Initiation oder ein Vaterthema angedeutet sein. Wie man es auch erklären mag, ob mit Potenz oder mit Aberglauben, so hat dieses Gemüse doch manchmal mit dem Thema Sexualität zu tun.

Seminar (Kursbeginn, Auftritt, Teilnahme): Lebensbeginn (Geburtsthema). Seltener eine andere Lebensetappe bezeichnend, als wäre das Leben generell eine Bildungsveranstaltung. Es kann auch die Schwangerschaftszeit, Zeit der Fruchtbarkeit gemeint sein. Ein Seminar hat in aller Regel mit dem lateinischen Wort für Samen, nämlich semen, zu tun. Also wird hier irgendein Aspekt der Zeugung, Entstehung, Schwangerschaftszeit angesprochen. Und zwar ein solcher, der sich später unbewusst bei Auftritten wiederholt.

Seminar über Beziehung: Meist eine Information über die Beziehung der genetischen Eltern.

Seminarleiter: Vaterfigur. Manchmal hat Seminar mit Samen zu tun, und dann geht es um den Erzeuger.

Seminarleiterin: Meist die Mutter.

Seminar-Unterlagen: Ein Prozess, eine Aktivität, eine Genese, ein Leben, gekennzeichnet durch Vorbereitungen, frühere Vorfälle. Wenn die Unterlagen fehlen, fehlen weit zurückliegend Unterstützung oder wahre Informationen! So dass im Effekt der Träumer etwas, nämlich das Auftreten, nicht kann oder nicht will. Mangel an der Basis ergibt Unfähigkeit in der Aktualität. Diese Art von geheimem Widerstand oder von geheimer Unfähigkeit, wegen Fehlens, kann sehr viele Aspekte des Lebens betreffen.

Seminar-Vorstufe: Ein interessantes Symbol zu „vor", dass wörtlich so lautet: „vor einem Seminar". Diese Vorstufe oder Vorzeit vor einem Seminar meint eine Erlebnisstufe von uns vor unserer Zeugung. Seminar hat nämlich mit lat. semen = Samen zu tun. Diese transzentende pränatale Zeit vor unserer Zeugung halten viele Leute für unmöglich oder für nicht erinnerbar. Die Träume zeigen aber das Gegenteil. Es gibt unser Sein, inmitten von Wesen, und in einer großartigen, positiven, wunderschönen, goldenen Umgebung, die etwa unseren Himmelsaufenthalt vor der Befruchtung oder Zeugung darstellt. Da kommunizieren wir mit gleichartigen und gleichgesinnten Wesen. In dieser Situation ist jede später auf der Erde evtl. negative Existenz ein großer Gewinn, eine Freude, ein herrliches Optimum. Das verrät, dass jede Existenz auf Erden aus dem Sinn her kommt. Dort erfährt man auch Urteile und Kommentare über den Kern der Persönlichkeit und über die späteren Lebensaufgaben. Diese himmlische Bestimmung ist quasi nur in Träumen zu erleben, zu erfahren.

Sendung: Unser Leben, Lebenssinn ist nach den Träumen primär als Sendung (engl. mission) zu verstehen, wir sind mehr beauftragt als selbstbestimmt.

Seniorchef: Das assoziiert zu den Symbolen: Großvater oder Opa, die Bedeutung gilt ebenso für die Seniorchefin. Das ist der Einfluss einer Ahnin, in der Regel einer gewissen Großmutter oder eben eines Großvaters. Aber es kann auch der Geist, die Einstellung von einer Übermutter oder von einem Übervater sein, real gerne in den Großeltern ein wenig greifbar. Ein psychischer Komplex, der in einer aktuell handelnden jetzigen Person nachwirkt, und zwar stark nachwirkt, ob nun positiv oder negativ, gehört oft zu den Großeltern.

Senkrecht: Kann Männliches anzeigen, „waagerecht" dagegen eher Weibliches.

Sensenmann: Erinnerung an eine sehr todgefährliche Situation.

Serpentine: Viel an S-Förmigem verweist auf die Erschwerung eines Weges, eines Prozesses. Es gibt also anständige Hindernisse, bevor man ein Ziel erreicht. Typisch für einen schwierigen Geburtsverlauf. Zumal wenn die Richtung der Bewegung nach unten geht, kann unsere Weltankunft als die erste schwierige Fahrt gemeint sein. Das Ziel kann aber auch sonst einen Lebensaspekt meinen oder auch eine Person.

Sessel: Sitzpolstermöbel, wie sie etwa Sessel und Sofa darstellen, haben gern etwas zu tun mit einer Muttererfahrung. Oder generalisiert mit Partnerschaften, Beziehungen. Zeigt als Grundsatz, dass die Anwesenheit eines Menschen vom Schicksal oder von der Umgebung einladend, gern gesehen wird, ist also ein urtümliches Willkommenheitssymbol (wenn denn Platz im Sessel ist).

Sex Tabu: Es ist verdächtig, wenn jemand einen anderen vom Sex abhalten will. Da dürfte eine alte Geschichte dahinterstecken oder ein Geheimnis – deshalb kann man von einem Tabu sprechen –, wo nachträglich gegen eine Zeugung gekämpft wird. Irgendjemand möchte Sex und Zeugung rückgängig machen, wobei dieser jemand oft eine stellvertretende Person ist. Es betreibt zum Beispiel die ältere Schwester ein Sex Tabu, da steckt sie als Nachfolgerin in einem Komplex. Ihre Mutter wollte ehemals eine Schwangerschaft rückgängig machen. Oder oft liegt der alte Inhalt in einer Großmutter (!).

Sex: Sex ist das Medium, irgendeine Weltlust zu bekommen, d.h. Sex fungiert auch gern für etwas anderes, ist im Traum weniger Selbstzweck. Sex soll oft Ablehnungen und Traumata kompensieren. Er soll krampfhaft Zuwendung erbringen, indem man sich mit Sex beinahe prostituiert. Oder Sex (Körperliches) ist passender Ausdruck mentaler Liebe. Homosexualität soll das Vatertrauma des Mannes, das Muttertrauma der Tochter ausgleichen sowie allgemein manchmal eine kalte, gestörte Mutter und eine negative Schwangerschaft ausgleichen. Für Ego, Befriedigung, Dominanz – dafür dient Sex nicht selten. Natürlich kann der Sex andererseits auch Zeichen hoher Liebe, Harmonie sein, als körperlich gewordene Manifestation. Dennoch ist er betont diesseitig, hat mit dem Himmel, der Transzendenz wenig zu tun. Wer immer nach Erleuchtung strebte, reduzierte Sex, er bindet nämlich zu sehr an die Welt. Viele Egomanen setzen Sex versteckt ein – dem Göttlichen ist er fern. Nach Gott streben heißt Armut, Askese, Arbeit vorziehen. Bei der Traumdeutung ist also zum Auftauchen von Sex die Frage zu stellen: Wofür dient er diesmal, was stellt er stellvertretend dar? Sehr oft passt einfach die Gleichung: Sex = banale Aggression, banales Ego, nachvollziehbare Sucht nach Liebe (Kompensation). Sexuelle Erregung, in verschleierter Form, gehört auch zur Geburt, zum Beginn des Weltlebens: ein Geburtstrauma zerstört deshalb, als katastrophale Zerstörung der Erregung, gern die Sexualität für später, ebenfalls katastrophal. Einflüsse aus der Stillzeit, beim Mann zusätzlich noch seine Vatererfahrung, bei der Frau die Muttererfahrung prägen die spätere Sexualität.

Sex-appeal: Siehe „Attraktivität"

Sexstörung: Wie in den Toilettenträumen gibt es auch in Sexträumen vielfach Behinderungen, Störungen, die den Sex, auf den man sich freut, nicht zustande kommen lassen. Dann ist es zum einen ein Stück Wahrheit, dass das Paar, um das es geht, sexuell (das ist ungefähr wie körperlich, genetisch) nicht zusammenpasst. Zum anderen verweist es auf eine uralte Vorstufe, nämlich eine Geburtsstörung. Sexuelle Partnerschaft beruht auf mentaler (1), psychischer (2) und körperlicher (3) Harmonie – oder aber Disharmonie. Selten passt es ideal in allen drei Ebenen.

Sexualakt: Siehe „Coitus"

Sexueller Übergriff: Eine Übergriffigkeit sexueller Art mit dem Aspekt, dass das Opfer sich der Umklammerung bzw. dem Griff kaum oder nicht erwehren kann, kann in Ausnahmefällen (!) auch als verdrängter Wunsch gedeutet werden, starke Sexualität als Erlebnismaximum oder als Gefühlssehnsucht zu erleben, wobei eigene Hemmungen und Blockaden in dieser Richtung – ausnahmsweise einmal, wie in einer Vergewaltigungsutopie – ausgeschaltet sind. Dann kann also eventuell Hingabe das Thema sein. Um zur eigenen Sexualität zu kommen, bedarf es in solchen Fällen eines massiven Angegangenwerdens, Anstoßes. Nur eine beinahe ‚übergriffige Attacke' könnte die eigene Blockade lösen. Aber das ist nur eine Ausnahmedeutung. – Meist hat man eine Kindheit hinter sich, in der Erziehungsstil im allgemeinen Sinne „Übergriffigkeit" war; in diesem Kontext passieren dann auch gern sexuelle Übergriffe. Das Leben gerät dann später in eine fatale Wiederholungsstruktur.

Sex-Wonne: Es mag vielleicht ein Coitus in diesem Zusammenhang dargestellt sein, aber die eigentliche Aussage ist mentale Liebe. Nicht nur bezogen auf den Körper, sondern tief im Herzen. Orgasmus und Wonne können symbolisch verstanden werden.

Shampoo: Kann durchaus einen Bezug zur männlichen Ejakulationsfähigkeit, also zur Potenz haben. Es gibt aber auch eine Assoziation zur Muttermilch.

Shorts: Kurze Hosen beim erwachsenen Mann können manchmal Unreife, Homophilie andeuten, als wären die kurzen Hosen als Knabenzeichen zu verstehen, Das muss aber keinesfalls immer so zu deuten sein, es gibt ja genug reale Anlässe, um kurze Hosen zu tragen. Ähnlich können kurze Sporttrikot-Hosen fungieren. Siehe auch unter „Hosen"

Shuttle: Symbol für eine Weltraumfähre, was wiederum ein Symbol ist für das Ankommen auf der Welt, aus welcher Dimension auch immer, sowie umgekehrt für die erste Zeit nach dem Tod.

Sich-Kennen: Personen, und zwar vielleicht viele, die sich kennen oder die sich gut kennen, zeigen an, dass in dieser Gruppe eine große Vertrautheit herrscht. Fremdheit ist dagegen ein ungutes Symbol.

Sich-kümmern-um: Das ist eine Chiffre für ein großes Interesse, das man an einer Sache oder an einer Person hat und wo es durchaus auch um geheime Erotik gehen kann, aber auch z.B. um Elternliebe.

Sicht versperrt: Dieses Symbol berührt sich mit dem Zustand Nicht-Sehen-Können. Wenn die Augen nicht erkennen können oder blind sind oder geschlossen sind, geht es meist um eine sehr lebensgefährliche Situation, in Erinnerung, nicht selten um ein Geburtstrauma. Die Augen sind die Seele.

Sichtbarkeit: Verschiedentlich tritt das Thema im Traum als „gesehen werden" und als „nicht gesehen werden" auf. Es kann also vorkommen, dass man im Traum nicht gesehen werden will. Letzeres beinhaltet einen alten Minderwertigkeitskomplex. Der rührt daher, dass man so, wie man war, nicht willkommen war auf der Welt, dass man ehedem nicht genügte, gefiel.

Sieben: 7 ist die Zahl der Zeit (vgl. Rudolf Steiner). Es ist eine ganze Epoche gemeint, ein abgeschlossener Wachstumsrhythmus, eine vollendete Phase. In Sieben wird quasi ein Ganzes, ein Ziel erreicht (vgl. den siebten Himmel). In dieser Art Erfolg meint 7 dann auch die Heilszahl. Umgekehrt gibt es eine unerreichte Sieben, z.B. kann ½ 7 Uhr (18.30) für Misserfolg stehen. Insgesamt meint 7 eine ideale Struktur,

Gesamtsumme mit erfolgreichem Abschluss (vgl. sieben Leben), etwa
übersetzbar als verborgener Entwicklungsvorgang mit Fertigstellung.
Die doppelte 7 als Vierzehn ist (auch) eine Glückszahl.

Siebenarmiger Leuchter: Zeichen für Anwesenheit oder Dominanz jüdischer Mentalität, Religion oder auch bestimmter jüdischer Personen. Fraglich, ob die Menora auch eine übergeordnete, allgemein Bedeutung hat, wegen der positiven Sieben könnte es aber sehr gut sein.

Siebzehn: Eine hohe Spiritualität, verbunden mit irdischem Leid. Steht für optimales Gelingen, steht für „Glück gehabt". Eine positive Zahl für das Wirken, für Welt und Gemeinschaft, auch vielleicht verspätet als Nachruhm, allerdings gepaart mit biografischen, psychischen, nicht geringen persönlichen Schwierigkeiten.

Siedlung: Es gibt spirituelle Träume, die unmittelbar vor der Geburt spielen. Die „Siedlung und die Häuser" stellen die Bedingungen dar, die man auf der Erde vorfinden wird, auch die Beziehungspersonen. Interessant ist dann meist, in welcher Gegend man „landet". Damit sind Eltern, Wohnort, diesmalige Biografie gemeint. So eine Siedlung sieht man in einem Blick von oben (vorgeburtlich).

Siegen: Zur Bedeutung ist auf Wettkampf, Duell zu verweisen. Der „Sieger" (auch Herrscher) hat das Leben erreicht, der andere nicht. Das beginnt im archaischen Bild des Wettkampfs der Spermien, geht über Männerduelle, Tierkämpfe, die Kriege bis hin zu täglichen, harmlos erscheinenden Konkurrenzkämpfen: der Sieger überlebt und befruchtet. In der Biologie, Evolution stehen Kampf und Sieg so oft vor dem Sex, dass es schon Normalität ist, dass die Verknüpfung schon archetypisch ist. Der „Sieger" ist also der Zeuger, im Unterschied zu den anderen Männern und Männchen (das sind die looser, die können sich nicht fortpflanzen). Das gilt für Frauen und deren Rangposition ebenso. In aktueller Stress- oder Krankheitssituation heißt „siegen", gewinnen = überleben, gesunden – und „verlieren" dagegen (z.B. in einem fatalen Würfelspiel) kann sterben meinen.

Silber: Hat meist die Bedeutung von Nicht-Gold, das meint: nicht-echt, Ersatz. Also Täuschung, Verfälschung, Betrug, wenigstens Ersatz, und zwar ein unguter, sind typisch. Andererseits stellt Silber auch das Glänzende, Strahlende dar, dann ist es sehr positiv. Hat aber insgesamt eher die Bedeutung von Übertünchung, von einer gewissen Zweitrangigkeit. Allerdings als Glänzendes ist es wiederum sehr transzendent.

Silbermedaille: Gehört in der Traumsymbolik zu der Position des Zweiten, nicht des Siegers. Das meint dann das genaue Gegenteil von gewinnen, siegen, überleben. Die Silbermedaille im Traum ist relativ wenig wert, im Unterschied zur Realität.

Silikonstreifen: Hier haben wir etwas Ähnliches wie Gummistreifen oder Dichtungsstreifen, und damit sind meistens irgendwelche Bindungen angedeutet, Bindungen seelischer oder sozialer Art.

Silvesterfeier: Meist entweder Geburt oder sexueller Höhepunkt.

Singen: Im Traum gesungene Texte, Informationen, Verse sind gern spirituelle Inhalte, also transzendente Botschaften, wenigstens unbewusste, normalerweise nicht sichtbare Aussagen. Lieder, Melodien, Gesungenes handeln also von Unsagbarem und von zugleich sehr Wahrem (wahrer als Gesprochenes). Themen des Gesangs oft: Vorgeschichte, Zukunft, Jenseits, Tod, Himmel, Religiöses, sowie tiefstes, quasi kosmisches Gefühl (Hochfreude). Auch gern als eine Nur-Andeutung gebraucht: kryptisch-symbolische Aussage, im Gegensatz zu tausend Worten. Singen ist in banaler Weise einfach als Gefühl zu deuten, ein Gefühl mit Wünschen und geheimer Wahrheit. Und man könnte sogar sagen: die Hochfreude des Singens ist nicht fern vom Eros, wie ein Anstatt oder ein orgiastisches Fühlen, ein Befriedigungszustand.

Singwettbewerb: Gefühlsausbruch, in Liebe und im Schmerz; fast eine emotionale Explosion, in der sich die Mitglieder tummeln.

Sinn, höherer: Es gibt Träume, in denen überraschend, aber eindeutig, z.B. in Kontakten oder in Briefen mit Verstorbenen, ausgesagt ist, dass unser Leben „höheren Sinn" hat.

Sinnfragen: Wenn jemand im Traum von Sinnfragen berührt ist, in welcher Weise auch immer, so kann man davon ausgehen, dass die Biografie dieses Träumers stark philosophisch ausgerichtet ist.

Sitzenbleiben: Ein typischer Ausdruck unter Schülern dafür, dass man ein Schuljahr wiederholen muss. Im Traum ist es aber härter zu deuten. Wer sitzen bleibt, ist der radikal Verlassene, ist derjenige, der in einer Gruppe oder Familie nicht aufgenommen wird.

Sitzpolster: Das ist ähnlich zu deuten wie das Symbol Stuhl, vielleicht auch Sessel. Es geht um den Platz, im übertragenen Sinne, den man im Leben hat oder bekommen hat oder einnehmen darf. So kann sich in dem Sitzpolster grundsätzlich eine erste Annahme, ein Willkommensein oder aber eine Ablehnung zeigen (Schwangerschaftsthema).

Skelett: Mahnendes Relikt, wie als spukender Geist einer toten Person, womit vielleicht ein Tabu oder ein Geheimnis, eine Missetat verbunden sein können. Also ein Überrest von einer Sache, die nicht wirklich gelöscht oder erledigt ist.

Ski, Skifahren: In der Regel geht es um ein Lusterlebnis, oft erotischer Art.

Smaragd: Liebesangebot, Treue, Gefühl von Frau-Seite aus, gegenüber Mann wie gegenüber Frau. Insgesamt recht weiblicher Stein, der auch etwas im Sinne der Großen Frau/Göttin oder der Weisheit ausdrückt.

Sockel: Man kennt ja das Sprichwort: Jemanden auf den Sockel stellen. D.h. jemanden erhöhen in der eigenen Einschätzung, und meistens übertrieben. Man kann davon ausgehen, dass die nüchterne Wahrheit der auf den Sockel gestellten Person nicht ausreichend gesehen wird. Ein Verliebter oder ein Fan stellt natürlich gerne eine Person oder ein Idol auf den Sockel, über die Fragwürdigkeit dessen brauchen wir nicht weiter zu reden.

Socken, Strümpfe: Im Sinne von: auf Socken laufen, d.h. nur Strümpfe, keine Schuhe tragen, liegt die Hauptbedeutung im Fehlen der Schuhe;

da fehlt es z.B. an anfänglicher Grundlebensausstattung (psychisch), gegebenenfalls auch an einem Elternteil.

Sofa: Ähnlich wie Couch, Sessel: Der Platz bei der Mutter, schon in der Schwangerschaftszeit. Konkret ist ein weiches, gepolstertes Sofa die schwangere Mutter selbst, d.h. Sofa-Träume sind Erinnerungsträume an die Uteruszeit, ganz besonders wenn es um ein Zweier-Sofa geht. Indirekt zeigen die Sofaträume, ob man willkommen, genehm ist bzw. war – oder nicht. Sie zeigen etwas Grundsätzliches zur Mutter-Kind-Beziehung.
Insgesamt geht es um eine alte, innerlich nicht aufgegebene Beziehung, ob nun familiär oder partnerschaftlich. Neben Mama kann auch der Erzeuger angesprochen sein, der symbolisch per Befruchtung an dem Sofa baut.

Sofastoff: Das Muster gibt einen Hinweis auf den Charakter eines der beiden Eltern.

Softball: Meist in Gelb, leicht und weich, wie ein provisorischer Trainingsball (Hallenfußball), zeigt er ein gutwilliges, freundliches, flirtendes Spiel an, also nicht selten ein erotisches Hin und Her.

Sohn/Tochter: Es hat immer eine hohe Wahrscheinlichkeit, dass das eigene Kind im Traum eine unbewusste Kindheitsstufe des Träumers darstellt. Das kann das heile innere Kind sein – oder aber umgekehrt eine fatale Kindheitsprägung sein, die sich autonom und widerständlich benimmt, mit der der Träumer mittlerweile vielleicht im Konflikt liegt.

Sohn: Ähnlich wie die Symbole „kleiner Bruder oder Freund" ist im Männertraum manchmal der Penis gemeint. (Entsprechend „Tochter" in Frauenträumen als weibliches Genitale.) Gleichnis für Glied, Phallus eines Mannes (schon bei Artemidor in der Antike bekannt). Dito umgekehrt: Penis kann für Sohn stehen. – Meistens natürlich Gleichnis für die eigene Kindheit eines Mannes. Alle Kinder im Traum, ob Mädchen oder Junge, verraten etwas über die eigene Kindheit des Träumers. Wenn man z.B. Streit mit seinem kleinen Sohn im Traum hat, deutet es an, dass man selbst als Sohn ehemals abgelehnt war oder in schwieriger Situation war. Ergo: wenn beispielsweise ein Mann, der schon Vater ist, von sich und seinem Sohn träumt, sollte man immer auch an die Deutungsmöglichkeit denken, dass hier seine eigene Kindheit als Sohn dargestellt wird.

Sohn-der-Frau: Hier wird man oft davon ausgehen müssen, dass es der Animus und der eher männliche, vielleicht kämpferische Wille dieser Frau ist.

Sohn-mit-Telefon: Im Traum eines Mannes ist eine Kindheitserinnerung dargestellt, als er Junge oder Baby war und als er sich unbewusst (= quasi telefonisch) um irgendein Ziel oder eine Rettung bemühte.

Soldat: Männlichkeitssymbol, meist positives; Vaterersatz. Natürlich manchmal auch Negativsymbol (Angst, Gewalt, Feindschaft), dann als übergriffige oder gefährliche Aggressivität zu deuten.

Soldatenuniform für Frau: Manchmal geheimer Männlichkeitswunsch, abhängig von Elternbeziehungen, -wünschen, meist von der Muttersuggestion. Ein sinnbildlicher Charakter ist gemeint.

Sommer: Stellvertretend für angenehme Stimmung, gutes Gefühl. Auch eine Lebensalterszeit: Blütezeit, Höhepunkt.

Sonne: Schöpfungsprinzip. Meistens, aber nicht immer, Symbol für Mann/Männliches, speziell für erzeugenden Mann, daher auch für Vater (vgl. lat. Sol als Vatergott) oder für Zeugungskraft. Ansonsten überhaupt für das Göttliche und das spirituelle Licht stehend. Daneben meint „sonnig" auch recht positive Lebensumstände, aber noch mehr dies: Klarheit, Erkenntnis. Sonderfall: Wenn die Sonne einen blendet, kann es Unglück anzeigen; eine gewisse Katastrophe, wenigstens eine Schwierigkeit könnte nahen. Blendende Sonne und grelles Licht, was dazu führt, dass man im Traum die Augen nicht öffnen kann, ist ein Todessymbol bzw. eine Todeserinnerung. Meist geht es aber nur um eine tod-nahe Erinnerung. Das Motiv ähnelt dem Motiv Blindheit: auch hier muss von einer frühen Lebensgefahr ausgegangen werden.

Sonnenbaden: Einen günstigen Platz im Leben erstreben (wie geboren werden wollen).

Sonnenblende: Der Sonnenschutz ist nicht nur interessant für Personen mit Lichtallergie, sondern die Sonnenblende schützt alle vor einem Zuviel an Sonnenlicht. Dieses Zuviel an Sonnenlicht, zumal wenn es einem entgegen scheint, ist ein Gefahrenarchetyp.

Sonnenlicht: Lebenslicht, Leben.

Sonntagsmesse: Dahinter kann sich auch eine Liebesverabredung oder etwas Vergleichbares verbergen.

Spalt: Da kann Spaltung, Disharmonie, Zwietracht gemeint sein. Im Deutschen haben wir das passende Wort „Zwiespalt", was diese problematische Zweiheit im Zusammenhang von Spalt und Spaltung ausdrückt. Die erste Deutung, die sich anbietet, wäre also „gespalten sein". An den Spalt kann gerne etwas angelehnt ein oder auf ihm konstruiert sein: Zwiespalt. Eine Spaltung ist selten ein gutes Bild.

Spalte: Bezieht es sich auf einen Geburtsprozess, kann der Spalt oder die Lücke auch schon einmal „zu eng" sein (das weibliche Genitale erschwerte die Geburt).

Spaltung: Oft geht es um ein Unentschieden von zwei Fifty-Fifty-Werten. Die mangelnde Eindeutigkeit schädigt die Person, Identität. Spaltung in 2 Seelen, 2 Willen – oder manchmal eine Spaltung zwischen Männlich und Weiblich. Im Traum wird ein solcher Konflikt materiell, körperlich, als Gleichnis, dargestellt, unter Umständen sogar im Symbol einer körperlichen Spalte, Spaltung im Bereich von Nase und Oberlippe/Mund.

Spanien: Als Territorialsymbol kann es für Erotik, Liebe stehen (für den archetypischen Süden). Aber auch für Falschheit, Betrug: vgl. die Redewendung: es kommt mir „spanisch" vor (stammt vermutlich aus dem Dreißigjährigen Krieg). Spanisch hat also in mitteleuropäischen

Träumen sowohl einen erotischen als auch einen betrügerischen, ver-
drängenden, unbekannten, unglaubhaften Aspekt.

Spannung: Wenn Bäume oder Seile oder Anderes in extremer Spannung hochschnellen, ist eine außerordentliche psychische Stressspan-
nung gemeint.

Sparkasse: Meist Mutter oder Frau, die Erosstücke, Emotionsstücke
im weitesten Sinne ausgibt oder verweigert. Manchmal auch Erzeuger. Siehe auch unter „Geld". Ein Geldhaus hat eine gewisse Fülle, hat
Schätze, oft ist die Sache mit einer Person verbunden: psychisch etwas
geben oder vorenthalten. Es kann aber auch allgemein, im Sinne des
vielen Geldes einer Kasse, nur überreiche Lust gemeint sein oder einfach Genuss. – Natürlich auch Sparsamkeit.

Spät: Siehe „verspätet"

Spaten: Nicht selten ein Abtreibungswerkzeug, jedenfalls eine entsprechende Erinnerung an eine Aggression; das meint besonders die Szenen, wo mit dem Spaten zugeschlagen wird.

Speck: Dieses Element des Körperlichen hat die Trend-Bedeutung von
Lust und Sexualität. Siehe auch „Fett"

Speckstein: Steht für den Rat, eine Tätigkeit mit „weicher" Art, also
nicht robust oder hart, durchzuführen.

Sperma: Manchmal ein Indiz für eine geheime Vergewaltigung oder
obskure Schwängerung. Kann also als Spur zu einem Geheimnis verstanden werden.

Sperrmüll: Ähnlich wie bei den Motiven „Abfall" oder „Müll" geht es
bei dem Sperrmüll in der Regel um belastende Erfahrungen, die man
in seinem Leben, vielleicht per Therapie oder Selbstanalyse, loswerden
will. Besonders kurz vor dem Tod sollte der ganze „Müll" weggeworfen
werden. Aber es ist eine große Frage, ob es irgendeine Institution oder

einen Platz für den alten Sperrmüll gibt. – Ganz eventuell kann es auch eine Assoziation zu dem Wort „Sperma" geben.

Spiegel: Ein über die ganze Welt verbreitetes Todessymbol (Archetyp für die andere Welt). Die Bedeutung könnte daher kommen, dass geistige Welt und materielle Welt in einem Affinitätsverhältnis zueinander stehen, beide Welten sind gegeneinander „gespiegelt", sie bilden ein ideales und ein unvollkommenes Abbild einer (derselben) Sache. Daher verweist Spiegel meist auf die andere, in diesem Falle die jenseitige Dimension. D.h. Spiegel im Traum verraten irgendetwas über tod-besetzte oder tod-nahe Ereignisse (ob in ferner Vergangenheit oder Zukunft). Außerdem stehen die 9 Monate Schwangerschaft und die 9 Jahrzehnte Leben, als Vorgeburtliches und Nachgeburtliches, in einem Spiegelverhältnis; Ereignisse während der Uteruszeit werden im Leben als biografische Komplexe wiederholt (die Schwangerschaftszeit scheint das Muster des späteren Lebens, der 90 Jahre zu sein). Zusammenfassend gehört „Spiegel" a) zur Selbsterkenntnis, b) zur Eitelkeit, c) zum Sehen von Übersinnlichem oder Geheimem, d) zum Todthema. Wie im Dionysoskult verweist der Spiegel auf das wahre Seelenbild von uns, das zeitlos ist und keinen Körper hat. Der Spiegel zeigt das erzeugende, rein geistige Urbild (griech. idea, eidolon) von uns, vielleicht auch als eigener Engel zu bezeichnen, also das Ewige, nicht das Vergängliche (letzteres wäre unser Körper). Nennen wir es die pure Seele, vielleicht ohne kreatürlich Geschaffenes – und dann und so sind wir mitten drin im Jenseitsreich. Materie und Geist stehen im Spiegelverhältnis zueinander. Der Spiegel ist auch ein wichtiges Erkenntnissymbol (Selbstwahrnehmung). Der Spiegel steht in den Trauerritualen (z.B. Judentum) für die andere Welt, für eine Berührung mit dem Tod. In den deutschen Märchen steht für diesen Spiegel manchmal das Symbol „Glas"; so führt z.B. ein „Glasberg" in eine andere, jenseitige Welt.

Spiegelschrank: Das Weibliche des Schrankes (siehe dort) mit einem diffusen, unbekannten, unbewussten eventuellen Todes- oder Täuschungsbezug. Da kann es z.B. um ein Abtreibungsgeheimnis gehen.

Spiel: Gemeint ist in der Regel das ganze Leben oder eine entscheidende, kritische Phase, z.B. bei Geburt oder Krankheit, wo es um Hopp oder

Topp geht. Man kann es deuten als Ludus des Kosmos, als das Leben, das ein Spiel, eine Kreationslust eines Schöpfers ist. Jedes Spiel ist ein Gleichnis für das Leben, und eine Niederlage ist ernst. Eine Hauptbedeutung des Spiels ist auch Beziehung, Partnerschaft, im Gleichnis/Bild von Ping-Pong, Hin und Her, von Zweierspiel, von etwa Tennis. Siehe auch „Mannschaftsspiel". Hat das Spiel Wettcharakter, Kampfcharakter, so dass es um Sieg oder Niederlage geht, kann sogar angedeutet sein, dass es, vielleicht nicht unaktuell, um Leben oder Tod geht, etwa bei Träumen zu gravierenden Krankheiten. – Fazit: Das Spiel kann stellvertretend für alle möglichen Lebensaktivitäten stehen. Am ehesten steht es für einen lustbetonten Bereich, also für Flirt, Beziehung, Erotik. Das Spiel zu verlieren ist ziemlich ernst.

Spielauto: Ein kleines Kinderspielzeugauto, auch als Rennwagen kann in Einzelfällen den Foetus meinen (besonders wenn es irgendwo „herausfällt" = Abtreibung oder Fehlgeburt).

Spielautomat: Kodiertes Gerät, welches indirekt anzeigt, dass Sexualität in der Luft liegt. Wenn nicht Sex, dann doch allgemein Begehren oder Liebe. Muttertrauma und Muttersucht spielen hier, wenn auch sehr indirekt, eine große Rolle.

Spiele: Sie können ein Kontaktmedium sein, beim Spielen kommt man sich näher, wie ein Persönlichkeitstest oder ein diskretes Werben. Sie können ein gesuchtes Vorspiel für Freundschaft und Näheres sein.

Spielen: Entspricht unter anderem einem erfreulichen und freien Kindheitszustand. Ein schönes Spielen verweist auf Kreativität, Unschuld, Wertschätzung. Spielen ist die Vorübung für das Arbeiten und Agieren eines Erwachsenen. Spielen ist eine nicht von der Vernunft gesteuerte Tätigkeit, sondern eine, die Lust bringen soll. Also können wir hier auch an Formen von Erotik denken.

Spieler: Meist eine indirekt sexuell interessierte Persönlichkeit.

Spielfiguren: Sie haben eine gewisse Assoziation zu ‚kleinen Männchen', Kindern, Menschen allgemein. D.h. als nicht lebendiges Holz- oder

Plastikfigürchen können sie Embryos oder Foeten meinen, die nicht bis zur Geburt gelangt sind, sondern gestorben oder abgetrieben sind. Die Assoziation, Vergleichbarkeit geht also nicht hin zu lebendigen, ausgewachsenen Menschen. – In Einzelfällen, bei Missbrauchserinnerungen, Symbol für das männliche Glied.

Spielführer: Hat eine ähnliche Funktion (nämlich Vater) wie ein „Trainer", siehe dort.

Spielkarten: Sammlung der Einzelereignisse eines ganzen Lebens. Die Biographie gleicht einem Kartenspiel. Manchmal tauchen auch viele leere Karten auf, das bedeutet dann, dass der Träumer noch viele Realisierungsmöglichkeiten hat; besonders früh bei der Geburt gibt es noch viele leere Karten.

Spielleitung: Eine Mischung aus Gott/Schicksal und Mensch/ Entscheidung. Die Spielleitung bzw. der Spielleiter stellt die Kraft dar, die unsere Biografie gestaltet und die auch das Leben unserer Mitmenschen beeinflusst. Spielleiter: Instanz, die wie ein Turnlehrer beim Sport zum Ballspiel einteilt (Regisseur einer Szene, Regisseur des Lebens). Da gibt es natürlich unterschiedliche Träume, einmal erkennt man, wie sehr man doch selbst der Gestalter seines Schicksals ist, ein andermal umgekehrt, wie sehr man die Lebensaufgaben von der Regie zugeteilt bekommt. Also Vater, Mutter oder die geheime Macht des Schicksals können Spielleiter sein.

Spielwarengeschäft, Spielzeug: Symbol für die Kinderzeit.

Spielzeug: In Einzelfällen kann es ein kindliches Verhalten in der Weise zeigen, dass ein infantiler Geist irgendetwas behandelt oder ändert, d. h. auch gegebenenfalls manipuliert. Das wäre also die Gesamtbedeutung: Unreife. Kann auch manchmal etwas zu Sex, Zeugen, Genitalbereich, Foetus (besonders bei Puppen, und auch bei Spielzeugautos) andeuten. – Ansonsten allgemein: Kinderzeit.

Spielzimmer: Dieses Symbol enthält eine Information über die Lebensumstände des Kleinkindes oder Kindes

Spinne: Sehr weibliches Symbol, sowohl früher von der handwerklichen Tätigkeit (spinnen) her als auch von der Mythologie den Frauen zugeordnet. Ambivalente Aspekte der Mutter aufzeigend, nämlich als große, schenkende Schicksalskraft, Lebensgeberin (daher Spinne auch als Glückssymbol), wie aber auch als Lebenszerstörerin auftretend. Als Aggressorin ist die Spinne oder die Frau dahinter nicht offen, offensiv, sondern versteckt, heimlich, trickreich, so dass man fast nichts merkt; daher typisch für eine erdrückende, beengende, latent sehr bedrohliche Mutter oder für eine unangenehme Frau, die ihre Netze ausspinnt. Die Spinne ist eine Frau, die den „Durchgang, Durchflug versperrt", d.h. beispielsweise auch evtl. als Frau, die nicht empfangen und nicht gebären will.

Spinnen: Kleine, am dünnen Faden hängende Spinnen symbolisieren das fragile Schicksal – anders als große Spinnen mit Netz, die einen eher unguten, überwältigenden Einfluss darstellen.

Spinngewebe-Entfernen: Gerne befindet sich das Spinngewebe in Ecken, die nicht einfach zugänglich sind, in Küchen oder Wohnräumen, und gern taucht das Symbol in Träumen von Frauen auf. Da klingt z.B. das Thema an, inwieweit eine Tochter sich von den belastenden ggf. negativen Komplexen der Mutter befreien kann.

Spinnweben, Spinnwebefäden: Sind diese auch noch schwarz, so gibt es eine schlechte Vorgeschichte, die in die Gegenwart hereinragt. Ansonsten in der Regel negative Sperre für eine Absicht. Verstecktes Hindernis.

Spirale: Kombination von Rad/Kreis und Bewegung, das ist eine Mischung von einem tiefen Lebensarchetyp mit einem tiefen Entwicklungsarchetyp; verkörpert in Galaxien und auch im symbolischen Kontakt zwischen Erde und Himmel. In den Bildern von sterbenskranken Patienten findet sich die Spirale als spirituelles Aufstiegssymbol, im Kontrast zum Tod, als Gegenantwort. Galaxien in Spiralform sind vielleicht das stärkste Symbol, grafisch, für ewiges Leben, gar für unsterbliche Seelen. Bei Sokrates' Unsterblichkeitsbeweis ging es um das sich selbst bewegende Prinzip – dies kombiniert mit dem Rad ergibt das

Optimum des Transzendenten. Im Sinne des Reinkarnationsgedankens meint die Spirale: Wiederkehr des Gleichen plus Entwicklungsänderung, Höherstufung, Fortschritt; vgl. auch „Schraube"

Spiritualität: Es ist selten, aber es passiert, dass im Traum darauf hingewiesen wird, dass die „Spiritualität" das Wichtigste an der ganzen Psychologie, und somit auch im Leben ist.

Spirituell: Im Grunde sind alle Träume spirituell. Traum und Spiritualität gehören fest zusammen.

Spitzes: Spitz- und scharfkantig treten Aversionen auf. Auch spitznasige oder irgendwie spitz, schmal, dünn wirkende Personen verraten symbolisch manchmal eine aggressive Einstellung. Oft ist es aber nur der Fundus, d.h. ‚spitze' Personen können auch ihren Charakter zum Positiven hin ändern. Es ist halt nur der erste Eindruck: das Spitze an sich ist eben gern Ablehnung bzw. nicht weiche, runde Entspannung.

Spitz–Gesichter: Es gibt spitz wirkende Gesichter oder Gesichtsteile (z.B. Nase oder Kinn). Sie verraten als Gleichnis einen kämpfenden, strebenden Charakter, mit nicht ganz so glücklichen oder weichen Anfangszeiten im Leben.

Spitzmütze: Ziemlich weit nach oben reichende, spitze Kopfbedeckung, wie man sie sich bei Zwergen vorstellt (vgl. die Gartenzwergfiguren) = eine Art Haube, Haut, Zustand des Foetus. Diese Mütze meint also etwas Ähnliches wie die vorgeburtliche Kopfumgebung. Vielleicht auch allgemein unsichtbare Wesen wie Trolle, Kobolde andeutend. Auch zu Zauber und Einweihung gehörend. Ähnlich wie die phrygische Mütze aus der Antike für pers. Mitra, röm. Mithras: ein Männlichkeits-, Kraftsymbol für Helden und Götter.

Spitznasigkeit: Kann als auffälliges Symbol bei Schwerkranken darauf hinweisen, dass sich die entsprechende Person in einer gewissen Todesnähe befindet (von Krankenschwestern beobachtet).

Splitt: Der Boden als eine psychisch sehr schlechte (stressige, gefährliche) Situation; ähnlich dem nicht positiven Schotterboden. Splitt oder kleine Steinchen zeigen eine negative Basis. Das Zudecken, Verstecken ist manchmal gemeint sowie das Tarnen. Split-Streuen ist eine aversive Verhaltensform. Der Aggressionscharakter ist also nicht gering. Splitt als mehr oder weniger widrige Passage auf dem Lebensweg.

Splitter: Siehe „Holzsplitter"

Sport: Hier liegt das Bemühen vor, sich lebendig zu fühlen. Es schließt Lebenslust, aber auch den nachträglichen Kampf um das Überleben ein, ebenso wie sexuelles Tun/Bewegen, kann also synomym auch für erotische Aktivität stehen.

Sporthalle: Ob es nun um die Räumlichkeiten geht, zum Beispiel um Hallen oder Spielfelder, oder direkt um die Tätigkeiten des Sports und der Gymnastik in solchen Hallen, ist es naheliegend zu interpretieren, dass es hier auch um sexuelle Tätigkeit gehen kann oder um deren unbewusstes Einüben.

Sportlerheim: Kann für eine Partnerschaft mit Sexualität stehen.

Sportlerin: Eine Frau, die Sexualität betrieben hat oder danach strebt. Das Symbol „Sport" steht generell für das Leben, aber auch gerne für die sexuelle Aktivität (was eine Steigerung von Leben ist).

Sportplatz: Gern symbolische Stätte der zwischenmenschlichen Aktivität (Kampf ums Leben, Kampf um Sexlust). Auch das Bemühen, eine Reifung zu erlangen.

Sportsachen: Sie gehören zu dem Bemühen um Initiation, Reifung. Es verrät zuweilen auch sexuelles Tun. (Die Symbole „Sport" und „Turnen" im Traum verweisen manchmal auf körperliche, nicht unerotische Aktivität).

Sportwagen: Rennwagen, diverse Automarken (z.B. Porsche, Ferrari, Mustang und ähnl.) stehen gern für Potenz, allgemeine Vitalkraft.

Sprache: Hier meinen wir die Sprache als Unterscheidungsmerkmal, wie im Zusammenhang mit Fremdsprachen. Die eigene nationale Sprache im Traum bedeutet einen Hinweis auf Gesundheit und gute Identität oder auch auf Wahrheit. Tauchen Fremdsprachen im Traum auf, so wird vielleicht das Geheimnis einer anderen Identität oder Vorgeschichte gelüftet. Daneben stehen Sprachen auch für psychische Qualitäten. Als Beispiel nehmen wir einmal Latein: Da geht es um ein früheres altes Thema, und zum zweiten um rationale Erkenntnis, um Logik. Also die eigene Sprache ist ein Echtheitszeichen, die fremden Sprachen stehen in der Regel für spezielle Eigenschaften, Qualitäten, z.B. Griechisch, Italienisch, Französisch eher für den Eros, nordische Sprachen dagegen für ein Vater-/Männlichkeitsthema – vereinfacht gesagt.

Sprachfehler: Symbolisch Fehler, Lüge, Betrug in punkto einer ausgesprochenen Wahrheit oder eines Namens und ähnlich; Irrtum in der Identität oder Bezeichnung; geht bis hin zu einer Störung in der Persönlichkeit (Stellvertretung, pars pro toto). Landet am Ende als Familienkomplex (meist aus Tabubereich) bei irgendeinem Kind. Hat also tiefere Hemmungsursachen.

Spraytropfen: Das kann eine Chiffre für den männlichen Samen sein.

Sprengkörper: Das sind manchmal renitente Personen, die heftig gegen die Gemeinschaft arbeiten.

Springen, hüpfen, hopsen: Emotional außerordentlich gut gelaunt sein, froh und high. „Springen" kann in einigen Fällen auch den Höhepunkt des Orgasmus zeigen. Ansonsten heißt Springen eine große Entwicklung machen, eine Trennung durchführen, sogar als Geburt und Tod. Kann sich auf alle möglichen kleinen Sprünge und Schritte im Leben beziehen. Urmuster ist der Sprung, schon in der griechischen Mythologie, zwischen Diesseits und Jenseits; oft geht es dabei in die Tiefe, so im Tod – bei der Geburt eher in die Höhe. Im Albtraum kann es vor einem großen Sprung (meist hinab) stocken, da geht es um Todesangst beim Geburtserlebnis. Vgl. „Fallen"

Sprinkleranlage: Sie verrät, dass es etwas zu löschen gibt. Einen Gefühlsausbruch? Prophylaxe gegenüber einem drohenden symbolischen Feuer-Ausbruch?

Sprint: Hier ist ein Lauf mit einem sagenhaft schnellen Tempo gemeint. Das bedeutet, dass irgendetwas, vielleicht in der Zukunft, sehr erfolgreich läuft und gut gelingt.

Spritze: Übertragungsgerät. Das kann beispielsweise den Weg meinen, wie der Charakter des Vaters auf seinen Sohn übergeht, wie der Vater solches ‚einflößt‘.

Spritzen: Nehmen wir als griffiges Beispiel das Spritzen eines Katers, so kann der Kater sowohl einen Mann als auch Baby/Foetus darstellen. Im Traum meint ein Spritzen des Mannes zweierlei: den symbolischen Ejektionsreflex bei der Geburt und seine Ejakulation. Tatsächlich hängt die Sexualität mit der Geburtserfahrung zusammen. Varianten sind urinieren und ein Gebiet markieren. Der Druck bei diesem Symbol ist wichtig; d.h. wir haben eine allgemeine Befreiung, Erlösung, Befriedigung vorliegen, jeglicher, auch geistiger Art. Der Archetyp kommt jedoch primär aus dem Körperlichen, so dass er gern etwas mit Ejakulation, Milchbrust, Geburt, Orgasmus zu tun hat. In der Medizin allgemein bekannt als Ejektionsreflex.

Spritze-Setzen: Dahinter kann sich ein ungutes Bemühen verstecken, jemanden anderen zu beeinflussen, zu manipulieren.

Sprühdose oder Spray: Manchmal das Thema Sperma.

Sprung ins Wasser: Geburt. In der Antike auch ein Symbol für den Sprung in den Tod. Als Geburtserinnerung entspricht die Wassertiefe, -menge der Lebensgefahr, die es damals dabei gab.

Sprung vom 10-Meterbrett: Eine optimal gelungene Geburt. Evtl. nur Kompensation. Ein Archetyp für den Beginn des Erdenlebens (aber auch für den Beginn des Jenseits-Lebens).

Sprung: Eine nicht seltene Bedeutung dieses Symbols ist, dass der Übergang ins Jenseits und ebenso auch der Übergang ins Leben, also die Geburt, gern mit dem Archetyp „springen, Sprung" dargestellt wird. Harmloser gedeutet: Hürde vor einem Lebensabschnitt. Vgl. „Springen"

Sprung-aus-dem-Fenster: Dieser Archetyp hat mit dem Tod zu tun. Es muss nicht konkret das Sterben bedeuten, es kann auch Todtraurigkeit meinen oder, nicht selten, einen Suizidgedanken als Drohung, bzw. das allerletzte Mittel des Selbstmörders. Wenn man jemanden im Traum aus dem Fenster springen sieht oder sieht, dass er aus dem Fenster springen möchte, so wird man annehmen müssen, dass dieser Mensch Suizidgedanken hat oder vor Aggression platzen könnte. Als Drohung aus manchen Ehekrisen ist ja bekannt: „Wenn du das und das tust, dann spring ich aus dem Fenster." Also ein letztes Mittel der Aggression.

Sprünge machen: Begeisternde Beschäftigung, d.h. Freude mit Können.

Spucke: Ähnlich wie „Schleim" gern mit Bezug zur Sexualflüssigkeit. In manchen Träumen also = Sperma. Nach der Symbolischen Gleichung, im Sinne von S. Freud, W. Stekel und Artemidor, muss man in der Symbolik immer daran denken, dass das Oben dem Unten entspricht. Das Spucken oder sonstige Mundaktivitäten können einen Bezug haben zu einem Unterleibsthema. Wenn das Spucken vom Mann ausgeht, ist die Sperma-Deutung nahe. Sonst geht's um Frau.

Spüle, Spülbecken: Ein Symbol für das Uterus-, Abtreibungs-, Geburts-, Mutterthema (symbolisch ähnlich wie Schrank, Küche, Waschbecken, Waschmaschine, Wanne, WC-Schüssel). Steht manchmal auch für eine spezielle Entwicklung (Reinigung, Wandlung) – aber hier auch eher für die Absicht, etwas wegspülen zu wollen, also sich des Unguten zu entledigen. Insgesamt also Hinweis auf ein Ereignis, das zuweilen mit Mutter, Geburt, Schwangerschaft zu tun hat. Probleme oder Schmutzwasser dort sprechen dann für sich: schlechte, belastende, ablehnende Umstände bei Zeugung und Geburt.

Spültuch: Zeichen eines geheimen Wegwischens, Verdrängens.

Spur (Fahrbahn): Wenn im Traum die falsche Fahrspur benutzt wird, also z.B. in Mitteleuropa links statt rechts, steckt eine Erinnerung an ein großes altes Problem dahinter, z.B. dass man abgelehnt wurde, abgetrieben werden sollte oder an irgendeiner Stelle im Leben nicht gerne gesehen war, sondern bekämpft war: Lebensgefahr (nicht selten bei der Geburt).

Spurwechsel: Dieses Symbol tritt auch auf als Fahrbahnwechsel, d.h. man wechselt nicht nur beispielsweise eine Fahrbahn von rechts nach links, sondern gerät auch auf die Gegenfahrbahn. Hier liegt ein Orientierungsproblem vor. In Ländern mit Rechtsverkehr ist die rechte Fahrbahn das Richtige, das Gesunde, das Normale. Die linke Fahrbahn zeigt hier an, dass man im Moment verwirrt ist oder weggedrängt wird vom Normalen oder auch sich entfremdet ist. Nehmen wir an, ein Mensch ist unbekanntes Adoptionskind oder vorübergehend in seinem Leben, vielleicht für eine Phase, sexuell im Sonderstatus, dann kann das in so einem seltsamen Fahrbahnwechsel symbolisiert werden. Das ist nur ein Beispiel für eine mögliche Entfernung von sich selbst. Man kann in vielen Persönlichkeitsbereichen von sich entfernt, entfremdet sein oder dazu neigen, sich zu verraten, wenigstens vorübergehend.

Staatschef: Vatersymbol.

Stabreim (Alliteration): Wichtige Wahrheit, die sich einzuprägen lohnt. Wenn die Wörter eines Spruches den gleichen Anlaut haben, geht es um eine sehr erinnerungswürdige, befolgenswerte Traumaussage, um etwas, was sich zu merken lohnt.

Stab-Übergabe: In verschiedenen Varianten kennen wir so etwas aus der Kultur oder aus der Gesellschaft. Im Traum kann auch ein Stock oder ein banaler Stab übergeben werden, aber dennoch heißt das dann auch, dass von einer Person ein Auftrag oder ein Platz an eine andere Person übergeben wird (z.B. von Eltern auf die Kinder).

Stachel: Vgl. „Holzsplitter"

Stachelbeeren: Der Begriff beinhaltet in einfacher Anschauung etwas Stacheliges und andererseits die angenehmen Beeren. Mit dem Symbol „Stachelbeere" kann gern eine negative, ablehnende Erfahrung an der Mutterbrust gemeint sein. Eine solche orale Phase, mit entsprechendem Defizit, hat natürlich Folgen für das ganze spätere Gefühlsleben. Meistens haben solche Früchte wie Erdbeeren, Stachelbeeren, Himbeeren, Kirschen die Bedeutung eines Erfolgserlebnisses, gerne auch eines erotischen Erlebnisses. Die Stachelbeeren sind aber eine gewissen Überraschung, bzw. sie haben ihre kleinen Nachteile. Sie stehen also für eingeschränkte Lust oder für auch vorhandene Widerstände.

Stacheldrahtstränge: Oft Sperren vor einer Wahrheit, also Lügen, Tabus, Absperrung, Widerstand.

Stadt: Symbol für das eigene, ganze Leben, gern mit Rundkurs. Oder nur Symbol für einen Abschnitt des Lebens bzw. für eine Persönlichkeitsvariante. Oft ist der Name der Stadt sprechend, z.B. Frei-Burg meint ein alternatives Leben in Freiheit, oder Brüssel ein Brustthema oder München ein Mamathema. Auch sehr allgemein ein Lebensmittelpunkt des Träumers, in unterschiedlicher Weise. Schließlich noch das Leben in Gemeinschaft, d.h. nicht allein. Manchmal auch etwas über die Ankunft auf der Welt, über die Geburt aussagend („Stadt" als neue Umgebung).

Stadtdirektor: In der Regel eine Vaterfigur. Auch Repräsentant der führenden Schicht in der Gesellschaft, die für die Meinungshoheit und die Macht und die allgemeinen Ansichten verantwortlich ist.

Stadttheater: Es gibt zentrale Symbole in einer Stadt, wie z.B. das Stadthaus, das Stadttheater, das Rathaus, den Stadtdirektor. Und so ein Symbol steht dafür, seine eigene Mitte, sein Inneres, sein psychisches oder auch berufliches Zentrum zu finden. Also Erfolg, Orientierung zum richtigen Weg hin; die eigene Lebensmitte, auch im übertragenen Sinne. Städtische zentrale Symbole stehen gern für Zentren im Menschen.

Stadtverwaltung: Symbolkomplex von Stadtdirektor, Ämtern, Amtsleitung, Behörden. In Träumen, die die Familien betreffen, geht es da meist um den Vater oder um ähnliche Autoritäten oder Funktionen. Gerne wird ein unbewusstes Vaterproblem hier dargestellt, auch über die Symbole Regierung, Minister, Landesväter oder z.b. Papst. In Frauenträumen kann es ein Männerproblem andeuten. Solche Chefbehörden, Leitungsagenturen stehen aber in Frauenträumen auch manchmal für das Mutterproblem.

Stahl: Verweist wie Eisen meist auf eine große Aggression oder Widrigkeit.

Stammeln und Stöhnen: Markant ist an diesem Archetyp, dass der Träumer nicht richtig artikulieren oder rufen kann. Es geht um die hilflose Reaktion eines Opfers in Todesnot. Meist in einer Entwicklungsstufe, in der das Sprechen noch nicht ausgebildet war, d.h. pränatal und vor dem 2. oder 3. Lebensjahr.

Stand: Hinter Standeszwängen im Traum (z.B. Königstochter sein) verstecken sich meist überhöhte Anforderungen in der Kindheit (z.B. von Elternseite aus). Sie lähmen oft eine freie und gesunde Entwicklung.

Stau: Meist als Auto-, Verkehrsstau, aber auch als Flussstauung. Blockade der Energie, des Lebensprozesses, besonders der Emotionen, meist als Urtrauma in der Geburt erfahren, dann gern in der Sexualität sich wiederholend. Siehe auch „Autoschlange"

Staub in Grau: Meist ist „grau" weder lustig noch lebendig. Es gibt da noch Zusatzattribute, wie Staub oder auch Ton, die das Unangenehme, vielleicht auch Ablehnende betonen. Im grauen Staub lässt sich nicht gut leben, dort ist man nicht gewünscht und erwünscht. Es kann damit auch ein Ereignis verwischt werden.

Staubsauger: Als Medium, um etwas definitiv zu entfernen (wegmachen, reinigen), kann das Gerät manchmal zu einer unbewussten Todeserinnerung oder zu einem Trauma assoziieren. Auch hin und wieder mit Sex verknüpft (sowohl Sucht als auch Abwehr). Schließlich kann ein Verdrängungs-, Ablenkungsthema oder die Entfernung von geheim Unangenehmem darin stecken. Vgl. auch „Putzsucht"

Steckenbleiben: Das dazugehörige Urerlebnis, per tiefster Assoziation, war oft ein großes Problem bei der Geburtspassage.

Stecker-Herausziehen: Sofern Elekterizitätsverlust gemeint ist: Da arbeitet vielleicht jemand am Tod einer Person.

Steckschlüssel, Schraubenschlüssel: Zuweilen ein Phallussymbol.

Stehlen: Variante des allgemeinen Verhaltens, primär an sich selbst zu denken, für sich zu sorgen, also Variante des „Nehmens". Wie lateinisch rapere ist es ambivalent, reicht vom ethisch korrekten Nehmen bis zum Rauben. Meint einerseits simpel, fast harmlos, egoistisch sich etwas aneignen, etwa: aus dem Leben nehmen, was einem zusteht. Jedes Lebewesen schlägt dabei aber auch gern über die Stränge, es nimmt zu viel, es macht mehr Beute als nötig (im Gegensatz zu dem Verhalten, das die Stoiker predigen). Da ist das Traumgewissen verständnislos und entschuldigt nicht, das Mehr und Zuviel wird als Klauen und Stehlen vorgeführt. Nach hohen moralischen Standards wird der alltägliche Egoismus im Traum oft sehr kritisch gesehen, als Diebstahl nämlich. – Das Symbol taucht aber auch auf als Komplex, d.h. als falsches Schuldgefühl: harmlos seine Interessen zu verfolgen kann tragisch als „Stehlen" empfunden werden, da oder wenn die Befriedigung der banalen Egointeressen von der Kindheit her ungewohnt ist und da die alten Suggestionen vom Schuldvorwurf fatal wirken.

Steh-Position: Die Platzierung der Menschen in einer Traumszene ist sprechend. Wo steht dieser, wo steht jener? Wer also z.B. in einem Arztzimmer oder in einem Büro auf der Seite des Chefs steht oder neben dem Chef steht, ist innerlich dieser leitenden Person zugetan oder nahe. Und dann gibt es noch die Leute, die vor dem Schreibtisch stehen oder gegenüber an einer Wand, diese haben es etwas schwerer. Sie sind nicht eingeladen oder akzeptiert, sie befinden sich vielleicht in einer Anti-Position. Die zusagenden, liebenden Standpositionen befinden

sich also meist neben oder auch hinter einer entsprechenden Figur.
Schräg gegenüber ist ungut.

Steigen: Der Lebensweg geht in der Regel aufwärts (bis zum Tod, Tor, Himmel), ob über die Lebenstreppe oder den Lebenspfad oder über Tribünenstufen. Und steileres Steigen meint da eine besonders anstrengende Lebensphase.

Stein: Nach der Redewendung „Steine in den Weg legen" geht es oft um einen emotional harten, widrigen Untergrund als Lebens- oder Anfangsbasis. Wenn es z.B. um graue, große, schwere, spitze Steine geht, kann man deuten, dass irgendjemand eine große Aggression gegen den Träumer auslegt oder hegt oder aber dass die Umwelt, die Umstände einem das Leben schwer machen. – Umgekehrt aber ist das Feste, Solide, Gute gemeint, etwa in Steinplatten, wie der „Eckstein" des Hauses oder derjenige in der Bibel. – Der „schwarze Stein" kann eine heilige, spirituelle Bedeutung haben.

Steinbruch: Eher krankmachende aktuelle Lebenssituation; man sollte umkehren.

Steine-im-Ofen: Abgesehen von einer möglichen Ofenwandauskleidung gehören Steine nicht in den Ofen und nicht ins Feuer. Im Gegenteil, sie sind als Unterminierung, Widrigkeit anzusehen, wie etwa wenn man Betonplatten ins Feuer werfen würde. So verraten auffallende oder zu viele Steine im Ofen, dass jemand (der Steinwerfer) massiv gegen Feuer, Lust, Emotionen und Sex arbeitet, wahrscheinlich auch gegen Schwangerschaft (im Wandlungssymbol „Ofen").

Stein-in-Schwarz: Stein oder Steine in Schwarz oder auch Basalt verweisen auf ein gravierendes Ereignis, wie beispielsweise Leben, Befruchtung, Zeugung, Existenz, Wahrheit, Gott. Ein solches sehr hartes oder starkes Faktum kann jedoch auch mit einer Art Trauer, Unglück, Leid verbunden sein. Bis hin dazu, dass der „schwarze" Stein ein Indiz für ein Trauma, das mit einem Todesfall zu tun hat, ist. Hauptbedeutung ist jedoch: Stärke, Betonung.

Steinplatten: Sie sind normalerweise eine gute Basis für einen Bau, für eine Person, für eine Dauerhaftigkeit und Solidität – wenn sie denn sicher liegen. Schwankend deuten sie große Gefahr an.

Steinschlag: Drohende große Aggression, begleitende Todesgefahr.

Steinsetzung: Steine, die wie große Obelisken in einem Kreis angeordnet sind, nach etwa dem System von Stonehenge oder Avebury, sind ein codiertes Wort der Eingeweihten für „Himmel". So wie für die früheren Menschen eine Steinsetzung genau das war: das Himmelsrund, der Himmelskreis. Auch waren sie eine Art Kontakt für eine Verbindung zu den Göttern oben sowie vielleicht auch ein Symbol für diese Götter selbst.

Steinspitzen: Sofern der Boden spitze Steine aufweist, wie manchmal real in bestimmten Bergregionen, wird man das so deuten können, dass die Basis einer Person oder eines Gefühls oder einer Beziehung leicht widrig oder aversiv ist.

Steinwerdung: An Herz und Seele sich versteinern, meist aufgrund eines alten großen Traumas. Auch das Traumsymbol „Steinzeitalter" kann eine Verhärtung des Menschen, als Folgeerscheinung, zeigen.

Steinwürfe: Das ist mehr symbolisch wie eine mentale Attacke zu sehen.

Stempel: Hinweis auf eine Identität, auf eine genetische Zugehörigkeit oder allgemeiner auf irgendeine Wahrheit oder Benennung. Der Stempel ist aber auch plakativ, ist eine offizielle Lesart, es ist also möglich, dass sich ein Identitätsgeheimnis, eventuell ein Identitätstausch dahinter verbirgt.

Sterben: Man muss sich klar machen, dass wir in diese Welt kommen und hier auch definitiv sterben werden, also aus diesem Gefängnis nie mehr herauskommen. Träume können das nüchtern zeigen: Auf die Welt kommen bedeutet, in diesem Terrain unweigerlich zum Tode hin gehen. Eine Flucht ist nicht möglich; wenn man die Welt verlassen will, um dem definitiven Sterben zu entgehen, geht man ebenfalls ins Jenseits, in den Tod. Die Todesangst ist eine der größten Motivatoren für Menschen, d.h. der Antrieb besteht darin, den Tod möglichst zu vermeiden; dieser Antrieb ist eine ungeheure Energie, natürlich eine vergebliche, aber das macht wohl nichts. Dem Todestrieb, „Thanatostrieb", kann keiner entrinnen. Siehe auch „Tod" und „Wiedergeburt"

Stern: Ähnlich wie Meteoriten, Kometen meinen sie als Lichter am Himmel: Leben, auch Lebensentstehung, Zeugung, Herkunft. Sterne stellen eher das kosmische, ewige Lebensprinzip dar, weniger das irdische biologische, d.h. etwas wie den belebenden göttlichen Geist (Odem, Prana, Brahman). Sie fungieren auch als Vertreter von himmlischen oder jenseitigen personalen Wesen und drücken nicht selten eine (transzendente) Botschaft aus. Ein Sternenlicht, das verlöscht, spricht ein Todesthema an. Außerdem kann mit Stern/Astro-Motiven etwas gemeint sein, was „in den Sternen steht", also Geheimes, Unbewusstes, Wahrheit, große Entdeckung, unbekanntes Wissen. Manchmal meint der Stern eine geistige, noch nicht verkörperte Seele, d.h. eine vorgeburtliche Seele oder geistige Identität, seltener einen Verstorbenen. Der Stern kann auch banal ein Symbol für ein Ich sein, d.h. heißt dann auch Symbol für eine Zeugung, sogar evtl. Symbol für einen Befruchtungsmoment.

Sternennebel: Im Sinne von glitzernden Lichtpunkten kann eine sehr hohe Spiritualität gemeint sein. Es geht quasi um die Staubwolke der Transzendenz. Oder es geht um ein Gleichnis für eine Entstehungsgeschichte (vielleicht personal).

Sternensysteme im Kosmos: Die Krümmungen und Strukturen und Faltungen des Raumes halten die Milchstraßen und ähnliches an ihrem Platz. Es ist die Eigenschaft des Raumes, die den Kosmos konstelliert, die Anordnung der Milchstraßen usw., nicht eigentlich die Schwerkraft der materiellen Gegenstände darin. Aus den Träumen Gottes ist als Niederschlag das All entstanden. Die Raumzeit, besonders die sogenannte Krümmung, gibt die Struktur vor, nicht die materiellen Astro-Inhalte darin. Die Gravitation der Astro-Inhalte (Körper) untereinander ist nicht der Kern des Geheimnisses, sondern die Wellen, der Rhythmus, das Netz in der Raumzeit.

Sternchen als Notizzeichen: Mit dem berühmten „Sternchen" markiert man etwas Wichtiges, also z.b. auch einen erstrebten Kontakt oder eine geschätzte Person oder einen wichtigen Besuch. Man drückt so indirekt eine Sympathie aus.

Steuern: Wer am Lenkrad sitzt, das Steuer in der Hand hat, dominiert oder will dominieren. So ein Traum illustriert also eine Partnerschaft bzw. denjenigen, der führt.

Stich (Kartenspiel): Einen Stich machen beim Kartenspiel, z.b. im Skat, zeigt einen Erfolg an. Das Kartenspiel kann gern für das Lebensschicksal stehen.

Stich: Das muss man sehr wörtlich nehmen. Es dürfte eine Erinnerung vorliegen an eine konkrete Verletzung. Die Verletzungen können enorm unbewusst sein oder sehr fern liegen. Als extreme Beispiele nennen wir: Abtreibungsstiche oder Messerstiche in einem früheren Leben. Man sagt, im nächsten Leben zeugen Muttermale von solchen Verletzungen.

Stier: Eine Mischung aus Aggression, Männlichkeit, Potenz. Oft ein Gegner, den man als wütend (schnaubend) empfindet. Die einfachste Übersetzung wäre: gefährlicher, sehr starker männlicher Feind oder auch Mitkonkurrent. Das alte Religiöse an ihm ist, dass er männliches Pendant als Fruchtbarkeitssymbol zur Kuh ist. Primär ist er ein Symbol der männlichen Kraft, aber auch für alle Geschlechter ein Symbol der Stärke, der Überlebensfähigkeit, der Durchsetzungsfähigkeit in schwierigen Situationen. Ist der Stier weiß, könnte die Kraft auch unter himmlischem Wohlwollen stehen. Die Frau des kretischen Minos ließ sich von dem weißen Wunderstier begatten, wenn ich mich recht erinnere, mit Hife des Konstrukteurs Dädalos. Das Ergebnis war der Minotauros = ein Stiermensch. Auch in der ägyptischen und in der Mithras-Religion spielt der Stier eine Rolle. Die Stierkämpfe in Südeuropa sind wahrscheinlich Relikte einer Stier-Religion.

Stier-Begegnung: Der Träumer stößt auf Widerstand.

Stift: Auch wenn es banal klingt, es ist nicht selten der Penis oder der Phallus gemeint.

Stillen: Kernsymbol für Mutter-Sein.

Stillstand: Ein extremer Stillstand ist der Todesstarre vergleichbar.

Stimme: Die Stimme ist ein nicht zu unterschätzendes Symbol, im Traum wie in der Realität, für eine sexuelle Attraktivität oder für umgekehrt Antipathie. Sie lügt nicht, kann sich nicht verstellen, sondern verrät die Stimmung. Sie ist ein Identitätskennzeichen. Nicht nur Stress, Gefühle, Hemmungen zeigen sich (Stottern beispielsweise stammt aus Unterdrückungs- und Angstsituationen, aus großen Tabus), sondern auch andere Identitäten, Rollen, z.B. eine jungenähnliche Stimme in einer Frau im Traum kann darauf verweisen, dass die entsprechende (reale) Frau zwar einen weiblichen Körper hat, aber eine Spannung zu einem gewissermaßen anderen Inneren, und das kann entstanden sein dadurch, dass die Mutter vor der Geburt unbedingt einen Jungen und kein Mädchen haben wollte. Wir kennen auch brüchige Stimmen sowie volltönende oder tiefe Stimmen usw. usf.: diese lösen sofort beim andern eine Emotion [hier in neutraler Wertung] aus; z.B. eine piepsige, leise Stimme erzeugt spezielle Gefühlsassoziation beim Hörer.

Stimmung: Siehe „Klima"

Stirn: Die Stirn ganz bedeckt, z.B. mit Haaren, bedeutet: der Geist ist verschlossen, dieser Mensch zeigt sein Denken nicht; man könnte sogar annehmen, er hat etwas zu verstecken, zu verbergen. Dagegen ist die blanke, von Störungen oder Gegenständen, oder von was auch immer, ganz freie Stirn ein Symbol für einen offenen Charakter, für eine offene Denkweise. Die Stirn ganz frei zu haben oder per Frisureneingriff ganz frei zu machen bedeutet, ein ehrliches Wesen zu haben, was nicht täuscht, trickst und lügt. Das Symbol „Stirn frei" ist ein Archetyp für Wahrheit.

Stirnchakra: Es kann dem Menschen passieren, dass ihm in der Entspannung, in der Meditation oder im Schlaf das „Dritte Auge" geöffnet wird. Optisch geht es ungefähr um ein Licht in Kreisform mit einem u.a. violetten, grünlichen Farbtouch. Inhaltlich wird eine große Selbsterkenntnis angestoßen, die nicht wenig mit Selbstkritik zu tun hat und daneben auch mit der Ewigkeit. Vgl. „Chakren"

Stock: Macht, Autorität (wie Zepter), Waffe, Phallisches; aber auch Stütze; vgl. „Krücke. Stöcke können auch für Personen stehen, auch wenn damit eine ganz spezielle Art von Personen gemeint ist. Ich erwähne als Möglichkeit eine Frau, die sehr mager und vielleicht unerotisch ist und die wie ein Stock anmutet. Und als andere Möglichkeit erwähne ich einen aggressiven Mann, vielleicht auch seinen Phallus, der als Stock auftreten kann. Und schließlich erwähne ich noch Stöcke und Stockformen, die als Idole aufgestellt werden, von den sogenannten Primitiven: sie stellen Götter dar. – Dann gibt es noch den „Stock" als Etage, als symbolisches Stockwerk.

Stöckelschuhe: Frauen zeigen damit ein sexuelles Interesse, ob nun latent oder grundsätzlich oder bezogen auf eine bestimmte Person im Traum.

Stoffe: Hier denken wir an Textilien, auch an Lappen, Lumpen, Plunderstoffe, wir könnten sie auch unter dem Symbol „Tücher" zusammenfassen. Manchmal verraten sie, dass eine entscheidende Wahrheit in der eigenen Biografie von anderen vertuscht worden ist. Die Wahrheit ist quasi mit Tüchern zugedeckt worden, evtl. von einem selbst. Vgl. „Tuch"

Stofftiere: Kindheitserinnerungen (per Teddybär, Puppe z.B.); auch eventuell Infantilität; evtl. nur allgemeine Lebenssehnsucht, meist zurückweisend, auch magisches Maskottchen.

Stöhnen (ächzen, seufzen, röcheln): Meist geht es darum, nicht artikulieren zu können. Und oft ist ein Hilferuf gemeint – aber aus vorsprachlicher Zeit. Äußerung des Selbst oder Hilferuf stammen gern aus der Uteruszeit (gegen Bedrohung) oder aus der Babyzeit. Betonte

Un-Artikulation stammt aus den allerersten Erfahrungen. Siehe auch „Artikulieren" und „Stammeln"

Stolpern: Ein nicht geringes Problem, Hindernis bzgl. des Lebensweges, Blockade vor einem Ziel.

Stolperstein: Irgendein Hindernis im Weg, über das man zu stolpern droht, verweist auf ein Trauma im Prozess der biografischen Entwicklung. Kann evtl. auch an etwas erinnern.

Stolz: Oft kritisch zu sehen, als Ego-Orientiertheit; mitmenschlich also problematisch. Vorstufe von Arroganz, die bedeutet: nicht auf den anderen zugehen, sondern ihn eher ablehnen.

Storch: Er holt Frösche aus dem Wasser (von „unter Wasser") nach draußen/oben, hat zudem eine Ähnlichkeit zu den Zeit-, Weisheits-, Seelensymbolen Kranich und Reiher bzw. zu Zugvögeln, kann außerdem gern Einzelgänger sein – kein Wunder eigentlich, dass er im Märchen zum Geburtsthema gehört, dass er die Kinder bringt. Er zeigt Kontakt zum Himmel, kann etwas Neues ankündigen. Fängt, produziert, schafft etwas, sozusagen aus dem Unbewussten (Wasser) heraus Er steht im Zusammenhang mit Fruchtbarkeit, Seele und Seelenreise. Wenn der Storch eine Person darstellen soll (als Seelenvogel), dann eher eine Frau (wie ähnlich der Reiher).

Stören: Im Leben wie im Traum kommt es vor, dass man stört, tatsächlich ein Störer ist oder, wie meistens, sich nur als störend empfindet. Das ist gern eine Erinnerung daran, dass man so, wie man auf die Welt kam und war, nicht wirklich auf ein Gefallen oder Willkommen stieß. Also Erinnerung daran, dass man auf Erden nicht gewollt war, dass man wenigstens einem Elternteil (etwa der Mutter) zur Last fiel – in Traum und Leben und Gemeinschaft will man dann später ungern stören, setzt sein Ich nie in Szene oder Position. Stören und Störung sind verharmlosende Bilder dafür, dass es durchaus massiv um Aversion, Ablehnung in der Entstehung gehen kann.

Stoßdämpfer: Hier denken wir an Stoßdämpfer im Sinne von Autofedern. Diese Stahlfedern können ja ggf. auch sehr stark zusammengedrückt werden oder angespannt sein. Es kann also im Traum symbolisch gemeint sein, Spannung auszudrücken, auszuhalten, abzufedern. Es geht um seelische Anspannungen. Zu den Stoßdämpfern oder Rädern eines Autos sind körperliche Assoziationen möglich. Das Kern-Auto wäre dann mit dem Torso vergleichbar. D.h. Stoßdämpfer und Räder können symbolisch für die Glieder (Arme und Beine) stehen, bei Männern auch für das männliche Glied.

Strafe: Die Person, die strafen will, verrät ihre geheime Abneigung. Die Strafe ist eine Kaschierung (vielfach in der Historie), im Sinne einer Pseudo-Legitimierung, für Aversion.

Strahlenschlüssel: Es gibt tatsächlich im Traum Schlüssel, die durch Strahlen von oben erzeugt werden. Das kann man deuten als liebende, göttliche Führung für eine Problemlösung. Auch vielleicht als Attribut der Zeugung.

Strähne: Im Traum wird der Zusammenhang zwischen zwei Inkarnationen als „Strähne" = Verbindungssträhne, Verbindungslinie bezeichnet. Also auf der Strähne (wie auf einem Strahl) bewegt sich eine Fortsetzung. Ein neues Leben beginnt auf einer Strähne, einem Strang, auf einer Basis, nicht bei Null.

Strand: Bei dem Motiv Küste und Meer geht es um irgendetwas zum weit gefassten Geburtsumfeld. Am Strand kommt das Leben an, in der Evolution (aus dem Meer) und ähnlich persönlich-biografisch. Der Strand ist ein Symbol für das Ankommen auf der Welt = auf dem Festen landen. Vorgeburtliches erscheint als Meer oder ferne Insel. Oft spielt in Strandträumen ein Schiff eine Rolle; sofern es groß ist und auf Reede liegt, ist das die Mutter.

Straße: Bahn, Weg, Strecke für vielerlei, z.B. für das ganze Leben, für einen Lebensabschnitt, auch für den Geburtsweg, oder allgemein für irgendeine Aufgabe. Von solch einer Straße gefährlich nach links abkommen (bei Rechtsverkehr) zeigt meist eine Todesgefahr (Erinnerung,

die in der Regel nicht täuscht), ähnlich wie eine schwankende, torkeln-
de Fahrt oder ein zu kippen drohendes Auto; dies ist nicht selten eine
Erinnerung zu Schwangerschafts- und Geburtsproblemen. Siehe auch
„Weg"

Straßenausfahrt: Aus Straße, Nebenstraße, Ausfahrt, Auffahrt heraus
das Ziel mit dem Auto nicht erreichen zu können, bedeutet meist eine
Geburtsblockade.

Straßenbahn: Wie bei Bus, Zug ist oft die schwangere Mutter gemeint
(als Foetus gefahren, transportiert werden, umschlossen sein), ob nun
bergend oder evtl. aggressiv.

Straßenkreuzung: Hier haben wir oft eine traumatische Situation im
Traum. D.h. wir konzentrieren uns jetzt auf das Traumsymbol, dass
die Kreuzung lebensgefährlich ist. Dann überquert man fälschlich den
Stoppstreifen, die Ampel, und sehr oft ist es so, dass man nicht recht-
zeitig bremsen kann. Diese banale Katastrophe an der Ampel oder an
der Kreuzung – in vielen Träumen vorhanden – weist in der Regel auf
eine der banalen Katastrophen während des Geburtsprozesses hin.

Straßenseite: Hier ist besonders die andere Straßenseite von Interesse.
Dort befindet sich eine Alternative, versteckte Wahrheit, auch eine uralte, vergessene Vergangenheit oder gar die Zukunft. Nicht unproble-
matisch. Je andere Straßenseiten können sehr große Trennungen zwischen betroffenen Personen darstellen. Manchmal zeichnet sich auf
einer Straßenseite auch schon das Jenseits, das Todesreich ab.

Straßenseite-Wechseln: Gegenposition beziehen, kein Interesse mehr
an vorhandenem Kontakt haben.

Strauß: Der Vogel Strauß stellt einen Großvogel dar, und er kann auch
sehr kämpferisch, aggressiv werden. Er ist so etwas wie eine überdi-
mensionale Vogelanmutung. Vögel stellen tendenziell Seelen vor der
Geburt dar (auch nach dem Tod). Der so große Vogel kann also eine
Fixation meinen, die unmittelbar vor dem Geburtspunkt liegt. – Dazu
gibt es ja noch sprichwörtlich die Vogel-Strauß-Politik, damit dürfte

der Vogel Strauß auch ein verstecktes Geheimnis, wahrscheinlich eine Verdrängung anzeigen. Wegen der Größe ist nicht selten eine Aggression mit im Spiel. „Vögel" haben eine Tendenz, eher weibliche als männliche Seelen darzustellen.

Streicheln: Nicht nur körperliche, sondern besonders auch seelische, soziale Zuwendung, also gern im übertragenen Sinne gemeint. Begehren nach Kontakt. Zärtlichkeit wird im Traum entweder erlebt oder heiß ersehnt. Gemeint sind beim Streicheln eigentlich mentale Zuwendungen, also das, was man unter Liebe versteht. Nur manchmal geht es auch um sexuelle Zuwendung.

Streichhölzer: Ähnlich können andere Zündungsmaterialien oder ein Feuerzeug fungieren. Es geht oft nicht um den Beginn eines Feuers oder gar einer Katastrophe, sondern um den Versuch, Liebe zu entfachen.

Streiken: Sich endlich wehren, nicht mehr mitmachen, d.h. vielleicht nach jahrelanger Manipulation oder Abhängigkeit. Zu sich selbst kommen, nach Entfremdung. Eigenständigkeit, also Genuität, Eigenwille nachholen.

Streit/Schläge: Sollte der Träumer in dieser Weise streitend aktiv sein, wird man vielleicht auch einmal eine Berechtigung seines Verhaltens annehmen. Dann stellt sich die Frage: Welchen alten Geist will er denn in der Ersatz-Traum-Person, die er attackiert, bekämpfen, austreiben? Wenn er da im (schmerzlichen) Hader mit Kindern liegt, will er eine Fehlhaltung aus seiner Kindheit in seinem Unbewussten löschen.

Streit: Der Archetypus „Streit" bedeutet meistens, dass es der anderen Person im Traum momentan irgendwo sehr schlecht geht. Es ist meist kein realer Streit mit dieser Person angekündigt, sondern es wird über den Stress der Gegenüber-Person informiert, wie telepathisch. Das kann tendenziell ganz unabhängig vom Träumer sein. Außerdem steht diese Person stellvertretend für einen signifikanten Inhalt (z.B. für einen Umzug oder für ein Kindheitstrauma), unter dem man selbst litt, leidet. Streitend lehnt der Träumer das Verhalten einer anderen Person

im Traum erheblich ab; das ist meist nicht nur subjektiv gemeint, sondern oft so, dass die bestrittene Person objektiv Falsches tut, das ihr
schadet, und zu Recht heißt der Streiter, entfernt, das nicht gut (etwa
wenn ein Vater Streit gegenüber seiner Tochter träumt). Leid und Stress
des Erwachsenen werden gern durch den allerersten Streitfall, etwa in
der Kindheit unter Geschwistern, dargestellt. – Hauptbedeutung des
„Streitens" ist, dass einfach ein Indikator vorliegt, dass es der Person,
mit der man streit im Traum, schlecht geht, und zwar irgendwo und
objektiv. Wie eine telepathische Botschaft kommt der Stress der anderen Person beim Träumer an, als zutreffende Information, wie sich bei
späterem Nachfragen herausstellt. Wobei aber zu beachten ist, dass immer auch in Träumen Stellvertreter auftreten.

Stress: Hochstress und große Aufregung können ein Indikator sein für
gestörte, angegriffene Heterosexualität – was mit lädierter Ich-Persön-
lichkeit einhergeht. Ansonsten gilt die Entwicklung: Stress > Sich-Auf-
regen > Krankwerden. Stress hat mit Frustration zu tun, mit unerfüllten
Wünschen, diese können psychosomatisch zu einer Krankheit mutie-
ren, wie schon die Indianer wussten. Oft ist der Stress im Traum eine
Erinnerung an eine sehr schwierige, verzwickte Situation (die es gegeben hat).

Strickjacke: Siehe „Pullover"

Stricknadel: Abtreibungswerkzeug (in früheren Zeiten so auch real).

Striptease: Jemand prostituiert sich rein seelisch, bietet sich sozial als
Objekt an. Stammt aus erlernter Opfer-, Werbe-Haltung und ist meist
natürlich nicht lustig.

Stroh: Meint in der Regel ein positives Muttersymbol; assoziiert mit
Nest und mit Heimat. Manchmal ist es Wertloses, aber nur im Kontrast zu etwas Wertvollem, etwa zu Gold (wie im Märchen). Stroh ist
der Überrest von einer Reifung, die in einer bestimmten Phase abgeschlossen ist. Daher kann man das Stroh als alte Erinnerung oder als
Fazit oder auch ggf. als Last der eigenen Kindheit bezeichnen. Stroh ist
übrig geblieben oder entstanden in frühem Wachstum, so kann man es

begreifen als Rest- und Spätwirkung, beispielsweise aus der Babyzeit, mit geringer Bedeutung. Da Stroh „leicht und leer" ist, hat es auch die Bedeutung von Wertlosem.

Strom: Siehe „Elektrizität" und „Fluss"

Stromausfall: Gravierende Abschaltung des Lebens oder der Sexualität. Erinnerung an eine lebensgefährliche oder beinahe tödliche Situation.

Stromkabel: Nervenstränge, z.b. die von einem Körperglied zum Gehirn oder Rückenmark.

Strumpf: Füße und Unterschenkel können wir ansehen als Symbole des Lebensanfangs, der Sexualität und des aktiven Durchschreiten des Lebens – die Strümpfe sind (äußerliche) Verhaltensweisen und ‚Ausrüstungen' bei den genannten Themen, wo man etwas bewältigen muss (ähnlich den Schuhen oder Hosen). – Andererseits: Das Symbol hat eine Affinität zu der Art und Weise, wie man Geheimnisse, z.B. geheime Schätze oder Geld im Strumpf, in diesem Falle im Sparstrumpf, versteckt. Im Traum sind also Strümpfe manchmal der Ort eines Geheimnisses, einer versteckten Wahrheit. In der Regel verraten die Strümpfe etwas von dem Charakter oder auch Besitz des Menschen, des Strumpfträgers, und zwar einen in der Regel sonst nicht gezeigten Aspekt.

Studentenalter: Meint eine Vorbereitungszeit im Leben, d.h. das Symbol kann auch für die frühe Kindheit stehen oder auch sogar für die Schwangerschaftszeit, in der Regel aber für die Pubertät.

Studentenheim: Ausdruck dessen, dass der Träumer die wirkliche Reifung zum Mann oder zur Frau evtl. noch nicht ganz geschafft hat. Symbolisch meint alles zu „Student" eine Stufe vor dem Erwachsensein.

Studentenwerk: Chiffre für die Entwicklung des Kindes oder Jugendlichen (zum Erwachsenen hin). „Studentenzeit" im Traum ist die „Jugend" vor dem endgültigen Erwachsensein, manchmal auch vor der Pubertät.

Student*in: Das sogenannte Studentenleben assoziiert bestimmte Vorstellungen, schon seit Jahrhunderten. Eine Studentin im Traum kann so eine lebenslustige, flotte Frau darstellen, die erotisch auf ihre Kosten kommt. Ähnlich mag ein Student ein voll pubertärer junger Mann sein, der seinen Spaß hat. Real sind diese Vorstellungen Unfug, aber im Unbewussten ist das Student-Sein damit besetzt, sich frei, ungezwungen, selbstbestimmt an der Lust des Lebens zu bedienen.

Studium, Student, Studentenwohnheim: Der Symbolkomplex meint, dass man noch in einer Vorbereitungszeit steckt, ähnlich wie bei Kindheits-, Schulträumen. Mit dieser „Vorbereitung" ist in der Regel die Zeit vor der Pubertät dargestellt; manchmal auch die Schwangerschaftszeit und die frühe Kindheit, selten das wirkliche Studentenalter. Grundsätzlich heißt es: noch nicht fertig sein, in welchem Bereich auch immer, sondern in Vorstufe sein.

Stufen-Lücke: Das Leben, zumal als Entwicklungsphänomen betrachtet, kann man mit einer Treppe vergleichen. Die Geburt ist anfangs ein Treppen-Abstieg, das Leben nach der Geburt der Treppen-Aufstieg. Wenn eine Stufe fehlt, zeigt sich eine erhebliche Entwicklungs-, Erlebnislücke.

Stuhl neben Person: Ein Stuhl oder Platz, der direkt neben einer führenden, tätigen Person angeboten wird bzw. freigehalten wird von der aktiven, dominanten Person, zeigt an, dass die führende Person sich um denjenigen, für den der Stuhl vorgesehen ist, sorgsam im Leben kümmert. Z.B. ein Adoptiv-Vater könnte so eine Funktion haben.

Stuhl: Ähnlich wie beim Archetyp „Schuhe" geht es bei einem „Stuhl" manchmal auch nicht nur um eine Person, sondern um Platz, Vorbild und Vorstufe, die z.B. ein Vater seinem Sohn gibt oder eine Mutter ihrer Tochter. D.h. jemand gibt einem anderen einen Platz im Leben.

Charakter, Qualität oder Defizit des Stuhles sagen viel aus über die Vorgaben, die eine Person, z.B. ein Kind, vom Stuhl-Geber erhält oder erhalten hat. Der Stuhl-Geber ist der Initiierende. – Ansonsten im Sinne einer Lebensberechtigung zu deuten: Symbol dafür, seinen Lebensplatz, oft neben einer anderen Person (z.B. Elternteil), einnehmen zu dürfen. Es geht also um eine ganz grundlegende Annahme, Existenzfrage. Stuhl verweigern = jemanden total ablehnen, nicht da haben wollen. Platz nehmen auf einem Sitz, z.B. dem Stuhl, bedeutet: Ich darf hier sein, habe mir diesen Ort erobert, er wurde mir freigehalten. Oft bedeutet es: der Träumer hat seine Ankunft auf der Welt durchgesetzt (im Unterschied zu Abgetriebenen), oder er war willkommen. Wird das Thema noch mütterlicher ausgemalt, oder geht es um die Schwangerschaftszeit, treten statt des Stuhls Sofa, Sessel auf. Mit allgemeiner Bedeutung ähnlich dem Thron und der Bank sagt ein Stuhl: Hier bin ich – legitimiert und stark, oder eben umgekehrt: wackelig und angegriffen. Stuhl entfernen, draußen vor die Tür stellen = Tötungsabsicht.

Stühle-Wackeln: Eine wackelige Stuhlkonstruktion, ob in Einzahl oder in Mehrzahl, verweist auf einen sehr unsicheren Platz in der Welt.

Stuhlgang: Der Vorgang hat eine Affinität zum Geburtsprozess. Vgl. „Toilette". D.h. Verstopfung z.B. kann eine behinderte Geburt andeuten. Siehe auch „Kot". Der Prozess hat auch indirekt mit Ich-Durchsetzung sowie mit Sexualität zu tun.

Stuhltausch: Ein Stuhltausch oder ein Austausch der Sitze berührt einen Identitätstausch des Träumers oder wenigstens eine einschneidende Lebensänderung. Gravierend ist das.

Stuhlwurf: Mit einem Stuhl nach einem Menschen werfen, ist ein sehr großes Aggressionssymbol. Weil „Stuhl" mit Sitz, Platz, Anwesenheit verbunden ist, meint das Symbol, jemanden aus seiner Umgebung hinauswerfen, gravierend entfernen (vielleicht töten) wollen.

Stunden: Diese Maßeinheit steht gern für Tage oder Jahre, sogar auch noch für vieles andere.

Stundenplan: Einzelne Ereignisse, Aufgaben und Pflichten des Lebens und der Stundenplan mit Einzelheiten zeigen die Gesamtheit unserer Aktionen im Rahmen einer Biografie, im Rahmen einer „Aufgabe". Ähnlich fungieren im Traum Schubladen und Schubladenfächer oder auch Schrankfächer oder Gefache, viele Regale.

Sturm: Starker Wind und Orkan verraten sehr ungute äußere Umstände, welche aber psychischer oder sozialer Art sind. Schlechtes Omen also; siehe „Wind" und „Orkan"

Stürzen, Sturz: Siehe „Fallen"

Styropor: Dieses Material besteht sozusagen aus „weißem Plastik" und ist daher als Negativum zu deuten.

Succubus: Symbol für den Teufel, aber eigentlich nur für einen Sextäter; sub heißt: der Täter kommt von hinten, von unten oder noch genauer: sitzt/liegt „unmittelbar dahinter, unweit von..." (sub). Bzw. das Objekt ist darunter, kann nicht entkommen. Gehört manchmal zu einem überraschenden, überlistenden Schwängerer, den die Frau eigentlich nicht haben will, so wie den Hexen im Mittelalter Verkehr mit dem Teufel als dem Succubus vorgeworfen wurde.

Suchen, Sucht, Süchtigkeit: Man sucht nach dem Fehlenden, also ist in einem solchen Traum angezeigt, was man nicht hatte, was man schmerzlich vermisste. Es ist meist im Traum verknüpft mit lange und ärgerlich oder verwirrt oder verzweifelt „nicht finden", auch mit „besuchen/Besuch". Suchziel = Suchtziel kann ein Gegenstand, eine Information, eine Person sein, oder es gibt das vergebliche Hilfe-Ersuchen. Oft geht es statt um Suche in Wahrheit um Sucht, Süchtigkeit. Dabei ist der Zusammenhang folgender: wer beispielsweise keinen Vater hatte, sucht diesen, ist vater-traumatisiert und für die Folge vater-süchtig. Wir haben also meist drei zusammenhängende Elemente im Traum: Man sucht z.B. seine Mutter (1), Grund: man ist (war) mutter-verletzt (2), Folge: man ist ‚süchtig' nach Mutter (3). Nun kommt verschiedentlich hinzu, dass man keine Aggression gegen das Objekt oder gegen die Person, die man süchtig sucht, richtet, richten kann; das bedeutet, dass z. B. der Vatersüchtige Konflikt- und Gegenwehr-Unfähigkeit (4) aufweist gegen alle Vaterersatztypen und dass die Muttersüchtige unfähig ist, sich gegen Frauen, Mutterersatztypen zu wehren. Umgekehrt versucht man zwanghaft oder fatal, solchen Ersatzfiguren zu gefallen, sich einschmeichelnd oder um sie werbend. Das schwächt die Durchsetzungskraft im Leben erheblich, und man leidet an Gefallsucht und Aggressionsunfähigkeit, bzw. es steigert allgemein noch das Unfreie von Sucht. In der Regel hat Suchen im Traum also mit einem Trauma zu tun, weshalb man auch immer wieder eine Reparatur versucht, und das entsprechende Thema kann den Träumer durchaus in einer gewissen Süchtigkeit oder Sucht beschäftigen, und zwar ein Leben lang. Mangel erzeugt Sucht, und das zeigt sich im Traum als „Suchen". Süchtigkeit ist hier gemeint als nur hohe Bedürftigkeit. Auch der Suchtbegriff hier soll nicht als totale Abhängigkeit verstanden werden.

Sucht: Siehe „Suchen"

Süchtigkeit: Der Traum zeigt, dass die Charakterseiten eines Menschen eine Einheit sind und nicht getrennt gesehen werden dürfen von einer einzigen Verhaltensweise, die anscheinend als „Sucht" auffällt. Sucht hat viele Gesichter, erstreckt sich eigentlich über den ganzen Menschen, wird aber kognitiv als eine spezielle angesehen, als eine separate definiert. In aller Regel geht es um eine generalisierte, vielleicht etwas infantile, hysterische, traurige, starke Sehnsucht nach Liebe, was als leichte Süchtigkeit in fast allen Lebensfeldern auffällt. Vgl. „Suchen"

Süden: Generell eher etwas weiblich, etwas mütterlich, auch sexuell. Beispielsweise in Mittel- und Nordeuropa als „Italiensehnsucht" historisch oft gelebt (vgl. Kunst, Literatur). In der Territorialsymbolik befriedigend und gefühlsorientiert, lustbezogen, mit Liebe verbunden, als wäre „südlich" etwas orientiert an Mama und Eros. Beispiele: Portugal, Korsika, Griechenland; gilt auch grob für Südamerika sowie Süd- und Westafrika. In der Territorial-Symbolik ist mit „Süden" grundsätzlich eine stärkere Emotionalität gemeint, nicht zuletzt auch Sexualität. Je tiefer der Süden, umso stärker das Gefühl. „Italien" ist für das Thema klasssich.

Summary: Ein englischer Ausdruck im Traum, der als Summe eines Lebens gemeint ist, als das, was von einem Leben übrig bleibt. Und so eine Summary, vergleichbar mit dem Unerledigten oder Rest, aber als Begriff entstanden aus Buch- und Referatsbesprechungen, ist u.a. die Basis für eine neue Reinkarnation.

Sumpf: Tendenziell Stress, gefährliche Krankheit, Todesnähe.

Supermarkt: Siehe „Einkaufen", auch „Kasse"

Suppe: Meist frühe Muttererfahrung. Später Symbol für generell den Beziehungsinhalt zwischen Erwachsenen, nicht unerotisch. Suppe ist nicht selten eine subtile Assoziation zur Stillzeit.

Suppentopf: Siehe „Kessel" und „Suppe"

Süßes: Das Süße steht allgemein für Befriedigung jeglicher Art. Es gibt ausnahmsweise im Traum auch die Situation, dass etwas zu süß ist. Hier lehnt dann vielleicht jemand Kitschiges und Infantiles ab, und zwar zugunsten einer handfesteren Gabe, eines stabileren oder auch vielleicht männlicheren Lebenselementes.

Süßigkeiten: Dazu gibt es viele Umstände im Traum, z.B. die Begriffe Bonbons, Süßigkeiten, Tütchen, Lakritzstangen und ähnlich. Auch Geheimnisse, z.B. verstecktes Öffnen oder Einfüllen, können damit verbunden sein. Meist geht es um eine Variante von Liebe und Eros und Zuneigung, und manchmal um eine verschwommene Erinnerung an sexuellen Missbrauch. Süßigkeiten stehen generell für alle möglichen Arten von Befriedigung (incl. Berufserfolg, Sex). Der Kern und die Ur-Assoziation ist aber klar die Befriedigung an der Mutterbrust.

Swastika: Siehe „Hakenkreuz"

Swimmingpool: Nicht selten geht es hier um ein erotisches Beziehungsthema.

Symbol: Beschäftigt man sich mit Symbolen im Traum, ist man zugange, über das Unbewusste aufzuklären. Die Träume informieren darüber, dass der Mensch alle Ereignisse auch als Bild, als Symbol auffasst (und speichert)! Das ist die zweite, parallele, unbewusste, immer vorhandene Schicht des Verstehens. Symbole lügen nicht, die Ratio dagegen oft.

Symbolik: Stichwort für Weisheit und Welterkenntnis überhaupt. Der historische Ablauf und auch eine Biografie ist ein Gleichnis, ein Symbolon. Der Kluge versteht die Abläufe als Spiel und kann sie als Symbol interpretieren.

T

Tabelle: Ähnlich wie bei Listen oder Tafeln oder anderen Aufstellungen ist eine realistische Bestandsaufnahme gemeint, ein Fazit über Negativa und/oder Positiva. Die aufgezeigte, ggf. aufgeschriebene Information ist meist nüchterne Wahrheit. Besonders wenn in schwarz auf weiß geschrieben.

Tablett (Lade): Angebot (z.b. Liebe, Lust) von jemandem oder umgekehrt ein Habenwollen. Manchmal die mütterliche Gabe (z.B. Mutterbrusterfahrung) oder allgemein ein anderes, erotisches Thema. Geschenk/Anbietung, ähnlich wie per Tableau.

Tabu: Verbot, Verweigerung; irgendjemand will etwas partout nicht (um keinen Preis). Betrifft beispielsweise ein Körperproblem, eine Ablehnung, natürlich jede Art von Geheimnis, besonders ein verdrängtes Trauma in der Familiengeschichte oder aber auch die übliche Schonung der Mutter. (Das Muttertabu ist extrem stark).

Tabu-Begriff: Im Traum können Verdeckungs-Begriffe auftauchen, d.h. es werden Dramen, wie z.B. das Kriegsthema oder das Sterben, tabuisiert ausgesprochen, mit harmlos oder positiv klingenden Begriffen belegt. Als Beispiel: Statt „Weltkrieg" sagt jemand im Traum den Männernamen „Anton", also manchmal erscheint es ganz widersinnig bzw.

extrem, potenziert verbergend. Für dieses Vorgehen gibt es ja historische Beispiele; für Kriege gab es die Decknamen: Unternehmen „Barbarossa" oder Unternehmen „Desert Storm". So muss man sich ein solches Versteckspiel vorstellen.

Tabula Smaragdina: Archetyp für großes, singuläres Wissen eines Eingeweihten, wie altes, esoterisches, hermetisches, ägyptisches Tempel-Wissen; allgemein Geheimwissen. Beinhaltet z.B. die Symbolische Gleichung „Oben wie Unten".

Tafelschokolade: Liebe und Gefühl, meist aus der Ur-, Muttererfahrung heraus gesehen bzw. gewachsen. Der Schokoladengenuss steht für alle Arten von Befriedigung, gerne für sexuelle Themen, aber öfter für die vergleichbaren Situation, die man symbolisch an der Mutterbrust erlebt hat. Besonders wenn es um 2 Tafeln Schokolade geht, ist der Bezug zur oralen Phase evident, und nicht selten wird ggf. eine entsprechende Frustration im Traum, bezogen auf Schokolade, gezeigt.

Tag: Ein Tag meint oft ein ganzes Leben.

Tagebuch: Ungeschminkte Wahrheit des Unbewussten; geheime Sehnsüchte und Aggressionen.

Tageszeit: Der Verlauf eines Tages entspricht dem Verlauf eines Lebens. Das bedeutet, dass der Vormittag gern die Jugend ist und der Nachmittag die zweite Lebenshälfte. Auch der Morgen und der Abend haben eine entsprechende Bedeutung.

Talsohle: Das kann also konkret im Traum in einer bergigen Gegend angezeigt sein, ist aber fast immer symbolisch zu verstehen. Irgendwo gibt es also ein arges Problem, aus dem der Träumer sich mit Mühen wieder herausarbeiten muss, wie aus der Talsohle heraus.

Tank: Wir konzentrieren uns hier einmal auf eine der vielen möglichen Formen, nämlich auf ein rundliches, ball-ähnliches, aufgeblähtes, gefülltes Blech. Dieses Symbol assoziiert gerne mit dem

Schwangerschaftsbauch und zeigt dann eine gewisse Erinnerung an die Zeit im Uterus. – Ansonsten das eigene Energie-Reservoir.

Tanken: Befriedigung erlangen wollen. Beispielsweise erotisch oder im oralen Komplex.

Tankrechnung: Inhalt dessen, was eine (gern vaterähnliche) Figur als Gegenleistung erwartet.

Tankstelle: Ort und Umstand der Befriedigung; stellt eine Mischung dar aus erster oraler Befriedigung (Mutter, Trinken) und späterer sexueller Befriedigung. Auch allgemein nur Luststreben, Sehnsucht, Sucht (ggf. ohne Erfolg). Flüssigkeit, Einfüllstutzen, Schlauch etc. haben ihre sowohl orale als auch sexuelle Bedeutung bzw. enthalten eine zusätzliche (manchmal negative) Information. Als Tankstellenpaar können die Eltern gemeint sein (Tankwart = Vater). – Eine „leere" Tankstellenanlage sowie ein „leerer" Tank (ggf. Kanister) = Ende der persönlichen Energie-Ressourcen oder Ende der sexuellen Aktivität.

Tankwart: Meistens geht es um einen Mann, der irgendetwas befriedigt. Tankstelle meint überhaupt Satisfaktions-Stelle. Bei Defiziten des Tankwarts, könnte vielleicht ein vergebliches Streben einer Frau nach einem Mann dargestellt sein oder auch die Vatersuche eines Kindes. Wenn er z.B. auch Kfz-Meister (= Handwerker) ist, dann gerade bedeutet er nicht selten Vater (Herr des Hauses, der Familie), Erzeuger. Sonst nur Helfer für eine Befriedigung. Vgl. „Tankstelle". Der Tankwart stellt insgesamt meistens eine vaterähnliche Person dar.

Tanne, Tannenbaum: Ein solches Symbol, sehr weiblich, steht meist für die Mutterbeziehung, dann auch für die eigene Entstehungszeit. Nicht selten geht es auch um Muttersucht und -sehnsucht, um die Mutterabhängigkeit.

Tante: Steht in Frauenträumen oft für das Frauliche und Weiblich-Sexuelle; ersetzt das Symbol Mutter für die Weiblichkeit. „Tante" kann auch Chiffre sein für den weiblichen Genitalbereich.

Tanzen: Sexuelles Lustsymbol; z.b. „Vortanzen" gehört zum Werbungs- und Flirtverhalten. Tanzen ist Einüben, Vormachen von Sex bzw. Verführung, Reizung, Anmache, Vorspiel. Könnte man gar auch als ritualisierten oder geheimen sowie verschobenen und verdrängten Coitus (= Coitus-Ersatz) bezeichnen. Wird beispielsweise eine Frau einfach zum Tanzen hergenommen, kommt nicht zu ihren eigenen Schritten oder mit den Füßen auf die Erde: dann verrät das rücksichtsloses männliches sexuelles Tun bzw. eine Unbefriedigung der Frau. – Ansonsten allgemein als Leben, Lebenslust, hohe Vitalenergie. Klassischer Ausdruck für Freude. – Unabhängig vom Sex ist Tanzen ein religiöses Ritual, als Einstimmung auf etwa Jagen oder Wegziehen, als Bitte um ein Orakel Gottes, aber auch als Dank an Gott, als Ringen um Erleuchtung (Trance) oder als Kriegsvorbereitung. Auch als Stressabfuhr, Aktivitätsersatz zu gebrauchen.

Tanzveranstaltung: Sexuelles Geschehen – oder aber, ganz anders, der Versuch, ein Gesicht, eine Eingebung, quasi Trance zu erhalten (Indianertänze).

Tapetentür: Sie spricht ein Geheimnis an, und zwar bezüglich einer Passage: Versteck und Tabu sind angesprochen, manchmal bezüglich eines Geburtsprozesses.

Tapetenwechsel: Im Traum läuft das sehr konkret ab, indem nämlich alte Tapeten durch neue Tapeten ausgetauscht werden. Oft wird daran gearbeitet, etwas über-zu-tapezieren, und sehr oft klappt das nicht gut. Da haben wir die Situation, dass eine Änderung nicht gut gelungen ist; vielleicht war ja auch ein Betrug bei dem Wechsel der Tapete vorhanden? Übertapezieren meint auch Fassadenwechsel und Kaschieren einer alten Wahrheit. Im positiven oder neutralen Sinne meint Tapetenwechsel den Beginn einer neuen und recht anderen Lebensstation.

Tapezieren: Eine Wirklichkeit nach eigenem Gusto herstellen. Umtapezieren im Traum ist daher schon sehr verdächtig, hier wird eine alte Realität geändert, ob nun im Sinne einer Lüge und Übertünchung oder ob eventuell im Sinne einer besseren Wahrheit. Beim Tapezieren geht es meist um die Renovierung und Verbesserung der Seele. Das Zimmer, das tapeziert wird, meint die Persönlichkeit des Träumers und die Tapeten sind quasi die Umstände, die Lebensumstände, wenn auch nicht unbedingt der Kern einer Person. Geht es betont um zwei Räume, ist etwas angedeutet wie zwei Identitäten oder wie eine gewisse Spaltung.

Tarnanzug: Bekannt ist dieses Motiv als Tarnuniform von Soldaten. Man wird deuten müssen, dass hier irgendetwas oder jemand sich versteckt. Absichten werden verschleiert.

Tarot: Das Kartenspiel – uralt – ist verknüpft mit bunten Bildern und mit Esoterik und bedeutet als Motiv weniger die Zukunft als vielmehr Innerlichkeit, Emotion, auch Erotik, auf jeden Fall irgendeine Freude für das Gefühl. Eine Tarot-Karte im Traum ist eine Information, die nicht offensichtlich oder überhaupt sichtbar ist, die aber eine tiefe Wahrheit verrät, nur evtl. auch eine Zukunft. In der Regel ist die Karte eine Assoziation zum Wesen des Träumers (der „Narr" z.B. gehört zum närrischen Freiheitsweg, den es im Prinzip in jedem gibt). Die Zahlen auf den Tarotkarten, besonders bei den großen Arkanen, sind eine wichtige Information, ihr Inhalt ist durch das dazugehörige Bild je zu erkennen (z.B. 19, Sonne = Glückskarte). Die Karten sind als Synchronizität möglichst spielerisch verwendbar. Als gleichnisartige Archetypen tauchen sie aber im Traum ernster auf, sind eine Aussage über den Träumer.

Tasche: Weibliches Symbol; manchmal ein Verweis auf eine Uteruserinnerung (wie Koffer); manchmal auch erotisch, mit Assoziation zum weiblichen Genitale. Zu viele Taschen oder Beutel: starke Mutterbindung (meist wegen Trauma) sowie Störung, sich zu lösen oder zu entwickeln. Taschenverlust: eventuell früher Mutterverlust.

Taschendiebstahl: Hier meinen wir ein Gepäckstück als Tasche. Es wäre vergleichbar einem Kofferdiebstahl. Man bedenke zuerst einmal, dass etwas genuin Weibliches gestohlen wird. Im weiteren Sinne könnte hier eine Frucht in der Uterustasche ‚gestohlen' sein.

Taschenlampe: Hier steht man in einer schwierigen Situation, vielleicht einer dunklen Situation, in der man eine Taschenlampe bräuchte.

Meistens ist der Hintergrund das große Suchen nach Information oder Erlebnis in der Biografie eines Menschen. Als Gegenstand ist die Taschenlampe sozusagen ein vitales Körperchen (Elektro, Licht steht für die Lebenskraft). Sie könnte also für Embryo oder Foetus (oder Baby) stehen, und zwar dann, wenn die Leuchtfunktion oder die Zerstörtheit, der Schaden einer Taschenlampe eine Rolle spielen; dann wird evtl. ein Thema zum Überleben angezeigt; eine destruierte Taschenlampe (oder auch eine andere Lampe) deutet eine Lebensgefahr an, hier quasi für ein keines Wesen/Körperchen.

Taschentuch: Das ist immer sehr persönlich und sehr intim und verrät sogar einen speziellen Körpergeruch. Dann wird es ja gern noch aus einer Tasche oder Hosentasche gezogen. Wenn also ein Mensch, z.B. ein Mann, jemandem, sagen wir etwa einer Frau, sein Taschentuch reicht, dann ist das schon ein sehr intimes, erotisches Angebot. Umgekehrt auch.

Taschen-Verlust: Im Traum einer Frau zeigt es Probleme mit der eigenen Weiblichkeit an. Angegriffen ist die Sexualität, und die Geschichte stammt nicht selten aus peri- und pränatalen Traumata.

Tasse: Meist Symbol für das Thema der oralen Befriedigung, also Erinnerung an die Qualität der Mutterbrusterfahrung (später erotisch). Auch manchmal eine Empfehlung des Traumes dazu, was gesund wäre zu trinken (z.B. Kräutertee als Tasseninhalt statt Kaffee). Die Tasse ist symbolisches Gefäß für den Empfang eines Wertes, Geschenkes, einer Lust. Bei Tassensammlerinnen kann man einen Komplex erkennen.

Tassenform: Über die Assoziationskette zu Mutterbrust und Trinken kann in subtiler Weise ein Grad von Lebensqualität gemeint sein, bis hin zu der Frage: Überleben ja oder nein.

Tassen-Kauf: Sehnsucht nach Tassen, diese erwerben oder kaufen wollen, nach Kaufmöglichkeiten auslugen, Tassen sammeln wollen = da geht es oft um Menschen, die ein Mutterbrust-Trauma haben. Die Tassen sollen kompensieren.

Tassenrand: Tasse, Tassenform, Tassenrandeinfassung können ggf. Umstände zu einer Geburt anzeigen. Es gibt eine unbewusste Affinität zu Zustand und Aktivität des Muttermundes; allerdings noch mehr zur Mutterbrust.

Tassen-Schwemme: Kann eine Brust- und Muttersucht verraten.

Täter-Opfer: Täter-Opfer-Ereignisse werden im Traum als nicht so wesentlich (unterscheidend, gegensätzlich) wie im Bewusstsein oder wie in einer Lebensgeschichte dargestellt. Sondern sie werden als Spielereignisse im großen Weltspiel einer Biografie oder der Weltgeschichte dargestellt. Es geht sogar noch weiter: der Traum lehrt, dass sich die Täter-Opfer-Konstellationen abwechseln und umdrehen lassen. Wie man das deutet ist, eine andere Sache, am ehesten kann man das mit der Reinkarnations-Theorie, mit dem Karma erklären. Siehe auch „Opfer"

Täter-Vorwurf: Es ist nicht selten, dass im Unbewussten die Kinder (späteren Erwachsenen) für die Aktionen ihrer Eltern und Vorfahren angeklagt werden und auch schicksalhaft büßen müssen. So kann z.B. einen Sohn im Traum der Täter-Vorwurf treffen, weil, was ihm unbekannt ist, sein Vater die Zeugung mit Gewalt ‚als Täter' durchsetzte.

Tau: Tau als Niederschlag ist ein subtiler Hinweis zum Himmel, zum Gottesgespräch.

Taube: In der Antike der Beivogel der betont weiblichen Göttin. Repräsentant für den femininen Anteil der Dreifaltigkeit, dieser stellt auch den Heiligen Geist, d.h. den kreativen „Geist"-Bestandteil der Trinität dar (Ruach, Sophia, Aphrodite, Ishtar). Also steht die Taube für eine Art Isis-Aspekt (in der Trinität mit Osiris und dem Sohn/Falken Horus); und so meint sie im weitesten Sinne auch: Mädchen, Frau, Liebe (das ist gern Unaggressivität), erotisches Tun, weibliche Weisheit. Die direkte Bedeutung für „Frieden" ist selten (spät aufgesetzt). Eher gilt dagegen: Taube als weibliche Seele (oder als Seelchen). Medium für telepathische Sendungen. An der Taube ist zu erkennen, dass der Heilige Geist „weiblich" ist.

Taube-in-Weiß: Eine körperlose Seele (also etwa Lebewesen ohne Materie). Weiße Tauben stehen für eine spirituelle, geistige Kraft, aus dem Himmel, aus dem Jenseits, aus dem Unbewussten.

Tauben: Erkenntniselemente. Viele Tauben können Einzelheiten sowohl von Geist als auch von Fruchtbarkeit darstellen.

Taubenblaugrau: Farbe des Himmels, des geistigen Zustandes. Auch tendenziell zum Weiblichen gehörig, d.h. etwa zu einer Mutter oder zu einer Himmelsgöttin. Zusammengefasst: Farbe der Spiritualität auf der Erde (vgl. Taube, Geist, Regina Universarum). Als Farbe einer Frau oder Mutter steht sie im Kontrast zum „dunkleren" Blau, das männlicher ist. Als „tauben"-ähnlich ist die Farbe weiblich. Es mag auch darin mitschwingen, dass die Kinder angeblich von der Mutter (so Schopenhauers Meinung), und nicht vom Vater, Geist, Intellekt, Verstand erben, deshalb hängen auch die Philosophen an den Brüsten der Sophia (so in der mittelalterlichen Kunst). Die Taube ist nicht betont erotisch weiblich, sondern eher geistig (eine gelbe, rote Bluse ist weiblicher, mütterlicher, erotischer als eine hellblau-taubenfarbige).

Tauchen: Sehnsucht nach erfüllender Sexualität. Es ist eine gewisse Steigerung zum Wunsch zu „schwimmen". Als Urgefühl assoziiert hierzu die Seligkeit im Mutterbauch, wo wir 9 Monate lang schwimmend tauchen.

Tauschgeschäft: Wenn man realistisch ist, ist der Tausch, Wechsel von Geben und Nehmen unter Menschen üblich und normal. Gängig für sexuelle Beziehung. Natürlich kann man hier auch einseitig überfahren werden. Manchmal eine Beschreibung des Eltern-Kind-Verhältnisses.

Tausend: Außerordentliches Optimum an irgendeiner Eigenschaft.

Taxi: Hat eine Tendenz, dies zu bedeuten: Aufenthalt im Mutterbauch oder Hilfe, Transport, Fortbewegung durch andere Personen, bevorzugt durch einen Elternteil (Gegenteil von Selbstbestimmung, was griech. autos = Auto meinen würde). Verweist gern auf einen betont helfenden Vater, der wie ein Taxi-, Autofahrer fungiert. Taxi fehlt: Die Mutter

241

bzw. die Schwangere leistete bei der Geburt wenig oder keine Hilfe für die Geburtsfortbewegungen des Kindes. Oder: der Vater fehlt, fehlte damals.

Technikprüfung: Z.B. kann man eine Maschine oder ein Auto technisch prüfen. Das geschieht meistens durch einen Mechaniker, Handwerker, und es gleicht den verbreiteten Autokontrollen, beispielsweise einer TÜV-Prüfung. Das ist im Traum in der Regel eine körperliche Prüfung und das Ergebnis besagt etwas über die Gesundheit der Maschine bzw. des Körpers des Träumers. Wer das Prüfungssiegel mit Erfolg bekommt, lebt erst mal weiter, hat den Tod aufgeschoben, könnte man sagen.

Tee: Steht für eine zurückhaltendere, feinere Befriedigung als etwa der direkte, anregende, banal aphrodisierende Kaffee. Also wenn überhaupt – geht es um eine mehr platonische Liebe, ästhetische Beziehung. Tee steht eher für etwas Geistiges (wieder im Gegensatz zum materiebezogenen Kaffee). Tee mahnt manchmal im Traum auch ein gesünderes Essverhalten an, genauer ein anderes Trinkverhalten, z.B. auf Kaffee und Alkohol zu verzichten. Auch die Teesorten sind sprechend, z.B. roter Tee oder Hibiskustee oder grüner Tee – sind je für sich zu deuten, also gern nach Farbe.

Teekessel: Siehe Wasserkessel.

Teich: Wir konzentrieren uns hier einmal auf die Situation, dass eine träumende Person im Teich ist und dort auch untergeht bzw. knapp gerettet wird. Da handelt es sich meist eigentlich um eine tod-nahe Situation bei der Geburt (Erinnerung). Im Märchen ist der „Teich" oft mystisch, er trägt ein Geheimnis. Siehe auch „See"

Teilnehmen: Es geht nicht um eine banale, sondern meist um eine sehr wichtige Zugehörigkeit zu einer Gruppe, zu einer Familie oder ähnlich.

Telefon: Ein tief unbewusster Inhalt. Eine Verbindung, eine Beziehung, die zwar latent ist (= nicht offensichtlich), jedoch faktisch ist. Soll also insgesamt Kontakt, und zwar ebenso unbewussten wie echten, darstellen, bzw. ist Beweisstück eines Kontaktes. – Auch Führungsgremium zu unbewussten Inhalten.

Telefonat-Abbruch: Das Ende oder der Abbruch eines Telefonats sind nicht zufällig. Es gibt geheime Gegenkräfte und Aggressionen gegen einen bestimmten Kontakt. Meist sind die Feindlichkeiten oder Widrigkeiten aber sehr versteckt und unbewusst. Der Träumer ist auf der Spur, eine wichtige Information aus dem Unbewussten hoch zu holen, aber vor dem Endergebnis bricht das Telefonat ab. Das heißt, eine letzte Klarheit der Information fehlt ganz offensichtlich. Manchmal ist eben unser unbewusstes Suchen nicht von Erfolg gekrönt, mit Lücken des Wissens gehen wir weiter. Passt auch zu einem vergeblichen Hilfe-Ersuchen.

Telefonieren: Das kann im Einzelfall auch bedeuten, dass die telefonierende Person ablenkt. Dass sie also mit einer anderen, anwesenden Person nicht direkt in Kontakt treten will, dies aber nicht offen zeigt, oder aber dass sie von einem Problem ablenkt, mit hektischem Telefonieren. Also manchmal: Ersatzaktivität. – Sonst unbewusste Kontaktaufnahme, Informationsuche.

Telefonnummer: Oft geht es um ein Hilfeersuchen im Traum - aber manchmal ist einfach nur die Identität gemeint. Die eigene Telefonnummer verrät also etwas über die Abstammung, die genetische Zugehörigkeit, wie ähnlich symbolisch auch der Name über Wesen und Typus. Ein Kfz-Nummernschild ist ähnlich.

Teller, Einzahl: Ein gemeinsamer und einziger Teller stellt das singulär Verbindende eines Paares dar. Bezieht sich gern auf Erotisches. Gern auch als Tellerchen, und dabei ist die Assoziation zur weiblichen Brust (Nahrung fürs Baby) nicht weit.

Teller: Oft das, was Mutter, Frau einem Kind oder dem Mann oder sonst einer Person anbietet; gemeint ist eine recht weibliche Gabe, und die kann Liebe, Nahrung für ein Baby oder auch Sex oder allgemeine Zuwendung für einen Erwachsenen darstellen. Mit zwei Tellern (plus Speise) – aber auch mit einem einzigen – und mit Mann und Frau kann

243

etwas über die Partnerschaft ausgesagt werden. Die allererste Befriedigung spielt sich im Oralen ab, und der Teller steht für ein übergreifendes, erstes, symbolisches Essen von Mutter und für das entsprechende Geben, bzw. umgekehrt für die erste große Frustration an der Mutterbrust. Ein übertragen gemeintes Geben, auch dies per Teller, ist die Schicksalsvermittlung durch die Mutter, auch schon vorgeburtlich. Später ein Medium für den Eros unter Personen, und zwar über die Brücke des Symbols „Essen".

Tempel und andere religiöse Gebäude: Ein solcher Sakralbau bedeutet das spirituelle Lebenswerk, die geistige Entwicklung, an der man (gegebenenfalls ganz unbewusst) arbeitet. Siehe auch „Kirche"

Tempelsäulen: Hinweis auf eine spirituelle Persönlichkeit und auch auf eine Dimension, die die einzelnen Reinkarnationen überlagert.

Tennisschläger: Kann in Einzelfällen ein Symbol für eine Partnerschaft oder aber umgekehrt für eine Partnerschaftsverweigerung sein. Manchmal Zeichen für ein vorangegangenes Match. Es kann eine verräterische Spur oder ein anderes Relikt übrig geblieben sein, nämlich z.B. eine Schwangerschaft. Vielleicht geht es auch um den Verrat einer geheimen Beziehung.

Tennisspiel: Meist partnerschaftliches, sexuelles Verhältnis.

Tennisspieler: In den meisten Fällen geht es um einen sexuellen Partner, wenigstens um einen Ersatz.

Teppich: Funktion: gerne etwas vertuschen, zudecken.

Teppichbelag: Vertuschung der darunter liegenden Wahrheit.

Teppichmuster: Konzept des ganzen Lebens, Biografie-Ablauf, Individualität, persönliche Aufgabe, Summe aller Lebenseinzelheiten.

Teppich-Position: Die Lage von Teppichen, z.B. schräg oder verschoben, kann verraten, dass ein gewisses, früheres Geheimnis nicht gut erledigt ist oder negative Spätfolgen hat.

Teppichrolle: Was man mitnimmt an Muttererlebnis, für das ganze Leben.

Teppichunterlage: Das kann so etwas Ähnliches sein wie das weibliche Ei, das befruchtet wird, oder wie das erste Zellgewebe. Diese sind eine Basis für den Keim eines neuen Menschenlebens. Der Teppich drückt gerne die Grundlage, die Ur-Basis aus sowie das Materielle und das Körperliche. Auf so einer ‚Unterlage' wird dann das Leben gestaltet, als würde sich auf dem ersten körperlichen Gewebe (auf dem berühmten „zellulären Gewebe") die Seele, sekundär, ansiedeln.

Terminkalender: In den Eintragungen kann man erkennen, mit wem die Zukunft Kontakte bringt und noch genauer, welche Qualität des Kontaktes, Besuches vorliegt, d.h. abhängig davon, ob sich jemand dort eingetragen hat, ggf. freudig oder nachdrücklich, oder ob jemand einen Termin absagt.

Terrasse: Bezogen auf das Haus oder das angrenzende Zimmer im Haus, bedeutet die Terrasse das Draußen. D.h. es geht ‚draußen' um die Welt der Jenseitigen oder um Situationen in ferner Zukunft oder oft um Informationen über unsere Zeit vor der Geburt. Durch die Terrasse ist die andere Dimension recht nahe. (Im Haus sind wir dann = auf die Welt gekommen.)

Terrassentür: Manchmal die Grenze zum Jenseits.

Teuer: Siehe „Kasse", "Bezahlen".

Teufel: Im Traum verkleidet er sich als Herr der Welt, obwohl ihm die Welt nicht gehört. In einer Firma hätten wir zum Vergleich (wie es auch tatsächlich in Träumen auftritt) jemanden, der sich zum höchsten Angestellten aufschwingt, der aber nicht Besitzer der Firma ist – jedoch gern so tut... Der Teufel (wie meist auch die Engel oder der Bote Gottes) tritt in Menschengestalt auf, als Biedermann im Anzug, manchmal in „Beige" oder sonstigen Mischfarben. Er verstellt sich, ist ein Verführer, d.h. das „Verführen" ist besonders signifikant für ihn. Natürlich treibt er es gern in den inneren Zirkeln der höchsten moralischen Instanzen, nimmt sich und missbraucht den Bonus der weltlichen (und religiösen) Autoritätspersonen. Bevorzugt wirkt der Teufel durch die Führenden der Welt, ob es Priester, Politiker, Wissenschaftler, Medienbesitzer sind. Er steckt in diesen Personen als Eitelkeit, Ehrsucht, Ego, Gier, nicht zuletzt als Sexstreben – während das dumme Volk den falschen Autoritäten (Propheten) glaubt. Der Teufel agiert insgesamt als stellvertretender Chef von etwas im Traum, der täuschend vorgibt, allein Befugnis, Befehlsgewalt zu haben. Womit Menschen generell verführt werden, das sind Lust/Vergnügen und Macht (Endorphine und Dopamin).

Text: Z.B. als Vertragstext, Buchtext, Manuskript = Leben, Biografie. Texte stehen manchmal stellvertretend für Reden und Geständnisse.

Text-Fahnen: Ähnlich fungieren auch Text-Streifen. Sie stehen für Informationen, auch zum Beispiel für Geständnisse, aber auch für Fakten im Hintergrund.

Theaterstück: Das ist das Leben bzw. ein momentaner Lebensüberblick, besonders in Träumen, als Filme und Videos noch nicht so verbreitet waren.

Theatralisch: Eine Person agiert gern theatralisch, wenn sie eine Schuld oder ein schlechtes Gewissen auffällig überspielen will.

Theke: Ort für Befriedigung jeglicher Art; manchmal auch ein Hinweis auf Ernährungsratschläge; gerne Sucht oder mögliche Suchtentstehung anzeigend (latente Süchtigkeit). Die Ur-Theke ist immer die Mama bzw. das Erlebnis in der oralen Phase.

Therapeut(in): Manchmal mit positivem Auftreten – zuweilen aber auch ein negativer Ausfrager.

Therapie: Sich um die Auflösung eines Geheimnisses oder eines Komplexes bemühen.

Therapie-Bitte: Da geht es um den Wunsch eines Mitmenschen, der seelisch leicht oder schwer verletzt ist, dass ein anderer Mitmensch ihm etwas helfen könne, ihn vielleicht heilen könne. Das sind z.b. geheime, nicht ausgesprochene Wünsche in Beziehungen. Im Grunde verspricht man sich von jedem Menschen etwas, einerseits versteckt, aber andererseits berechtigt. In Beziehungen ergibt sich nur leider oft der Fall, dass beide Partner ihre seelische Wunde an der gleichen Stelle haben. Es geht also bei dem Traumsymbol „Therapie" nicht um professionelle Therapie, sondern um eine mäßige, alltägliche Bitte ans Du um eine gewisse Linderung oder Hilfe oder Heilung.

Therapieren: Kann im Einzelfall ein anderes Behandeln meinen als erwartet. Es bemüht sich z.b. der ‚Therapeut' um eine Person, Klientin, aber d.h. vielleicht, es geht dann doch um Eros, und der Therapeut möchte, dass die andere Person reagiert, zurückreagiert; deshalb behandelt er sie. Aber das ist ein Ausnahmefall.

Thot: Als Ibisköpfiger, als Hermes, als Merkur oder Thot stellt diese Traumfigur den (relativ weiblichkeits-, mondbezogenen) „Schreiber" dar, welcher die „Bewertung" (vgl. dort) eines Lebens vornimmt, wie im alten Ägypten beim Eintritt in das Jenseitsreich des Osiris. Er ist weise, eingeweiht, ein Wissender mit dem Archetyp des Schreibbretts oder hochgehaltenen Schreibblocks bzw. einer Tafel in der Hand als Attribut. So eine Bewertung ist nicht nur an die Zeit nach dem Leben gebunden. Klassisch ist der unauffällige, normal aussehende „Mann mit dem Schreibbrett", der in dieser Funktion in Träumen auftritt (und der ägyptische Gott Thot liefert dazu eine hilfreiche Deutung).

Tibet: Die ganze Region, ob Himalaja, Nepal, Kaschmir usw. hat die Territorialsymbolik des Wissenserwerbs, der Spiritualität und des Erleuchtungsstrebens als Lebenssinn. Durch „Höhe" ausgelöst?

Tiefenschlund: In der Mythologie gibt es den Archetyp des „gähnenden Abgrundes" vor der Schöpfung, vor dem Menschheitsbeginn. Im

Traum ist das eine Erinnerung an eine brenzlige Situation, in der man in Urzeiten, d.h. wie fast schon vor der Geburt den Tod hätte finden können.

Tier: Die Gestalt der Tiere ist symbolisch zu lesen, nach ihrem archetypischen Charakter. Und so stellen Tiere menschliche Entwicklungsstufen oder Verhaltensweisen dar. Da gibt es auch Mischwesen, z.B. die Kentauren, Pferdemenschen: das sind Männer, wild, zügellos, mit Sexdrang, aber auch stark weiblichkeits- und muttergeprägt und daher auch klug. Aber meist ist das Tier eindeutig und steht für einen konkreten Menschen, z.B. ein Pferd für eine Frau oder Mutter; auch Bär kann Weibliches indizieren. Hund und Wolf sind eher Männer oder eben nur männliche Seiten (gegebenenfalls in Frau). Welpen oder Meerschweinchen oder Häschen stehen oft für Kinder, besonders für Babys im Krabbelalter, weil eben diese Tierchen auch auf allen Vieren gehen und außerdem ins Kindchenschema passen. Man beachte die vielen Redewendungen, Vergleiche oder Beschimpfungen mithilfe der Tiersymbolik – genauso geht's im Traum zu: „du dummer Esel, du geiler Hund, du Ziege" usw. Manchmal stellen Tiere einen Foetus- oder einen Babyzustand dar. Man nennt Tiergestalten für Menschen „theriomorphe" Symbole, Charaktere. Wir beginnen im Uterus pflanzlich, entwickeln uns über die Tierstufe zum Menschen, behalten solche Stufen im Unbewussten aber auch bei.

Tiergestalt: Siehe „Tierverwandlung"

Tier-in-Tür: Es kommt auf das Maß der Aggression bzw. des Bildes an. Eine dicke Katze oder ein schwarzer Hund im Eingang zu einem Haus oder zu einem Zimmer zeigt an, dass der Zugang zum Unbewussten sehr belastet ist, dass das Unbewusste bedroht ist. Das kann manchmal mit einem Problem in der Uteruszeit zu tun haben, denn das Unbewusste ist besonders im Schwangerschaftsraum dominant bzw. wird gerade dort geprägt und angelegt.

Tierkampf: Im Sinne des berühmten Gefressenwerdens oder Fressens, spielt sich nicht selten ein Kampf um Leben und Tod ab, und zwar in einer Art Tierstufe. Da geht es schon im Uterus um Überleben oder

Sterben, später dann, verdeckt, hört's auch nicht auf. Die tierische Konkurrenz ist ein Muster für die Konkurrenz unter Menschen.

Tierverwandlung: Wir haben im Traum wie auch in der alten Mythologie manchmal Mischgestalten vor uns, die beispielsweise halb Stier und halb Mensch sind. Mit dem Tier-Teil soll eine hervorragende Charaktereigenschaft oder Stärke eines Menschen gezeigt werden. Unter anderem haben solche Mischgestalten im Traum, d.h. also konkret die Menschen mit der Tierverwandlung, eine prophetische Gabe. Das Tier kann aber natürlich auch eine verletzte, kranke, negative Seite im Menschen darstellen, wie z.b. der Käfer in Kakas Erzählung Die Verwandlung.

Tiger: Aggressives Wesen mit Tötungsabsicht, d.h. das Raubtier im Menschen; bevorzugt als das Wilde, Aggressive (auch Sexuelle) in der Frau. Mit sonstigen Großkatzen vergleichbar. Im Zusammenhang mit Mann meint es eine Aggression, die sich sozusagen in seiner Anima befindet oder die als weiblich zu bezeichnen ist, die etwa von seiner Mutter stammt und auch versteckt ist. Außerdem, nun umgekehrt, Symbol phallischer, also männlicher Kraft, sowohl nach thailändischen Sprichwörtern wie in Träumen europäischer junger Frauen; d.h. ein typischer Schwängerer, sehr potent und attraktiv, kann ein „Tiger" sein, als wäre er dauernd phallisch. Etwa im Zusammenhang mit Delphinen oder Fischen, eine Befruchtung anzeigend. Meistens aber deutet der Tiger in einer Frau sozusagen das Phallische, Aggressive, gegebenenfalls Menschenmordende, Kastrierende an, in diesem Sinne wie eine „vagina dentata" (so Sigmund Freuds Begriff), eine Vagina mit Zähnen, zu verstehen. Grundsätzlich gehört die Großkatze zur Frauengöttin. Als zwei Tiger = besonders negativ/aggressiv. Manchmal Indiz von abtreiben wollenden Frauen. Steht also gern für tödliche weibliche Gefahr.

Tigerin: das Wilde, Aktive, auch Aggressive sowie das Sexuelle in Frau. Siehe „Tiger"

Tigernatur: Ein Tiger im Traum verrät Aggression. Es kann sogar sein, dass ein Mensch im Traum eine latente Tigernatur hat oder zwischen Tigergestalt und Menschengestalt wechselt. Der Gestaltwandel ist ja etwas ganz Alltägliches in Träumen und enthält immer eine interessante Information. Eine Tigergestalt im Traum also erinnert an ein relativ todesnahes, gefährdetes Ereignis im Leben des Träumers. Oder zeigt sein eigenes Aggressives.

Tisch aufarbeiten: Hier geht es um eine Beziehung, die nicht gut oder befriedigend ist, an ihr müsste heftig gearbeitet werden. Irgendjemand ist also sehr unzufrieden mit der aktuellen Beziehung und möchte tendenziell ausbrechen, in eine andere Beziehung gehen.

Tisch: Häufiges und eindeutiges Symbol für Beziehungen, z.B. in Richtung Mutter (Erstbeziehung = Urmuster für Beziehungen), Partner, Kind. Je eckiger der Tisch und je kleiner/niedriger, umso schlechter ist die Beziehung; je runder (vgl. den „Runden Tisch"), umso besser. Die Position ist zu beachten: sitzt man nebeneinander, nahe, zugewandt oder fern, gegenüber usw. – das alles ist sprechend. Leerer Tisch, d.h. besonders an Personen leer = große Einsamkeit. Bei Sitzpositionen „schräg gegenüber" geht es nicht gerade um Freundschaft.

Tisch-Bearbeitung: Tisch aufarbeiten = Hier geht es um eine Beziehung, die nicht gut oder befriedigend ist, an ihr müsste heftig gearbeitet werden. Irgendjemand ist also unzufrieden mit der aktuellen Beziehung und möchte tendenziell ausbrechen, in eine andere Beziehung gehen. Wenn sich diese Bearbeitung schon beinahe als Tisch-Entstellung im Traum zeigt, dann wird hier nachträglich an einer Beziehung manipuliert. Also Verdrängung, Täuschung, Lüge können gemeint sein. Der Archetyp „Tisch" meint eigentlich immer irgendeine Art von Beziehung. Die Bearbeitung einer Beziehung kann positiv und negativ sein.

Tischbein: Genauer würde man die Szene als „unterm Tisch" bezeichnen. Der Weg dahin oder der Blick dahin geht quasi über das Tischbein. Unter dem Tisch zeigen sich manche Wahrheiten von Beziehungen, hier werden erotische Kontakte angebahnt, aber hier erkalten sie auch.

Tischdefekt: Verschiedene Mängel oder Defekte an einem Tisch verraten, dass die Beziehung, um die es per Archetyp „Tisch" geht, nicht

echt, ganz oder vollständig ist. Das heißt z.b.: der eine der Beziehungs-
partner hält viel für sich zurück; er gibt sich keineswegs hin.

Tisch-Gottesdienst (Messfeier um den Tisch): Beziehung zu den Tisch-genossen als Gottes Wille, Dienen, für den göttlichen Zusammenle-bens-Auftrag (ob schmerzlich oder glücklich).

Tischler: Biologischer Vater. („Holz" und „Schreiner" gehören ebenfalls zum Zeugungs- oder Abstammungsthema).

Tischposition: Unsere Position am Tisch gegenüber anderen Personen ist sprechend. Das Gegenüber zeigt Distanz, aber auch gutes Direktes an. Wenn man sehr nahe bei jemandem sitzt, meint das in der Regel ein gutes Verhältnis. Das Kopfende hat etwas von einer Führungsposition inne. Einzelheiten, ob die Position negativ (z.b. schräg gegenüber) oder positiv zu sehen ist, muss man dem Gesamttraum entnehmen.

Tisch-Reduktion: Gemeint ist die Traumszene, dass jemand die Tisch-oberfläche kürzt, z.b. durch Hineinschieben eines Elements, und viel-leicht noch sonst etwas mit der Tischplatte anstellt: Hier gestaltet, än-dert jemand die aktuelle Beziehung, und zwar unsanft, willensstark oder ungut, er „reduziert" eben.

Tischtennis: Sex oder Sex-Ersatz (ähnlich anderen Zweier-Ballspielen). Das Hin und Her oder Ping-Pong, als Partnerspiel, fußt natürlich immer auf der Ersterfahrung. So steckt im TT-Spiel rudimentär auch die ehe-malige Muttererfahrung. Die Deutung ist insgesamt variabel zu sehen: unerotische Beziehung irgendwelcher Art (a), Eltern-Kind-Beziehung (b) oder sexuelles Flirten (c) (sogar Missbrauch, d).

Tischtuch: Ein Tischtuch oder einen Tisch zerschneiden heißt, eine Be-ziehung oder eine Gruppe auseinanderbringen.

Tisch-Umstellen: Jemand ändert gravierend die Beziehung, z.b. wenn die Ehefrau im Traum den Tisch oder Schreibtisch umstellt. Zumindest plant sie eine radikale Änderung im Haus.

Titelblatt: Vergleichbar auch mit dem Einbanddeckel eines Buches, stellen Titel und Titelseite das wichtigste Erkennungszeichen dar, um z.b. einen Lebenssinn, eine Aufgabe, oder eine Genese genau anzusprechen bzw. zu verraten. Titelblatt weggerissen: = das ist eine ganz böse Manipulation und Übergriffigkeit, eine Informationslöschung.

Toast: Hier einmal als Doppel, als zwei Scheiben (die man ja gerne als Paar röstet), vorgestellt. Essen/Nahrung als Überthema und der Belag für den Genuss spielen eine Rolle. Das Symbol assoziiert zu den weiblichen Brüsten, also beispielsweise zur Einstellung einer Frau gegenüber dem Träumer oder einem anderen Subjekt, näher erläutert durch den Zustand der Scheiben (etwa „trocken"?) und durch den Belag. Vieles basiert auf der Muttererfahrung, Essensthemen sowieso.

Tochter: Hat zum einen, bei Frauen, die Bedeutung, dass sie deren Jugendlichkeit, Sexualität, Genitale darstellt. In Männerträumen dagegen kann nach steinzeitlicher Art eine Frau gemeint sein, die vom Mann abhängig ist oder sich ihm ganz oder gern zur Verfügung stellt (stellen muss), die quasi wie eine Tochter früher, ob nun in großer Abhängigkeit oder in Liebe, sich verhält, und dann ist „Tochter" auch manchmal eine Chiffre für eine willige Partnerin, Geliebte (ähnlich wie männliche Jugendliche zu ihrer jungen Freundin „Schwester" sagen). – Siehe auch „Sohn".

Tochter-Typus: Wenn eine real längst erwachsene Person, evtl. eine, die Mutter sein könnte oder ist, im Traum als betonte „Tochter" auftaucht, mit der ursprünglichen Familie der jungen Frau bzw. des Mädchens im Hintergrund, kann man vermuten, dass diese Frau eine abhängige Tochter geblieben ist, d.h sie fungiert als Sprachrohr der Eltern, bzw. sie hat eine recht infantile Seite.

Tod als Gestalt: Der Tod als Geist, Gevatter, Imago oder Gott gibt, meist verfolgend, dem Menschen im Traum nur einen „kleinen Vorsprung"... Und die Drohung mit dem Lebensende läuft daneben gern über den Archetyp „Hölle" (als gewollte Übertreibung).

Tod, Lebensende: Träume sagen ganz klar, dass die Existenz des individuellen Bewusstseins nach dem körperlichen Tod weitergeht.

Tod: Das ernst gemeinte oder befürchtete Sterben im Traum wird durch andere Symbole, durch weltweit verbreitete Archetypen zum Übergang dargestellt, z.b.: jemanden verlassen, allein sein, übers Wasser ziehen, abgeholt werden, in die Höhe entschweben, einen Wettkampf verlieren, im Matsch ertrinken. Tod und Totes dagegen, auch Töten im konkreten Traumbild hat eine übertragene Bedeutung. Töten ist z.b. nicht selten = (erste) Sexualität. Des Weiteren kann es um Verluste, gravierende Wandlungen, Trennungen, Veränderungen gehen, um klassische Abschiede. Auch gibt es den Komplementärtraum, dass Tod im Traum gerade umgekehrt Überleben oder Viel-Leben meint (so in Spanien oder auf dem Balkan). Einen anderen im Traum tot sehen bedeutet manchmal, dass man erkennt, wie und wo und wann der andere extrem nahe am Tod sich befand (per Nahtoderlebnis, Koma, lebensgefährliches Trauma) (a) – sowie zweitens das Gegenteil, nämlich dass er lange leben wird (b). Tod im Traum ist in den meisten Fällen eine traumatische Erinnerung, keine Zukunft. Im Traum sieht man, dass der Tod als Schatten/Person den Menschen sein Leben lang immer heimlich begleitet, er versteckt sich, macht sich unsichtbar. Siehe auch „Wiedergeburt"

Tod-Bestrafung: In Einzelfällen kann man im Traum sehen, dass Schicksalselemente als Strafe gesandt werden. Mit aller Zurückhaltung sei es gesagt, aber dennoch kann ein Traum einmal so sprechen, dass der Tod eine Strafe sei.

Todesahnung: In Einzelfällen kann der unterdrückte Wunsch dahinter stehen, frei zu sein, besonders wenn die Todesahnung einen anderen Menschen oder einen Partner betrifft. Solche Botschaften können gern einmal das eigene Unbewusste, was man nicht offen zulässt, zeigen. – Ansonsten sind Todesahnungen aber durchaus üblich.

Todesanzeige: Der dazugehörige Text verrät die markante Struktur des Verstorbenen, seinen Hauptcharakter, der möglicherweise von den Angehörigen oder dem Träumer damals arg übersehen wurde.

Todesengel: Meist nur als einfache Begleitperson zu erkennen; in aller Regel ist der Begleiter andersgeschlechtlich, so dass ein Mann eine wunderschöne Frau als Begleiterin oder Todesengel bei sich hat. Solches sehen Angehörige im Traum, zuweilen Tage oder Wochen nach dem Tod eines Verwandten (manchmal noch mit Fluggerät für die Himmelfahrt oder mit viel Gold, Licht) – wobei das auch so zu deuten wäre: nach dem Tod finden wir unsere Ganzheit wieder, das ist die Androgynität, im Symbol „Heilige Hochzeit". Und dann würde die Begleitperson z.b. nur die Anima, das ist die weibliche Seite eines Mannes, symbolisch darstellen. Oder es wäre im noch weniger konkreten Sinne nur eine Information darüber, dass Verstorbene als androgyne Wesen aufzufassen sind (wie übrigens auch Engel). Von Sterbenden selbst werden helfende Begleiter für den Übergang bevorzugt in Menschenform gesehen, und es mag offen bleiben, ob es sich um Todesengel oder andere jenseitige Wesen (nämlich früher Verstorbene) oder gar nur um erhoffte Helfer handelt. Sehr oft treten zwei (zusammenarbeitende) Todesengel auf. Dass Sterbende die Vorangegangenen „sehen" können und begrüßen, kann man als bewiesen ansehen. Also begleitet und abgeholt werden gehört zum Tod dazu.

Toilette fehlt: So ein Traum zeigt, dass es große Widerstände, und zwar durchaus massiver Art gegeben hat dagegen, das Licht der Welt erblicken zu dürfen. Wenn die Toilette fehlt, ist die natürliche Gegebenheit auf die Welt zu kommen verhindert oder ausgesetzt worden. „Keine Toilette vorhanden" (oder Toilette unzugänglich und ähnlich), das ist also typisch für Träume über eine sehr problematische, unbewusst eher abgelehnte Geburt.

Toilette: Zum einen der Ort, etwas von sich zu geben, etwas zu lassen; also Abschied, Loslösung, Fortschritt können gemeint sein: etwas hinter sich lassen. Zum anderen Archetyp für die Durchführung eines ersten, urigsten, zentralen Bedürfnisses, weshalb man von „ich muss" spricht. Und zwar geht es um Triebe, Befriedigungen, Lustziele, aber noch tiefer um Lebensziele, Überlebenwollen. Toilettenträume symbolisieren daher die erste, archaische Ich-Anmeldung, im Sinne von: Darf ich hier leben? Darf ich es mir hier einrichten? Bekomme ich hier, in dieser neuen Familie, einen Platz? Toilette besetzt, verschlossen, verschmutzt = die Interessen anderer (z.b. der Erwachsenen) gehen vor. Toilette ohne Sichtschutz = eine Eigenentwicklung, individuelle Rückzugsmöglichkeit wurde in der Kindheit nicht gestattet. Toilettenträume sind häufig und beziehen sich oft auf Blockade oder Erfolg im Geburtsprozess (!) sowie auf Sexualität. Oder generell auf die Triebwelt. Siehe auch „Stuhlgang". – Ein besonderer Aspekt der Toilette ist die Tatsache des abgeschlossenen, geschützten Raumes. Man fühlt sich also, wenn nicht gerade die Tür geöffnet ist oder die Räume desolat sind, sicher und sehr bei sich selbst. Es ist so, als könnte man auf der Toilette geschützte Selbstgespräche führen. Deshalb verraten Äußerungen, Inhalte, Gedanken im geschlossenen Toilettenraum gerne das, was man offiziell vor den anderen Menschen zu denken vermeidet oder leugnet. – Ungeschützter Toilettenraum: Übergriffigkeit und Manipulation gegen das Kind ehemals.

Toilettenbenutzung: Geborenwerden, Geburt, Triebbefriedigung.

Toilettenpapier: Indirektes Indiz für eine Geschichte, die mit dem Archetyp „Toilette" zu tun hat. Als Toilettenpapier liegt der Eindruck nahe, dass irgendetwas verwischt, gereinigt oder verdrängt werden soll, z.b. gern ein Schwangerschaftsthema.

Toilettenschüssel fehlt: Hier wird als Nachholung und als (vergeblicher) Wunsch einem beteiligten Elternteil die Befruchtungsszenerie genommen, jedoch aber eher: der Frucht wird die Geburtsmöglichkeit genommen.

Tomate: Manchmal ein Symbolon für die weibliche, bereitwillige Sexualität, als pars-pro-toto oder als Gleichnis zu verstehen. Wer als Mann Einritzungen auf einer Tomate (oder einem Apfel) vornimmt oder Buchstaben in eine Tomate schneidet, schwängert sozusagen eine Frau. Tomatensucht = Mutter(Brust)-Sucht; Tomaten haben eine tiefe Assoziation zu Erfahrungen an der weiblichen Brust. Jedoch auch zum frühen Uteruszustand. Das Zerschneiden passt zum Abtreibungsthema.

Tomaten, starkrot: Lust und Erfolg, sexuell oder im allgemeinen Sinne. Wenigstens als das Streben dahin zu sehen.

Tonne: Einerseits Uterusraum (zumal bei grüner Tonne), andererseits Versteck für viele alte Komplexe, für Müll. Die Tonne ist eines der Gefäße, das auf eine Schwangerschaft hinweisen kann. Wenn z.B. eine Wassertonne ausgeschüttet wird, arbeitet man gegen eine Schwangerschaft – oder aber man enthüllt – oder leert auch – ein anderes Geheimnis.

Tontäfelchen: Uralte oder tief im Unbewussten verankerte spirituelle Information. Frühzeitberichte. Vergleichbar vielleicht braun-roten Bundsandsteinfliesen, die für religiöse Inhalte stehen.

Tonziegel-Straßen: Geburtsstart, Geburtsweg.

Topf: Siehe „Pflanzentöpfe" und siehe „Kessel

Tor: Geburt oder Tod. Siehe auch „Torbogen", „Tür" und „Türe schließen"

Torbogen: Schwelle zur Zukunft oder zu einem gemeinsamen Weg. Auch Schwelle zur jenseitigen Welt (und umgekehrt vom Jenseits zum Diesseits).

Tore-Schießen: Der bejubelte Torschuss, wie überhaupt jeder erzielte Treffer, gerade in Spiel und Sport, verweist nicht selten, als unbewusster Ersatz, auf einen sexuellen Erfolg, manchmal sogar auf eine Zeugung bzw. bildlich auf Orgasmus, Ejakulation.

Torkeln: Schwanken oder drohen hinzufallen bzw. aus der Kurve zu fallen deutet Schwindel, Ohnmacht, Bewusstlosigkeit an, und damit durchaus eine Todesnähe; meist ist in einem solchen Traum die Erinnerung an eine frühe Todesgefahr dargestellt. Oder dies träumt ein bereits sehr alter Mensch.

Torschuss: „Treffer", im Sinne von allgemeinem Erfolg (a), Wahrheitsfindung (b); auch wesentliches Symbol, Gleichnis für Sex/Zeugen (c).

Torschützenkönig: Da ist ggf. eine tolle Potenzialität im Schwange, ein großer Erfolg in der Nähe.

Töten: Siehe „Morden"

Totenkopf: Siehe „Schädel"

Totentraum: In früherer Zeit war der Begriff „Traum" – ahd. troc, as. Gidrog = dämonisches Wesen – identisch mit der Vorstellung, dass es sich um einen Kontakt mit den verstorbenen Ahnen handele. D.h. im Traum erschienen und erscheinen auch heute noch Verstorbene; sie dürften nicht selten für einen Traum verantwortlich sein. In der Mythologie findet man die Wendung: „Ich wurde geträumt", mit dem Sinn, dass die geträumte Person, nicht der Träumer (!), den Traum gemacht hat, dass also z.b. eine verstorbene Person von sich aus in den Traum gekommen ist. Der verbreitete Gedanke vom Alb oder Alp, vom Albtraum kommt genau daher, dass man dachte, ein Wesen aus der anderen Welt besuche einen im Traum. Und von dieser jenseitigen Welt aus entstehe die Traumaktivität.

Tot-Treten: Diese Variante von Töten bedeutet: etwas betont nachdrücklich auslöschen, eine unangenehme Sache vernichten, also ein Tun mit einem erheblichen Aggressionsausbruch. Deutlich für das extrem starke Wollen beim Entfernen ist das „Treten".

Trainer: Eine Trainerfigur hat meistens im Traum mit der Vatererfahrung zu tun oder tippt sonst ein Männlichkeits-, Vatersymbol an.

Traktor: Typisches Attribut des Bauern, daher Männlichkeit oder Vaterthema. Ggf. Ausdruck von männlicher Aggressivität oder von Potenzstreben. Auf eine Frau bezogen ist der Traktor evtl. der zu große Animus, er stellt evtl. etwas von ihrem Männlichkeits- und Aggressionsstreben dar oder subtil etwas von ihrem Vaterthema. Allgemein kann der Traktor drohende Aggression und auch Gefahr oder eine schwere Krankheit darstellen, nämlich mit dem möglichen Überfahren-Werden. Er kann umgekehrt auch väterliche Liebe zum Sohn meinen: z.B. als kleiner roter Traktor. Allerdings kann auch negativer Vater oder abgelehnter (neuer) Stiefvater angesprochen sein: wenn z.B. der kleine Junge im Traum neue Traktorreifen auf einem Teller vorgesetzt bekommt und diese, eher widerwillig, essen, d.h. schlucken, integrieren muss.

Traktor-mit-Anhänger-als-Spielzeug: Typischer Traum in der Vorpubertät eines Jungen. Die Initiation zur Männlichkeit hin taucht so am Horizont schon auf. Der echte Traktor ist ein Vater, im Anhänger befindet sich symbolisch sein Sohn oder ein Kind.

Tränken: Wenn jemand beflissen Wasser bringt, z.b. für Tiere, dann verrät er ein Interesse an der Existenz eines Lebewesens. Und was soll das? Das kann etwas bedeuten wie, dass jemand sich als Erzeuger eines Lebewesens verrät oder gern ein Lebewesen schaffen möchte.

Transparenz: Hier beschreiben wir speziell transparente Gegenstände. Die Gegenstände, z.b. eine Krone, stehen für Einfluss, Dominanz, Anwesenheit. Und die Transparenz dieser Signale oder Symbole zeigt, dass z.b. die entsprechende Herrschaft nicht offensichtlich sondern versteckt, geheim, unsichtbar ist.

Transplantation: Manipulationen, Gehirnwäsche, Geistesänderung, schwere Eingriffe in Charakter, Psyche; nicht nur durch Erziehung, Politik, große Unglücke, sondern auch im geschlechtlichen Bereich. Kann also stehen für die vorenthaltene Information, dass ein Mädchen unbedingt ein Junge sein sollte (Elternerwartung, -betrug), oder dafür, dass eine Inkarnation als Junge durch Abtreibung gestoppt wurde und das nächste Kind – als quasi dieselbe Seele – ein Mädchen war; die Träumerin erinnert sich dann z.b. an ihren männlich gedachten Weg und empfindet die Weiblichkeit per Symbol „ Transplantation".

Transzendenz: Viele Träume sind transzendente Botschaften.

Trauben: Dahinter kann sich viel verbergen, z.b. Geliebte, Mutter, Erfolg, Erotik. Der Zustand der Trauben verrät die Qualität der Gaben, die man, gern von einer weiblichen Person, bekommt oder erstrebt.

Trauer: Als Variante der üblichen Trauer kann im Traum auch Trennungsschmerz oder ein Trauerseminar oder ein Trauerbuch oder eine Trauergruppe auftauchen. Das geschieht nicht ohne Grund, der Träumer wird wirklich Grund zum Trauern haben. Das schmerzliche Ereignis kann aber sehr früh oder sehr weit weg oder tief im Unbewussten liegen und evtl. nicht gewusst werden, d.h. sehr unbewusst sein. Vielleicht ist aber auch die Trauer verdrängt und äußert sich in Ersatzphänomenen, Verschiebungen. – In der aktuellen Trauer über einen Anlass träumt man überraschend und übergreifend: worüber man eigentlicher trauert, nämlich z. B. über eine alte vergessene Wunde oder über eine ganz andere Person.

Traum über eine Person: Man kann davon ausgehen, dass der Träumer über diese Person deutlich mehr weiß, als bewusst oder an der Oberfläche zu greifen ist. Es ist gern eine Aufklärung über z. B, die Person, die man am Tag neu kennengelernt hat, oder auch über diejenigen (z.B. Prominente), die der Welt etwas vorspielen.

Traum weiter erzählen: Hier soll jemand eine geheime oder unbewusste Botschaft unbedingt verbreiten, an die Öffentlichkeit bringen, auch vor sich selbst bewusstmachen.

Traum: Träumen entspricht auch der Zeit im Mutterbauch, in der man schläft und „innere Bilder" hat, wie die moderne Pränatalpsychologie sagt. D.h. die Bedeutung eines Traumes ist nicht selten gleichzusetzen mit einem Geheimnis aus der Uteruszeit. Vorgeburtlicher Zustand und Traumzustand ähneln sich enorm. – „Traum im Traum" weist auf ein Geheimnis, auf eine wesentliche, unbewusste Geschichte hin, ist eine generelle Unterstreichung von Wahrheit.

Traumbuch: Wird in Kinderträumen bei Gott „bestellt" und steht für die Lebensführung, für die Bestimmung durchs Unbewusste, durch eine höhere Macht. – Buch steht für Leben bzw. für den Biografie-Verlauf, Traum steht für Unbewusstes sowie Vorgeburtliches. Traumbuch kann also auch einmal ein Motiv sein für die Schwangerschaftszeit. Man könnte sagen: ein Traumbuch ist wie eine Planskizze für das Leben nach der Geburt.

Traumdeutung: Wahrheitsfindung; auch Therapie und Heilung. Wissen über das Transzendente.

Traumdeutung-im-Traum: Passt zu Personen (z.B. für ein Paar), die über die unbewusste Wahrheit ihrer Beziehung aufgeklärt werden möchten. Es zeigt sich eine tiefere Wahrheit als aus dem Tagleben oder im Bewusstsein. Bedeutsame, nachhaltige Spur der Wahrheit.

Träumen und schlafen: Sowohl Seligkeit, Entspannung – als auch tiefe Wahrheit erfahren, erfahren wollen. Goethe, der an die Wiedergeburt glaubte, sprach, dass die Seele sich „erholen" müsse, im Jenseits, im Zwischenzustand. So mag's auch im Schlaf sein. Siehe auch „Schlafen"

Träumen: Der Vorgang ist bildlich so zu sehen, und im Traumbild auch zuweilen zu erleben, als würde sich die Seele von der Materie ‚unten' lösen und sich in verschiedenen Höhenstufen umschauen. Da gibt es wenigstens 5, eher 7 Grade der Ferne und Distanz von der Erde unten. Die Höhe wird manchmal durch eine Art Kanal, Rohr, Kamin erreicht; insgesamt scheint es, als würde man unterschiedlich hoch zum Himmel oder in ferne Welten schweben. Der Abstand zum Unten verbessert natürlich gravierend die Erkenntnis, in Träumen hat man einen Über-Blick, hat man höheres Wissen. Vgl. die alte Vorstellung des Träumens: die Seele geht nachts auf Reisen. Als Träumer erkennt man zuweilen, dass man sich auf der Welt wie ein Schauspieler in einer Kulissenstadt befindet, weiß aber im Wachsein nicht, dass es um einen Film geht und dass andere die Rolle vorgeben. Es gibt eine berühmte, bekannte Frage: Wachen wir im Tod aus einem Traum auf? Ist das Weltleben als sogenannte Realität eigentlich der Traum? Was Traum, was Illusion ist, was Wirklichkeit ist – diese Frage lassen wir hier offen. Völlig auszuschließen ist es nicht, dass der Traum tendenziell wirklich ist und das Diesseits eine Illusion. – Insgesamt ist Träumen: Unbewusstes Wissen, Wissen aus der transzendenten Welt (!) , Wissen aus der pränatalen Zeit und den ersten drei Lebensjahren. Träumen heißt, die beste Infoquelle anzuzapfen, die es gibt. Außerdem ist es ein Versuch, mit dem eigenen Unbewussten, d.h. mit seiner archetypischen Natur und Struktur, in Einklang zu kommen, und das steht im Dienste der seelischen und körperlichen Gesundheit. Träumen heißt auch, unbedingtes Interesse an der Wahrheit zu haben. Letztlich ist es manchmal einem Gottesdienst vergleichbar.

Traumerzeuger: In der Antike, zumal in der vorchristlichen Antike des Keltentums und Germanentums, glaubte man, dass die Hauptperson eines Traumes den Traum schickt, erzeugt. Dass also nicht der Träumer eigentlich den Traum erzeugt! Sondern man sprach: „Ich werde geträumt". Das ist interessant für die Frage, was die Quelle eines Traumes ist. Wer macht die Träume? Das ist gar nicht so einfach zu beantworten. Ist es der leere Raum, als Cloud, Speicherinhalt für die geistigen Inhalte – gegenüber deren man sich nachts nicht wehren kann? In diesem ‚Raum' gibt es viele Komplexe, Traumata von Vorfahren, Ahnen, die den Nachkommen gerne besuchen kommen oder die wir selbst anzapfen. Heutzutage gehen wir zu selbstverständlich davon aus, dass jeder Traum das Produkt des Träumers wäre; das behauptet die oberflächliche Standardwissenschaft und die ganze Epigonenschar. Es lohnt sich, darüber nachzudenken: Wer eigentlich schickt die Träume? In der Antike wusste man: „Gegen Träume kann man sich nicht wehren". Und das Unbewusste ist „uferlos, grenzenlos" (= griech. apeiron). Und Träume senden der Heilsgott Asklepios, im Heilschlaf, im Tempel von Delphi, und aber auch andere Götter.

Trauminhalt: Nicht selten Information über die Schwangerschaftszeit (begleitet den Menschen als Unbewusstes, Schatten, Geist, Zwilling, Ersterlebnis ein Leben lang!). Sowie Kommentar und Fortsetzung und „Korrektur" zum Tagesgeschehen und den aktuellen Ansichten. Manchmal auch Zukunft, aber codiert. Unerledigtes und Unverstandenes an Traumata meldet sich als der Albtraum. – Zwei inhaltliche Aspekte scheinen besonders gegensätzlich: Wie ein vorgeburtliches Verweilen und Erleben – und zugleich auch ein Aufenthalt in Himmelsnähe. Insgesamt etwa so: sowohl vorbewusstes als auch jenseitiges Agieren.

Traumlosigkeit: Das kann man mit der buddhistischen Idee des traumlosen Tiefschlafes verbinden. Es ist für Menschen eigentlich unmöglich, da man im Schlaf immer auch zwangsweise träumt. Also muss es sich vielleicht um eine Erleuchtung oder um etwas Göttliches handeln, nicht um traumlosen Schlaf, sondern um Traumlosigkeit an sich. Das könnte vielleicht die Ewigkeit sein oder sonst etwas ganz Unbekanntes. Insgesamt beruht die Aussage, es gäbe auch einen „traumlosen" Schlaf, nach unserer vielfältigen Erfahrung nicht auf Realität...

Treffer: Ein Treffer in einem Tor, Loch oder Netz, bei einem sportlichen Spiel mit Bällen oder Kugeln, kann den knappen Geburtserfolg meinen (1). Es ist auch der sexuelle Volltreffer gemeint (2). Und Allgemeines an Überleben, Erfolg (3).

Treibjagd: Kann das Streben eines Mannes nach Mädchen, Frau, darstellen, teils neutral = eben sehr archetypisch, teils mit aggressiver Färbung (z.b. Jäger oder Hund jagt Reh im Märchen).

Treppe: Weg in vielfacher Bedeutung, auch sogar als Ersatzsymbol für die Himmelsleiter. Die Geburt kann ein Weg nach oben sein, etwa bezogen auf Schloss, Berg, oder auch ein Weg nach unten (wie vom Himmel herab), z.b. im Treppenhaus oder in die Stadtmitte hinein. Einmal ist das Herabkommen auf die Welt betont, von „oben" – ein andermal die Ankunft „unten"; wenn die Anstrengung betont werden soll, wird die Richtung nach oben (die immer ein Ziel darstellt) bevorzugt. Die Treppe ist wie die Leiter ein klassisches Symbol für den Lebensweg; sie kann schwierig, gewunden, verdreckt, lückenhaft sein, das sind alles biografische Beschreibungen. Ganz oben ist in der Regel das Lebensziel, welches natürlich verbunden ist mit dem Ende. Das Jenseits kommt nach der letzten Stufe; vgl. auch H. Hesses Gedicht „Stufen". Schwangerschaft, Geburt, Kindheit und Pubertät haben öfter sowohl die Steigung als auch das Gefälle von Treppen (oder Wegen, Straßen). Gemeint ist das Ziel-Erreichen als Höhepunkt, zu dem es logischerweise sowohl einen Anstieg wie auch einen Abstieg gibt. Treppe und Leiter sind auch die Verbindung zwischen Materiewelt und Geistbereich (vgl. dazu den biblischen Traum von der „Himmelsleiter"). Insgesamt ist der Lebensweg, auch Partnerschaftsweg, bis zum irdischen Finale, was meist oben ist, gemeint. – Wenn es nicht um die großen Stationen des Lebens geht, meinen Treppen alle möglichen Entwicklungen, kleinen Fortschritte, partiellen Arbeiten und Aufgaben.

Treppensteigen: Wenn jemand vom Tod träumt oder ihm nahe ist, taucht manchmal im Traum der obere Teil einer Treppe auf, wo es also hoch geht, wo man die letzten Stufen steigt. Hier geht es um die letzte Wegstrecke des Lebens. Im Alten Testament vergleicht sich das mit der Himmelsleiter, diese meint, dass wir im Traum immer diese

Treppenverbindung zum Jenseits haben. Am Ende verlassen wir die letzte oberste Treppenstufe. Alte Leute, die solches manchmal träumen, erleben auch die gütige bereinigende Hand, verzeihende Gnade von oben, wenn die letzte Stufe erreicht ist.

Tresor: Siehe „Panzertür"

Treten: Aggressives Verhalten gegen jemanden; gern in dem Sinne, jemanden entfernen = wegtreten. Auch typisch für Abtreibungsintention und -verhalten einer Frau: hilfloses Entfernenwollen in Form von Tritten, wie etwa von einem Pferd gegenüber einem Fohlen (= häufiges Symbol für mütterliche Ablehnung). Generalbedeutung des Tretens: jemanden ärgerlich ablehnen, jemanden aggressiv aus seiner Nähe entfernen wollen, d.h. auch gegebenenfalls töten, könnte man sagen; an die Vernichtungsabsicht ist also immer zu denken.

Triangel: Wegen der drei Ecken, auch wegen des Symbols der Musik kann ein Dreiecksverhältnis gemeint sein.

Tribünenblick: Das ist ein Blick von oben, man sieht also etwas in spiritueller oder transzendenter Weise, was sonst oder materiell nicht sichtbar ist. Es geht um ein Geheimnis im Unbewussten oder um etwas Jenseitiges oder auch um eine Zukunft.

Trike: Ein Dreirad in Großformat, für Erwachsene, das Spielkind im Manne andeutend. Evtl. infantile Verhaftungen, Komplexe im Unbewussten eines Erwachsenen. Aber natürlich auch ganz neutral, einfach als Superspielzeug.

Trikotfarbe: Hier geht es um ein Thema der Zugehörigkeit, der Identifikation. Ein Kuckuckskind z.B. hat Mitspieler (Geschwister) mit nicht eindeutigen Trikots oder mit ganz anderen Trikots (es weiß nicht, wer sein Vater ist). Allgemein ist es die Kriegsbemalung, hat also eineWirkung auf andere, aber auch unbewusst für den Träger. Besonders das Oberteil illustriert, wie man sich in der Brust fühlt, z.B. stark, sicher, mutlos, abgelehnt, lächerlich usw.

Trinität: Was dreifach vorhanden ist oder was dreimal abläuft, strahlt eine solide Faktizität aus, ist mit der Realität identisch, und deshalb kann die Trinität auch für Harmonie stehen. Sie ist Schöpfung und kein Chaos.

Trinker: Bei diesem Motiv kann man daran denken, wer in der Umgebung als Kind an der Brust unbefriedigt geblieben ist und wer daher das Trinken, ob als Alkohol oder als generalisiertes, übertragenes Phänomen, als Sehnsuchtsziel oder Orientierung im Leben hat. Das Trinken an der Mutterbrust ist die Urbefriedigung und kann durch nichts ersetzt werden. Beziehungsweise, das Brusttrauma zeigt sich im emotionalen und erotischen Verhalten später sehr deutlich. Für die Betroffenen ist das „Trinken" im Prinzip wichtiger als Sex oder Beziehungen (erst symbolisch satt-getrunken können sie sich sexuell hingeben).

Trinken: In den meisten Fällen ist die Erfahrung an der Mutterbrust angesprochen, nicht selten traumatisch, z.B. später Sucht erzeugend. Das „Trinken" steht übergreifend archetypisch für Mutters Zuwendung oder Ablehnung, später für viele Formen der Bedürftigkeit des Erwachsenen. Ein Mutterbrusttrauma wirkt ein Leben lang nach.

Trinkgefäß: Gern eine Süchtigkeit, Sehnsucht oder Liebe darstellend, ob es einen Partner oder einen Elternteil betrifft.

Trinkgemeinschaft: Ehe, Freundeskreis, Liebespaar. Wenn beide zugleich aus einem Glas trinken, ist natürlich eine besonders tiefe Bindung gemeint.

Trippelschritte: Behinderung im Gehen, in der Lebensentwicklung, im Erreichen eines Zieles, nicht zuletzt im Bereich von Emotionen und Erotik.

Tritt: Ein Zeichen für eine Aggression, die aber versteckt sein kann, da die Füße nicht immer im Blickfeld liegen.

Trockenheit: Im Sinne von zu vertrocknen drohen, vielleicht sogar noch mit diesem Aspekt: irgendwo liegen und sich nicht recht wegbewegen können = schweres ehemaliges Mutterbrusttrauma; vgl. auch „Durst". „Trocken sein" ist allgemein ein Hochstressindikator (unfeuchte Schleimhäute, es bleibt dem Menschen „die Spucke weg", Dehydrierung, Schock). Trockenes Weißes, Pulvriges (Kalk, Mörtel, Mehl), auch ausgetrockneter Fluss = Uterus- oder Geburtstrauma. Es geht auch sonst um beinahe Tödliches im Lebensfluss oder wenigstens um Lebensfeindliches. Gefühl, Liebe, Sexualität, Leben sind angegriffen.

Tropfenform: In Seitenansicht und wie bei optimalem Fliegen oder Schwimmen, ist es Symbol für ein Ideal, für eine optimale Bewegung, für etwas optimal Geschaffenes.

Tröte, Papiertülle: Wir meinen hier ein aufblasbares Kinder- oder Narrenspielzeug. Dadurch, dass man Luft hineinbläst, rollt sich das Gerät auf bzw. aus. Dieses Spielzeug ist sozusagen ein kindlicher Ausdruck für das Gerät Penis, das zum Phallus wird. Wir haben hier also eine diffuse Beschreibung, evtl. aus Verdrängung und Tabu heraus, oder aber eine Ausdrucksweise, die ganz eventuell indirekt auf einen frühen sexuellen Missbrauch hinweisen kann.

Trotzhaltung: Oft geht es um einen massiven Widerstand, der aber etwas tabuisiert ist oder der versteckt wird. Statt deutlich Nein zu sagen, flüchtet man sich dann in eine Trotzhaltung, die dem Kind entspricht, welches unterlegen ist.

Trunkenheit: Mentaler Ausnahmezustand, im Sinne einer Art Verwirrtheit, extremer Stress.

Tuch als Bedeckung: Meist handelt es sich um ein Tuch der Verdeckung. D.h. das bedeckende Tuch, z.B. bezogen auf einen Körperteil, soll etwas verstecken, verhindern, soll die Anwendung eines Körperteils hemmen oder unmöglich machen. Vgl. „Stoffe"

Tücher: Selten geht es hier um etwas Gutes oder Sinnvolles. Meistens werden mit Tüchern unangenehme Dinge, Tabus, Verdrängtes, Manipulationen, fast kriminelle Aktionen übertüncht und zugedeckt.

Tunnel: Klassisches Geburtssymbol (wie „Brücke" oder „Bahnhof"); auch Sterbesymbol. Für das Unbewusste ist in den Tod oder in das Leben gehen im Prinzip dasselbe, es geht um einen verwandten Dimensionswechsel, mit „Tunnel" oder Lichtschranke oder Tür dazwischen. Tunnel meint auch manchmal den Aufenthalt im Schwangerschaftsbauch, bis zur Geburtspassage. In der Geburt können Tunnelphobien entstehen; es herrscht eine ähnliche Problematik wie beim „Fahrstuhl" (vgl. dort). Spirituell die Schleuse, um Materie aufzusuchen oder zu verlassen. „Licht am Ende des Tunnels" findet sich in vielen Nahtoderlebnissen. – Tunnel auf ein Grundstück bezogen, zum Beispiel auf den Garten, meinen einen geheimen Zugang. Im übertragenen Sinne ist ein geheimer Kontakt dargestellt, zum Beispiel zwischen dem Nachbarn und der Frau des Hauses.

Tunnelwand: Im Tunnel spielen sich das Unbewusste und/oder die 9 Monate vor der Geburt ab. An der Tunnelwand kann man ablesen, z.B. durch Gegenstände, Bücher, Linien, Malereien, welche Besonderheiten in der Biografie von Belang sind (bzw. sein werden), welche Elemente schon vorgeburtlich angelegt sind (bzw. rückblickend: schon angelegt waren). An der Tunnelwand geht unser Weg entlang; und tatsächlich gibt es eine Affinität zwischen den 9 Monaten vor der Geburt und den 9 Jahrzehnten nach der Geburt: da werden dann die Tunnelgraffitis sozusagen ausgestaltet, ausgelebt.

Tür aufhalten: Dienen, sich unterordnen.

Tür verschlossen: Manchmal Geburtsverweigerung, Geburtsblockade.

Tür: Sich in der Geburt befinden, d.h. sich an den konkreten Geburtsprozess erinnern; gern als Holztor, auch als Haustür oder als Tür zum Keller und Tür zum Schlafzimmer. Bei fehlendem Geburtserlebnis, d.h. bei Kaiserschnitt, gibt es im Traum (wiederholt) die gesuchte „rote doppelflügelige Tür", als gäbe es einen Nachholbedarf. Das Tür-Symbol gilt neben dem Ankommen ebenfalls manchmal für das „Weggehen": sich durch die Tür aus der Welt entfernen. Insgesamt stellt Tür einen Grenzbereich, -übergang dar.

Türdurchlass: Meint meist eine enorm wichtige Passage, etwas Zentrales, z.B. Geburt, sexuelle Erfahrung oder Tod.

Türe schließen: Abschied nehmen, Trennung wollen, auch zuweilen im Sinne von sterben.

Türeinfassung: Sind Einfassung oder Rahmen einer Tür, z.B. einer Haustür, betont, dann zeigt sich eine Affinität zu einem vergleichbaren Ballspieltor. Geht es darum, irgendetwas, etwa einen Ball, in solch einen Rahmen hineinzubringen, dann haben wir gern eine Sexualsymbolik oder allgemeine Erfolgssymbolik vorliegen. Manchmal steht die Einfassung stellvertretend, als pars pro toto, für das „Tür"-Symbol selbst, siehe dort.

Türkis: Farbe der Gletscher, daher recht kühl und distanziert, insofern auch erotisch weder betont männlich noch weiblich, eher etwas dazwischen. Manchmal (selten) auch den kalten Todeshauch mit-einschließend. Positiv: emotional kühle Klarheit bzw. interessantes erotisches Spiel mit scheinbarer Kälte. Türkis löst Spannungen und Konflikte, vereinigt polare Gegensätze. Kann deshalb eine Art von kühler Ruhe dokumentieren. Es mag um die Zusammenfassung von Kontrasten gehen, so dass sich eine Harmonie von Männlichem und Weiblichem ergibt. Der negative Aspekt ist manchmal die Uneindeutigkeit, die hin und wieder auch auf die Geschlechtlichkeit ausstrahlt.

Türkisch: Im Deutschen gibt's die Redewendung „eine Sache türken" (da geht es um Pfusch), daher meint Türke oder türkisch manchmal (nur rein symbolisch!) Betrug, Verstellung, Unklares.

Turm: Ausgangspunkt unseres Abstiegs „nach unten". Also sind der Geburtsvorgang, unsere Ankunft auf der Erde unten gemeint. Besonders bei einem Backsteinturm (Backsteine gehören zur Muttererfahrung) liegt diese Deutung nahe. –Auch als Persönlichkeitsturm (vgl. das Märchen „Rapunzel") oder als Elfenbeinturm der Wissenschaft zu verstehen oder als Tarotkarte „Der Turm": da war etwas zu isoliert oder unterdrückt gegenüber der Gemeinschaft, es ruft nach Explosion.

Turnen: Vitalitätsstreben und nicht selten auch als sexuelle Leibesübung.

Turnhose: Das gehört zum Archetyp Turnen, der vordergründig als körperliche Tätigkeit gesehen werden muss und auf diese Weise wiederum zu den Sportaktivitäten gehört. Auch Gymnastik gehört in dieses Themenfeld. Und da ist aber manchmal sexuelle Aktivität gemeint. Bei Männern macht die Turnhose (wie immer „Hose") eine Aussage über die Männlichkeit, und damit indirekt auch über die Erfahrungen mit einem initiierenden oder mit umgekehrt einem fehlenden Vater.

Turnlehrer: Eine Art Vaterfigur.

Turnschuhe: Tendenziell ein erotisches Thema anzeigend – ggf. aber auch ein Defizit. Eben als Schuhe fürs "Turnen". – Auch manchmal, ohne Erotikthema, einen Mangel an normalen, üblichen festeren Schuhen, die unsere psychische Ausrüstung sind, an unserer Basis also zeigend.

Türquerbalken: Das ist eine mystische Stelle, ein signum. Hier können Geheimnisse verborgen oder verbaut sein, die manchmal mit Zeugung, Schwangerschaft, Geburt zu tun haben. Sollten hier gar Wespen vorhanden sein, zeigt sich etwas wie ein Uterustrauma bzw. wie ein Abtreibungsgeschehen.

Türrahmen: Mit dem „Anstoßen" in der Umrahmung einer Öffnung zeigen sich Probleme. Hindernisse im Türrahmen oder bzgl. Türlauf/Treppenlauf können eine Schwierigkeit in einer unserer Entwicklungen anzeigen, und zwar bei wichtigen Lebensschritten. Der Türrahmen meint nicht selten die Geburtsszene.

Türschloss: Kann zuweilen, wenn z.B. das Innenloch, die Führung für den Schlüssel betont ist, für das weibliche Genitale stehen. Vgl. „Schlüssel"

Tusch: Z.B. als kurzes Musikstück wie beim Karneval nach einem Gag in der Büttenrede: dies symbolisiert eine Sehnsucht nach Lust und Höhepunkt.

Tüte: Evtl. als befruchtungsfähiges weibliches Genitale (= Bildsymbol aus Kinderträumen).

TÜV-Kontrolle: Hier wird eine Information geliefert zu etwas, was berechtigt ist oder richtig ist oder aber umgekehrt fehlgeht. Die entscheidende Aussage ist also, ob man bei dieser Art Kontrolle durchfällt oder es schafft. Und diese Aussage betrifft eine wichtige Lebensstation oder eine Entwicklungsphase. Es geht in Wahrheit nicht um die technische Untersuchung eines Autos.

TV-Moderator: Einseitiger und rücksichtsloser Herr über die Meinungen. – Als positive Position sind Distanz und Neutralität zu erwähnen, z.b. bei der Selbstreflexion oder bei einem Gesundheitsproblem. Wenn positiv: klassisch für Unparteiisch-Sein und Nicht-Eingreifen.

U

Überbeschützt: Da geht es meist um eine negative Erfahrung der zu großen Abhängigkeit. Der Beschützer kann in einem solchen Falle Macht ausüben, z.b. ein Elternteil, ein Vater.

Überblick: Der große, weite, hohe Blick von oben, ob nun auf Personen oder über Städte oder Landschaften, verrät ein höheres Wissen. Das kann eine Aufklärung zur Vergangenheit sein oder aber auch ein Zukunftswissen. In Einzelfällen kann das Objekt, auf das man von oben blickt, emotional wichtig sein - also z.b. eine Sehnsucht bedeuten oder eine verloren gegangene Person. Meist geht es aber um eine allgemeine Überblickserkenntnis.

Überfahren: Überfahrenwerden meint Einbruch einer Katastrophe, und zwar in relativer Hilflosigkeit; z.b. wird das Trauma, das Kinder durch die Trennung ihrer Eltern erfahren (oder erfahren werden), manchmal so dargestellt, dass sie von Auto oder Traktor überfahren werden. Meist nur symbolisch gedacht (etwas erleiden; hohe Passivität), ohne körperliche Verletzungsfolgen.

Überfall: Sollte dieses Motiv prognostisch zu deuten sein, könnte sich in Zukunft ein großer, negativer Einbruch in Beziehung oder Familie abspielen. Träume sind aber meist Erinnerung, und der Überfall steht für alle möglichen Aggressionen, früher oder aktuell gegen den Träumer. Nicht zuletzt wird so manchmal nachträglich eine bedrohte Schwangerschaftszeit oder Kindheit gezeigt.

Überforderung: Man kann es gar nicht aussprechen, nicht zählen, wieviele Kinder von ihren chaotischen, latent aggressiven Eltern in ihrer Entwicklung überfordert werden. Sie wachsen dann in einer Art Chaos auf und werden diesen Stress ihr Leben lang nicht mehr los. Leider ist es üblich, dass die Eltern ihre ungelösten Traumata, ihre Unreife auf die Kinder verschieben. Eine besonders ärgerliche Sache ist dabei die Erwartung bezüglich der Geschlechterrollen. D.h. es wird z.B. von der Mutter ein Knabe hysterisch erwartet, aber ein Mädchen kommt zur Welt. Mit dieser Rolle hat das Mädchen dann ein Leben zu kämpfen. Oft tritt Überforderung auf in dem Sinne oder gar mit dem Spruch „ich schaffe es nicht!": Manchmal ist es das Riesenproblem, auf die Welt zu kommen; gern geht es also um ein Geburtstrauma, mit Verzögerung, Todesnähe. Oft ist/war es so, dass die Mutter bei der Geburt total überfordert war, doch das Kind (die Träumerin) hält es für die eigene Unfähigkeit; das bleibt unbewusst, zeigt sich bei späteren vergleichbaren Aufgaben. Bei aktueller, z.B. beruflicher Überforderung (Hochstress) als Auslöser für einen solchen Traum lohnt es sich, die allererste Überforderung beim Kampf zwischen Tod und Leben sich bewusstzumachen, denn da steckt gern das Muster, nämlich das Urtrauma. Das Geburtstrauma wird in diesem Lexikon so oft erwähnt, nicht wegen der Geburt per se, sondern weil die Geburt das Ersterlebnis, die Erstprägung ist. Unser „erster Umgang mit Welt" entscheidet alles.

Übergriffigkeit: Siehe „Sexueller Übergriff"

Übergröße: Das kann auch einmal einen gewissen Größenwahnsinn, also eine Selbstüberschätzung darstellen, aber in der Regel ist es nicht Bluff, sondern real, d.h. dass der Träumer seine seelische Größe in einer körperlichen Übergröße erblicken kann und darf.

Überhitzung: Hocherregung, große Anspannung, Aggression, Gefahr, Erotik. Eventuell Vorstufe von Krankheit oder auch altes, verdrängtes Trauma.

Überholen: Wird dem Träumer das Überholen verweigert, dann wird er in fast lebensgefährlicher Weise unterdrückt, z.b. ehemals bei dem Versuch, das Leben zu erreichen (Geburt). Die Personen, die ihn umgekehrt überholen, majorisieren ihn, bzw. der psychologische Inhalt dieser Personen übt(e) starken Einfluss aus, z.b. in der Kindheit.

Überholtwerden: Gewisse Begleiter oder Personen, die den Träumer auf dem Weg überholen, können ausnahmsweise auch frühere Reinkarnationen des Träumers darstellen, als machtvolle Einflüsse, besonders wenn sich die Szene mit den Überholenden im Traum wiederholt.

Übernachtung: Die Schwangerschaftszeit (oder aber auch ein ganzes Leben).

Überschwemmung: Todesthema, tödliche Bedrohung; evtl. Vorankündigung, Erwartungs-Angst (betrifft Einbruch von Negativem). Meist Erinnerung an eine Todesgefahr; manchmal verbunden mit Schiffsverlust (= Uterus- oder Geburtstrauma).

Überstreichen: Ein Faktum wird per Lüge, Verdrängung und Tricks nach außen hin umgestaltet. Oder vielleicht auch, harmloser, positiv neu gestaltet.

Übertrumpfen: Es ist die nicht löschbare Intention aller Menschen, die Übrigen zu besiegen. Das Streben nach Überlegenheit, was natürlich verbunden ist mit sozialer Rangposition, d.h. mit Überlebensvorteilen, ist in allen Lebewesen vorhanden. Da es von der Natur angelegt ist, ist es nicht auszulöschen. Es führt zu permanentem Stress, zu Unfriede und Krieg. d.h. im allgemeinen Sinne. Für den Einzelnen im Triumpf ist es ein Stück Lebensqualität. Mag es auch letztlich schal und vergeblich sein. Wenn man nun auch in der Partnerschaft den anderen ständig übertrumpfen will, dann braucht man nichts weiter zur Qualität dieser Partnerschaft zu sagen... Aber man soll sich nicht täuschen, der

Wettbewerb unter Partnern ist leider auch weit verbreitet. Maximum des Konkurrenzstrebens ist, den anderen zu töten: dies schenkt die Illusion, als Sterblicher im Moment „mehr Leben" als andere zu haben.

Überzug: Überzüge, ob nun als Kleider oder Tücher oder ähnlich, sprechen das Hineinschlüpfen in bestimmte Rollen an. Sie sind also eine sehr äußerliche Charakteristik, nicht die Kern-Identität, von was auch immer, von einem Ding, von einer Person, von einem Tier.

Ufer: Grenzgebiet zwischen zwei Dimensionen. Bereich, von wo aus es grandiose Aussichten und Erkenntnisse gibt. Ein neues Ankommens-, Lebens-, Erfahrungs-, Wohngebiet (vgl. „auf zu neuen Ufern"). Also meist eine transzendente Grenze. Start für Entdeckungsreise jeglicher Art, manchmal auch mit Angst, Anspannung verbunden. – Manchmal als rettendes Ufer = Überlebensmöglichkeit.

Uferstreifen: Solche Geländestreifen am Fluss können Inkarnationsversuche, Lebensversuche, Landungsversuche darstellen. Wenn es also um viele Uferstreifen geht, mögen viele Versuche (Inkarnationen), ein Weltleben zu erreichen, dargestellt sein.

Uhr: Als Ziffernblatt kann sie Abbild einer Persönlichkeit sein (der Uhrenschmuck und die Farbe ist sprechend für seinen Träger, für dessen Charakter), da ist die Uhr also Symbol für ein Ich, für ein Leben oder aber auch für das Leben / das Lebendige allgemein (z.B. auch für Schwangerschaft). Insgesamt in etwa dem Sinne: die Uhr ist ein Ego, das lebt. Auch als „Zeit" steht sie für (irdisches) Leben. Als nicht-trügerischer Anzeiger bedeutet die Uhr aber gern auch die Wahrheit: die Uhr zeigt, was Sache ist. Die Richtungen der Zeiger signalisieren wie in der Redewendung, „wie herum man tickt'", und dies meint, wie man gepolt ist, wie man sich verhält. Ziffernblatt und Zeiger verraten also eine intime Wahrheit, und ein Beispiel dafür ist dies: von mehreren Zeigern laufen nicht alle in derselben Richtung, sondern ein, zwei genau andersherum, d.h. im Träumer spielt sich ein großer Konflikt ab, eventuell z.B. zwischen weiblicher und männlicher Identität (etwa bei einem Transsexuellen) oder zwischen Leben und Suizid. Die Hauptbedeutungen sind also das Ich (a), die unbewusste Seele (b) und die Wahrheit (c).

– Uhren sind auch gern das Quasi-Sprachrohr für Mitglieder anderer Welten, z.B. für Verstorbene. Nicht nur dass die Uhr markant „steht" ist eine solche Botschaft, sondern auch die Zeigerkonfiguration: Beim optischen Bild muss man die allgemeine Zahlensymbolik für die Deutung zur Hilfe nehmen. Dabei kommt hinzu, dass manche Stellungen ähnlich, verwechselbar sind, wenn man die Länge der Zeiger außer acht lässt. Z.B. 5 vor 5 (gegen 17.00, aber auch als 16:25) könnte auch etwa 5 vor halb 11:00 sein. Bzw. 4:55 ist auf den ersten Blick verwechselbar mit 10:25. Das heißt dann, dass die Botschaft oder sonst eine Bewertung ambivalent ist (verschieden lesbar ist). Aus kosmischer Sicht ist alles ambivalent, gibt es Gut und Böse nicht; deshalb macht das Sinn.

Uhrmacher: Ein Uhrmacher oder Uhrmachermeister ist zuweilen ein Symbol für den Vater.

Uhu (Eulenvogel): Im Volksmund haben Eulen einen eher schlechten Ruf, werden gern den Hexen und dem Tod zugeordnet. Unheimliches haben sie wegen des auffallenden starren Blickes (der kann jemanden bannen, d.i. dominieren) und wegen der Nachtzugehörigkeit. Nacht assoziiert zu Schlaf, Unbewusstem, Unsichtbarem, und auch zur Uteruszeit, und als Dunkles zur Gefahr. In diesem Bereich kann der Uhu hacken, töten (immerhin ist er ein Raubtier), weshalb er oft das Abtreibungsthema berührt. Überhaupt ist der Uhu primär der Geist einer Frau, als Vogel-Geist auch einer vielleicht längst Verstorbenen. Er kann im Traum übergroßen Mutter- oder Oma-Einfluss (ähnlich wie Bären) repräsentieren. Breit/groß, wie die Flügel sind, ist seine Wirkung. An Pallas Athene, mit der Eule als Beivogel, erkennt man, dass der Vogel der Geist, Charakter einer Frau ist, die kriegerisch und Jungfrau ist, deren Eros zur Weisheit transformiert ist. Eine relativ unmütterliche und unsexuelle Frau kann also durch so einen Vogel dargestellt werden, oder auch eine kriegerische, dominante.

Umarmung: Das ist nicht nur eine höfliche Begrüßung, wie sie verschiedentlich im Alltag vorkommt, sondern da steckt erheblich Tieferes an Gefühl drin. Gefühl der Liebe oder des Ja-Sagens, beispielsweise von der Mutter gegenüber ihrem Kind. Verweigerte Umarmung (starre Haltung oder Erstarrung) bedeutet eine partielle, gewisse oder versteckte Ablehnung.

Umdrehen: Die Tätigkeit des Umdrehens bezieht sich meist auf ein Objekt, also es wird z.b. eine Dose umgedreht. Damit wird gerne eine Wahrheit verdreht, auf den Kopf gestellt.

Umkehren: Eine Umkehr in dem Sinne, dass die Richtung ganz verändert wird, kann mit Ärger verbunden sein. In diesem Falle schimpft vielleicht jemand über Frustration und Ablehnung.

Umkippen: Ein Umkippen oder Zusammensinken kann in Einzelfällen die Situation darstellen, wie sie sich nach der erfolgreichen Abfuhr sexueller Energie zeigt. Das kann dann so aussehen, als würde jemand erschöpft oder entspannt hintenüber fallen. Natürlich können auch andere Schwächeanfälle gemeint sein.

Umklammerung: Man nimmt sich, manchmal mit Recht oder einfach, weil man aktiver ist, oder auch aus Sucht, dasjenige, was man liebt, umklammert es, hält es fest.

Umkleideraum (sich umziehen, sich umkleiden): Wichtige Entwicklung im Leben, häufig ist die Pubertät damit gemeint (manchmal die Geburt, aber dann eher das Praenatale). Wandlung vom Menschen oder Kind zu Frau, Mann, Partner, Mutter etc. Rollenwechsel, wie etwa bei Heirat. Vgl. auch „Umzug". Sich-Umkleiden auch als Identitätswechsel (z.B. bei Adoptionskindern). Kernbedeutung ist die Entwicklungsabsicht, die Vorbereitung, also z.B. die Vorpubertät.

Umkreisen: Kann sehr gefährlich sein: ein Aggressor kreist sein Opfer ein, wie ein Raubtier, ein Einbrecher sucht so seine Chance.

Umleitung: Umleitungen und Umwege erinnern oft unbewusst an eine erste Blockade (Erstprägung), sind ansonsten typisch, gar banal für viele Entwicklungsstränge im Leben.

Umrunden: Etwas umgehen, bewältigen wollen oder aber auch das, was in der Mitte liegt, richtig durchmachen wollen.

Umschulung: Das hat nichts mit Karriere oder Beruf zu tun, sondern es geht um persönliche, psychologische Wandlungen. Etwas wie eine innere Entwicklung ist hier angedeutet.

Umsteigen: Beispielsweise von einem Auto in ein anderes Auto steigen verrät eine starke Tendenz zu Änderungen. Ähnlich Wohnungswechsel = Lebensänderung. Kann elementar meinen, die Dimension wechseln, d.h. also gravierend, z.b. geboren werden. Gerne verbunden mit Bahnen, Bussen, Zügen (Mutterbauchsymbolen) und Flugzeugen. – Ansonsten allgemein nachhaltige Änderung in der Biografie.

Umweg: Meist ärgerliche Erinnerung an Hindernisse oder Falschaussagen, die andere in der Kindheit des Träumers aufgestellt haben. Dieses harmlose Symbol meint heimlich, dass man auf sehr große Widerstände und Hindernisse stößt oder stieß, bei dem Erreichen eines wesentlichen Zieles.

Umwege und Abwege: Wenn man von der Hauptverkehrsführung abkommt, hat man Probleme und Hindernisse, beispielsweise in der Biografie, vorgefunden. Das erschwerte oder verfehlte Ziel hat meist mit Identität und Wahrheit und Reifung zu tun, vielleicht auch mit Liebe.

Umziehen: Begriff für sowohl Wohnung wechseln als auch für sich umziehen (umkleiden). Im Sinne eines Ortswechsels = Charakter-, Lebensänderung, Aufgaben-, Tätigkeitswechsel, evtl. Partnerwechsel. Siehe „Umzug" und „Umkleideraum"

Umzug: Der ist meist nicht wörtlich gemeint, sondern es geht um eine psychische oder soziale Wandlung unserer Lebensverhältnisse, also um eine gravierende Umänderung der Lebensumstände; dabei braucht man den Ort in der Realität nicht zu wechseln. Umzug oder Auszug meint eine innere oder äußere Umorientierung. Das kann üblich und alltäglich sein, z.B. sich im Alter noch an etwas Neues gewöhnen zu müssen, es kann aber auch tiefergehend einen Identitätswechsel meinen.

Insgesamt geht es um einen Rollenwechsel und Dimensionswechsel. Aus einer hautsackähnlichen Kleidung schlüpfen, sich aus einem Umhang ziehen = geboren werden. Umziehen in einen anderen, benachbarten Straßenzug, zumal mit Licht-Metapher, oder in ein anderes Land oder in eine Sternenregion = kann ganz eventuell sterben bedeuten, meist aber nur Partner-, Berufswechsel.

Umzugsvarianten: Da gibt es kleine, kurze Umzüge, z.B. von einem Zimmer in ein anderes im gleichen Haus, oder aber natürlich sehr große Umzüge von einem Ort zu einem anderen, fernen Ort. Das ist symbolisch zu deuten: Es kann um eine kleine Lebensänderung gehen oder aber um eine gravierende Änderung der Lebensumstände. Zwischen den kleinen Schritten und den großen Schritten gibt es eben viele Varianten. Auch Perspektivänderungen, Meinungsänderungen sind möglich.

Unaufgeräumt: Typisches Zeichen von nicht erledigten oder nicht bewussten Problemen, Krisen, Traumata in einer früheren Zeit, in der Regel in der Kindheit. Unaufgeräumtes Zimmer = Selbstvernachlässigung. Bei Unaufgeräumtheit kann es aber auch positiv gehen um das Sich-Gehen-Lassen, vielleicht endlich mal oder als Alternative. Ordnung steht manchmal dafür, dass sich das Ich beschränkt und korrigiert, in der Unordnung lebt das Ich rücksichtsloser. Wer permanent aufräumt, bezwingt seine Emotionen zu sehr. Etwas Unaufgeräumtheit lässt die Seele freier baumeln.

Unbekannt-Sein: Das kann im Traum sich so darstellen, dass man jemanden nicht kennt, obwohl die anderen meinen, man müsse die Person kennen. Da geht es um eine widrige Trennung, Ablehnung von der anderen Person aus, mit der man real jedoch zu tun hat (oder hatte), die z.B. verwandt ist.

Unbewusstes: Meistens, wenn das Symbol in dieser Art wörtlich vorkommt, wird eine wichtige Botschaft angedeutet, die übersehen, vergessen oder verdrängt ist. Also eine überraschende, einbrechende Innovation, tendenziell mit großem Wahrheitsgehalt.

Unehrlich: Typischer Zustand des Menschen in der Inkarnation, in der Materie, wo er unwissend ist, sich und andere belügt, wo er irrt, nicht erwacht/wissend ist. Dagegen mögen nicht-gefallene Engel oder Himmelswesen „ehrlich" sein. Diese Art „Unehrlichkeit" könnte der Grund für die Verkörperung in der Zeit, für die Diesseitigkeit sein, für das Muss, auf der Erde zu inkarnieren. Der Inkarnations-Sinn ist vermutluich: zur Wahrheit zu kommen. Unehrlichkeit gibt es vor und unmittelbar nach der Geburt und kurz vor dem Sterben nicht...

Uneingeladen: Gäste, die uneingeladen kommen, verraten eine Schattenseite, eine verdrängte Eigenschaft des Träumers. Muss nicht unbedigt negativ sein.

Uneinigkeit: Indiz, zuweilen Vorzeichen für kollektiven oder persönlichen Untergang. Ist als typische oder klassische Vorstufe zu deuten.

Unentschieden: Ein Unentschieden in einem Wettbewerb oder Spiel bedeutet, es gibt oder gab keine Unterscheidung zwischen Sieg und Niederlage, sondern beides war dabei. Wenn evtl. ein biografischer Erfolg zu einem Unentschieden gemeint ist, dann war der sehr teuer erkauft durch sehr großes Leid. Man könnte auch sagen, wenn das Unentschieden das Leben ausdrückt, dann war die Todesgefahr fast genauso groß wie die Lebendigkeit. Solche Szenen, wo man mit großem Glück, überraschend, knapp überlebt hat – die gibt es durchaus in den Biografien, als man eben ganz knapp nicht unterging.

Unerkennbar: Wenn eine Gegend, z.B. bei einer Rückkehr im Traum, nicht erkannt werden kann, obwohl sie am realen Leben gemessen etwas vertraut wäre oder erkannt werden müsste, dann heißt das: In dieser Situation herrschte ehemals nur Hoch-Stress, Ungutes (es handelt sich um einen vielsagenden Erinnerungsverlust).

Unfall: Nicht selten später und unbewusster Reflex des Geburtstraumas (symbolische Nachwirkung). – Sonderfall: unbeabsichtigte Zeugung, ein Malheur. Ansonsten Begegnung mit einer Aggression, die verletzt(e).

Ungewaschen: Nicht vorbereitet, nicht bis zur Reife entwickelt sein.

Ungewohntes Verhalten einer Person: Wird von weisen alten Frauen so gedeutet: das Sterben ist vielleicht nicht mehr weit. Auffällig Ungewohntes meint also manchmal die typische, überraschende Charakterwende des Menschen vor seinem Ende. Welche nicht immer eintritt, aber manchmal doch erstaunlich ist und ggf. ein Indikator sein kann.

Ungeziefer: Probleme, viel Ungutes, Krankheitsvorstufe. Darstellung von etwas Abstoßendem, im Innern oder draußen (wie in Kafkas Erzählungen). Generell Zeichen von hohem Stress und schwerer Gesundheitsgefährdung. Siehe auch „Insekten"

Universität: Das Leben im Diesseits als Lernen (meist aber als „Arbeiten") anzeigend. Öfter jedoch das Leben im Jenseits anzeigend: das Jenseits heißt dann z.b. im Traum: „die königliche Universität im hohen Norden".

Unkollegial: Der Begriff wird aus der Berufswelt geholt, meint aber meist etwas Privates, nämlich die im Traum unkollegialen Menschen sind besonders egoistisch und rücksichtslos. Harmloser gedeutet: der Unkollegiale setzt seine eigenen Interessen höher als etwa die des Träumers.

Unkraut: Das wird gemeinhin assoziiert mit etwas Unordentlichem. Und damit ist etwas von Stress, Problemen, Schwierigkeiten angedeutet, die sich irgendwo weit entfernt im Unbewussten befinden. Unkraut im Hof ist z.b. ein Traumbeispiel, und das meint dann: problematische Zustände in der Schwangerschaftszeit (wofür gerne der „Hof" steht).

Unleserlich: Gerade wenn Unterschriften oder Namen unleserlich sind, dann könnte gemeint sein, dass jemand in der Biografie des Träumers – oder der Träumer selbst – eine wichtige Information löschen will oder wollte. Es hinterlässt z.b. ein Erzeuger, der die Frau nach dem Akt für immer verlässt, für sein Kind eine unleserliche Unterschrift (oder auch unleserliche Kfz-Nummernschilder).

Unnachgiebigkeit: Auch im Traum so auftauchend, dass ein berechtigter Wunsch des Träumers verweigert wird. Man stößt auf Unnachgiebigkeit. Psychologisch muss man daran denken, dass in den verweigernden Persönlichkeiten in der Regel ein Rachegeist (aus der Sippschaft evtl.) wirkt.

Unordnung: Die Unordnung kann in einer Traumszene vorgegeben sein, oder jemand schafft Unordnung. Diese kann sich beziehen auf Räumlichkeiten, auf spezielle Gegenstände oder auch auf Fotos und Bilder. Sofern jemand, z.B.in einem geordneten Bilderstapel, Unordnung macht, verrät er damit, dass die offizielle Version einer Geschichte oder eines Lebensereignisses überhaupt nicht stimmt, sondern dass der Ablauf anders war, neu geschrieben werden müsste, jedenfalls aus seiner persönlichen Sicht. So etwas ist eine klare Protesthandlung. Siehe auch „Unaufgräumt"

Unpassendes: Wenn Gegenstände oder Vorgehensweisen nicht zusammen passen, kann es eine Information darüber sein, dass der Träumer und seine Partnerin bzw. sein Partner nicht wirklich zusammen passen. Da tauchen dann Fehler und Irrtümer auf im gemeinsamen Tun, z.B. beim Müllsortieren oder bei einer Werkbank oder wobei auch immer.

Unsichtbar: Im Traum können große Teile eines Objektes, z.B. einer Schlange oder einer Büroklammer unsichtbar sein, aber natürlich durch Indizien geahnt, vermutet werden. So ein Traum informiert über unser Wissen, nämlich der Art, dass wir den größten Teil der Realität nicht kennen, und man könnte fast sagen: nicht erkennen können, es diesen Teil aber gibt. Wenn ein Ereignis oder Objekt nicht gesehen werden kann, von dem man aber weiß, dass es sich ereignen wird, dass es existiert, kann manchmal eine Zukunft gezeigt werden, die aber jetzt noch nicht offenbar sein soll.

Unsichtbarkeit: In der Regel erzeugt es kein gutes Gefühl, wenn z.B. ein Gegenüber unsichtbar ist. Man kann also vermuten, dass es hier um eine nicht verstandene oder verstehbare Gefahr oder Aggression geht.

Unten: Ein Träumer, der unten liegt oder steht oder der auf dem Boden sitzt, und zwar im Unterschied zu anderen Aspekten oder Menschen, die höher positioniert sind, verrät Trauer, Endtäuschung, Niedergeschlagenheit. Im Bilde ist der Boss immer oben und höher, wer sich tiefer befindet, ist zumindest der Unterlegene. Gilt auch für dies: der Vater steht höher, der Sohn sitzt tiefer.

Unterbrechung: Wenn z.b. jemand den Redefluss des Träumers unterbricht, so steckt dahinter eine Absicht der Verheimlichung, auch wenn es harmlos aussieht.

Unterbrechungen: Etwa bei Vorführungen, Fahrrad- oder Autofahrten weisen die Abbrüche, Unterbrechungen, Neustarts auf schwere Behinderungen beim ,ersten Mal' hin, z.b. auf den Geburtsprozess (1). Es können auch unbewusste Verhaltensweisen gezeigt werden, nämlich die Beziehungen öfter zwanghaft abzubrechen (2), entsprechend früherer, dann doch wieder „erster" Ablehnungserfahrungen. Gemeint ist gern Abbrechen.

Unterführung mit Betonunterkante: Erinnerung an eine widrige, schwierige, erste Passage.

Unterhemd: Das ist ja das letzte Kleidungsstück vor dem nackten Körper, ist also dem Symbol „Brustkorb" ganz nahe. In der Brust sitzen Vertrauen, Liebe, Mut, Sicherheit, Motivation. Natürlich finden sich dort auch die entsprechenden Gegenteile, wie z.B. Angst oder fehlendes Urvertrauen. Das Herz sitzt ganz nahe am Unterhemd. Wenn das Unterhemd also etwas aussagt über den Träger, dann geht es weniger um soziale Fragen, um Mitmenschen, um Rollen im Leben, welche eher durch das Oberhemd dargestellt würden, sondern um tief verborgene, unbewusste, herzensnahe Inhalte.

Unterhose: Bei Mann wie Frau eine indirekte Information über die Weiblichkeit bzw. Männlichkeit.

Unterkiefer: Tendenziell Mutter (Weibliches); und zwar besteht das Symbol aus dem Unterkiefer und der unteren Zahnreihe. Manchmal ist dort indirekt abzulesen, was die Mutter heimlich tat (z.B. Zerstörungs- absicht gegen die Frucht). (Oberkiefer = tendenziell vaterbezogen.)

Unterlagen vergessen: Dem Träumer fehlen wichtige Informationen zu einzelnen Lebensetappen. Man kann davon ausgehen, dass er be- züglich seiner Biografie belogen worden ist (z.B. als untergeschobenes Kind). Oder er hat Entwicklungs-, Erlebnislücken, und zwar schmerzli- che. Arge Mängelerfahrung als Foetus oder Säugling = Arten von Vor- bereitungen, Unterlagen fehlen.

Unterlagen: Gemeint sind hier Aktenunterlagen. Diese stellen Infor- mationen dar, die zu einer Vorgeschichte gehören. Sie sind die Basis, auf der man lebt. Vergleichbar ist eine solche „Unterlage" mit einem Lebensskript, das in frühester Zeit, besonders schon in der Schwan- gerschaftszeit, geschrieben wurde. Diese Unterlagen sind Seiten zum „Buch des Lebens", wie es im Islam als Entwurf oder Plan für ein Leben beschrieben wird. Oder wenigstens: es sind die Basiserfahrungen, die wahren Einzelheiten der Genese, der Biografie oder sonst irgendeines Themas. Das kann ganz weit zurückgehen, in Einzelfällen sogar bis hin zu der Frage: Wer sind meine Eltern?

Unterlagen-Verlust: Der Verlust von Schreibbrett, Akten, Unterlagen, Stiften usw. erinnert an eine extrem stressige Situation. Es dürfte um ein Trauma gehen, dass der Verdrängung anheimgefallen ist. Das Trau- ma bezieht sich auf eine Lebensgefahr oder auf eine grundlegende Lüge, ganz zu Anfang des Lebensstarts.

Unterleib: Man wird meistens annehmen können, dass eine Aussage gemacht wird über die geschlechtliche Weiblichkeit bzw. Männlichkeit. Aussagen über die Erotik können auch die Beine oder die Füße betref- fen. Es gibt nicht nur im Zirkus, sondern auch im Traum „die Dame ohne Unterleib", sie weist z.B. schwere Schäden in ihrer Weiblichkeit oder Mütterlichkeit auf. – Im übertragenen Sinne ist der Unterleib auch als Stütze, als Stand oder als Basis gemeint. Man könnte fast sagen, dass er unsere Anfänge illustriert oder die ersten Grundlagen, auf de- nen wir fußen und hinausgehen in die Welt.

Unterlippe/Unterkiefer: Kann im Einzelfall auch einmal symbolisch für den Unterleib stehen. Hat im Gegensatz zum Oberkiefer (Männlichkeit, Vater) gern eine gewisse weibliche, mütterliche Bedeutung.

Unterordnung: Ein typisches Symbol für das starke Werben gegenüber einer anderen Person. Tritt auch als sich klein machen oder devot sein auf. So kann zum Beispiel im Traum gemeint sein, nur mit Unterordnung ist eine bestimmte Freundschaft zu halten.

Unterricht: Kann für das gesamte Leben stehen, wobei der Aspekt der Entwicklung im Leben betont ist, genauer der Aspekt des Lebenssinns. Unterricht bezweckt Fortschritt.

Unterrichtsbeginn: Lebensbeginn.

Unterrichtsstoff: Dieser hat meist auch mit einer Vorbereitung zu tun. Als Positives finden wir da z.b., aufs Leben bezogen, eine qualitätsvolle Erziehung oder eine gute Initiation. Es kann der Unterrichtsstoff aber auch fehlen oder falsch sein, dann haben wir eine ungute Vorgeschichte oder biografische Vorbereitung des Träumers. Das Letztere hat aber den interessanten Aspekt, dass es ein Hinweis ist, dass der Träumer sich nicht auf Tradition, Erziehung und alte frühere Werte stützen sollte, sondern neu, wenn auch unter Stress, aus sich selbst und dem eigenen Denken heraus, Lebensaufgaben lösen sollte.

Unterschreiben: Das ist eine Art von Dokumentation von Wahrheit. Und es geht auch um das Problem, ob ein Ereignis bewusst oder unbewusst ist. Das „Unterschreiben" könnte im letzteren Falle eine unbewusste verdrängte Sache ins Bewusstsein bringen. Es meint auch, zu einem Ereignis in der Biografie, zu einer Tat und auch einer Absicht zu stehen, Öffentlichkeit und Faktizität herzustellen bzw. anzuerkennen.

Unterschrift: Es outet sich jemand in seiner Identität. Wenn die Unterschrift kurios wirkt, könnte aber auch evtl. eine seltsame Lüge, eine Verstellung oder Selbstentfremdung vorliegen. Siehe auch „Schreiben"

Unterstützung: In der Unterstützung einer anderen Person kann sich eine generelle Lebenseinstellung zeigen, nämlich hilfsbereit zu sein, einer anderen Person ohne Eigennutz zu helfen oder aber generell dem Schicksal, dem Kosmos, den Weltaufgaben, vielleicht allen Menschen dienen zu können und zu wollen. Wir sind auf der Erde Funktion – keineswegs nur für uns selbst da. Unterstützen zeigt Mensch-Sein.

Untersuchung: Oft ist der Grund für das Auftreten des Traumsymbols „Untersuchung" der, dass noch eine alte, verdrängte Geschichte ihrer Aufklärung bedarf.

Unterwäsche: Sich in Unterwäsche zu befinden heißt, dass es um ein sehr frühes Erlebnis geht, und zwar um die Geburt herum oder in der frühen Kindheit. Auch ist man da wahrhaftiger als in Straßenkleidung oder als im späteren Leben, in späterer Kleidung. Wer nur in Unterwäsche im Traum agiert, der zeigt einen Zustand vor dem Erwachsenwerden oder gar auch vor dem Erreichen der Welt, also vielleicht inmitten des Geburtsprozesses. Evtl. kann auch ein Mangel angezeigt werden.

Unterwerfen: Nicht selten geht es um das sexuelle Angebot einer Person.

Unverständlich: Unverständliches Gerede im Traum zeigt ein Geheimnis an, das mit einem Tabu verbunden ist. Es geht um eine Erkenntnis- und Bewusstseinslücke. Die Aufklärung täte der entsprechenden Person gut. In jedem Leben gibt es Lücken, die man als mangelndes Verständnis oder als Lügen bezeichnen kann. Das betrifft besonders die Zeit vor unserer Erinnerungsfähigkeit, d.h. vor dem dritten Lebensjahr.

Unvorbereitet: Eine Aktion oder Aufgabe des Träumers ist nahe am Misslingen bzw. wird von anderen heftig abgelehnt. Erinnert ggf. an eine Entwicklungsetappe im Leben, die mit sehr großem Stress ablief und vielleicht nur so gerade geschafft worden ist. Keine Vorbereitung zu haben ist keine zufällige und auch keine einmalige Sache, sondern eine Erinnerung an eine traumatische Lücke im Lebensstart.

Unwetter: Siehe „Wind", „Sturm" und „Klima". Zeigt großen psychischen Stress an.

Urbild: Siehe „Wolke"

Ureinwohner: Meint den Urzustand des Träumers; oft ist der psychisch gesunde, lebensbejahende, freie Zustand gemeint, vor jeder Erziehung, Manipulation, Entfremdung, Abhängigkeit, Destruktion, vor der sogenannten Zivilisation, d.h. ganz früh, etwa als Baby; z.B. wie ein Aborigine gegenüber der Kolonialmacht; und das meint dann ungefähr: wie vor dem Elterneingriff oder wie vor den Lebenslügen.

Urinale: Gemeint ist eine Vorrichtung wie ein Urinbecken, zum Stehen, für Männer, auch als Steh-Pissoir bezeichnet. Hier wirkt die allgemeine Bedeutung des Beckens hinein, also auch die eines Wasserbeckens oder die eines Toilettenbeckens. Je nach Zustand, Störung oder Verlust kann man im Traum erkennen, ob man in der Entwicklung zur Sexualität hin geschädigt worden ist. Das Urinieren hat also eine tiefere Bedeutung. Es kann sogar vorkommen, dass das Becken im Traum gestohlen ist (gern sind daran die Eltern beteiligt), das ist ein sehr vielsagender Schaden.

Urinblase: eine markante oder jedenfalls prall gefüllte, auffällige Urinblase zeigt an, dass jemand enorm unter Druck steht oder von einer großen Aggression befallen ist. Im Traum kann es passieren, dass diese Urinblase beinahe sogar außerkörperlich auftritt und sich andererseits auch wieder zurückbildet. Das ist nicht überraschend, auch eine riesengroße Aggression kann zurückgenommen werden.

Urinieren in Dreistigkeit: Hier setzt jemand rücksichtslos seinen Willen durch.

Urinieren und Kot-Machen: Da geht es manchmal um archaische, d.h. dann auch sehr unschuldige Eigeninteressen. Und nicht selten kann man im Traum erkennen, ob man seine rechtmäßigen, natürlichen Bedürfnisse zu sehr für die Interessen anderer zurückstellt. Dann verzichtet man z.B. im Traum auf das Urinieren oder das Kot-Machen, d.h.

auf die Ich-Anmeldung, weil andere schon warten oder vordringliche Bedürfnisse haben. Assoziiert generell auch zu Ejakulation, Orgasmus, Geburt.

Urinieren: Sich ausleben, vervielfältigen, Platz schaffen, ausbreiten, sich Luft und Leben schaffen; bei Männern wie im Tierreich: Revier markieren, deshalb manchmal auch wie Zeugung, Ejakulation. Aggression und Stress unterdrücken führt bei Kindern zum nächtlichen Urinieren = Bettnässen, bei Erwachsenen zur Inkontinenz bei aufregenden Situationen. Tief im Unbewussten und Archaischen ist Urinieren ein Symbol dafür, sein Leben, sein Ich, sein Bedürfnis realisieren zu können. Urin-Stopp meint also eine schwere Tathemmung, eine Ur-Blockade. Die Urin-Blockade gehört zu einem introvertierten, unterdrückten Charakter.

Urinieren-ohne-Ende: Endlich mal die echten Gefühle alle heraus lassen. Was unterdrückt ist an Gefühlen, hat meistens mit Aggression zu tun oder damit, den Egoismus oder die Eigeninteressen lange nicht zu zeigen. – Modell eines knappen und spät erreichten Erfolges, natürlich mit Kompensation, Übertreibung. Entlastungsfgefühl.

Urinierensreihenfolge: Unter Männern ist hier u.a. der ödipale Konflikt angesprochen. Wer zuerst urinieren darf, ist der Boss bezüglich sexueller Aktivität. Ob es nun um Vater und Sohn geht oder sonst um andere Rivalen.

Urkunde: Es kann sich um eine positive Urkunde, also um eine Auszeichnung handeln. In diesem Falle dürfte eine objektiv gute Eigenschaft des Träumers gezeigt und festgestellt werden.

Urlaub: Das Symbol kann auch als Urlaubsfahrt, Urlaubsunternehmung oder Urlaubsrückreise auftauchen. Urlaub hat den Charakter einer Zwischenphase und verrät auch etwas von Interesse, Lust. So kommt es, dass sowohl die Schwangerschaftszeit als auch das Leben nach der Geburt gemeint sein können. Sich selbst verwirklichen, ohne Rücksichten, Pflichten. Spaß und Freude an der Existenz haben. Urlaub hat einen Ich-Bezug, also irgendetwas Egoistisches an Lust. Abwesenheit von Druck, Einschränkung, besonders von Fremdbestimmung. Nicht selten ist die freiheitliche Zeit vor dem Leben gemeint; dieser Archetyp meint also oft die Schwangerschaftszeit; „Urlaubsende" und Heimreise sind dann die Geburt. Neben dem Pränatalen kann auch das freiheitliche Postmortale gemeint sein, jedenfalls der Gegensatz zu Diesseits und Arbeit. – Schließlich gibt es noch die alte sprachliche Bedeutung (Mittelalter): Urlaub = Erlaubnis.

Urlaubsaufenthalt: Steht gerne für die Schwangerschaftszeit.

Urlaubsende: Ende der 9 Monate Schwangerschaft = also Geburt. Urlaubsende kann manchmal auch das Beziehungsende meinen.

Urlaubsreise: Es geht um wichtigere Dinge als nur um einen Urlaub. Vorgeburtliches und Nachtodliches können hineinspielen. Eine Urlaubsreise in die „Heimat" klingt ein wenig nach dem Aufbruch in die Ewigkeit.

Urlaubsstart: Geburtsstart, selbst wenn meistens hierfür eher das Urlaubsende steht.

Uterustrauma: Siehe „Geburtstrauma"

V

Varuna: Das ist der indische Gott der Wahrheit, und so hat auch eine germanische Seherin, Priesterin heißen können. Der Träumer dürfte wegen so eines Stichworts weise, allgemein der Wahrheit sehr nahe sein. Könnte evtl. auch zu lat. „verum" = wahr assoziieren.

Vase: Steht gern für die Mutter, speziell für den Mutterbauch aus der Schwangerschaftszeit (deshalb vermutlich wollte S. Freud, unbewusst, seine Asche in einer Vase begraben haben, er war wahrscheinlich uterustraumatisiert bzw. uterusfixiert, ohne es aber genau zu wissen; er berücksichtigte in seiner Wissenschaft das Pränatale zu wenig). Steht neben der Bedeutung Vagina auch allgemein für Weibliches.

Vater: Archetyp für das, was recht und richtig ist (wie der König/Vater z.b. im Märchen Der Froschkönig). Er hat sozusagen Leitliniencharakter, besonders für einen Jungen.

Vaterpflege: Wenn im Traum z.b. eine Person nach Hause strebt und sich sehr stark um den kranken Vater kümmert, kann man darüber nachdenken, ob diese Person evtl. einen Teil ihrer biografischen Eigeninteressen der Vaterbindung opfert.

Vatertränen: Enttäuschung und Selbstkritik über die Erziehungsmängel, die der Vater – oder man als Vater – in der Erziehung ausgeübt hat. Auch Weinen um einen nicht vorhandenen Vater.

Vater-Verbot: In Frauenträumen heißt das, der Animus der Frau oder aber konkret der Vater behindern diese Person an einem glücklicheren Liebesleben. Es wird der Archetyp verwendet, dass Väter über ihre Töchter bestimmen (altertümlich) und etwas verbieten können.

Vaterverlust: Für einen Sohn, besonders im frühen Alter, relativ identisch mit einem Männlichkeitsverlust. Ein schwer heilbares Trauma. Bei einer Tochter ist durch Vaterlosigkeit der Animus erheblich geschwächt.

Vau: Der Buchstabe V mag in Männerträumen für Sieg stehen (victory), in Frauenträumen Zeichen für die sexuelle Hingabestellung sein.

Venus: Das ist ein Archetyp, er kann auch über das Symbol „Freitag" (das ist nämlich der Tag der Venus bzw. der Freya) oder über Aphrodite oder Istar usw. laufen. Damit ist einfach Liebe, Verliebtheit oder Sexualität gemeint. Wenn ein Mädchen im Traum als „Venus" auftritt, aber real einen anderen Namen hat, sagt das genug.

Verabredung: Hier gibt es ein starkes Streben eines Träumers nach einem Ziel, meist nach einer Person. Doch kann es oft bei einer gewissen Sehnsucht bleiben, und der reale Kontakt kommt nicht zustande. Das sind eben die Süchte, die uns ein Leben lang begleiten. Diese Süchte entstammen natürlich einem großen Mangel an Erlebnissen und Beziehungen in der Kindheit.

Veränderung: Der Begriff der Veränderung kann für das Leben überhaupt stehen. Denn der Traum betont, dass die stetige Veränderung ein Hauptcharakteristikum des Lebens ist, er erinnert immer wieder, dass das Leben auf Veränderung hin angelegt ist.

Veranstaltung: Wie bei Auftritt, Vortrag, Rede ist der Start des Lebens-Auftritts gemeint. Also Synonym für eine Biografie, bzw. besonders für die Aktivitäten in einer Biografie, und noch stärker für die Anfänge einer Biografie.

Verbarrikadiert: Es muss nicht gleich um Kämpfe gehen, sondern es kann dargestellt sein, dass die verbarrikadierte Person sich einem Kontakt, einer Kommunikation entzieht. Sicher ist die Person nicht entgegenkommend gestimmt und sie will aus ihrer mentalen Position auf keinen Fall heraus.

Verbessern: Der Drang, alles besser zu machen, verrät meist ein unbewusst zu geringes Selbstwertgefühl. Diese Träumer wollen eigentlich „sich" verbessern. Solche heftige Anstrengung kann also auf einen Minderwertigkeitskomplex verweisen. Dabei gilt: Selbstablehnung kommt von Fremdablehnung. Unser ganzes Leben ist Kompensation. Wer keine Grenze kennt im Verbesserungswahn, ist ein unangenehmer Zeitgenosse.

Verbindung: Siehe „Band". Das Motiv kann einen positiven oder negativen Bindungsaspekt haben.

Verbot: Gehört nicht selten zu einer grundsätzlich abgelehnten, tabuisierten Existenz. Meistens wird bei einem verbotenen und geheimen Tun dann doch Alarm ausgelöst im Traum. Das bedeutet, dass das Geheimnis, das Verbotene ans Tageslicht kommt oder gekommen ist.

Verdunkeln: Es ist möglich, dass jemand im Traum mit Farbe, Öl oder Schmutzlappen eine helle Stelle oder vielleicht eine aufgeplatzte Lackstelle dunkel macht. Dieses Verdunkeln meint das Vertuschen und Verstecken eines Ereignisses. Man denke an ein Familiengeheimnis.

Vereinen: Ähnlich wie bei Vereinigen, Vereinbaren lehrt der Traum, dass nur das miteinander verbunden werden kann, was bereits über identische Elemente verfügt. Betont Gegensätzliches, wie etwa der Archetyp „Schwarz und Weiß", kann nicht vereint werden. Es verbindet sich, „was schon zusammengehört" (Meister Eckhart).

Verfolger: Unterlegenheitsgefühl bei drohender Gefahr. Das ist nicht eingebildet, kein Komplex, sondern das Unbewusste hat durchaus einen begründeten Anlass, der aber schwer auffindbar in der Biographie ist.

Verfolgt-Werden: Vgl. „Lähmung"

Verfolgung: Allgemein zu übersetzen mit Bedrohung. Objekt, Person oder Gefahr, die den Träumer „verfolgt", kann vielfältig sein und recht unterschiedlich nahe oder fern sein. Entsprechend gibt es verschiedene Angstgrade. In der Regel erwartet der Träumer, dass das Verfolgende ihn erreicht, fängt, und das hat oft mit Todesangst zu tun, also ist das Verfolgende als todbedrohend, tödlich zu deuten. Nehmen wir als Beispiel einen Tiger oder einen Löwen (vgl. Archetyp Großkatze) als Verfolger, gegen den der Mensch keine Chance hat, im Wettlauf usw. Die Gefahr ist ernst – jedoch weiß man nach dem Traum zuerst einmal nicht, ob es eine aktuelle Bedrohung ist, ob es eine Erinnerung an große (faktische) Todesangst ist oder ob eventuell in der Zukunft eine Gefahr vorausgesehen wird. Außerdem ist noch zu analysieren, ob die gefährliche oder tödliche Bedrohung realistisch gesehen und eingeschätzt wird, oder ob es sich um ein Projektion handelt, d.h. man erwartet, unterstellt evtl. nur eine ähnlich extreme Bedrohung, wie man sie einmal im Verdrängten, Unbewussten bzw. in der Kindheit (tatsächlich) erlebt hat. Diese Fragen sind also in der Interpretation zu klären. Das Unbewusste meldet jedenfalls die Annäherung irgendeiner sehr großen Gefahr, indem der Traum sagt: es „verfolgt" dich jemand oder etwas. Meist geht es um Attacke, Druck von einer Person aus, auch wenn Tiere oder ein Unwetter ‚verfolgen', d.h. der Gegner ist (war) dem Bewusstsein nicht klar genug! Den Gegner gab es vielleicht vor dem dritten Lebensjahr (Bewusstseins-, Sprachentwicklung), oder aber er gehört zu einer tabuisierten Person, auf jeden Fall zu einer eigenen Unterlegenheitsposition.

Verfolgungsträume: Diese können immer auch eine sexuelle Bedrohung anzeigen, nicht unbedingt etwas wie Kriminalität oder ähnlich. Gerade Kinder beim sexuellen Missbrauch durch Erwachsene würden gerne fliehen, werden aber verfolgt und eingeholt. Das Problem ist auch oft abzuwägen: Gibt es tatsächlich eine hundertprozentige innere Ablehnung gegenüber dem Verfolgenden? Vgl. „Lähmung"

Verführung: Eine sexuelle Verführung ist in Ausnahmefällen kein guter Trauminhalt, denn dahinter steht oder droht eventuell die coitale Sexualität, welche ein klassischer Todes-Archetyp (Hieros Gamos) sein kann (nicht muss). Man kann also gegebenenfalls fragen: Derjenige, der den Träumer verführen möchte, hegt negative Absichten? – Als Zweites kann es das bekannte Lügen hinter „Verführungen" sein, die größte Geißel der Menschheit. – Als Drittes geht es um ein schönes, aber hauptsächlich seelisches, kaum körperliches Liebesangebot, positive Verführung gehört dazu.

Vergessen zu bezahlen: Es geht um eine innere, seelische Schuld, nicht um Geld. Es kann sein, dass man es einem Menschen lange vorenthalten hat, zu danken.

Vergessen: Etwas unbewusst ablehnen, nicht wollen. Dieses Vergessen kann auch als scheinbar unverständlicher Verlust auftreten. In der Regel sitzt ein altes, verdrängtes Trauma im ‚vergessenen' Inhalt oder Verhalten. Meist geht es um eine geheime, unbewusste Information der Art, dass irgendeine Person eine Wahrheit entschieden unterdrückt (hat). Bei der Trauminterpretation ventiliere man also die möglichen Gründe fürs Vergessen, diese sind wesentlich (wenn auch versteckt), und sie sind/waren berechtigt, und sie sind einer Bewusstmachung wert. „Vergessen" wird nicht nur, was traumatisch ist (war) oder unbewusst abgelehnt wurde, sondern auch das, was in Wahrheit überhaupt nicht bestand, so dass Vergessen auch eine Illusion zerstört. Was man vergessen hat, ist kein Zufall. Manchmal geht es um eigene, quasi unbeabsichtigte Verdrängungen. Aber öfter steckt dahinter, dass Aggressoren einem das Subjekt oder Objekt, was man vergessen hat, gestohlen haben. Die Aggression und der Raub sind aber vom Träumer nicht begriffen worden, sie liegen im Unbewussten. Deshalb meint er, etwas vergessen zu haben. Immer wieder zeigt dieses Symbol an, dass es nicht eigentlich um das Vergessen geht, sondern um ein unbewusstes Nicht-Wollen, Nicht-Können. Man hat das, was man vergisst im Traum, einfach nicht vorrätig bzw. trotz Vermutung gar nicht erlebt! So kann also auch eine Illusion aufgezeigt werden, ob es dabei um etwas Gelerntes geht oder um emotionale Inhalte und Fähigkeiten. Wenigstens kann man das „Vergessen" als ein „Nicht-Können" oder „Nicht-Wollen" oder „Nicht-vorhanden-Sein" verstehen.

Vergewaltigen: Manchmal als Chiffre für Sex ohne bewussten Kinderwunsch – also z.B. für Sex, aus dem entgegen der Absichten (gerade der Frau) doch eine Frucht entsteht.

Vergewaltigung: Archetyp für Tötung. Vergewaltigung im Auto kann als Symbol meinen = Abtreibung im Mutterbauch. – In Einzelfällen geht es, aus Frau-Sicht ausgesprochen und geträumt, manchmal um eine Art Überrumpelung. Im Leben kommt es vor, dass eine Frau unbewusst oder ungern, im Sinne von Vor-Frauen, geschwängert wird. Das heißt, sie wollte Sex haben, aber kein Kind, und je nachdem, wenn die Frau am Ende doch schwanger ist, auch noch im Kontrast zu einem entsprechenden anderen Versprechen des Mannes, fühlt sich die Frau vergewaltigt. Vergewaltigung kann also dafür stehen, dass eine Frau gegen ihren Willen, und sei es nur gegen einen unbewussten Willen, empfängt. – Ansonsten steht es natürlich vielfach für Gewaltanwendung, wenn auch eher für seelisches Leid als für körperliches. Die brutale „Gewalt", Herrschaft über eine andere Person ist der Kern; da kann auch mal die Sexualität im Motiv fehlen. – In Einzelfällen wiederum ist es umgekehrt möglich, dass die Sehnsucht nach einem ‚starken Mann', nach maximaler Sexerfahrung bei diesem Symbol eine Rolle spielt (bei

Frauen, die sehr unter ihrer Verklemmung leiden oder die unzufrieden mit ihrem Ehemann sind).

Vergiftet: Wenn etwas vergiftet ist im Traum, zeigt das gerne irgendein Tabu an. Es dürfte um etwas gehen, was sehr verboten ist oder war und was sehr schlecht zu sein scheint.

Vergnügungspark: Terrain, in dem man Lust, Sexualität haben will, zugleich den ersten lebensintensiven Raum assoziativ berührend, nämlich die Zeit im Uterus: wenn nichts dagegen arbeitet, herrscht nämlich in diesem Raum Lebensfreude. Ein wenig ähnlich dem Urlaubsmotiv.

Verirrung: Das konkrete Sich-Verirren in einer Landschaft meint im übertragenen Sinne großen Stress, psychische Orientierungslosigkeit. Man kann schließen, dass es im Leben des Träumers viele Lügen und Fallstricke gab, die von anderen gelegt wurden. Der Träumer kann ein Höchstmaß von Unsicherheiten durchgemacht haben, meist früher, aber natürlich auch aktuell. Die landschaftliche Verirrung ist also mental zu deuten.

Verkauf: In Einzelfällen kann es um die Hinterlassenschaften einer verstorbenen Person gehen, auch in Zukunftsträumen, die nun bildlich gesehen zum Verkauf stehen.

Verkaufen: Meistens steckt die unbewusste (verdrängte) Absicht dahinter, etwas an Eros, Lust zu erwerben, als Gegenleistung. (Das gilt auch für Kaufen, Kaufsucht).

Verkaufsstand: Angebot einer Person, gern einer Frau, einer anderen Person etwas zu geben oder anzubieten. Deshalb kann es manchmal die Bereitschaft einer Frau gegenüber einem Mann zeigen. Auch sonst z.B. eine mentale Bereitschaft der Tochter gegenüber der Mutter usw.

Verkauft: Im Sinne von Fehlkauf, sich verkauft haben = manchmal die Partnerwahl, die man bereut, als Fehler ansieht. Ver-kauft im Sinne von fehl-gekauft.

Verkehrsgewimmel, Verkehrsstörung: Mit Stau, Enge, Fahrzeug-Vielzahl, Gegenverkehr, Überholtwerden = Erinnerung daran, dass es einmal einen aggressiven Widerstand gegen den Träumer gab, vornehmlich im Ersterlebnis (z.b. bei unwillkommener, behinderter Geburt).

Verkehrsunfall: Die ganze Szenerie, im Straßenverkehr einen Fehler zu machen, mit Auto oder Fahrrad einen Unfall zu bauen, hat eine allgemeine, übergeordnete Bedeutung, ähnlich auch wie bei Straßen und Verkehrsrouten. D.h. es geht um eine generalisierte Gefahr für das ganze Leben, für das Überleben überhaupt. Meistens Erinnerung an pränatale und perinatale Gefahren, also an das Ersterlebnis. – Verdrängte Aggression ist auch möglich. Auch typisch für ein Zeugungs-Malheur.

Verkleidung: Persönlichkeitstarnung oder Manipulation, oft von fremder Seite ausgehend, z.b. unter Druck (Entfremdung). Rollentausch, Betrug, Tarnung, bis hin zur Kriminalität. Tragische Selbstentfremdung. – Aber auch souveränes Spiel in verschiedenen Rollen.

Verlängerung: Einen Aufenthalt „verlängern" kann bedeuten, einen richtigen Termin verpasst zu haben, z.b. einen Geburtszeitpunkt, eine Entwicklungsphase.

Verlassen-Werden: Das ist ein Archetyp, der sich z.b. so zeigen kann, dass alle Mitspieler im Traum weggehen, ob es sich nun um Studenten oder Verwandte oder Freunde handelt. Und so wird man sukzessive allein gelassen. Und das ist im Prinzip ein Todesbild. Verlassenwerden von den Mitmenschen oder vom Publikum, kann als Szenerie also, bei einem Auftritt, wobei auch Sprechen und Hören immer schlechter werden, von unserem Ende künden.

Verleihen: Jemandem eine Sache anvertrauen, manchmal sogar sich selbst. Es kann also im Extremfall bedeuten, dass man sich nicht mehr selbst gehört. Als würde man in einer gewissen Selbstentfremdung leben oder sich gar verraten. Wenn man bei bestimmten Eltern inkarniert, verleiht man seine (an sich ewige) Existenz. Auf der Erde ist grundsätzlich alles „geliehen". Oder auch vom Herrn der Schöpfung

„vermietet", wie Träume es ausdrücken. – Als Weisheitsaussage erinnert es an die Stoiker: Alles im Leben ist nur vorübergehend an uns verliehen!

Verlieren: Ein Spiel oder einen Wettbewerb zu verlieren hat große Bedeutung. Es kann sein, dass man etwas Gravierendes, wie z.b. den Partner oder die Ehe, verliert. Es kann sogar das Thema aufscheinen, dass man das Leben verlieren könnte. „Das Spiel verlieren" kann eine Erinnerung an Todesangst sein (z.b. bei der Geburt oder anderswo). Aktuell kann das Motiv große Ängste und Gesundheitsgefährdungen anzeigen.

Vermieten: Vermieter kann auch einmal ein Mann sein, der einer Frau Partnerschaft, Lebensumstände bei sich anbietet, und zwar nach dem Archetyp des Vogels, der ein Nest baut und ein Weibchen anlockt. Vermieten kann auch gegebenenfalls Gott die Existenz, das Weltdasein, den Körper etc. für einen Menschen; er nimmt nach den Trauminformationen keinen Mietzins. Vermieten (ausleihen) heißt also generell: Bedingungen, Lebensweisen zur Verfügung stellen. Es kann allerdings auch heißen: Etwas weggeben, Seiten, Talente von sich verraten, eventuell aus Abhängigkeit oder aus Egogründen Wesentliches weggeben, außer acht lassen. Meistens geht es dabei um einen unbewussten Verlust, um erzwungene Verzichte.

Vermieter: Hat manchmal eine vater-ähnliche Rolle oder Funktion. Da wir Menschen kosmisch abhängig sind, kann auch „Gott als der große Vermieter" auftauchen (er hat Besitz, wir nicht) bzw. gemeint sein. Ob nun Vater, ein sonstiger Herr oder Gott oder natürlich auch die Mutter, jedenfalls geht es um eine Instanz, der man die Existenzmöglichkeit verdankt.

Verrückt: Im Sinne von übergeschnappt, wirr, irre, meint es eine extreme Form des Stresses oder eine Variante der Todesangst. Das chaotische Durcheinander-Gefühl oder ein Traum mit der Angst, verrückt zu werden, fußt wahrscheinlich auf einem realen (sehr unbewussten) Todeserlebnis, bzw. auf einem Todesnähe-Erlebnis. Panik ist oft dabei. In höchster Todesangst oder im Hochstress verliert man die Besinnung und den Überblick.

Verschlucken: Eine Sache integrieren und verbergen; oft betont eine Information verheimlichen; manchmal nur für eine gewisse Zeit. Wie bei der Verdauung kommt die Sache irgendwann wieder ans Tageslicht, ist manchmal aber auch für immer ‚verschluckt'.

Verschweigen: Wenn man einem Menschen die Wahrheit verschweigt, auch aus der sogenannten Notlüge heraus, kann eine sehr aggressive Haltung gemeint sein. Denn jedes Lebewesen hat ein Recht auf Wahrheit.

Versehentlich: Was gerne versehentlich passiert und was aber eine starke Energie im Unbewussten hat, ist im Sonderfall eine nicht beabsichtigte Zeugung. Sollte mit diesem Begriff noch ein Symbol wie Bus, Schiff oder Zug auftauchen, ist der Zusammenhang recht offensichtlich.

Versicherungsnachweis: Identität, Abstammung, Familienzugehörigkeit.

Versicherungsvertreter: Das Hauptgewicht liegt meist auf der Betonung des „Vertreters". Dahinter kann sich z.B. ein Adoptivvater oder Ziehvater verbergen, also eine Art Ersatzperson. Das Motiv mag auch vielleicht überhaupt für Vertreter gelten. Doch besonders der Versicherungsvertreter möchte etwas abmachen, festmachen, als würde er einen Vertrag schließen wollen. Es geht also um Verpflichtungen, um Sicherheiten bezüglich einer Person. Da kann etwa eine Partnerschaft oder eine Ehe oder überhaupt eine Beziehung das Thema sein. Allerdings ist ein Vertreter sozusagen nicht echt, er tut nur so, im Eigeninteresse, als wäre er für eine Sache oder für ein Du engagiert. Also kann man immer auch an einen leichten Betrug denken.

Versöhnung: Ein typisches Verhalten von irdischen Konkurrenten nach dem Tod. Auch vorher, in Todnähe auftretend, bei zwei sonst unversöhnlichen Personen.

Verspätet: Meistens geht es um eine Aktion, die von anderen Personen abgelehnt, bekämpft, verhindert wird; der Träumer empfindet dann:

verspätet, zu spät, und zwar als Eigenversagen. In Wahrheit ist er aber behindert worden, besonders im Ersterlebnis. Gern geht es um eine ganz ausgebliebene, nicht nur verspätete Erlebnis- oder Entwicklungsphase. Das Defizit, der Mangel wird mit der Verspätung oft zu harmlos ausgedrückt.

Verspätung: Kann im Einzelfall eine Erinnerung an eine schwierige, verspätete Geburt sein; dies wird zu einem Muster in vielen Lebenslagen, Aktivitäten. Zu-spät-Kommen ist dann häufig oder gar zwanghaft (als Wiederholungszwang). Kann auch inneren, unbewussten Widerstand meinen, also ein Nicht-Wollen.

Verständnis: Wenn jemand im Traum für eine andere Person oder für deren Dilemma Verständnis hat, so ist angedeutet, dass die agierende Person etwas Ähnliches erlebt haben wird (was ihr aber vielleicht nicht bewusst ist).

Versteck: Bei allen Motiven, die mit Sich-Verstecken zu tun haben, sollte man in Erwägung ziehen, dass man vielleicht vor der Geburt versteckt wurde, das meint: eine unwillkommene oder unterschlagene Schwangerschaft war. Nicht selten sind Schwangerschaften abgelehnt oder auch für eine bestimmte Öffentlichkeit verborgen. Dann muss man davon ausgehen, dass dieses Kind später immer mit einem halben Bein in der Verhaltensweise lebt, sich zu verbergen, sich nicht zu outen, wie aus einem Versteck heraus zu leben (Wiederholungszwang).

Verstehen: Siehe „Nichtverstehen"

Versteinerung: Arg erkaltetes Gefühl.

Verstorbene: Verstorbene im Traum lügen nicht. Tote sagen also im Prinzip die Wahrheit! Das gilt für Menschen, die zum Diesseits gehören, nicht unbedingt, im Traum wie in der Realität nicht. Verstorbener spricht: Im Inneren oder heilen Geist eines Menschen, so sieht es aus, gibt es anscheinend keine Lüge. Verstorbene können sogar mitteilen oder durchblicken lassen, dass sie bei bestimmten Lebenssituationen des Träumers eingegriffen haben. Meist schauen sie aber nur zu und greifen nicht ein.

Versuch: Mit beispielsweise dem Traummotiv „zweiter oder dritter Versuch" kann angedeutet sein, dass ein Mensch vor seiner Zeugung eine Art von Fehlversuchen erlebte, nämlich Abtreibung oder Fehlgeburt oder Ähnliches. Solche Erinnerungen schleppt der Mensch bei seiner letzten Zeugung, seit den abgebrochenen Inkarnationen unbewusst mit.

Vertippen: Unbewusster Ausdruck dessen, dass das Objekt oder die Schrift oder auch das PC-Gerät aussagen will: die geplante oder unternommene, angefangene Sache hier ist in Wahrheit eher eine Katastrophe. Der Defekt ist kein Zufall. Das Vertippen zeigt Falsches, Destruiertes oder Destruktives an, es korrigiert, entlarvt Illusionen. – Aber: natürlich nicht jedes Vertippen ernst nehmen!

Vertrauen: Jemandem minimal nicht trauen im Traum heißt in Wahrheit: dieser Person gar nicht trauen, und es ist gerechtfertigt. Man übergeht seine Ahnungen oder leichten Ahnungen auch in der Realität leider viel zu schnell.

Vertreter: Gemeint ist z.B. ein Handelsvertreter, der eine Ware verkaufen will und sich selbst als Person nicht einbringt bzw. auch schnell wieder davongeht. Damit ist also ein Mensch gemeint, der nicht verlässlich ist, der eher etwas vorspielt, der nicht bleibt, nicht Konstanz zeigt. Siehe auch „Versicherungsvertreter"

Vertrocknen: Eine vertrocknete Szenerie oder Landschaft verrät eine Erinnerung an eine sehr schlechte Zeit, was Emotionalität und Vitalität angeht, an ein großes Defizit, an eine Enttäuschung.

Verwachsung: Z.B. mit einer Knollen-Gestaltung oder als rechtwinklig abgehender Knick, gern in Holz, Ästen, Bäumen dargestellt, zeigt dies misslungene oder defizitäre Wachsen ein Entwicklungsproblem psychischer Art. Statt der geraden Richtung erlebt man so im Traum ein ggf. großes Reifungshindernis im Unbewussten, was man immer noch mitschleppt, was man unbewusst erinnert.

Verwandlung: Wenn ein Mensch sich im Laufe eines Traumes z.b. in ein Tier verändert, so dass man sagen könnte, dass der Mensch zuletzt verwandelt worden ist, z.b. in ein Schwein oder in ein Pferd, dann soll damit der wahrere Charakter des entsprechenden Menschen, der anfangs noch nicht erkannt wurde, gezeigt werden. Es geht also um eine doch unmissverständliche Information über Verhalten, Mentales, Psyche, die mit Hilfe eines Tieres symbolisch ausgedrückt wird. Entweder tritt das stellvertretende Tier von Anfang an schon im Traum auf, oder es tritt erst sekundär der Gestaltwechsel ein. Z.B. ein Mann als Traumfigur attackiert auf einmal als rasendes Schwein, auf dem Fahrrad, und war dabei als Zwischenstufe der Wandlung vorher nur überraschend nackt; damit ist gesagt: dieser Mann hat einen aggressiven „schweinischen" Charakter, wenn er denn erst mal sein wahres Gesicht zeigt (nackt ist), der schließlich zum Vorschein kommt. Es gibt viele solcher Szenen, besonders in Märchen und Mythen, als Charakterbeschreibungen. Die Tierverwandlungen sind bildkräftiger, eindrücklicher als Tiervergleiche, aber im Prinzip ähnlich. Vgl. die tiefenpsychologisch interessanten Tierverwandlungen in den Werken von Dichtern und in Mythen. Es kommt also vor im Traum, dass Menschen sich zu Tieren verwandeln oder beispielsweise auch Frauen in alte Männer usw. Im letzteren Falle kann man z.b. davon ausgehen, dass eine weibliche Frau durch gewisse Verletzungen auf Dauer in ihrem Leben männlich alt und verbittert wird. Wir haben in einem derartigen „Tier" natürlich nur eine einzige Charakterseite, nicht den ganzen Menschen.

Verwechslung: Das mag harmlos aussehen, hat aber als Traumbild eine große oder auch tragische Bedeutung. Wenn man Kleidung verwechselt oder im Spiel die Ergebnisse oder im Wettkampf einen Irrtum begeht oder z.B. auch Lebensmittel verwechselt, nämlich die guten frischen mit den verdorbenen, dann wird hier ein lebensgefährlicher, tragischer Fehler dargestellt.

Verweigerung: Hier liegt meist eine tief unbewusste Erinnerung vor an eine Situation, in der einem Entsprechendes nicht gelang, in der man etwas gänzlich nicht konnte. Also eine Misserfolgs-Erinnerung kann später als Verweigerung, krampfhaft nachgholt, auftreten.

Verwirrung: Manchmal im Traum kann man sich irre fühlen oder in sehr großer Verwirrtheit, und zwar so, dass man es durchaus nüchtern, als Beobachter begleitend, feststellen kann. Es ist ein Synonym für sehr großen Stress, und dieser ergibt sich nur bei sehr großer Aggression von außen. Hilfslosigkeiten vielerlei Art gehören zu diesem Verwirrtsein. Gern wird im Traum nachgeholt, dass man Stress, Schmerzen und Pein bei gegebenem Anlass verdrängt hat oder einfach nicht hat begreifen können. Die Registrierung dieses Hochstresses wird dann im Traum nachgeholt, manchmal so stark, dass man sich „irre" oder eben „verwirrt" fühlt.

Verzichten: Zeichen einer geistigen Größe, im Gegensatz zu unserem üblichen, wenn auch oft nicht unberechtigten Reklamieren und Anklagen. Man denke beispielsweise an die Vorwürfe, die ein Mensch seinen Eltern oder der Gesellschaft für bestimmte Schäden machen kann. In seltenen Fällen und in seltenen Träumen wird das vom Verzichtenkönnen überlagert. Ein Mensch, der verzichten kann, kann in Banalitäten seine Rechte leicht aufgeben und weiß, dass er viel zu geben hat, dass ein einzelner Verzicht ihm keinen Mangel bringt. Das Gegenteil sind die Menschen, die krankhaft immer denken, sie kämen zu kurz.

Vicarius: Ein Vicarius oder Vikar ist ein Stellvertreter, eine Vizepersönlichkeit oder Vizebesetzung. Der Begriff erläutert im Traum, dass wir alle auf der Erde eine Rolle spielen und als Menschen eigentlich Stellvertreter sind. Ja, für was Stellvertreter ? Man könnte sagen, wir sind Schauspieler im Weltdrama, haben also eine Rolle in dem und für den gesamten Ablauf des Kosmos übernommen, und dann sind wir schon Stellvertreter. Wir leben für das Schicksal, nicht das Schicksal für uns. Wir bekommen Rollen zugeteilt.

Vier: Die Vier ist eine geheimnisvolle Struktur für das Diesseits, für die Welt, für die Schöpfungskonstruktion. Sie ist die Polarität potenziert, also zwei mal zwei. Die Zwei kann dann noch in weitere Potenzen geraten, wie im chinesischen Weisheitsbuch I-Ging. Bei Pythagoras heißt die Vier als Geheimzahl oder Geheimstruktur oder Software für die Schöpfung „Tetraktys". Die geheime und heilige Vier taucht auch im Mandala auf oder in der Swastika. Die Vier ist weniger die Zahl der geistigen Welt. Aber für die Schöpfung ist sie das Muster der Ganzheit und der Vollkommenheit; sie schließt auch auf jeden Fall das Leid mit ein. Ähnlich kann 40 (vgl. 40 Tage Passion) oder 400 das weltliche Leid meinen (selbst wenn es um 400,- € geht im Traum). Die Vier drückt die Harmonie der materiellen Schöpfung aus: Totalität, Erfüllung, Ganzheit (Viererkreuz, Mandala, 4 Wege). Für Spiritualität ist sie zu statisch. Auch drückt sie nicht unbedingt Bewegung, Entwicklung aus (wie etwa die Drei). Wie in Japan oder im Buddhismus hat sie daher einen Todescharakter bzw. -beigeschmack.

Vierundzwanzig: Tendenziell ist die Zahl 24 ein Positivum.

Vierundzwanzig-Stunden (ein Tag, erster Tag): Der erste Tag im Leben eines Menschen, so berichten die Träume, ist von folgenschwerer Bedeutung! Der erste Tag eines Säuglings nach der Geburt, so sagt z.b. eine Säuglingsschwester im Traum, ist entscheidend für den Charakter. Diese Aussage ist besonders wichtig für den Fall, dass ein Säugling real die ersten 12 oder 24 Stunden ohne Mutterkontakt zubringen musste! Tragisch zu sagen, aber es ist irreparabel. Die ersten 24 Stunden ohne Mutter sind ein Zentraltrauma für das ganze Leben.

Vierzehn: Als Kern muss man wohl die doppelte Sieben in der Vierzehn sehen, etwa als Steigerung der Sieben-Qualität; in aller Regel ist eine Glückszahl gemeint; Erfolg, gutes Gelingen, Erfüllung werden angedeutet.

Vierzig: Siehe „Vier"

Violett: Vom Grundsatz her, und von Ausnahmen abgesehen, ist eine emotionale Stimmung dargestellt, die auch einmal ungut und stressig sein kann (man könnte von einer nicht so gesunden Mischung von Rot und Blau, von weiblich und männlich sprechen). Gesundheit und Eindeutigkeit ziehen andere, ungemischtere Farben vor. Vgl. „Lila"

Virtuelle Welt: Siehe „Rechnen" (erdachte, geplante, errechnete Welt).

Visitenkarte: Ein Geheimnis oder eine Offenbarung zur wahren Identität (auch Genetik). Sie ist Träger von Adresse, Kontakt, Wahrheit, Echtheit. Fehlende Visitenkarte: jemand verstellt sich oder will keinen Kontakt oder wurde vielleicht um seine Identität betrogen. Anscheinend falsche Visitenkarte: Hinweis auf eine unbekannte Neben- oder Zukunftsidentität. Der (dingliche) Austausch von Visitenkarten stellt eine tiefere Verbindung dar als etwa nur eine gegenseitige Adressennennung. Das kann eine Kontaktaufnahme sein, in dem Flirt oder für den Flirt. Allgemein, positiv also: Identität, Wahrheit, Sich-Outen, Liebe. Visitenkarten austauschen: das ist ein gewisses Gerüst einer gedacht harmonischen Verbindung.

Visum: Mit Jahreszahlangabe, kann es ganz eventuell, bedeutungsschwer, aber hoch codiert, Geburt oder Todestermin anzeigen.

Vize-Chef: Es kann hier zum Beispiel um einen Kämmerer, einen Finanzminister, einen Vizekanzler oder um einen stellvertretenden Schuldirektor gehen. Also es geht um eine Art Chef in der zweiten Reihe. Hiermit kann auch gern ein Stiefvater oder ein Adoptions-Vater gemeint sein. Im spirituellen Sinne ist das der Herr der Welt, den man, wenn man will, auch als Teufel bezeichnen kann, der nämlich nicht der eigentliche und wahre Herr der Welt oder des Kosmos ist, sondern eine Art Vizechef oder Stellvertreter – allerdings einer, der vorgibt Chef zu sein.

Vögel im Dachgeschoss: Schwangerschaften, ggf. unbekannte oder nicht zu Ende gebrachte. Wenn ein Raubvogel ins Dachgeschoss fliegt, im Traum einer Frau, könnte ein Liebhaber angedeutet sein

Vögel im Keller: Viele ungelebte Möglichkeiten von Sex, Beflügelt-Sein und anderen Potentialitäten.

Vogel mit Ei: Auch mit Ei-Blase, Ei-Bauch, Ei-Kugel = Schwangerschaftsthema eines Menschen, evtl. ein Geheimnis bzw. schwierig präzise zuzuordnen.

Vogel mit Menschenkopf: Im Ägyptischen ist das eine Ba-Seele, d.h. ein Mensch im transzendenten Bereich, der also nur „Seele" ist. Man könnte auch sagen: es ist ein betont personaler Geist. Diese jenseitige Seele ist keine Fiktion. Die alten Ägypter nahmen sie zu Recht ernst. Sie gehört(e) zu einem Menschen, und sie hat wohl eine Tendenz, kommunizieren zu wollen, vielleicht auch reinkarnieren zu wollen und ähnlich.

Vogel, federnd: Außerordentlich wacher, lebendiger Geist eines Träumers.

Vogel, fliegend: Sehr vitalkräftige Seele oder Person. Kaum Aussage über etwas Körperliches, sondern mehr über die Seele, den Geist ohne Körper.

Vogel, groß-gestreift: Sieht man einen auffällig großen Vogel, gerne z.b. einen Adler, mit großen Flügeln, die ein gestreiftes oder gepunktetes Muster tragen, so ist das nach der Mythologie der Indianer ein ganz besonderer Höhepunkt. Und zwar ist es der Beweis für ein Jenseitserlebnis bzw. für den Kontakt mit den Ahnen. Auch in Träumen von Nicht-Indianern gehört so ein Vogel-Erlebnis zum Themenkreis Erleuchtung und ähnlich.

Vögel, kleine: Im Prinzip pränatale Seelen, die ggf. sogar aus eigenen früheren Inkarnationen des Träumers stammen, die bereits während der Schwangerschaftszeit (zu früh) endeten. Auch überhaupt Seelen, z.B. gern Kinderseelen.

Vogel, weißer und toter: Information (ziemlich unbewusst) zu einer Abtreibung oder Fehlgeburt.

Vogel: Als Seelenvogel die Ewigkeit andeutend sowie die Freiheit der Gedanken. Das Fliegen meint die Unabhängigkeit von Materie und Zeit; ergo zeigen Vögel im Prinzip etwas Körperloses; so können sie die Seelen von Ungeborenen und Verstorbenen sein. Durch ihre enorme Freiheit deuten sie auch zuweilen den (eher weiblichen) Orgasmus an, in dem man sich für einen Moment außerhalb von Raum und Zeit fühlt.

Hierzu gehört wohl nicht unpassend die deutsche Vokabel „vögeln" = coitieren. Vögel meinen tendenziell, aber nur tendenziell, eher etwas Weibliches denn etwas Männliches. Und sie haben eine große Nähe zur Transzendenz. Die Schnäbel symbolisieren aber auch Hacken, Aggression – wiederum aber auch umgekehrt einen Mund, der schwatzt und der küsst (Sex, „schnäbeln"). Ähnlich wie betonte Vogelschnäbel können schwarze Vögel Unheil andeuten. – Archetypisch meint „Vogel" besonders die pränatale sowie die postmortale Seele des Menschen.

Vögelchen: „Viele kleine Vögel" (= Seelchen, bevorzugt weibliche) können eine starke Mutterabhängigkeit thematisieren. Das „Vögelchen" gehört zu Eltern, ist nicht unbedingt erwachsen.

Vogelpaar: Gleichnis für eine Partnerschaft. Symbol für die seelischen Einstellungen eines Menschenpaares. Vogelpaare oder auch Vogelansammlungen können manchmal eine sexuelle Geschichte andeuten. Sogar eine sehr verschwommene Erinnerung an sexuellen Missbrauch kann sich in dem Motiv Federvögel zeigen, zumal wenn die Vögel sich im Keller aufhalten sollten.

Vogelparadies: Aufenthaltsort von Seelen (vergleichbar dem vorgeburtliche Raum).

Vogelschnabel: Wir konzentrieren uns hier einmal auf den aggressiven Aspekt eines Schnabels, eines evtl. großen Schnabels oder eines hackenden Schnabels. In den Bildern von Max Ernst kann man viele Vogelfrauen sehen, und es lässt sich so vermuten, dass seine Mutter ziemlich aggressiv war. Der Vogelschnabel hat als Abbild und Sinnbild seine subtile Aggressivität und kann in Einzelfällen zu einer abtreibenden Mutter gehören. Die Aggressivität per Vogelschnabel ist zänkisch, zickig, hackend. – Als orales Medium (Füttern) gibt es natürlich auch eine positive Bedeutung des Schnabels.

Vogelstreit: Streit und Gezeter unter Vögeln kann ein Hinweis darauf sein, dass der Träumer zänkische Personen in seiner Umgebung hat.

Vogeltier: Ein solches Wesen kann im Traum sogar ohne Flügel und Beine auftauchen, insgesamt etwas eiförmig; dann kann es einen Foetus darstellen.

Vogel–Tod: Meist Reflex des Todes einer sehr jungen Seele. Das meint mit anderen Worten auch: Tod eines Embryos oder Foetus vor der Geburt.

Volare: Wenn dieses (lateinisch) verfremdete „Fliegen" sogar noch mit Musik verbunden ist, dann ist das erotische Begehren von z.b. einer Träumerin nicht abzuweisen.

Vollgas: Große Vitalität. Anspannung aller Kräfte, die man zur Verfügung hat.

Vollgefressen: Man soll sich nicht täuschen, wie sehr das Orale, der Futterneid und die Essens-Befriedigung im Zentrum unseres Unbewussten stehen, auch für viele andere Lebensbereiche stellvertretend auftreten können (z.B. für Sexualität). Das Orale als ungeheurer Mittelpunkt eines Lebewesens zeigt sich ungeschminkt viel eher im Traum als im sozialen Leben oder im kaschierten Alltag. Als Basis des Unbewussten könnte man eher vom „Magentrieb" als vom „Sexualtrieb" (S. Freud) sprechen.

Vollmond: Manchmal eine Potenzierung des Themas Frau, Weiblichkeit.

Vorarbeiter: Das schwankt zwischen einem Typus, der wie in einer Initiation etwas vormacht, was man zum Glück nachahmen kann, und einem Kontrolleur, d.h. zum Beispiel einem inneren großen Druck, unter dessen Ägide man nur im Stress agieren kann.

Vorarbeit: Meistens geht es darum, Vorarbeit zu leisten oder geleistet zu haben (oder zu erhalten). In der Regel kann da man dankbar sein für die Grundlagen, die Frühere, z.B. die Eltern oder das Schicksal, geschaffen haben.

Vorauswissen: Es ist das eigentliche Kriterium für den Geist, der alles weiß. Genauer für den, der sehr, sehr klug ist. Solche besonderen Menschen zeichnen sich durch „Vorauswissen" aus. Das Allwissen und Vielwissen wird also oft durch das „Vorauswissen" charakterisiert. Das Maximum der seherischen Fähigkeiten oder der überirdischen Wesen ist deshalb auch das Zukunftswissen. In gewissem Maß verfügt jeder Mensch über Vorauswissen, besonders im Traum. In antiken Zeiten wurde dies auch manchen Menschen zugeschrieben, heute macht man sich darüber lustig, das ist ein Irrtum. Nicht selten sind Träume = Zukunftsträume.

Vorbeilaufen: Keinen Kontakt haben wollen, etwas, eher unbewusst, ablehnen wollen.

Vorbereitung: Meint sehr oft die Zeit „vor" der Geburt, aber auch vor dem Leben oder vor dem Erwachsenenalter. – Ansonsten ist das Thema angesprochen: Hatte ich eine Basis, Voraussetzung für diesen oder jenen Entwicklungsschritt? Z.B. hatte ich eine Initiation als „Vorbereitung"? Siehe auch „Unterrichtsstoff"

Vorbestellung: Mysteriöses Omen für ein später eintreffendes Ereignis. Das Ereignis ist gerne persönlicher Art, kann z.B. das Fremdgehen, die Scheidung oder die Aufnahme einer Beziehung meinen.

Vorder- und Hinterrad: Hier geht es um ein Gerät, dass man als Zweirad bezeichnen kann, also um ein Fahrrad oder Motorrad und dgl., was also markanter Weise nur ein Vorderrad und ein Hinterrad hat. Dann wäre die ganze Basis der Entwicklung eines Menschen in den beiden Rädern dargestellt. Ein Beispiel: Wenn im Traum das Vorderrad und das Hinterrad defekt sind, dann gab es große Mängel sowohl in der Mutter- als auch in der Vatererfahrung, oder sowohl in der Kindheit als auch in der Pubertät.

Vorderachse: Kann tendenziell – anscheinend vom Auto, was einen menschlichen Körper darstellen kann – etwas wie Wille, Geist, Identität meinen. Die Hinterachse steht eher für Unterleib, genitalen Bereich.

Vorderreifen: Reifen und Räder eines Autos können manchmal die Extremitäten eines Körpers meinen und insofern subtil eine Gesundheitsaussage sein, gern zu den Gliedmaßen, je nach Zustand der Reifen.

Vordrängen: Wenn jemand sich vordrängt, ist immer auch zu berücksichtigen: Wer wird zurückgedrängt? Es geht also nicht nur um ein Ego, sondern auch um eine Dominanzattacke gegenüber einem anderen Menschen.

Vorführung: Im positiven Sinne kann man sich frei bewegen, hat einen Auftritt, ist gefragt.

Vorgänger: Ob nun auf der Arbeit oder bei einer Wachablösung, so handelt es sich wohl meistens um einen Vorfahren, also um einen Vater oder eine Mutter oder evtl. auch um einen Großelternteil.

Vorgarten: Betrifft Schwanger-Werden und ähnliche Themen. „Garten" als Fruchtbarkeitsfeld und Gefühlsfeld, hier aber „vor" dem Haus = d.h. vor dem Weltleben. Auf diese Weise kann auch ein Geheimnis oder das Unbewusste generell, ein Vor-Zustand eben, gemeint sein.

Vorgeführt: Manchen Menschen ist es peinlich, vorgestellt zu werden, sich zu zeigen, gezeigt zu werden; da möchten sie sich lieber verstecken. Das ist ein trauriges Ergebnis einer Selbstablehnung, eines Minderwertigkeitskomplexes, wozu es jedoch in der Art gekommen ist, dass man früher benutzt wurde und außerdem den Ansprüchen anderer nicht genügte, z.B. in der Kindheit, dass man ungut vorgeführt wurde.

Vorgesetzte(r): Siehe „Chef"

Vorhang: Dahinter ist gern ein Geheimnis, etwa zur Biografie des Träumers, versteckt.

Vorlesung: Ein Lebensauftritt, z.B. der erste Auftritt bei der Geburt, oder aber sonst eine wesentliche Aktivität in einem Leben.

Vorletzter: Das spricht eine Szene an, in der man nur ganz knapp dem Tod entrann. Ein Vorletzter ist ein Überlebender, der aber größte Nöte und Gefahren bestanden hat.

Vormittags: Kindheit (und evtl. Jugend).

Vorname: Ein wichtigeres Identitätszeichen als der Nachnahme. Der Vorname verrät: Welches Ich bin ich eigentlich? Nicht selten ist die Geschlechterrolle gemeint. Der Vorname, männlich oder weiblich, kann so auch die sexuelle Identität anzeigen. Ohne Vorname zu sein im Traum verrät die schmerzliche Situation, dass sich jemand über seine Identität nicht wirklich im Klaren ist (z.B. ein Kuckuckskind).

Vorpubertät: Meistens wird dieses Symbol indirekt durch eine Altersangabe ausgedrückt, z.B. ist eine Person im Traum, die in der Realität längst schon erwachsen oder älter ist, „11 oder 12 Jahre alt". Diese bemerkenswerte Altersangabe kann andeuten, dass die betreffende Person in gewisser Weise unreif und infantil geblieben ist, dass sie also innerlich gesehen die Pubertät und die Erwachsenenreife nicht wirklich erreicht hat. Es gibt immer Menschen, die unbewusst im Kindesalter oder in der Vorpubertät „stehen geblieben" und dort fixiert sind. Grundsätzlich kann der Mensch in unglücklichen Entwicklungsstufen steckenbleiben, regressiv zurückbleiben: orale Phase, anale Phase, infantile Phase, Elternabhängigkeit, Vorpubertät, Suchtstufe usw. Eine tragisch fehlende Initiation wird ggf. angezeigt.

Vortanzen: Ist, wie sich entblößen. Manchmal also wie eine erotische Anmache.

Vortrag absagen: Unfähigkeit. Es ist realistisch gesehen und vorausgesehen keine Möglichkeit vorhanden, um ein bestimmtes Ziel zu erreichen. Die Ziele liegen meist in den Themen Leben oder Partnerschaft: Entwicklung oder Auftritt sind eben gelöscht.

Vortrag im Schlafanzug: Geburtsthema. Es geht um den allerfrühesten Auftritt im Leben, bei dem man noch wie uterus-behaftet ist.

Vortrag: Das ganze Leben ist eine vorgetragene oder gesprochene Aktion. Ein Einzelelement oder die ganze Biografie sind also gemeint. Meist geht es um den symbolischen Erstauftritt. Auch zum Beispiel um das, was man in einer Beziehung der Partner-Persönlichkeit geben sollte. Man könnte auch sagen: was die Umwelt erwartet.

Vor-Unterschrift: Eine vorgezogene Unterschrift, zum Beispiel 23 Wochen oder ähnlich vor dem Termin oder vor dem Ergebnis oder vor dem Zeugnis, zeigt die spirituelle Weisheit an, dass in Vorstufen schon das Ergebnis verborgen liegt. Beinahe, als wäre die Zukunft schon vorweggenommen. Aber einfacher psychologisch gedeutet geht es darum, dass Basis und Grundlage Entscheidendes für die Zukunft schaffen.

Vorzeichen: Im Traum gibt es, wie im Aberglauben angenommen, Vorzeichen, Omina, z.b. schwarzer Hund, toter Fisch, spezieller Vogelflug (Letzteres wie bei den Auguren als Information vor einem bevorstehenden Krieg oder einem Unglück). Auch die Eingeweideschau, als schamanistisches Omen, gibt es im Traum, ebenso das Werfen von Losen oder Holzstäbchen. Heute noch wird in Peru z.b. nach einer schamanistischen Zweiersitzung (Therapie) ein Meerschweinchen getötet: sein Inneres offenbart die Antwort zum Problem. Damit soll nur angesprochen werden, wie verbreitet die Beachtung der Omina in der Welt ist. Die Tatsache, dass Vorzeichen etwas ankündigen, kennen alle Menschen. Dennoch gibt es auch die Dialektik, etwa so: was schlecht beginnt, endet gut. Also der Umschlag in das Gegenteil ist auch eine typische Lebenserfahrung – anders als die Omina.

Vulkan: Gefühle, Aufgeregtheit, ob nun Liebe oder Aggression, bis zum Zerplatzen, Explodieren sozusagen.

Vulkanausbruch: Explosionen und Eruptionen dieser und ähnlicher Art legen nahe, dass der Träumer sich an eine Lebensgefahr erinnert. Ein Vulkanausbruch leitet normalerweise einen Untergang, eine Katastrophe ein; in diesem Falle ist oder war Flucht angesagt nach dem Motto „rette sich, wer kann". – Auch als alltäglicher Emotionsausbruch deutbar.

VW-Käfer (in Rot): Symbol für die Zeit des Aufenthaltes im Mutterbauch. Bauchig-rundliche Autos, auch gewisse Kastenwagen, Anhänger können eine Uterusaffinität haben. (Hier „Rot" auch noch als Erregung, Aufregung, Stress.)

W

Waage: Das ist eine Schaltstelle, wo eine Entscheidung fällt oder wo etwas gemessen oder bemessen wird. Die Waage kann also ausdrücken, was wirklich Sache ist. Sie stellt eine Prüfung mit einem wahren Ergebnis dar.

Wachbleiben: Am/im Leben bleiben wollen. Besonders wenn man angestrengt und krampfhaft sich bemüht im Traum, wach zu bleiben, dürfte der Hintergrund der sein, dass man Tod und Sterben vermeiden will. Mit anderen Worten, es gab irgendwann einmal eine Situation, in der man in Lebensgefahr war.

Wachteln: Wohl wegen ihrer rundlichen oder rundbauch-betonten Form können sie zuweilen auch einmal Mütter, schwangere Frauen darstellen (Vögel sind tendenziell Seelen sowie tendenziell weiblich), die „fette Wachtel" passt hier ins Bild. Auch ist der Geschlechtstrieb der Wachteln in Mythen und bestimmten Weltregionen sprichwörtlich.

Wachwerden: Die Uteruszeit hinter sich lassen, also im Sinne der Geburt erwachen. Oder auch als Bemühen, aus einem lebensgefährlichen komatösen Zustand heraus zu kommen. – Schließlich Wachwerden = als Erleuchtung.

Wadenverletzung (Wadenkrampf): In Männerträumen etwas wie Schwäche in Aktivität, Potenz, Durchsetzungsvermögen.

Waffe: In der Regel männliches Werkzeug, typisch als Phallussymbol.

Wahnvorstellungen: Platzhalter und Ersatzphänomen oder Ventil für nicht erinnerbare Traumata (vgl. bereits Schopenhauers Theorie). Zuweilen sind sie auch das Ergebnis, Spätresultat von überkommenen, verdrängten Traumata aus der Sippschaftsgeschichte.

Wald: Unbewusstes, Vorzeit, Schwangerschaftszeit. Die Geburt heißt „den Wald zu verlassen", d.h. sie spielt sich im Traum oft am Waldrand ab; auf dem freien Feld beginnt dann das Leben. Abenteuer, Bestien, Zurückgeworfen-Werden und vieles mehr zeigen oft konkrete, gewesene Ereignisse im Uterus, wie eben im Wald. Die Grenzscheide „Waldrand" steht auch für das Verlassen der irdischen Welt, hier meist mit Höhenbewegung, Schweben, gar mit Erleuchtung. Später wird mit „Wald" evtl. unsere unbewusste Sexualität angezeigt (z.B. als ein Pseudo-Risiko oder als Spiel für Frauen, das die Überfall-Möglichkeit inkludiert). Hauptbedeutung: Unbewusstes – das schließt viel Transzendentes mit ein.

Waldaufenthalt: Erforschung des Unbewussten, des Karmas, des Pränatalen. Allgemein auch Gesundheit und Erholung und Schutz.

Wald verbaut: Wenn ein Waldstück im Traum mit Häusern bebaut oder verbaut ist, dann ist der Wald mehr oder weniger zerstört. Und das bedeutet, dass das unbewusste Fühlen und Agieren sehr schwer beeinträchtigt ist, also der Bereich von Emotion und von Eros.

Waldlager: Ein Camp, Aufenthaltsort im Wald hat zu tun mit der unbewussten Seite des Träumers (a) oder mit seiner Vorgeschichte, und zwar oft mit der Schwangerschaftszeit (b). Wenn wir auf die Welt kommen, kommen wir aus dem Wald. Wenn wir schlafen, gehen wir in den Wald zurück.

Waldmensch: Früher in der Mythologie wusste man, dass es Zwerge, weise kleine Männer oder Trolle oder auch Elfen gibt. Ein solcher Informant aus dem Unbewussten kann in heutigen Träumen als (meistens kleiner) Waldmensch auftauchen. Was er sagt oder doziert, ist wahr, jedenfalls wichtig.

Waldrand: Typisches Szenario, bevorzugte Stelle um dies darzustellen: das Verlassen des Uterus oder das Verlassen der Welt. Waldrand als Grenzscheide, d.h. auch als bekannte markante Erleuchtungsstelle. Siehe „Landschaft" und „Wald"

Waldweg: Ein früher oder unbewusster Weg ins Leben hinein, manchmal vorgeburtlich.

Walfisch: Vgl. „Jonas", vgl. auch „Seelöwe"

Wand als Hintergrund: Im Traum kann man genau wie im Sprichwort „mit dem Rücken zur Wand sitzen". Das ist eine Absicherungsposition, im Moment scheint eine mögliche Gefahr gebannt, aber es gibt einen Gefährdungspunkt, weshalb man die Wand in seinem Rücken sucht. Es geht also um eine Sicherheitsposition, aber um eine fragile.

Wand: Das ist eine Trennung zwischen zwei Welten, z.B. zwischen dem Diesseits und dem Jenseits. Sie kann im Traum so auftauchen: als Trennung zwischen uns Menschen (bewusst und körperlich) und der geistigen göttlichen Führungswelt. Das ist wie eine Trennung gegenüber dem wahren Chef, den man in der Regel nicht sieht. Eine transzendente Wand ist aber zwischenzeitlich immer auch durchlässig – jedoch nur, wenn der Mensch von der Existenz einer geistigen Welt, von der Welt dahinter überzeugt ist. – Ansonsten oft Erinnerung an eine ‚Geburtswand' oder ‚Mutterwand' als Hindernis, als Abwehrhaltung einer Person. Es steht die Wand gern für die Front oder Vorderseite einer Person, und nicht selten ist damit eine abweisende Mutter in früher Kindheit dargestellt. Negativ haben wir hier ein Stopp, ein Break in der Hin-Bewegung, die Abwehr bzgl. einer Bewegung, eines Bemühens. Eine schwarze Wand meint Leidereignis.

Wander-Begleitung: Die Frage ist bei einem unbekannten Begleiter immer: Welche gute Seele begleitet hier oder führt sogar? Sollen wir bei diesem positiven Schatten von einem Engel sprechen? Oder kann ein Verstorbener oder der Geist eines Entfernten hier vermutet werden? Gerade bei der Fortbewegung, z.B. beim Wandern, ist das Motiv eines unbekannten Begleiters nicht selten. Dessen Identität wird in der Regel nicht eigentlich erkannt. Irgendwann ist der Begleiter verschwunden, mit dem man vielleicht sogar Hand in Hand ging oder der einen führte. Die Helfer aus der geistigen Welt können als solche Begleiter auftreten, sie lassen sich nicht pauschal definieren oder präzise bescheiben.

Wanderkarte: Als Plan, Wanderführung verrät eine solche Karte, ob man auf einem erfolgreichen Weg ist im Leben. Fehlt eine solche Wanderkarte, kann man davon ausgehen, dass große Hindernisse einen Misserfolg im Streben des Betreffenden erzeug(t)en. Wanderkarte ist auf jeden Fall **eine w**ichtige Information (ggf. eine fehlende) zum Leben, zur Biografie.

Wanderung: Eine Wanderung oder ein Wandertag können für eine bestimmte, begrenzte Lebensphase stehen, für eine Etappe. Beispielsweise für die Zeit einer Beziehung mit einer Person, als etwa gemeinsame Wanderung.

Wandverkleidung: Manchmal Änderung von Zuständen, auch in betrügerischer Art. Da werden gerne Identitäten, Wahrheiten zugedeckt, ausgetauscht, geschönt, natürlich auch ggf. umgekehrt positiv verbessert.

Wangenstreich: Aggression, aber etwas gebremst, nicht total rücksichtslos.

Wanne: Gilt auch für ähnliche Bütten, Behältnisse, Zuber: Uterussymbol, daher auch Schlafsymbol, oft mit rekreativem Touch (wir erholen uns sowohl im Schlaf als auch in der Badewanne). Die Regression in die Urwanne zielt auf Rehabilitation, Gesundung, Entspannung. (Manchmal ist es natürlich auch eine Erinnerung mit Stress.) Als Prognostik: das Schwangerschaftsthema steht im Raum: im Märchen „Dornröschen" sprang der Königin ein Frosch, ein Fruchtbarkeitssymbol, in die Badewanne: endlich wurde sie schwanger; z.B. kann eine Mutter über ihre gerade geschwängerte Tochter telepathisch per Wannensymbol träumen. Wegen der positiven vorgeburtlichen Assoziation ist die Wanne ein Wellness-, Wohlfühlsymbol. Aber sie bringt natürlich auch die Traumata aus der Uteruszeit ans Licht.

Wärme: Emotionale Wärme, Liebe, Zuwendung. In übertragener, spiritueller Bedeutung ist das Gute auf der Welt gemeint, das Angenehme, wie etwa das Licht.

Warnlampe: Meist leuchten die Warnlampen rot auf, und es handelt sich manchmal um eine Gesundheitsgefahr, vielleicht sogar Lebensgefahr, die vielleicht sehr unbewusst, sehr verdrängt ist und in der Regel in der Vergangenheit, vielleicht weniger als in der Aktualität, liegt. Insgesamt Zeichen einer großen Gefahr, vielleicht einer Blockade, eher der psychologischen Art.

Warten: Es liegt oft eine geheime, vergessene Geschichte zugrunde, aus alter Zeit, in der etwas blockiert war, wo es nicht voran ging (ähnlich wie beim Traumsymbol „Suchen"). Besonders ein zu langes oder endloses Warten dokumentiert, dass die gefragte Person nie kommt. Mit anderen Worten, diese Person hat jemanden heimlich längst verlassen.

Warze: Unbewusstes, indirektes Symbol für Feindseligkeit, Aggression, ob als Täter oder, meist eher, als Opfer.

Waschbecken: Gern ein Empfängnisthema in Frauenträumen. Allgemein Medium, um Unangenehmes zu entfernen, zu vertuschen, zu verdrängen, um etwas „reinzuwaschen".

Wäsche, schmutzig: Ein Geheimnis, eine unangenehme Sache, die lange verborgen ist. Meist mit Schuldgefühl verbunden (betrifft Lügen, Tabuthemen, beispielsweise Fremdgehen).

Wäschekorb: Wie bei allen „korb"-ähnlichen Gebilden liegt die Deutung nahe, dass es sich um eine Erinnerung an den Uterusraum handelt.

Waschen: Entwicklungsabsicht oder Entwicklungstun; Entfernen oder Erledigen von etwas, im Guten wie im Schlechten. Spirituell der Katharsis oder der Taufe vergleichbar (Abwerfen des alten Menschen, transzendente Reinigung). Allerdings auch als Sucht, Hysterie möglich

(Waschzwang). Meist in der Art begründet, dass ein Problem tatsächlich noch gelöst werden müsste. Siehe auch „Hände waschen"

Wäschestücke: Socken beispielsweise und anderes Kleinzeug weisen gern indirekt auf eine verdrängte, vergessene Person oder auf ein verlorengegangenes Thema. Kinderkleidung z.b. steht stellvertretend für ein (ggf. ominöses) Kind. Sie sind gern ein Indiz für eine Person.

Waschfrau: Eine Person, die geheime Schuldgefühle oder Komplexe vertuschen oder wegmachen will. Bzw. die tabuisierte Angelegenheiten wegmachen will, nicht selten sexuelle oder kriminelle. – Positiv als Helferin bei der Bewältigung von Problemen.

Waschmaschine: Manchmal ist die Trommel als der uterale Raum, als unsere Erstentwicklung gemeint. Zuweilen ist nicht so sehr die Trommel, sondern das Waschen betont, dann ist die Bedeutung ähnlich wie „Badezimmer" oder „Waschküche" = Entwicklungsphasen der Biografie (z.B. Pubertät). Die Waschmaschine ist ein Gleichnis für eine frühe Entwicklungsphase, deshalb dürfte sie meist ein Schwangerschaftsthema andeuten. Manchmal als Pubertätsprozess zu deuten oder allgemein für ein Entwicklungsphänomen.

Waschraum, Waschküche: Wesentlicher Entwicklungs- und Änderungsraum; das passt zu Lebensetappen wie Pubertät und Geburt.

Wasser, blau: Bei starkem Blau: Sowohl ein traurig-depressiver als auch ein hoch intellektueller Gemütszustand.

Wasser, kaltes: Meint etwas Geheimes oder Indirektes an Heilung. Besonders fließendes kaltes Wasser heilt.

Wasser, schwarzes: Steht für negative Umstände, ob nun in der Erinnerung, im Unbewussten oder in der Aktualität.

Wasser: Als schwarzes, schmutziges, undurchsichtiges, schlamm-ähnliches Wasser ist das Todesthema dargestellt, angedeutet. Helles, klares, durchsichtiges Wasser dagegen, gegebenenfalls noch mit viel Tiefe verbunden, meint Geist, Erkenntnis. Sowie allgemeines Symbol für Gefühlsqualitäten jeglicher Art! Oft das Leben meinend (gerne uteral, dort schwimmen wir), vgl. „das Wasser des Lebens". Als eindringendes Wasser in Häuser, Zimmer meint es die drohende Vernichtungsgefahr, oft mit Stress verbunden, vgl. „das Wasser des Todes". Berührt auch das Thema Reinigung/Waschen, das meint Entwicklung, Änderung, Erneuerung (vgl. Katharsis, Taufe), also etwa Geburt und Pubertät. „Ins Wasser gehen" = mögliche Entscheidung, Prognostik für den Tod.

Wasserbecken: Auch als Waschbecken: Wenn mit Panne, Fehler, Katastrophe verbunden, geht es vielleicht um ein Geburtstrauma. Sonst allgemein um Entwicklung. Oft befinden sich darin auch Geheimnisse, z.b. Kleidung als Spuren problematischer Dinge.

Wassereinbruch: Wenn in ein Zimmer, z.B. durch die Decke, die Wände, Wasser eindringt, zeigt das meist eine Erinnerung an eine große Erst-Bedrohung, Todes-Bedrohung, nicht selten in unserem archaischen, anfänglichen Aufenthaltsraum.

Wasserfall: Ein Archetyp für den Geburtsprozess, auch manchmal für ein grandioses Leben.

Wasserflaschen: Solche Trinkflaschen treten gerne im Doppel auf, und sie zeigen das Mutterbrust-Defizit eines Säuglings, was später im Unbewussten des Erwachsenen ständig weiter wirkt (und z.B. durch Kaufsucht kompensiert wird oder durch Gereiztheit, Agggression).

Wasserglas: Siehe „Gefäß"

Wasserhahn: Erinnerung an die orale Phase, an die Stillzeit. (Gehört oft zu einem Mutterbrusttrauma.)

Wasserkessel: Je nachdem, ob eine Person zu wenig oder viel zu viel Wasser in einen Kessel einlaufen lässt, ggf. auch mit Bezug auf einen Gast oder auf eine Teebereitung, lässt sich ablesen, wie ungelenk und unbeholfen die Person in anderen Bereichen ist, auch oft im sexuellen Terrain.

Wasserleitung: Hier gibt es viele Varianten, z.b. als Rohrleitungssystem, als Wasserhahn usw. Meist wird hier reflektiert, welche Erfolge oder welchen Frust man an der Mutterbrust erlebt hat, also bzgl. des Trinkens.

Wassermangel: Hier meinen wir besonders das Motiv, dass es in einem Schwimmbecken an Wasser fehlt oder an ausreichender Tiefe fehlt. Dann ist meist ein großer Stress in der Schwangerschaftszeit erinnert, da waren wir nämlich im „Wasser". Diese Ersterfahrung läuft als Charakterzug durch das ganze Leben.

Wasserspritzer: Sollte Wasser im Traum aus einem defekten Schlauch heraus spritzen, so geht es vielleicht um dies: Männlicher Samen, der befruchtet, was aber nicht geplant war.

Wasserstopp: Wird dem Träumer der Wasserlauf oder Wasserhahn gestoppt oder wird ihm auch eine Spüle, das Abfließen geschlossen, so zeigt das an, dass irgendjemand seinen Lebensfluss oder auch seine Sexualmöglichkeit massiv gebremst, unterdrückt hat. Meistens geht es um eine Erinnerung aus der Kindheit, aus der Entwicklung, wo es einen schweren, stoppenden Einschlag gab.

Wasserstrahl: Kann in Einzelfällen eine Ejakulation meinen und dann auch als irgendwo landende Wassertropfen, die Freude auslösen, dargestellt werden.

Wassersuhle: Z.B. als schmutziges, zusammengelaufenes Regenwasser = unglückliche Umstände, schlechte, behindernde Bedingung.

Wassertropfen: Perlende, klare Wassertropfen sind Weisheitstropfen. Wasser ist Erkenntnis, neben vielem anderem. – Auch als sprühendes Leben, incl. Sexualität.

Wasser-Vortrag: Information über die Wiedergeburt, auch über die uterale Zeit im Fruchtwasser. Die Wiedergeburt geschieht laut Jesus „aus Wasser und Geist", das Wasser steht hier für die Materie überhaupt, also für das Körperliche. Der Geist steht für das Mentale und für die eigene Vorstufe.

WC-Becken-Entfernung: Es wird hier eine archaische Befriedigungsmöglichkeit weggenommen. Meist geht es um ein Muss bezüglich Eros, Emotion. Das kann Hysterie sein (gegen Verführung) oder aber auch eine massive aggressive Attacke gegen einen Mitmenschen, gegen möglichen WC-Benutzer. Es wird besonders der Frucht im Leib das WC-Becken als Geburtsverlauf und -symbol geraubt.

WC-Schüssel: Kann eine Nähe zu einem Abtreibungsthema haben.

Wechselgeld: Das informiert darüber, ob in einer Beziehung bezüglich des Gebens und Nehmens Gerechtigkeit vorherrscht oder vorgeherrscht hat. Wenn also am Wechselgeld etwas fehlt, hatte man emotional wohl mehr gegeben als bekommen. Manchmal die zwei Karmaseiten, als Opfer und als Täter. Ansonsten gehört das Symbol zur wechselseitigen Kommunikation. Ist das Wechselgeld, also das, was man bekommt, gerecht, zu niedrig oder reichlich?

Wechseln: Ähnlich wie bei „umziehen, sich umziehen, austauschen" ist eine wesentliche Lebensänderung gemeint; kann auch die betonte Änderung einer Information, eines Wissenstandes sein, etwa so: Wahrheit löst Lüge ab oder umgekehrt.

Wecken: Geweckt werden heißt gern: geboren werden.

Weg (Straße): Meint meist den gesamten Lebensweg, aber auch den Weg der 9 Monate in der Schwangerschaftszeit. Es kommt zur Interpretation auf die Ausstattung, die Zutaten an, z.B.: Steine im Weg. Untergrund, Breite, Form sind wichtig. In der Regel ist der Lebensweg aufsteigend dargestellt, automatisch sozusagen, aber gewisse Steigungen können auch außerordentliche Anstrengungen, Schwierigkeiten meinen, ähnlich auch zu viele Kehren. Die Ankunft auf der Erde lässt oft einen abfallenden Weg vorausgehen. Oder die Steigung in den ersten Lebensjahren ändert sich mit der Pubertät, dem biologischen Höhepunkt. Bei Auffahrten, z.B. bzgl. Autobahnen, geht es oft darum,

Leben/Geburt überhaupt zu schaffen. Rückwege sind Ereignisse, die arg gegen das Leben gerichtet sind, in Einzelfällen aber auch kluge Verzögerungen. Der Lebensabend ist gern symbolisch ein Zurück-Weg, das Ende eines Rundwegs.

Weg zurück: Manchmal als Weg oder Route zurück, vielleicht über die Berge, dargestellt. Da kann unsere Rückkehr in die Jenseitigkeit gemeint sein. Die zweite Lebenshälfte ist zuweilen eine Art Weg zurück (das ganze Leben ein Kreisweg). Im Traum kann primär meist nicht zurückgegangen werden: das ist logisch, wir können unsere Biografie nicht nachträglich ändern.

Weg-Begleiter: Die Begleitperson verrät als Typus oder mit ihrem Verhalten, ob man ein bestimmtes Lebensziel erreicht oder verweigert bekommt. Wenn diese Begleitperson neidisch ist, ist das bereits eine Aussage.

Wegerich, Spitzwegerich (lancetta lanceolata): Stillt Blutungen, Wunden, Verletzungen, ist also ein Heilkraut, ein Heilungssymbol, zum praktischen wie auch symbolischen „Darauflegen".

Wegessen: Erst wegnehmen und dann wegessen, z.B. einen Joghurt, kann auf sexuellen Raub, sogar auf sexuellen Missbrauch hinweisen.

Weggehen: Oft in gravierender Bedeutung, nämlich eine Person oder Situation für immer verlassen. Wie „wegfahren" kann es also das Ende einer Beziehung bedeuten oder auch, z.B. als „aus dem Haus gehen", wie fast etwa in den Tod gehen. Meist in der Bedeutung: irgendein Verhältnis aufkündigen.

Weglaufen vor dem Tod: Dahinter verbirgt sich eine typische, alltägliche Todesabwehr. Aber natürlich taucht ein solcher Traum nur dann auf, wenn es einen Anstoß dazu am Tage oder in der Aktualität gibt. D.h. mit anderen Worten, wenn man sich z.B. im bewussten Leben damit auseinandersetzt, dass jemand in Lebensgefahr ist oder in Krankheit sterben könnte, kann das Weglaufen als Abwehrreaktion auftauchen.

Weglaufen: Versuch, eine bestimmte Wahrheit nicht zu zeigen oder vor ihr davonzulaufen, z.b. im Themenbereich Liebe, Bindung, Enttäuschung.

Wegschauen und wegsehen: Wegschauen bedeutet, einen Kontakt stark ablehnen bzw. eine Wahrheit leugnen. Vgl. „Sehen"

Wegschießen, Abschießen: Wenn hier Kleinteile als Objekt gemeint sind, geht es nicht um das Entfernen eines großen (normalen) Menschen, sondern vielleicht um das Thema Abtreibung, weil nämlich Kleines weggeschossen wird.

Wegschütten: Es kann vorkommen, dass man im Traum eine Speise oder ein Getränk in den Spülstein wegschüttet oder sonst irgendwohin verschüttet. Z.B. schüttet jemand im Traum eine Tasse Kaffee in den Ausguss. Dann ist das ein Warntraum bzw. Gesundheitraum, der sagt, man soll die infrage kommenden Dinge, z.B. Kaffee, eine Speise, in Zukunft besser meiden. Der Traum weiß besser als das Bewusstsein oder auch die medizinische Umwelt, wenn und wann ein bestimmtes Objekt dem Träumer nicht gut tut. – Manchmal meint das Wegschütten oder besser Verschütten aber auch, dass man seine sexuelle Potentialität vergeudet oder dass diese abgelehnt wird.

Wegwerfen/Entsorgen: Im Leben wie im Traum kann man die Altbestände und Sammlungen des Partners viel leichter wegwerfen als die eigenen. Sollte ein Träumer erfahren, dass jemand etwas von seinen Sachen wegwirft, muss er davon ausgehen, dass diese Person Erhebliches von seiner Art oder von seinem Verhalten oder von seinem Charakter wegschneiden will. Es handelt sich also dabei durchaus um eine Aggression.

Weide: Als Wiese = vorgeburtliche Zeit. Weide verlassen = geboren werden. Im Weidezaun stecken bleiben = Blockade, wie im Ersterlebnis.

Weigerung sich auszuziehen: Das verrät manchmal eine Weigerung, sich partnerschaftlich sexuell zu betätigen. Gerne ist so eine Weigerung aus dem Unbewussten des Vorfahren-Pools übernommen. Hätte beispielsweise eine Mutter sich öfter gerne dem Sexualanspruch ihres Mannes verweigert, so finden wir oft, dass die Tochter, in unbewusster Übernahme des Komplexes bzw. des mütterlichen Wunsches, sexuell sich und andere behindert, beschränkt. Sie lebt die Weigerung anstelle ihrer Mutter (oder Oma), so etwas kommt nicht selten vor. Es passiert zuweilen, dass Nachkommen die nicht-ausgelebten, unerledigten Wünsche ihrer Vorfahren, also auch der Väter, ausleben. – Sich ausziehen ist wie „sich zeigen, sich hingeben, sich outen", in vielerlei Hinsicht. Mit anderen Worten: die Maskerade und das betonte Bedecktbleiben, symbolisch oder körperlich, ist ein Hindernis für Beziehung. Wie viele weigern sich nicht, sich zu outen, sie bleiben „bekleidet", im vielfach übertragenen Sinne, überall im Zusammenleben.

Weihnachten: „Zu den wihen nachten" meint ursprünglich die heidnischen 12 Rau-Nächte, da geht es um etwas Heiliges, Außergewöhnliches, Extremes, wie Geburt, Hochzeit, Tod, Frieden, große Liebe. – Im engeren Sinne ist wegen Christi „Geburt" mit dem Motiv Weihnachten sehr oft der eigene Geburtsprozess dargestellt. Schließlich kann aber auch die Betonung auf dem „Feiern" liegen, dann meint es etwas an Familiärem, an Bindung, Beziehung, gerne auch Kindheit oder Idylle. Auch Lust, wie etwa als Brauch zur Wintersonnenwende, schimmert durch. „Familie" ist meist Fixpunkt bei diesem Fest.

Weihnachtsbaum: Erfreuliches Geburtssymbol. Als Immergrün (ursprünglich die Eibe, der Taxus) mit Lichtern: auch Hoffnungs- und Vorgriffssymbol für die Natur, für das nächste Wachstum. Symbol für das innere Lebenslicht oder für den „Lichtmenschen" aus der Gnostik.

Weihnachtslied: Unbewusst, codiert kann ein Thema gemeint sein , das mit Schwangerschaft zu tun hat, denn Weihnachten ist ein Geburtsfest.

Wein: Steht gern für Sex oder Sexersatz. Der Erwachsenen-Eros beruht auf der Mutter-Kind-Erfahrung. Also kann per Wein auch Sucht, mütterliches Liebesziel gemeint sein. So dass dann doch hinter Sexualität allgemeine Liebe (Sehnsucht) sich verbirgt. „Weinberg" als Fülle, Höhepunkt, als Gipfelerlebnis bzgl. Geburt, Mutterbrust (oft real eher fehlend – im Traum kompensatorisch) oder bzgl. Luststreben allgemein.

„Wein" als Symbol, auch Trunk, ist etwas typischer für Frauen; für Männer steht hier öfter: Bier und Schnaps. Rotwein = ein gewisser Sexualitätsersatz, bevorzugt von Frauen konsumiert, er drückt eine Sehnsucht nach Liebe aus.

Weinen: Ernstzunehmender großer Schmerz, und zwar archaischer Art (Kindheitstränen). Meist Hinweis auf dramatisch Ungelebtes, auf an entsprechender Stelle nicht ausgelebte Tränen (unterbliebene, vielleicht sogar unbewusste, unbekannte Schmerzartikulation). In der Regel sind es also gravierende Nachholungstränen, die zeigen sich manchmal als erschütterndes Weinen im Traum. Nachholung deshalb: weil diese Tränen gern einmal ausgeblieben waren. – Abgesehen davon, dass Weinen eingesetzt wird als Appell, auf infantile Weise, ist im Traum auch wichtig: Weinen warum! Es wird also ein Verlust oder ein Trauma bedauert, oder es wird Entgangenes betrauert, mit Grund. Oft weint man, weil das ganze Leben keine ausreichende Befriedigung gebracht hat. – Man kann auch sagen: Weinen statt Wut.

Weinrot: Verstärkte Liebe, die vielleicht schon etwas in Süchtigkeit, psychologische Auffälligkeit abgerutscht ist und wo schon eine Gefahr in der Nähe ist. Sofern es um blasse Weinrot- und Bordeauxrottöne geht, die auch eine Nähe zu Violett und Lila haben, kann eine Aggression oder psychische Problematik verdeckt, getarnt, verharmlost sein – Positiv: potenzierte, sehr starke Liebe, nicht zuletzt Sexualität.

Weintrauben: Hier ist das Sexualthema nicht so weit entfernt. Auch allgemein Liebe oder Fruchtbarkeit andeutend.

Weiß: Sterilität, Tod, Unlebendiges = das ist das Unbunte (a). Andererseits Verstärkung (b) eines jeglichen Themas, Motivs, z.B. der weiße Elefant oder der weiße Hirsch meinen Elefanten- oder Hirschqualität potenziert. Jenseitigkeit, Ruhe, hohes Wissen, Spiritualität, daher auch hohe Moral oder Unschuld. Weiß/Unschuld auch im Sinne von Leere, Unberührtheit, Unbeflecktheit, Reinheit. Zusammengefasst: Weiß ist Verstärkung, Potenzierung (1) oder Tod, Sterilität (2). So meinen also weiße Kleidung oder weiße Mauern oder weiße Fenster manchmal ein

Thema, bei dem irgendwie und irgendwo der Tod eine gewisse Rolle spielen kann bzw. das Transzendente.

Weiße Frau, weißer Mann: Transzendente Gestalt in dem Sinne, dass man vom ‚Geist' einer Ahnenfigur sprechen könnte. Archetyp für Verstorbene.

Weiße Stofffäden: Ein ähnliches weißes Material sind weiße Plastikschnitzel, weiße Papiergirlanden oder weiße Streifen. Sie stellen ein tödliches Hindernis für einen Prozess dar. Als wäre man gefangen in einer Netz-Lebensgefahr.

Weißer Körperanstrich: Die Farbe Weiß steht u.a. für Sterilität und Todeserlebnis. Wenn Gesicht oder Haare auffällig weiß sind, überhaupt der Mensch eine aufgemalte weiße Fassade hat, dann ist er durch unglückliche, traumatische Umstände von seiner Vitalität und Lust abgeschnitten. – Es sei denn, es greift die Verstärkungsbedeutung von „Weiß".

Weißes Pulver: Wie etwa Trockenkügelchen oder körniges Waschpulver zeigt es ein Todesthema an, vielleicht als Erinnerung, Hochgefährdung, evtl. pränatal (die Archetypen „weiß" und "trocken" potenzieren sich).

Weißkopf-Adler: Indiz für großartige Erkenntnis, für die Führung durch das Schicksal und für den Schutz durch die Ahnen. Hohe Spiritualität.

Weiterbildung: Symbol für einen Menschen, der ein Leben lang an seiner weiteren Bildung oder aber besonders auch an Selbsterkenntnis interessiert ist.

Weiterleben: Zwar ist es selten, aber es ist möglich, dass dieses Wort direkt im Traum, ob nun gesprochen oder geschrieben, auftaucht. Und es ist dann einmal wieder ein Indiz dafür, dass das Weiterleben nach dem Tod sicher ist. Mehrheitlich berichten die Träume, dass unsere Existenz nicht mit dem körperlichen Tod aufhört. Sogar oder gerade kleinere Kinder können das träumen. Das Bewusstsein, so lehren dann

auch die Träume, lebt ohne Frage weiter, als endloses oder als trans- W
zendentes Bewusstsein.

Welk (welkes Laub): Es ist bekannt, dass dieses Motiv ein gewisses To-
deszeichen darstellt.

Wellen, Wogen: Der starke Seegang, auch als Brandung, bedroht den
Menschen; oft handelt es sich um eine Erinnerung an eine problematische Geburt oder eine schwierige, aversive Mutter; besonders dann,
wenn Ufer-, Strandszenen mit im Traum sind (die auf unser Ankommen auf der Welt hinweisen). – Ansonsten sind die Wellen allgemein
ein Gemütszustand, ob als Ruhe (stille Wasseroberfläche), Liebe oder
Wut (sehr bewegte Wellen) oder als Aggression von einem anderen
Menschen.

Welpe: Symbol für einen kleinen Jungen als Säugling oder ähnlich.

Welt: Die Weltexistenz kann dargestellt werden als banales „Brot",
als „Apfel-essen-Müssen", als „Schlange-Integrieren", als „Einfliegen/
Landen", als „Sprung/Sturz" oder als Verbindung des Mentalen mit
dem sekundären Materiellen; auch als „Zählen" (= Zeitcharakter der
Welt); auch gern als Halle, Fabrikhalle.

Weltraum: Etwas von einem vorgeburtlichen Zustand anzeigend. Unsere Herkunft. Auch zuweilen Postmortales zeigend.

Wenden: Meist geht es um ein Wenden mit dem Auto, das ist keine geringe Änderung, im Gegenteil muss es um ein Lebensereignis gehen,
dass ein 180-Grad-Kehre, also ein totales Kontrastziel bewirken sollte.

Werbefilm: Illusion, Fiktion, also Bluff, manchmal grobe Lüge.

Werk: Werke, Fabrikhallen, Produktionsstätten: das ist das, was einen
erwartet, wenn man auf die Welt kommt. Vermutlich ist eine Desillu-
sionierung mit-angezeigt, besonders bei Träumern, die sich nur ein
schönes Leben erhoffen. Es mag auch angezeigt sein, dass ein Charakteristikum des Diesseits die Reproduktion ist, besonders aber „Arbeit

und Mühe". Und wichtig für unser Weltleben: dass man gebraucht wird. Siehe auch „Fabrik"

Werkstatt: Kann Uterusraum darstellen oder allgemeine Information über die Zeugungsumstände, besonders soweit sie vom Vater stammen, also als wäre es eine Werkstatt des Vaters. – Als allgemeine Bedeutung: Tat, Erleben, Aktion für Mann wie Frau; auf „action" liegt die Betonung.

Werkzeug: Diese können bevorzugt Aktivitäten eines Mannes andeuten. Zum Beispiel typisch männlich sind Kettensäge, Säge, Bohrer, überhaupt eine Maschine. Meint im übertragenen Sinne jedoch die Fähigkeit eines jeden Menschen, und zwar fraglos weiblich wie männlich, als das allgemeine Handwerkszeug im Kopf = psychische, mentale Kraft und ähnlich. Siehe auch unter „Eisen"

Werkzeugkasten: Gehört tendenziell zur Vaterfrage. Jedenfalls scheint es ein männliches Attribut zu sein. Die Farbe des Werkzeugkastens oder der Verlust oder seine Nutzung können weitere Inhalte etwa zur Vaterbeziehung darstellen bzw. verraten.

Wespen: Große, meist psychische oder soziale, Bedrohung, manchmal aber auch körperliche Gefahr. Insgesamt: Krankheit, Stress, Lebensgefahr, nicht selten von weiblicher Seite verursacht (Wespe, wie Biene oder Spinne = weibliches Wesen). „Wespe" ist typisch für eine aggressive Frau, für eine aversive Mutter und besonders für eine Mutter, die abtreibt.

Wespen-Reduktion: Je weniger Wespen auf einem Weg oder in einer Traumszene vorhanden sind, und dies auch ausdrücklich betont wird, umso friedlicher und aggressionsloser ist die Szene.

Wespenstich: Zeigt nicht selten ein Abtreibungsthema, ggf. aus diffuser Vorzeit, an.

Westen: Himmelsrichtung der Jenseitsreise. Daher ist westlich, zumal fern-westlich = sehr unbewusst, jenseitig, transzendent, fern vom

Alltagswissen. Eine weitere Bedeutung ist: im Zweifelsfalle eher weiblich, vielleicht mutter-bezogen.

Wettbewerb: Auch wenn es um einen sportlichen Wettbewerb im Traum geht, ist der Hintergrund der Kampf ums Überleben. Es ist also ein sehr ernstes Traumbild, besonders für den Verlierer. Als Zweier-Spiel (z.b. Tischtennis) kann der Wettbewerb nicht selten eine sexuelle Aktivität meinen.

Wette, Wetten: Manchmal geht es um eine Wette mit einem Unbekannten, und wenn man verliert, kann das wie ein Todesurteil zu deuten sein oder wenigstens wie Todesangst oder eine alte Toderinnerung. Solches kann z. B. in Träumen von Krebskranken auffallen. Vgl. „Wettkampf" und „Spiel"

Wetter: Siehe „Klima"

Wettkampf, Konkurrieren: In Träumen von Männern, besonders Jugendlichen, ist das Sich-Erproben an Herausforderungen gemeint. Das Sich-Messen in Auseinandersetzungen ist ein typisch „männliches" Motiv; es tritt in Jungsträumen häufiger auf als in Mädchenträumen. Der Wettkampf, ein Rennen oder ein Wettlauf stellen oft die ganz banale und normale Konkurrenzsituation im Leben dar. Leider offenbart sich die Welt so, dass es ein Kampf aller gegen alle ist. Die auffallendste Konkurrenz ist die Geschlechterkonkurrenz. Um diese Konkurrenz sowie um die genannte Herausforderung unter Gleichgeschlechtlichen geht es gern bei einem Wettkampf. Ähnlich wie bei Zweikampf, Wette, Spiel geht es auch gern um eine ernstere Sache. Der sportliche Wettkampf auf der Erde heißt nämlich eigentlich oder in nuce (unverblümt): Tod oder Leben. D.h. bei einem Symbol, das einem Wettkampf gleicht, überlebt der Sieger, der Verlierer nicht (es ist also wie im Krieg oder bei einem ernsten Duell). Fast prognostisch kann irgendeine Art von Tod-, Gefährdungsthema für den Verlierer auftauchen. Es sind reale Fälle bekannt, dass bei Kranken ein Traum, in dem man „das Spiel verliert", keine gute Prognose ist. Eine Niederlage kann das Ausscheiden aus dem Spiel des Lebens sein. Bei einem Sieg gilt: Je knapper das Ergebnis, umso knapper das Überleben. Der Wettkampf ist ein Kräftemessen im vorgegebenen Rahmen eines Spiels, also mit den Regeln eines Matches, dennoch geht es oft um ganz wichtige Dinge, nämlich um Tod oder Überleben. Wenn die Gegner überlegen sind, ist der Tod gern nahe, zuerst einmal natürlich nur in der Angst, in der Befürchtung. Je exotischer und fremder die überlegenen Gegner, desto härter ist die Untergangsszene, die schmähliche Niederlage.

Wettkampf-Spiel: Ein Wettkampf, der in der Form eines Sportes oder eines Spieles stattfindet, kann übergeordnete Bedeutung haben. Es kann nämlich a) ein Spiel ums Leben, gegen den Tod, gegen den Untergang sein. – Ansonsten meint es aber auch vielfach Liebeständelei, das spannende erotische Hin und Her.

Wicht: Diese kleinen Figuren treten nicht nur im Traum, sondern überall in der Volksüberlieferung auf, z.B. als Zwerg, als Troll, als Kobold oder als Heinzelmännchen. Man könnte sagen: ein kleiner Geist tritt auf, und es ist wichtig zu wissen, dass diese Wichte neutral sind. Wir Menschen pflegen ja die Vertreter der geistigen Welt in Böse und Gute einzuteilen, meinetwegen in den Teufel oder in die Engel, aber das ist Menschenwerk. Wie die arabischen Dschinn sind auch die europäischen Zwerge und Wichtel neutral, und es kommt nur auf die Einstellung an, die man ihnen gegenüber hat. Man könnte sagen: Erzürnen sollte man sie nicht. Sie bringen eine Botschaft, sehr subtiler, interessanter Art, die zu den Geheimnissen oder unbewussten Teilen des Lebens eines Träumers gehört.

Widder: Ein Erfolgssymbol; kündigt Fruchtbarkeit, gutes Ergebnis eines langen Bemühens an. Der Widder ist zwar auch Opfertier, besonders in seinen Verwandten Schaf und Lamm, aber seine Hauptbedeutung ist männliche Kraft, Zeugung, Sonnenaufgang, Sonnengottnähe. Er setzt sich durch, sein Wille (Kopf) ist stark, daher Begleittier von Feuer- und Kriegsgöttern.

Widerstand: Das Vorhandensein eines Widerstandes oder die Brechung an einem Widerstand ist eine notwendige Voraussetzung für jegliche Erfahrung irgendeiner Realität. Das gilt auch für transzendente Realitäten. „Erleben", gerade sich erleben, kann man nur am Widerstand.

Der Widerstand ist welt-immanent, nur durch ihn erkennen wir uns. Er ist Bedingung für das Sein der Realität, für die Erfahrung der eigenen Fähigkeiten. Wie ein Steinmetz brauchen wir alle einen Widerstand.

Wiederbelebung: Da kann es um die Aktion eines Nachbarn oder eines Arztes gehen oder auch um das Thema „Wiederbelebung" als Prüfungsteil, also recht konkret, oder wie auch immer. – Symbolisch ist es die Erneuerung eines Zustands, einer Beziehung.

Wiedererkennen: Ahnung dessen, dass man eine Wiedergeburt ist. Man beschäftigt sich im Traum mit der Frage der Wiedererkennung, doch meist bleibt es bei Fragen, Unklarheiten. Das Thema taucht deutlich auf, doch es bleiben die Antworten gern diffus. Bewusst erlebt man die Tatsache der Wiedergeburt in der Realität jedenfalls nur als Ahnungsschimmer– der Traum ist immerhin etwas stärker, deutlicher. Öfter als logisch kommt dieses „wieder" vor.

Wiedergeburt: Der Traum lehrt, dass der Zwischenaufenthalt (Bardo) zwischen zwei Inkarnationen zeitlos ist. Es heißt auch, dass Sterben = Geburt ist, und zwar für eine folgende Weiterexistenz. Der Verstorbene (auch ein Tier) lebt sofort nach dem Tod in einer anderen, neuen Dimension, die wir üblicherweise als Himmel oder geistige Welt bezeichnen. Diese Dimension wird dort als (alleinige) „Realität" erfahren – genau wie wir das auf der Erde tun. Es dürfte viele, zahllose solcher paralleler Anderwelten geben. Der Verstorbene beginnt da mit dem letzten Charakterzustand wie auf der Erde, er ist authentisch, identisch und sofort aktiv; er weiß dort um sich. Entwicklung spielt sich langsam, wie auf der Erde, im Laufe einer Biografie in einer solchen Dimension ab. Der Verstorbene benötigt Gaben, Gebete, Erinnerungen der hier Zurückgebliebenen nicht. Er hat unsere Realität vergessen – und im Gegenteil in einer Anderwelt bei seinem Start bereits eine Geschichte dort. Er lebt wieder und selbstverständlich und anscheinend unmittelbar nach dem Tod in einer neuen Welt, die er zielstrebig aufgesucht hat bzw. begrüßt. Das ist die Wiedergeburt. Als der Mensch auf der Erde geboren wurde, war er gerade in einer anderen Dimension gestorben und betrauert worden. Jedes Wesen hat ein Innerstes, was unverändert bleibt (und was sogar vollkommen ist), nur seine Erscheinungsform entwickelt, ändert sich in solchen Inkarnationen. Auch Selbstmörder kann man im Traum in einer sofortigen neuen Biografie sehen, in einem anderen Umfeld natürlich, als wäre die Person dort schon länger wie selbstverständlich zuhause. Abenteuer, Spannung und Lust an Leben, Aufgaben beginnen mit dem Start ‚drüben' sofort wieder neu. Die Träume erläutern, dass es Absicht und Ziel einer Wiedergeburt ist, „etwas Neues zu erleben". Das wäre also ein Sinn, den wir nachvollziehen können, und ergo geht es um Entwicklung. Manchmal wird auch ausgesagt, dass es keine Rückwärtsentwicklung gibt, sondern dass man mit einem „Mehr" wiedergeboren wird, d. h. im Vergleich zu dem Entwicklungszustand in der vorherigen Inkarnation. Siehe auch „Reinkarnation"

Wiederholung eines Traums: Wir konzentrieren uns hier auf das Phänomen, dass man im Traum, also ohne aufzuwachen, weiß, dass man diesen Traum „schon einmal geträumt" hat. Diese Wiederholung zeigt, dass der Trauminhalt vielfach im Leben oder dauernd aktuell ist, also tendenziell unerledigt ist. Nicht auszuschließen ist aber auch, dass man in mehreren Inkarnationen die gleiche Aufgabe hat. Wenn die Wiederholung wie einstudiert oder vorgegeben wirkt, kann es evtl. um ein Reinkarnationsleben, -thema gehen (ein Plan wird erfüllt). Auch wenn man eine Einzelheit zum „zweiten Mal" im Traum erlebt, ist das keine Täuschung, sondern Wahrheit, ganz unabhängig von Reinkarnation, selbst wenn man das erste Mal bewusst nicht findet. – Die Wiederholung z.B. eines Berufs, einer Prüfung, zeigt auch an, dass man es heute besser, anders machen würde und könnte; diese neue Potentialität oder auch ein starker Wunsch drängen sich auf. Tatsächlich bekommt man ja auch oft im Leben eine zweite Chance, selbst wenn nur Traum und Unbewusstes wissen, dass es ein dazugehöriges Ersterlebnis gibt. Und manche Aufgaben wiederholen, ähneln sich sogar vielfach im Leben, vielleicht weil sie unerledigt sind, und der Traum erinnert sich sehr genau an das Erste Mal. Es hat auch damit zu tun, dass das Traum-Ich assoziativ denkt: es erinnert sich immer an die Male davor.

Wiedersehen: Oft erscheint es als ein mysteriöses Wiedersehen oder als ein zweites Mal. Im Bewusstsein verbindet sich damit in der Regel aber ein Erstkontakt oder, sagen wir, ein scheinbarer Erstkontakt. Z.B. mit der Mutter für den Beginn der Erdenlaufbahn zusammenzutreffen, scheint ein erster Kontakt zu sein. In Träumen wird das aber oft mit dem Archetyp „Wiedersehen" beschrieben. Das betrifft auch die Geburt und ähnliche Themen. Es ist nicht zu übersehen, dass die Träume die Reinkarnationstheorie unterstützen. Und nach dieser hat man sich mit den Beziehungspersonen in einem Leben nicht zum ersten Mal „verabredet". Auch in Träumen von Menschen, die nicht an die Wiedergeburt glauben, können Geburtsträume von der Vokabel „wieder" durchzogen sein.

Wiedervorlage: Das ist ein Begriff aus dem Verwaltungsmetier. Ähnlich gibt es auch den Begriff Tischvorlage. Das kann von einem banalen erneuten Versuch (irgendwelcher Art) reichen bis hin zum Thema einer Wiedergeburt.

Wiese: Meist frühestes Wachstum; siehe „Gras"

Wiesel: Kann im Einzelfall auch einmal ein Gleichnis für den Foetus sein.

Wildschwein: Charakter eines unangenehmen Menschen, der nicht wenig auf Aggression und Kämpfen aus ist, der rücksichtslos um sich herum wühlt. – Ansonsten ist Schwein/Sau grundsätzlich und positiv der Großen Mutter zugeordnet, also einer prominenten Göttin, oder auch der Weisheit, dem Schamanismus (Mythologie). Als Menge stellen Wildschweine eine größere Aggression dar, die alles durchpflügt, durcheinander bringt. Vgl. „Schwein"

Wind: Archetyp des Geistes, wie Luft, Odem, Sturmbrausen. Ob man nun daran denkt, dass eine (verstorbene) Seele vorbeifliegt, als kalter Hauch, Luftzug, oder ob sich der Gott Odin, wie andere Götter auch, durch heftigen Wind, Sturm bemerkbar macht, ankündigt. Wind hat eine ähnliche Bedeutung wie griech. pneuma, lat. spiritus, und diese Begriffe meinen also sowohl Luftiges als auch Geistiges, Göttliches. Die Götter werden eh' gern mit dem Fliegen in Verbindung gebracht. – Als orkanartiger überraschender Sturm, von dem man schon im Traum bemerkt, dass er Schaden anrichten kann, der also ein Unwetter ist, kann der Wind eine arge Änderung, den Einbruch einer Krankheit oder

Ähnliches darstellen. „Mit dem Wind" ist man im Vorteil und erfährt Gerüchte, Neuigkeiten. Gegen den Wind ist man leider in einer Position, in der man nichts hört, versteht, erfährt. Das alles auch im übertragenen Sinne.

Windeln: Z.B. Windeln verkaufen oder zu kaufen suchen, hat mit einer Frage der Schwangerschaft oder Kindeszuordnung zu tun.

Winken: Eine Sonderbedeutung ist, dass Verstorbene den Träumer zu sich winken. Der Volksglaube vermeldet hier: man solle Angst oder Vorsicht gegenüber dem Sterben haben. Das ist aber unrealistisch, keiner stirbt „vor seiner Zeit". Die Seelen drüben, und auch die hier, haben vielleicht Interesse daran, wieder zusammenzukommen, und so mag im übertragenen Sinne vielleicht ein Platz an der Seite freigehalten werden (auch dies Traumbild kommt vor), oder es mag auch herangewunken werden, doch damit wird weder Tod erzeugt noch gezeigt. Der ‚Wink' eines Verstorbenen realisiert sich meist nur mäßig, schwach, z.B. so, dass vielleicht einmal eine Uhr stehenbleibt.

Winter: Sehen wir vom Schnee als Harmonie ab, kann es um kalte, schlechte Emotionen gehen. Wetter und Umwelt verweisen generell auf Psyche, Stimmung, Charakter. Ein gutes Beispiel für das Symbol Winterwelt findet sich in Oscar Wildes Kunstmärchen „The Selfish Giant". Winterwald, Winterlandschaft kann gegebenenfalls sogar biologischen Tod, im Bild des Vegetationstodes, andeuten (z.B. in Träumen, die zu einer Krebskrankheit gehören). Ist die Zeitphase (weniger die Temperatur) betont, meint es oft etwas wie das Alter oder die Rentnerzeit. „Schnee" bedeutet in unserem Zusammenhang: knappe Rettung aus Lebensgefahr. „Eis" dagegen = Gefühlskälte, Tödliches.

Winterbaum: In der Literatur findet sich manchmal der klassische Baum im Winter, im Frost. Er steht für die Ablehnung, Verweigerung von Liebe. Ein Baum selbst steht kurz gesagt für das Leben oder für eine Person, gern auch für die Mutter. Die Baumgottheit ist weiblich. Ein Frostbaum oder Winterbaum oder ein gefrorener Baum zeigt also, dass bei einer Person, etwa beispielsweise der Mutter, wenig oder keine Liebe und Zuwendung zu holen waren. Allerdings ist es im Winter unter einem „Baum" viel erträglicher, z.b. für die Tiere als ohne den Baumschutz. Der Baum im Winter ist also überlebensförderlich. Unter ihm gibt es ein energetisches Feld, nach Jakob Lorber.

Wirren und Stress: Da kann man einmal davon ausgehen, dass der Träumer betrogen und belogen worden ist, in die Irre geführt worden ist. Die Lüge nämlich verwirrt besonders.

Wissens-Herr: Man kann einen „Herrn" im Traum fragen, der mehr weiß als man selbst. Das kann ein klügeres, höheres Ich sein oder aber vielleicht auch ein Engel oder vielleicht Gott. Jedenfalls gibt es solche Fragen im Traum.

Woanders hingehen: Kann manchmal bedeuten, sich verstecken zu müssen oder vertrieben zu werden. Und hat mit einem Ersterlebnis, incl. eines gewissen Fliehens, zu tun.

Wo-bin-ich: Das bedeutet meistens: Wer bin ich? Welche Identität habe ich?

Wochenende: Hier konzentrieren wir uns einmal speziell auf den Wochenend-Abend, sprich Samstagabend in der westlichen Welt, dann ist damit ein Thema gemeint, was mit Lügen, mit Luststreben, mit oberflächlichem Genuss verbunden sein kann. Der Samstagabend steht gern für: jetzt endlich ausgehen, jetzt endlich etwas erleben. Lust, aber auch evtl. schale Enttäuschung liegen da nah zusammen, also Genuss plus Illusion. Man muss den Gegensatz beachten zu den Alltags- und Arbeitstagen, dann versteht man die Bedeutung: Lusttage, Feiern, auch Egoismus, was wiederum Sexualität bedeuten kann, überhaupt Erfreuliches. D.h. für seine Eigeninteressen, nicht für die Pflicht leben. Insgesamt also, im Unterschied zum tristen Alltag, Symbol für Lustbereich, Freude, Ego-Befriedigung, Erotik, Entspannung.

Wochentage: Es geht gern um eine emotionale Qualität oder um ein spezielles Erlebnis, was indirekt mit dem Namen des Wochentages symbolisiert ist. Zur Erklärung muss man die alten indogermanischen Götter, deren Namen für die Wochentage verwendet werden, zu Rate ziehen. Übergeordnet hat das Wochenende, also die Freizeit, gerne etwas mit Lust, Erfolg, Leben, Erotik und auch Geburt (Finale) zu tun. Ansonsten steht der Dienstag analog des Gottes Mars für Aktivität und Erfolg und Kampf, der Mittwoch analog des Gottes Merkur/Wotan für Spiritualität, Intelligenz, Intuition, der Donnerstag (Zeus, Thor) steht deutlich für ein Vaterthema bzw. für die Männlichkeit, der Freitag gehört zur Freya oder zur Venus und beschreibt codiert irgendein Thema zu Frauenerfahrungen oder zur Mutter oder auch gern zur Sexualität.

Wohlgenährt: In Bezug auf äußeren Erfolg oder auch innere Zufriedenheit geht es einem solchen Menschen seelisch gut.

Wohngemeinschaft: Familie oder eine andere Gruppe, mit der man zusammenlebt oder mit der man zusammenlebte. Es kann sich also auch um eine Verstrickung, Gemeinsamkeit mit Verstorbenen, mit Vorlieben, gar mit ‚Geistern' im Sinne von psychischen Komplexen u.a.m. handeln. Oder auch z.B. um eine unbewusste, sehr enge Mutterbeziehung. Personen der engeren Umgebung sind gemeint, die das ihnen eigene Typische repräsentieren, die auch Sehnsüchte aufzeigen. – Traumaussage auch: nicht gern allein leben wollen.

Wohnung früherer Art: Geheime Seite im Menschen, die bestimmte Entwicklungen nicht mitgemacht hat, nach der er sich vielleicht zurücksehnt. Kommt also Retro- oder Nostalgie- oder Trauma-Szene oft vor in Träumen.

Wohnung: Identität. Ähnlich wie „Zimmer" eine Person, ein Leben bedeutend, wenigstens einen aktuellen oder früheren Charakter zeigend. Auch Wunschtraum bzgl. einer Existenzform (z.B. Single sein wollen). Sonder-Beispiel: neue Wohnung mit altem Inhalt beziehen = das könnte eine erneute Inkarnation sein. Auch diverse Lebensstationen, der Wohnungstyp und die Möbel erläutern diese Station bzw. Situation. Wie die Umgebung ist der Mensch.

Wohnungswechsel: Die privaten Lebensumstände, z.B. Beziehungen, ändern, entweder zum besseren oder zum schlechteren hin. Das kann auch durch Möbelwechsel ausgedrückt werden.

Wohnwagen: Ein ähnliches Symbol finden wir vor im Anhänger oder im Campingwagen. Meistens verrät sich hier ein Thema aus der Schwangerschaftszeit. Der Campingwagen wirkt wie eine kubische Schutzhülle und hat also seine Ähnlichkeit oder Assoziation zum Uterusraum.

Wohnzimmer: Das ist der Bereich, in dem man es sich eingerichtet hat, in dem man lebt. Er betrifft die äußeren Umstände, die Bedingungen einer Gesellschaft oder der nahestehenden Personen oder des Berufs. Das Wohnzimmer sagt wenig aus über die Kern-Persönlichkeit der Personen, die darin sind, bzw. des Träumers. Er verrät mehr über die Lebensbedingungen, die von außen der Person gegeben werden, über Gepflogenheiten, über das übliche Verhalten. Also das Allgemeine, das Alltägliche des Lebens findet man im Symbol „Wohnzimmer". Was hier abläuft, hat viel mit den Mitmenschen, mit dem ganzen Sozialen zu tun.

Wolf: Die betonte wilde Seite des Hundes, und zwar als Aggression, als männliche Sexualität und als egoistisches Rauben oder als Gier. Mit viel Nachsicht kann man vielleicht nur von einer ich-bewussten Figur sprechen (z.B. auch bei der „Wolfsfrau"). Da Hund eine Affinität zu Mann hat, hatte der Wolf von früher her (in quasi den Zeiten vor den Hunden) eine Affinität zu Wehr/Mann/vir (lat.), weshalb die Verwandlung vom Mann zum Wolf als „Wehrwolf/Werwolf" gedacht werden konnte. Der Wolf ist manchmal ein Mann mit aggressivem, räuberischem oder sex-interessiertem Charakter. Im Märchen (Rotkäppchen) und im Aberglauben (Werwolf) steht dieses Raubtier deutlich für den nicht unbedingt ungefährlichen Mann, um das einmal so auszudrücken, für den Krieger, wie bei Romulus und Remus, die durch Wolfsmilch überlebten.

Wolfstrieb: Zugegeben, ein unüblicher Terminus. Er steht allgemein für den Aggressionstrieb und kann sich auch psychosomatisch in einer Magengeschichte zeigen. Das Fressen ist Urform von allem Streben. Der Wolfstrieb ist bezogen auf den Magen, er ist tiefer und ursprünglicher noch als der Sexualtrieb, er ist ein „Magentrieb".

Wölfe: Bissige Aggression, auch als Hunde, die beißen wollen, die nach einem schnappen, auftauchend. Besonders eben als Gruppe, Rudel sehr gefährlich.

Wolfsfrau: Auch in dem Bilde der Frau mit Hund auftretend, kann es einerseits darauf hinweisen, dass die Frau männlich und aggressiv sein kann. Wenn eine Frau im Traum sehr eng mit einem Hund oder Wolf verbunden ist (gar bis zu huckepack), dann ist sie vielleicht in optionaler Aggression und Gegenwehr; ihr Animus dominiert, bzw. ihre Wildheit und Selbstbestimmung können nicht überwunden werden. Neben diesem ‚Männlichen' ist das Symbol aber andererseits nicht unweiblich, sondern meint eine Weiblichkeit, die in ihrer Kraft steht, sehr naturnah und emotionsnah. Doch ein betontes Bild für Mütterlichkeit ist diese mythologische, psychologische „Wolfsfrau" nicht unbedingt, das Bild steht mehr für die ‚wilde Frau' als Einzelpersönlichkeit. Die Göttin Diana passt hier hin, aber nicht eine Muttergottheit.

Wolke: Symbol der Stimmung, der Aussicht; z.B. schwarze Wolke = schlechte Perspektive. Manchmal auf Körper, Krankheit bezogen. Aber umgekehrt auch als positives Zeichen, als Himmlisches zu verstehen, etwa in der Form einer lichten, hellen Wolke, in der sich Gott im Alten Testament verbirgt und zugleich umhüllt. Also für eine gewisse Unklarheit oder Unschärfe steht das Symbol Wolke auch. Spirituell ist Wolke geistiges Bild, vollkommenes Urbild oder auch Vorbild, besonders im Sinne von Vor-Bildern, Vor- Konzeptionen, und zwar von uns materiellen Menschen unten. Man kann sich selbst – oder bevorzugt die Verstorbenen – quasi als rein geistige, vollkommene Gestalt in der Wolke in einem Traum sehen! Oder gegebenenfalls als Foto oder als transparentes Gemälde oder evtl. auf einer Wolke reitend und gar winkend, oder, was auch oft vorkommt, als Lichtgestalt, d.h. als idea/eidolon/eikon im Sinne Platons, vor der Existenz oder anstelle des sekundär materialisierten Menschen. Dann kann man zwei Seinsweisen erkennen: sich in der Wolke (hochspirituell, als ewiges Urbild) und sich auf Erden (materialisiert, stark verdichtet, zeitlich, als Abbild). Von uns allen gibt es ein entsprechendes, affines quasi transparentes ‚Wolkenbild' in den Himmeln oder Aeonen. Wir bestehen aus transzendentem

„Urbild" und einem irdischen „Abbild", wie Jesus sich apokryph ausdrückt (in den koptischen Nag Hamadi Textfunden).

Wolle: Als Schafwolle, Wollteppich, Vlies: das Thema Baby- oder
Schwangerschaftszeit wird berührt.

Wollsocken: Manchmal, z.b. bei einem betont wolligen Socken am Fuß,
wird indirekt irgendeine erotische Geschichte angedeutet, z.b. ein Flirt,
ein Zärtlichkeitsthema. Socken gehören zu der auch sonst vorzufinden-
den Fuß-Erotik (a) sowie zu der Basis/Grundlagen-Symbolik (b).

Wort: Wenn ein bestimmtes „Wort" betont im Traum vorkommt, so ist
eine Benennung, ein Name für eine Sache gemeint. Ein „Wort" für XY
meint die Sache, das Ereignis XY selbst. Das „Wort" „Schneemann"
steht also für das (weitergehende) Faktum, dass ein Mann im Schnee
steht. Meist wird im Laufe des Traumes dieses Faktum auch als Szene
gezeigt. Also ein Wort XY, wie ein Name XY, steht für eine genau identische Realität – ob nun diese Realität zusätzlich im Traum vorgefunden, gezeigt wird oder nicht. Im Traum wie im Unbewussten sind also
Worte nicht Schall und Rauch, sondern verraten eine deckungsgleiche
Realität, ob diese geheim ist oder nicht. Die europäischen Schamanen
vor dem Christentum erzeugten mit dem Wissen um das richtige Wort
(um die sprachliche Zauberformel!) Realität, Heilung u.a.m. Das Wort,
den Spruch zu finden – das war die Kunst des Heilers. Auch in der Phi-
losophie ist etwas auf den richtigen „Begriff" zu bringen (nach Hegel),
das geeignete Wort also = die Erkenntnis.

Worte unterdrücken: Die Worte stehen für Aktionsmöglichkeiten und
auch für die eigenen Rechte. Wenn jemand im Traum Worte unterdrückt, zum Beispiel gegenüber einer anderen Person, dann will dieser jemand die andere Person im Tun einschränken. Die unterdrückten
Worte (Wünsche) werden als „laut gewordene Gedanken" (so in einem
Originaltraum) später übrigens die nicht zu beherrschenden „Stimmen"
beim Schizophrenie-Kranken.

Wort-Findung: Ein Wort zu finden im Traum oder es zu benennen
oder auszusprechen, hat eine enorme Affinität zu einer Realität, in der

dieses Wort als Ding oder Sache oder Umstände auftritt. Ein Wort zu finden oder zu artikulieren heißt also, eine Geschichte aufzudecken, anzusprechen, auszusprechen, gerne auch zu erinnern, sogar sie (faktisch) zu erleben.

Wunden: In aller Regel sind seelische Verletzungen gemeint, also Wunden im übertragenen Sinne.

Wunder: Meist hat es mit einer extremen, überraschenden Rettung zu tun, d.h. dann auch nicht selten mit einer früheren Todesgefahr. Das Wunder der Rettung wird im Traum so empfunden, als hätten Engel eingegriffen – oder „fremde Personen".

Würfel: Das Schicksal. Aber auch manchmal die eigene Person oder eine andere Person, eine Art Ich. – Ansonsten Los, Geschick, auch Zukunft.

Würfeln: Es kann sich um ein Spiel auf Leben und Tod handeln (um Kopf und Kragen), etwa wenn es um einen Begleittraum zu einer schweren Krankheit geht. Würfel entscheiden (verraten) etwas, das sollte man nicht unterschätzen. Die Würfelaugen, die Zahl also verrät indirekt den Inhalt, den Weg, wohin es geht. Es gibt Würfe des Glücks (z.B. die Sechs) und des Scheiterns; vgl. auch „Spiel", „Wette"

Würfelspiele, Brettspiele: Irgendjemand ringt um ein Lusterlebnis oder aber bietet Spaß, Unterhaltung an. Es ist jedoch kein harmloses Spiel, sondern es geht z. B. auch gern einmal um Erotik. Das Würfelspiel dient dann dazu, um die Sexgedanken zu tarnen, es signalisiert aber auch eventuell, dass eine Person bezüglich der Sexualität infantil geblieben ist. Insgesamt muss das Würfelspiel als ein Anstatt oder als ein Ersatzindikator angesehen werden. – In manchen Träumen geht es beim Würfelspiel allerdings um Tod oder Leben...

Wurm: Hier denken wir einmal an Regenwürmer und vergleichsweise auch an kleine Echsen oder Schlangen in etwa einer Wurmgestalt, dann liegt die Deutung nahe, dass eine ungewollte Schwangerschaft vorliegt, dass es um einen abgelehnten Embryo geht. Oft hat sich so ein Tier in Mund oder Oberschenkel festgebissen, das ist deutlich genug. Mit solchen Wurmtierchen können also unangenehme, abgewehrte Befruchtungen gemeint sein. Würmchen = also evtl. Embryo (z.b. als Würmchen im Auge einer Frau); ähnlich fungiert eine kleine Schlange oder Echse an entsprechender Stelle, z.B. im Mundraum.

Wurst: Ähnlich wie Fleisch meint es unverblümt Fleischlich-Körperliches als materielles Leben; das umfasst vieles, z.b. die Mutterbrust (Thematik der oralen Phase in einem Metzgerei-Laden-Traum), andererseits auch die Sexualität, oder auch einfach nur existentielles diesseitiges Sein, oder sogar auch, je nach Form, die Plazenta (Träume als Erinnerung an die Uteruszeit). Die Hauptbedeutung zielt auf ein Mutterbrusttrauma und auf alle Formen von Süchtigkeit bzw. auf Befriedigungsstreben. Aber primär geht's auch um Diesseits, Lust und Lebensfreude. Mit Fleisch oder Wurst spielt man mit Sexualität, will unbewusst, versteckt mit diesem Material eine Information senden, ausdrücken, vormachen.

Würstchen: Nun, ihm kann man eine gewisse Ähnlichkeit mit dem Penis oder dem Phallus nicht absprechen. Wurst, heiß: Vergleiche Hot Dog; gern ist eben ein Phallusthema angesprochen.

Wurstform: Bestimmte Wurststücke und Fleischstücke sind entsprechend ihrer ggf. phallus-artigen Form nicht selten als männliches Glied zu deuten, aber auch als psychische Deformation der Sexualität bzw. als Hinweis auf sexuellen Missbrauch.

Wurzeln: Auch als Luftwurzeln und als bestimmtes Geflecht von Ästen auftretend. Es ist das frühe Wachstum gemeint, d.h. es geht um Wurzeln, Anker, Grundlagen einer Traumperson. Das kann die genetische Abstammung, aber auch eine andere emotionale Basis meinen.

Wüstenlandschaft: Kann die Bedeutung haben für trockene heiße Luft. Und dann leitet es über zu der Redewendung „heiße Luft sonst nichts". Und dann ist das Gegenteil von Gefühlen, nämlich eine emotionale Leere gemeint. Man könnte aber auch die positive „Leere" beachten oder vielleicht auch die „Hitze" bzw. „Trockenheit".

X

X, als Chi gesprochen: Der griechische Buchstabe chi, wie x geschrieben, kann verschiedene, je persönliche Assoziationen haben. Ein Thema ist z.b. die Christusaffinität (chi, rho; als lat. Abkürzung für christos: CHR. = griech. XP). Ähnlich ist ein (ebenso griechisches) IHS = Jesus Hyios Soter (Jesus, Sohn Gottes, Retter). – Ein anderes wäre die chinesische Lebenskraft Chi. Das übliche oder optische X meint tendenziell eher etwas Weibliches, d.h. wenn man es ein wenig in den Kontrast zum benachbarten Y stellt.

Y

Ypsilon: Entspricht der Gestalt eines stehenden Menschen, der zu Gott betet, sich öffnet, und zwar so, dass er die Arme nach oben hin ausbreitet und sich demütig als Empfangender bezeichnet, Es ist ähnlich einer alter Priesterhaltung. Ansonsten tendenziell, im Unterschied zu X, eher etwas Männliches darstellend.

Z

Zahl: Die Zahlenstruktur ist das tiefere Geheimnis des Kosmos. Wir können mittlerweile viele natürliche, chemische Vorgänge mit entsprechenden mathematischen oder physikalischen Formeln, also mit Zahlenkonstruktionen darstellen. Zu einem Ausschnitt der Natur können wir also dies hin und wieder, sekundär und im Nachhinein, finden. Wir sprechen dann von den Naturgesetzten, die eine mathematische Form haben. Die Zahlenstruktur ist das Medium der Beschreibung, des Verständnisses und der Gesetzmäßigkeit der materiellen, natürlichen Vorgänge. Z.B. die Elemente des Periodensystems unterscheiden sich im Prinzip nur durch Mengenangaben, durch Zahlen und Maße, nicht eigentlich substantiell. Wir haben also in den Formeln mit Zahlen die

Konstruktionspläne des Ingenieurs vor uns, der die Natur erschaffen hat. Und diese Gleichungen oder Zahlenaussagen sind gesetzmäßig, es gibt keine Ausnahme. Wenn wir beschreiben wollen, in welcher Zeit ein Lastwagen mit diesem oder jenem Volumen mit Sand gefüllt ist, dann stellen wir eine lineare Funktion auf. Wenn wir beschreiben wollen, wie und warum Eisen rostet, so stellen wir eine chemische Formel auf. Was wir im Nachhinein finden, war die Erfindung und die Grundlage und der Konstruktionsplan vor der Schöpfung. Nach Gesetzen, die in Zahlen ausdrückbar sind, läuft dieser Kosmos ab. Aus diesem Grund hat der geniale Pythagoras in der Antike angenommen, dass Zahlen das eigentliche Geheimnis des Kosmos seien, und dabei die Vier als Grundelement angesprochen. Wenn ein Ingenieur einen Autokotflügel bauen will, fertigt er zuerst eine Berechnung an. Das kann er vielleicht mit einer graphischen Skizze, aber wieder mit Zahlen, ergänzen. Die Zahl, das heißt das theoretische Naturgesetz ist der Anfang – der materielle Kosmos ist dann das Produkt der Berechnung. Der Geist, der sich mit der Zahlenstruktur vor der Schöpfung und für die Schöpfung beschäftigt, entspricht milliardenfachen Großcomputern. Gott nennen wir ihn vielleicht, und er ist ein Konstrukteur, der mit Maß- und Mengenangaben arbeitet, wie in der Elektronik des Computers, dessen Gesetze man in Zahlen darstellen kann. – Zum andern sind Zahlen als psychische Qualitäten, nicht als Aufreihungs-, Unterscheidungsmerkmale für Anzahlen, anzusehen. Es sind oft keine Mengenbezeichnungen, sondern unbewusste, seelische, gleichnisartige Inhalte gemeint; z.B. 4 ist Leid, 10 ist Fülle, 21 ist Heiliger Geist, 14 ist Positivum/Gelingen, 5 ist Aggression/Männlichkeit, 7 ist Zeit/Epoche, 9 ist esoterisches Wissen, oder die 9 stellt die Schwangerschaftsmonate im Traum dar. Die mentalen Qualitäten der Zahlen kann man annäherungsweise in den Tarotkarten erkennen, ablesen. Vergleiche auch „Nummern" und „Rechnen"

Zählen: Steht stellvertretend für die Zeit, deren Merkmal das Nacheinander ist. Zählen heißt also: in der Materie, unter Zeitgesetzen leben. Zählen betrifft die Aufreihung von Ereignissen = z.B. eine Biografie. Es meint die Materie und Historie generell, betont gesehen als eingeteilt in Einzelheiten; vgl. dazu den Sinn von „er-zählen" = Elemente einer Geschichte zählen, d.h. hintereinander schachteln, im Nacheinander abbilden.

Zahn: In einigen Fällen Embryo, Foetus; und hier manchmal zu Abtreibung, Frühgeburt, Fehlgeburt gehörend. Wie im alten Volksglauben kann „Zahn" stellvertretend für eine Person stehen: fehlt ein Zahn im Mundraum, fehlt einer aus der Familie; das gilt aber nur für das Vorgeburtliche. – Andere Bedeutung: Die Zähne sind die Waffen des Menschen, und sie meinen auch Erotisches. Die alte Vorstellung, dass Zahnverlust im Traum Tod/Verlust eines Menschen ankündige, ist so nicht aufrechtzuerhalten, aber eben auch nicht absolut Unfug. Primär ist Zahnverlust = Schwäche, Unterlegenheit, Machtlosigkeit – denn die Zähne sind wie gesagt archaisch, archetypisch unsere Waffen. Alles was aggressive Stärke zeigen kann, kann aber auch Sex zeigen, weshalb in Einzelfällen die Zähne Sexuelles meinen können. Wenn man am Tag Verlierer war, sich nicht durchsetzen (durchbeißen) konnte, träumt man gern von ausfallenden, zerstörten Zähnen, das ist die Regel-Deutung. – Als Gleichnis können Embryo, Foetus dem Zahnsymbol entsprechen, und das ist eben die Brücke, wieso Zahnverlust im sogenannten Aberglauben mit Tod, mit Personenverlust zu tun hat. Eine zweite Brücke ist, dass etwa in der Steinzeit die Hauptschwäche eines Menschen tatsächlich im Tod seiner Angehörigen bestand; der Zähneverlust ist dann hier der Verlust der Magen/Verwandten. Und eine dritte Brücke bzw. Assoziation oder Erklärung ist: das Maximum von Unterlegenheit, Kraftlosigkeit ist der Tod. – Weiter scheint es so, dass vordere Zähne einen größeren Verlust darstellen oder im genannten Bild: einen näherstehenden Angehörigen zeigen und dass der Oberkiefer eher dem Vater oder Männlichen zuzuordnen ist, der Unterkiefer dem Weiblichen/Mütterlichen. Der flexible Unterkiefer kann aber auch Gier, Hunger oder frühe orale Frustration darstellen, also Wunde wie Kompensation. Es haben Kinder mit einem Brusttrauma, besonders mit einem Uterustrauma nicht selten, also real, schlechte Zähne, defizitäre Zahnstellung; das Zahnputzverhalten kann das nicht ändern. – Einer der wenigen historischen Traumforscher, der dieSymbolik von Zahnraum und Uterus- oder Familienraum erkannte und beschrieb, ist Artemidoros von Daldis (von Ephesos; Antike), den auch Sigmund Freud mit Gewinn las. Hauptbedeutung des Zahn-Symbols: sich durchsetzen, durchbeißen können, also das Stärke-Level des Träumers.

Zahnarzt: Nach der alten sogenannten Symbolischen Gleichung „Oben-wie-Unten" (Sigmund Freud, Wilhelm Stekel, Hermes Trismegistos) und auch nach dem alten Traumbuch des Artimedor von Daldis, kann der Mund-Raum ein Gleichnis sein für den weiblichen Genital- bzw. Uterus-Raum. Also kann ein Zahnarzt im Traum Inhalte finden, die indirekt von Schwangerschaft, Abtreibung oder Fehlgeburt künden. Die Information zur Schwangerschaftszeit durch ein Zahnarztverhalten im Traum ist allerdings sehr abstrakt und indirekt, als wäre der Zahnarzt der Geist/Informant der Uteruszeit oder als hätte er Erzeugerwissen bzw. als hätte er Wissen um die Familienangehörigen. – Zahnarzt kann aber auch nur generell für „Arzt" stehen (Diagnose und Heilung). Siehe auch „Fachärzte"

Zahnärztin: Gern eine Partnerin als Heilerin für den Mann (bezieht sich auch manchmal nicht selten auf Potenz). – Unter anderem entfernt sie Zähne aus der Mundhöhle. Da gibt es eine tiefe, unbewusste Assoziation zu dem Thema, einen Embryo aus dem Mutterbauch zu entfernen. D.h. im Einzelfall kann eine Zahnärztin im Traum hoch-indirekt eine Abtreibungshelferin darstellen oder einen Abtreibungswunsch meinen. – Manchmal ist auch nur die „Ärztin" als allgemeine Bedeutung gemeint. Dann geht es um eine psychologische Diagnose und Abhilfe.

Zahnarztpraxis: In Ausnahmefällen Anklang an irgendeine Befruchtungssituation oder auch Schwangerschaftssituation (der Mundraum ist affin zum Genitale, siehe „Zahn"). – Ansonsten greift die typische „Arzt"-Symbolik.

Zähneputzen: Als auffallend übertriebene Aktion kann es darum gehen, ein uraltes Abtreibungs- oder Fehlgeburtstrauma unbewusst reparieren, vertuschen zu wollen. Oder es gibt Grund, sonst eine unangenehme Sache wegzulöschen, evtl. soll sogar ein Missbrauch weggeputzt werden. Übertriebenes Zähneputzen ist verschoben, ist auffällig, verrät eine gewisse Hysterie.

Zahnersatz: Schauen wir uns als Beispiel einen einzelnen Zahn in Traum an, der vielleicht auch noch silbrig und hohl ist und den der Träumer auch eher ablehnt, dann wird eine Spur zu dem Thema gelegt, dass es evtl. um Stiefeltern oder um eine Adoption geht. Ein Vater oder Erzeuger kann so durch einen zweiten, anderen Mann ersetzt werden. Zähne gehören zur Entstehung, und da kann natürlich manches getauscht, „ersetzt" werden. – Allgemeiner gesehen der Ersatz für verborgene Schwäche.

Zahnkrankheit: Meist als seelisch zu deuten, als psychosomatisch anzusehen, d.h. die Psyche erzeugt die Krankheit der Zähne, und diese ist an Zahnverlusten und Zahnkrankheiten abzulesen. Insbesondere Widrigkeiten bzgl. Embryo, Foetus, auch Traumata in der oralen Phase können sich später an den Zahnsituationen als Gleichnisse zeigen. Die Zahnärzte sind natürlich fixiert auf Zähneputzen, Zahnpflege, sie haben keine Ahnung, dass Zähne Symbole sind.

Zahnlosigkeit: Allgemeine Machtlosigkeit. Die grundsätzliche Bedeutung ist Unterlegenheit, Wehrlosigkeit. Und zwar vom Tag zuvor, keineswegs immer generell. Natürlich ist es ein Symbol für große Schwäche (Waffenlosigkeit), insbesondere jedoch kann es auf pränatalen Stress im Uterus verweisen; ein Zahn im Mundraum ist einem Embryo im Uterusraum vergleichbar. – Kann in Einzelfällen abnehmende oder nicht vorhandene sexuelle Potenz zeigen.

Zahnlücke links oben: Wir denken an eine erhebliche Lücke im Sinne von Zähneverlust. Da könnte etwas Defizitäres im Bereich des Vaterthemas oder der Männlichkeit vorliegen, wegen „oben", und wegen „links" (= im Unbewussten). Ein Vatertrauma kann so evtl. gezeigt werden.

Zahnmangel: Wir denken hier einmal an das Symbol des großen oder fast totalen Zahnverlustes. Dies ist Schwäche und löst natürlich Schwächegefühle und Scham aus. Und so eine Scham verweist auf einen fatalen, eingepflanzten Schuldkomplex. Als Faktum hat der Zahnmangel ansonsten nichts mit Schuld zu tun, sondern mit dem Verlierer- und Schwäche-Status.

Zahnpasta: Steht in wenigen Einzelfällen, hoch codiert, als das Weiße am Mund eines Mannes, d.h. für dessen Besamungsabsicht. Kann in Missbrauchsträumen auftauchen.

Zahnprothese: Ausdruck einer zerstörten Oralität. Die wiederum assoziiert nach der alten „Symbolischen Gleichung" (Oben wie Unten) zu einem destruktiven Uterusaufenthalt. Durch eine negative Uteruszeit ist besonders die Sexualität des Menschen geschädigt (a), und daneben hat er keine gesunden Zähne später (b).

Zahnschmerzen: Hat beispielsweise eine Frau Zahnschmerzen im Traum, so hat sie vielleicht ein schmerzliches Problem bezüglich ihrer Schwangerschaft. Sie könnte also beispielsweise, wie es im Krieg oft geschieht, ihren Mann bzw. den Erzeuger vor der Geburt ihres Kindes verloren haben. Nicht selten gibt es eine Symbolik, Assoziation zu einer „Person", oft einer vorgeburtlichen, die durch einen „Zahn" dargestellt werden kann.

Zahnsplitter: Ein ‚Stachel' sitzt im Unbewussten.

Zapfenstreich: Er steht für Ende und Abschluss von etwas, für Erledigung (auch für den Tod). Im Deutschen kann er daneben zur „Macht der Liebe" assoziieren.

Zärtlichkeit: Oft als platonische Liebe, als mentale Zuwendung zu deuten, dann ist es nicht primär ein körperliches Phänomen.

Zaumzeug: Kontrolle über etwas haben.

Zaun: Absperrungen verschiedener Art bedeuten, dass auf dieser Route der Lebensweg nicht möglich war/ist; also heißt es manchmal, dass man hier von einer Person abgelehnt wird bzw. wurde. Als Zaunsperre von innen gesehen, etwa von einer Weide aus, auch gern eine Blockade (z.B. bei der Geburt gibt es so etwas). – Der Zaun kann eine Abgrenzung sein, die der Sicherheit dient. Der Zaun ist aber auch gern ein Phänomen, das die Uneinsehbarkeit darstellen soll, also mit Zäunen, die zugleich Sichtschutzzäune sind, versteckt man gern ein Geheimnis.

Wenn der Zaun aus Holz ist, handelt es sich dahinter um einen lebenswerten Inhalt, man könnte auch sagen, dass hier irgendwo Liebe und Schutz im Spiele sind. Eisen- und Drahtzäune sind dagegen etwas aversiv, sie zeigen eine gewisse Aggressivität gegenüber möglichen Eindringlingen. Der Zaun kann fatal und ungünstig etwas Wichtiges vor einem Menschen absperren – er kann genauso gut einen wichtigen Inhalt positiv bewahren und schützen. Er ist also sehr ambivalent zu sehen. Tendenziell befindet er sich oft vor einem Geheimnis, einem Tabu. – Es kann auch diese Abgrenzung gemeint sein: Grenze zwischen Diesseits und Jenseits, zwischen Lüge und Wahrheit oder zwischen Bewusstem und Unbewusstem. Auch Abgrenzung zwischen Familien, Partnerschaften, Eltern, Ehen. Im übertragenen Sinne ist eine seelische Abwehr oder Distanz gemeint. Wird der Zaun eingedrückt, ist manchmal Versöhnung in Sicht.

Zaunlücke: Möglichkeit, Erinnerung, gegen Widerstände doch hinein ins Leben gekommen zu sein. Oder aber auch ganz anders: Lücke für den geheimen Hausfreund, Liebhaber.

Zaunpfosten: Das Schicksal eines Zaunfostens oder Eckpfahls steht für das Ganze. Es spielt sich hier gern ein körperlicher Prozess ab, der mit der Gesundheit zu tun hat. Brechende Pfähle sagen also genug aus und können oft den Untergang des ganzen Weideplatzes (also des Menschen) verursachen. Ein Pfosten ist also ein Omen, ein indirektes Zeichen, für Kontinuität, Stärke.

Zecke: Der Blutsack, den die Zecke auf der Haut nach einigen Tagen angesammelt hat, prall gefüllt, entspricht symbolisch demjenigen, was bei der Abtreibung aus dem weiblichen Körper geholt wird: etwa als Fruchtblase mit Embryo und Plazenta. Befindet sich solches im Traum sogar noch in einer Zahnreihe und im Mundraum (mit der Thematik des Herausziehens) ist ziemlich sicher von einer Abtreibungserinnerung auszugehen. In Träumen von Menschen also, deren Schwangerschaft ungewollt oder bekämpft war: Erinnerung an die damalige Empfindung der Mutter, die den Embryo wie eine Zecke gerne entfernt hätte (ergibt eine Art Selbstablehnung des Menschen später). Das Bild ist ungefähr: ein Parasit, den man gerne los wäre. 50% der Kinder sind ungewollte Zeugungen.

Zeder: Schlankes junges Mädchen, eine Schönheit.

Zeh: Oft wird etwas angedeutet, was mit dem Embryo- oder Foetus-Zustand des Träumers zu tun hat. Manchmal auch Stellvertretung für Mensch oder Penis. Der Zeh hat Affinität zum „kleinen Menschlein" (wie im Märchen Der Däumling).

Zehen: Beim Mann z.b. können sie auch stellvertretend für seinen Penis stehen (zumal der große Zeh, für den Phallus), und wenn eine Frau sich zärtlich mit den Zehen eines Mannes beschäftigt, sagt das alles. Zehen können auch generell stellvertretend für Kinder stehen. Und es kann sich auch in ihnen ein Symptom für die sexuelle Befindlichkeit einer Frau zeigen, zum Beispiel Frust oder Lust. Nicht umsonst färben sich Frauen die Zehennägel rot; da ist der Zusammenhang mit der Erotik offensichtlich. Zehenverwachsungen = viel Frust im Leben, nicht zuletzt sexuell.

Zehenbiss: Vorsicht, hier geht es um eine Geschichte, wo irgendjemand das Genitale einer Person attackiert (im stellvertretenden Symbol Fuß, Zeh) oder wo es auch einmal eine Attacke gegen einen Foetus gab. Sollte es eine Katze sein, die in den Zeh beißt oder sich im Zeh verbissen hat, wird ein Problem mit einer Mutter oder einer Partnerin angezeigt.

Zehn Gebote: Hier geht es manchmal um Verantwortungsgefühl, Rechtfertigung, schlechtes Gewissen, Reue, Selbstkritik.

Zehn: Fülle, Ganzheit, Vollendung, optimale Menge, betonte Bedeutung, Abschluss, Abrundung; z.B. „Tanne zehn" heißt: „das Tannensymbol [hat viel mit Mutter zu tun] ganz stark". Jeder Inhalt wird per Zehn in einem enormen Volumen oder potenziert dargestellt. (Die Elf ist von da aus gesehen grenzüberschreitend, ungut abweichend.)

Zeit: Einmal „Zeit zu erleben", mit allem, was das einschließt (Entwicklung, erlebbares Wachstum, Anreihung von Ereignissen), ist ein Hauptzweck, wenn Seelen auf die Erde kommen. – Ansonsten kann Zeit stellvertretend für Zeitung stehen und meint dann eine wichtige, ggf. geheime, vergessene Nachricht aus früherer Zeit, vielleicht aber auch aktuell. – Die Zeit, etwa per Uhr, ist auch ein Symbol für die Wahrheit. Oder auch für ein Ich.

Zeitraffer: Zeit spielt im Traum eine untergeordnete oder eine andere oder auch gar keine Rolle, ähnlich wie im unmateriellen Raum, wo es keine Zeit gibt! Deshalb sind in Träumen Zukunftsaspekte möglich und auch ganz weit zurückliegende Erinnerungen. Wenn die Zeit quasi im Traum schmilzt und zusammenrückt, dann wird der nicht überraschende Bogen geschlagen von einem alten Erstereignis zur vergleichbaren aktuellen Situation, aus distanzierter Sicht heraus.

Zeitung: Eine Wahrheit anzeigend (unabhängig davon, dass viele Zeitungen in der Realität lügen). Gerne mit Druckbild schwarz-weiß, das ist die Betonung der faktischen Wahrheit, Information (vgl. die Redewendung "Schwarz auf Weiß"). Besonders oft ist eine frühere Information, z.b. eine alte verborgene, geheime Wahrheit gemeint (auch als fehlende Zeitung). Zeitungen enthalten gern das Geheimnis der Vorgeschichte. Meistens handelt es sich in den Zeitungen also um wesentliche und wahre Informationen, die aber leider oft unbewusst sein können, zumal wenn der Inhalt der Artikel im Traum nicht klar ist oder klar wird. Die Umstände, z.b. Fremdsprachen oder Farben, verraten dann wenigstens etwas.

Zeitungsausschnitt: Wenn man im Traum eine Sammlung von Zeitungsausschnitten findet, dann findet man viele versteckte, unbekannte Charakteraspekte, die zu der sammelnden Person gehören.

Zeitungsüberschrift: Eine nachhaltige und wichtige Nachricht, auch wenn sie völlig unbekannt und überraschend sein sollte. Es gibt ja im Leben vieler Menschen und auch Sippschaften eine Reihe von Geheimnissen, die beinahe für undenkbar gehalten werden oder die abgeschwächt werden. Durch Zeitungsüberschriften können sie aber ans Licht kommen.

Zeitverbrauch: Wer seine gesamte Zeit verbraucht, z.b. bei irgendwelchen verschiedenen Versuchen oder bei mehrmaligem Einparken, der hat eventuell etwas von seiner Lebenszeit verspielt. Der Zeitverbrauch im Traum ist also recht ernst zu nehmen.

Zellen: Es ist möglich, biologische Zellen als hauchzarte Gewebe, Strukturen mikroskopisch vergrößert im Traum zu sehen, u.a. als ungefähre Schirmchen. Gesunde Zellen und Krebszellen sind im Traum täuschend ähnlich, nur im Innern unterscheiden sie sich.

Zelt: Was Pyramiden-, Dach-, Zeltform hat, im Sinne eines Schutzwinkels, Schutzdachs, Dreiecks oben, meint den Uterus, d.h. zeitlich den Uterusaufenthalt. Übertragen als Initiation, Einweihung zu deuten.

Zerknittert: Verrät, dass die Menschen, die mit dieser Traum-Szene oder diesem Bild zu tun haben, sehr verstresst sind.

Zerrüttung: Ein zerrütteter Charakter, den man einem im Hochstress stehenden Menschen zuordnen kann, der außerdem durch körperliche Gesten unterstützt wird, z.B. durch Kopfschütteln oder wirre zerzauste Haare – ist ein indirektes Indiz oder ggf. auch eine Warnung vor einer Krankheit, manchmal vor Krebs. D.h. mit anderen Worten, dass Krebs zu einem gewissen Anteil in einer schwer erschütterten Psyche begründet ist (auch wenn dieser Mensch äußerlich ordentlich, geordnet wirkt), in einem großen alten Konflikt, der aktuell stark restimuliert ist, begründet ist.

Zerstückelungsmotiv: Abtreibung, gewaltsamer Tod, wenn auch gern Stufe vor einer Neugeburt (in vielen Mythen auffindbar).

Zettel, Notizzettel: Biografische Einzelheiten, Wahrheiten – oft verdrängt. Auch „nebensächliche Zettel" enthalten eine wichtigere Botschaft, als man auf den ersten Blick annehmen könnte. Das heißt: eine Botschaft aus dem Unbewussten meldet sich so oder wird ggf. gesucht.

Leider haben es die Zettel im Traum manchmal an sich, dass sie zu klein oder unleserlich sind. Dennoch enthalten sie eine wichtige Nachricht, manchmal auch eine Warnung (manchmal sogar auch von Verstorbenen). Aber die Mitteilungen aus dem Jenseits oder aus dem tiefen Unbewussten sind eben immer apokryph oder kodiert. D.h. klar lesbare Informationen auf Zetteln im Traum gibt es nur selten. Man muss dann die anderen Umstände des Traumes als latente Information annehmen, hinzunehmen und übersetzen. Ob lesbar oder nicht, ein Zettel im Traum enthält eine wesentliche Botschaft. Siehe auch „Blatt Papier"

Zicke: Ein Schimpfwort für eine weibliche Ziege, in Wahrheit aber für eine weibliche aggressive Person. Gern hüllt sich die „Zicke" zur Tarnung in weiche, scheinbar liebende Kleidung.

Ziege: Tatsächlich kann damit in Ausnahme eine Frau gemeint sein, die sich nicht so und so leiten lässt, die also ihren eigenen Kopf hat. Daher kommt die umgangssprachliche Bezeichnung „zickig" bzw. „Zicke". Also im Einzelfall kann es hier um ein störrisches Mädchen gehen (ob es im Recht ist oder nicht, ist ohne Bewertung hier), aber weit umgänglicher als eine Zicke.

Ziegelsteinmauer: Irgendwie ist hier vielleicht eine Schwangerschaft „im Busch", wie man sagt, oder in der Nähe. Backsteine assoziieren stark zu Mutter/Uterus.

Zigarette: Symbol für die mütterliche Zuwendung, für die Erstbefriedigung; meistens recht eindeutig zur oralen Zeit gehörend, dann also die Mutterbrustwarze eigentlich darstellend. Frust an der Mutterbrust wird später immer durch irgendetwas kompensiert, kann also Sucht hervorrufen bzw. Abhängigkeit verraten.

Zigarre: Als betont dicke Zigarre (die ja auch ostentativen und symbolischen Charakter hat) stellt sie im Prinzip Phallisches dar. Die Umhüllung, etwa die Banderole der Zigarre = kann dann manchmal im Einzelfall das weibliche Geschlechtsteil sein. Die Zigarre steht insgesamt für Männliches oder für einen Mann, manchmal aggressiv, manchmal wertneutral; gern auch für Arroganz und Stolz eines Mannes oder für den typischen Chef. In wenigen Einzelfällen Verlusterlebnis eines Mannes, sonst eher Potenzgehabe.

Zigarrettenautomat: Kann ein Suchtsymbol sein, wie auch ein Spielautomat. Meistens tendenziell eine Muttersucht oder aber auch Indikator für ein sexuelles Geschehen.

Zimmer (Räume): Ähnlich wie Haus: Umstände, Lebenssituation: Bedingungen faktischer, historischer wie psychischer oder familiärer Art, d.h. also Umgebung/Einfluss im übertragenen Sinne. Wie bei Wohnungen gibt es oft einen Unterschied zwischen dem Inneren (z.b. schön) und dem Äußeren (z.b. hässliche Umgebung): das meint zwei unterschiedliche Seiten, Aspekte, Wertigkeiten einer Lebenssituation (typische Ambivalenz der Erfahrungen von positiv und negativ zugleich). Insgesamt eine Lebenssituation, die die Geschichte des Zimmers mitbeinhaltet, d.h. wer früher in dem Zimmer gewohnt hat oder wozu dies Zimmer in der Regel gebraucht wird/ wurde, das ist eine wichtige Assoziation, Zusatzinformation zum aktuellen Traumgeschehen im betreffenden Zimmer. Primär ein indirekter Persönlichkeitszustand oder Status, männlich wie weiblich (vgl. Frauenzimmer).

Zimmer umstreichen: Das ist der Versuch oder auch der gelungene Akt, seine Persönlichkeit zu entwickeln, sich also wesentlich zu ändern.

Zimmerdecke, niedrig: Siehe „Niedrigkeit"

Zipfelmütze: Siehe „Spitzmütze"

Zirkus: Spielfreude als Lustersatz.

Zitate: Das sind gern angestrichene, markierte Stellen in einem Büchlein, einem Buch oder auch auf einer Buchseite. Das sind uralte Informationen aus ferner Vergangenheit, die für später, für das Leben und für das eigene Verständnis wichtig sind. Die Informationen stammen sogar gern aus der vorgeburtlichen Zeit – z.B. über die Erzeuger – oder aus der Baby-Zeit. Das Leben später ist wie ein Unterricht oder ein Vortrag, der auf diesen markierten Zitaten beruht. In tragischen Fällen kann man die Zitate nicht mehr lesen oder nicht mehr finden, d.h. wesentliche Informationen aus der vergangen Zeit sind gelöscht, von anderen bekämpft.

Zittern: Angst und Ablehnungserfahrung, meist unbewusster, sehr verdrängter Art. Das Trauma wird bei banalen ähnlichen Situationen erinnert (solche ungutenErinnerungen, Assoziationen sind ein sehr verbreiteter Vorgang). Vgl. auch „Bibbern"

Zoo: Stellt den biologischen Aspekt des Menschen dar, also etwas wie Leben, Zeugung, Werden, biologische Zellen, Wachstum. Gern auch eine Uteruserinnerung; der Foetus assoziiert zu einem ehemals behüteten Tierchen, wie etwa im Zoo.

Zubetoniert: Nicht so selten wie vermutet, tritt dieses Symbol im Traum auf. Es ist leicht zu deuten und meint, dass eine tabuisierte, verdrängte Geschichte gänzlich zugedeckt worden ist. Das Ereignis, was wahrscheinlich zu wissen für den Träumer nicht unwichtig wäre, ist leider mittlerweile ganz unzugänglich. Die Vertuschung war also vollkommen und auch sehr aversiv.

Züchtigkeit: Eine altertümlich erscheinende Züchtigkeit, etwa unter Geschlechtern bei traditionellen Gemeinschaftstänzen, kann eine alte psychische Gesundheit bezüglich des Sexualverhaltens verraten.

Zucken: Ein spontanes Lebens-, Überlebens-, Reaktionssymbol (= Leben als „Bewegung").

Zucker: Lustportionen, -gaben, besonders von der Mutter (Süßes hat Mama-Affinität). Die Mutterbrust – später ist es der Eros – ist süß. Zuckerkranke haben in der Regel ein Mutterbrusttrauma.

Zuckerdose: Manchmal weibliches Genitale, steht also für Sex, Empfängnis. Umgekehrt finden die jungen Mädchen einen hübschen Jungen auch „süß". Auch Mutterbrustfixierung andeutend (im Zusammenhang mit einem Trauma, mit Oralsucht, oder Essproblem).

Zuckerrüben: Sie mögen vielleicht als Zucker im Roh- bzw. Ur-Zustand interpretiert werden können. Möglicherweise geht es um einen Wert im vor-entwickelten Zustand, das würde dann heißen: vor der Geburt. Ansonsten ist „Rübe" ein Symbol für Kopf.

Zug in Richtung: Das kann einen Trend andeuten, ein Streben, was dem Kopf, Willen entspricht (besonders stark, wenn man in einem solchen Zug sich schon befindet). Die Richtung, das Land oder ähnlich muss man ganz nüchtern bewerten, denn es kann sich auch um eine widersinnige, ungute Tendenz handeln. Man wird darüber aufgeklärt, ob dieser Trend/Zug richtig ist.

Zug, verschlossen: Eine verschlossene Zug-Tür, ein Zug, der dem Träumer vor der Nase wegfährt, also alle Zugszenarien, wo es darum geht, dass man nicht in den Zug einsteigen kann, erinnern an irgendeine unbewusste Verweigerungshaltung durch die schwangere Mutter. Das Bild ist klassisch für ein Geburtstrauma.

Zug: Kann heranfahrend eine Aggression bedeuten; ist sehr oft mutter-, schwangerschafts-affin. Berichtet von einem Zustand des Träumers, als er bewegt wurde, nicht selber steuerte (wie etwa in einem Auto), d.h der Träumer war da, im Zug nämlich, Passagier, vielleicht Kind oder Foetus, jedenfalls passiv. Passt auch zu Lebenssituationen, wo man wieder einmal wenig selbst entscheiden kann, sondern wo der Zug, d.h. wo andere oder Übergeordnetes die Richtung vorgeben, gerade für große Lebenswege, Schaltstationen, auch besonders für Abschiede, z.B. für Ehescheidungen. Meistens jedoch meint dieses Traumsymbol Mutter bzw. Mutterbauch.

Zugang: Oft geht es hier um etwas Ernsteres, als es scheint, um etwas sehr Tiefes, d. h. z.B. um eine große Liebe oder um eine schmerzliche Ablehnung.

Zug-Einfahrt versäumt: Geburt misslungen.

Zug-in-Gegenrichtung: Nachhaltige, aggressive Kraft, die beispielsweise bei der Geburt gegen den Entwicklungsprozess oder gegen das

Überleben wirkte. Auch allgemein als Gegnerschaft, Feindschaft in sonstigen Lebensbereichen.

Zugtür: Hier spielt sich das Drama ab, einen Menschen zu erreichen oder einen Menschen zu verlieren, bzw. es geht überhaupt um ein Kontaktproblem. Gerne wird die Erstbindung dargestellt, d. h. das Verhältnis des Babys zu Mutter. Eine verschlossene Zugtür zeigt an, dass die Mutter das Kind nicht genügend aufnahm und annahm. Den Ausstieg durch eine Zugtür verpassen weist oft darauf hin, dass man den Geburtszeitpunkt beinahe verpasst hätte, mit anderen Worten, es ging um ein Geburtstrauma (Mutter-Verlust, Mutterverweigerung Todeserfahrung und andere Blockaden mehr).

Zugtür: Es gibt viele Träume mit Problemen bei Zug-Ausstieg, Zug-Öffnen, Zug-Abfahrt. Sie sprechen nicht nur die Erstbindung, sondern auch die Entbindung an sowie weitere Schaltstation im Leben. Jedoch: Zugtür verpassen ist eine klasssiche Geburtsblockade, -verzögerung.

Zugunfall: Wenn es so abläuft, dass durch den Unfall auch ein Passagier oder der Träumer nach draußen fliegt, dann kann man von einem dramatischen Geschehen, von einem Unfall in der Schwangerschaftszeit ausgehen; das passt zum Abtreibungsthema. „Zug" ist ein häufiger Archetyp für die Schwangere, ähnlich wie der „Bus". Ein abgetriebenes Wesen ist sehr handgreiflich „draußen" (das kann aus vorangegangener Inkarnation erinnert werden).

Zug-Verfehlen: Da kann es darum gehen, dass man nicht einsteigen kann oder auch nicht aussteigen kann, im Kern darum, dass der Zug nicht an der richtigen Stelle anhält, wenn er überhaupt anhält. Das ist ein Geburtstrauma bzw. ein Verfehlen der mütterlichen Unterstützung bei der Geburt. Zu späte oder auch zu frühe Geburt können so dargestellt werden. Der Zug ist gerne ein Symbol für die schwangere Mutter. Die Nachteile einer zu frühen Geburt sind vielfach beschrieben. Aber auch wenn die Mutter aus Stress, Aversion oder Unfähigkeit die Geburt endlos verzögert, gräbt sich ein arges Todeserlebnis in das Herz des Kindes ein.

Zug-Verlassen: Geburt (evtl. Abtreibung oder Fehlgeburt).

Zug-Verspätung: Gestoppte, verzögerte, blockierte Geburt. Arges Warten auf Mutters Aktivität.

Zuhause, nach Hause: Heimat auf der Erde, auch Familie, gern als Ziel bei der Weltankunft oder als Selbstfindung. Oder aber auch das Jenseits, der Himmel als „Heimat". Ansonsten manchmal in einer Stadt liegend oder am Marktplatz (Zentrum), oft so, dass man von oben herabkommt, aber zuletzt noch eine kleine Steigung hat, oder auch dass man von einer Haltestelle (wo der „Ausstieg" als Geburt begann) gekommen ist. Das Zuhause kann also bedeuten: Pränatales (incl. Himmlisches), Kindheit, Eltern, momentane Situation, Lebensende, Jenseits. Auch = authentisch, mit sich identisch sein.

Zukunft: Hat gerne die komplementäre Bedeutung der Vergangenheit. Die Zeitbezeichnungen im Traum sind vorsichtig zu interpretieren. So kann sehr Altes Zukünftiges meinen. Wenn betont „Futuristisches" dargestellt wird, ist oft das genaue Gegenteil gemeint, nämlich Altes, Fernes, Unbewusstes. – Zukunft ist in Träumen möglich, genauso wie Uraltes. Im Traum sind die Zeitregeln ausgesetzt! Träume spielen nicht in der irdischen Materie. Wo es die Materie und ihren Raum nicht gibt, gibt es auch keine Zeit, abgesehen davon, dass Zeit relativ zur Bewegung der Materie sich ständig verändert (A. Einstein). In der geistigen Welt, wo die Träume sich abspielen, gibt es keine faktische Materie (sondern nur eine in der Vorstellung) und daher keine Zeit. Eine nicht wirksame, nicht vorhandene Zeiteinteilung umfasst Vergangenheit, Jetzt und Zukunft gleichermaßen, geradezu unterschiedslos! Jeder kennt Träume, in denen die Wohnungen der Kindheit, der Jugend, des Alters in eins gesetzt werden oder sich blitzschnell ablösen, mischen, unterschiedslos zu nur einem Traumthema auftreten. Die Zeitgesetze sind im Traum ausgeschaltet, deshalb kann man zu Anfang einer Trauminterpretation nicht sagen, welche Zeitstufe hier die wahrscheinliche ist. Sieh auch „Vorauswissen"

Zukunftsangst: Angst richtet sich gern auf Unbekanntes in der Zukunft. Das Ur-Trauma dazu liegt aber meist weit zurück und ist unbewusst.

Wenn, nur als ein Beispiel von vielen, ein Säugling per Wehenmittel zu früh aus dem Mutterbrauch getrieben worden ist, kann das lebenslange Angst erzeugen (er empfindet: Mutter-, Lebensverlust, hat Angst vor Neuem, vor Änderung). Das gilt auch sonst für zu früh oder zu spat Geborene. Oder auch für solche Kinder, die die ersten Tage von der Mutter getrennt waren. So ein Ur-Muster wird zu einer dauernden Erwartungsangst. Besonders Angst vor Alleinsein entsteht so.

Zündproblem: Überlebensproblem. Also: startet der Motor Ja oder Nein? Oder wechselt das Anspringen? Das ist eine unbewusste Erinnerung an eine ernste Lebensgefahr (z.B. im Geburtsprozess), an Koma oder Nahtoderfahrung. So ein Traum mit möglichem Motor-Zündungs-Versagen oder Motorstottern ist sehr ernst.

Zündstoff, Zündung: Kraft, die stark schöpferisch, initiierend tätig ist; kreative Energie. Auslösereiz für Handlungen, weniger für das Denken.

Zunge: Der erste große Einsatz der Zunge findet an der Brustwarze der Mutter statt. Hier werden die Wurzeln gelegt für die Erotik, für den Einsatz der Zunge später, und der mündet ja nicht zuletzt im „Zungenkuss". Dieser wiederum erregt die Genitalien. Wenn es kein Zungenerlebnis für das Baby an der Brust gab, kann man erahnen, welche negativen Folgen das für die spätere Sexualität hat.

Zungenkuss: Vorspiel oder deutliches Interesse für Sex, Coitus. Dieses intime Küssen abzulehnen zeigt wenigstens für den Moment eine Sex- bzw. Partner-Ablehnung. Eine Person, die das intime Küssen nicht mag, statt dessen vielleicht mechanische Bewegungen mit der Zungenspitze macht, um etwas ähnliches wie einen Zungenkuss vorzutäuschen, hat meist generell große Schwierigkeiten mit der Sexualität, nicht zuletzt im Genitalbereich.

Zürich: Symbol für eine spezielle Form des Unbewussten, auch für eine bestimmte psychologische Richtung in Analogie zu Carl Gustav Jung. So auch indirekt ein Symbol für Erkenntnis.

Zurück: Das große Zurück in den Träumen verweist gerne auf ein erst-
maliges Problem, voranzukommen. Also wo liegt die Erstprägung für
die Umkehrtendenz? Das Zurück entspricht einer Verzögerung, nicht
undramatischer Art. – Ansonsten gehört es zum normalen Regres-
sionsphänomen, retour eine Entwicklungsstufe nachholen zu wollen. Zurück-Gehen oder -Steigen meint manchmal das taktische Ab-
warten, das kluge Sich-zurückfallen-Lassen auf dem Weg nach oben.
Wenn man zurückgeht oder zurück muss, will man in der Regel wieder
von vorn anfangen. Das Zurück kann also mit Einsicht und Neustart
verbunden sein. Auch das Zurück in der psychologischen Regression
meint, etwas nachholen zu müssen und dann wieder neu anzufangen:
an sich eine gesunde Idee. – Ein betontes Zurück kann folgende Entwicklungen betreffen: Erwachsenwerden, Examen, Berufsstart, Heira-
ten, und es ist in der Regel auf ein sehr frühes Entwicklungshemmnis
(z.B. bei der Geburt oder an der Brust) zurückzuführen; dieses wiederholt sich gern in der Pubertät, bzw. es manifestiert sich als Auffälligkeit
oder gar als Krankheit immer mal wieder im Leben.

Zurückgehen, -fahren oder -weichen: Kann darauf hinweisen, dass die
Geburt sehr schwierig war und es symbolisch oder konkret zu „Rück-
wärtsbewegungen und Ausweichbewegungen" des Babys gekommen
ist. Dies ist ein dramatisches Urmuster für später. – Eine ganz andere
Bedeutung ist die, dass man aus einer momentanen Situation oder Beziehung aussteigen will.

Zurückkommen: Das kann im übertragenen Sinne so gemeint sein,
dass ein Schicksal, ein Familienkomplex, ein Reinkarnationsanteil, ein
Sippschaftsfluch oder -segen „zurückkommt". Man hat es also manchmal mit einem Komplex zu tun, der zur größeren Familiengeschichte gehört und nun überraschend zurückzukommen scheint.– Es kann
auch gemeint sein, dass ein Ereignis oder ein Akteur „zurückkommt",
wobei dasselbe stattfindet wie beim ersten Mal bzw. wie zu Anfang;
Beispiel: bei der Geburt ereignen sich Umstände, die zur Zeugung (zum
Anfang) gehören, symbolisch dieselbe Sprache sprechen (z.B. Wider-
wille der Frau).

Zurückrollen: Mit einem Fahrzeug, ist es vergleichbar mit dem Rückwarts-Fahren, aber ärger. Irgendeine große, vielleicht tragische Verhinderung des Lebensflusses ist hier, indem sich das Unbewusste meldet, angezeigt. Es wirkt wie außerhalb einer Einflussnahme, Steuerung. – Es gibt aber natürlich auch das clevere Verhalten, sich vor einem Hindernis ein Stück zurückrollen lassen.

Zurücksetzen: Z.B. kann man mit einem Fahrzeug zurücksetzten, und das bedeutet gern eine frühere, vielleicht versäumte Aktion nachholen zu wollen oder endlich erledigen zu wollen. Natürlich hat es auch einen philosophischen Aspekt, denn wer erfolgreich sein will, der muss auch wissen, wann er sich einmal zurücknehmen soll, wann es angesagt ist, ein oder zwei Schritte zurückzugehen. – Meist geht es aber um eine Szene, die man vom Parkplatz her kennt: Erst zurücksetzen und dann nach vorne weg fahren. Das entspricht einer unbewussten Matrix, dass ein Ur-Start kompliziert war. Man kann sogar gerne bei diesem Manöver noch an ein Hindernis anstoßen: Kleincrash. Verbindet sich also aktuell mit einem Aufbruch, der nicht glatt startet.

Zusammenarbeiten: Eine „enge Zusammenarbeit" zwischen Mann und Frau, etwa auf der Arbeitsstelle, meint manchmal Sexualität, mögliches Fremdgehen.

Zusammenkunft-Vermeidung: Das kann harmlos aussehen im Traum, etwa zwischen zwei Personen oder Fahrradfahrern, die sich meiden, aber es geht um eine gravierendere Geschichte. Hier sind offene Gegnerschaft und Feindschaft, wenn auch etwas versteckt, angesagt zwischen denen, die sich unbedingt nicht begegnen wollen. Meistens ist ja nur einer der Parteien so eingestellt, eine Begegnung zu vermeiden. Diese eine Partei kann berechtigt sein zu so einem Verhalten – oder aber sie ist einfach aggressiver. Hier liegt irgendetwas geheim vor; Trauma, Rache, Vorwürfe, Aggression und ähnlich. Meist ist einer der beiden viel zu sehr verletzt, als dass er den Kontakt will.

Zusammenpacken: Als Variante können wir auch von einer Zusammenraffung sprechen, oder es taucht im Traum die Szene auf „mein Bündel ist geschnürt". Hier kündet sich ein Aufbruch zu einer entscheidend anderen Lebenssituation an.

Zusammenprall: Ein quasi freundschaftlicher Zusammenprall, bei welchem man eng und überraschend über einen Inhalt oder über eine Person purzelt, verrät, dass man affiziert wird von diesem Inhalt. Und das meint im Einzelfall, dass man eine entsprechende Eigenschaft erhält, annimmt oder sucht.

Zusammenrücken: Ähnlich wie das Symbol der Berührung, geht es hier um ein liebevolles, rücksichtsvolles Zusammenleben und Zusammenhalten einer Gruppe, z.B. einer Partnerschaft oder einer Familie.

Zusammenstoß: Wie bei einem Malheur ist manchmal die ungewollte Zeugung eines Kindes gemeint. Das zeigt sich dann im Traumsymbol anschaulich so, dass es zwischen zwei Autos oder Ähnlichem einen kleinen Crash gibt. Wir haben also ambivalent im Zusammenstoß mehreres: eine Auseinandersetzung, eine Behinderung, einen kleinen Unfall oder einen positiven, auffallend engen Kontakt. Siehe auch „Autounfall"

Zuschauer von oben: Das können die Geheim-Augen der Verstorbenen sein. Da kämen wir also an einen Trauminhalt, der gar nicht so unbekannt ist in der Welt, nämlich er lautet: die Ahnen schauen von oben her zu. Interessant ist als Fazit solcher Träume, dass die Verstorbenen oder Ahnen oder Schutzengel „zuschauen", aber in der Regel nicht eingreifen. Auch Engel oder Engelersatzpersonen schauen von oben her zu, quasi wie positive Schutzgeister. Bei Ur-Bevölkerungen, meinetwegen in Afrika oder Südamerika, ist die Vorstellung verbreitet, dass die Ahnen zuschauen können.

Zuschauer: Wir konzentrieren uns hier einmal auf die Position eines überraschenden oder geheimen Zuschauers. In Wahrheit ist dieser nicht so neutral, wie es im Traum scheint, sondern er stellt eine verborgene Ursache für etwas dar, also für das ablaufende Traumgeschehen. Er gehört als Wichtiges, nicht als Nebenperson zum Traumgeschehen. Er hat einen inneren Zusammenhang mit dem Traumgeschehen, er ist nicht nur Zuschauer.

Zusehen: Es gibt im Traum wie in der Realität die Konstellation, dass ein Mensch irgendetwas nicht ausüben kann, wenn andere zusehen oder zuhören und ähnlich. Daran kann man eine geringe Selbstwerteinschätzung ablesen oder auch eine große innere Unsicherheit. Das kommt natürlich daher, dass so ein Mensch als Kind kritisiert und gebremst worden ist. Dann fallen Aktionen ohne Zuschauer leicht, bzw. es sind nur noch diese möglich. Aber vor Publikum oder vor nur einem einzigen Zuschauer oder Zuhörer tritt die Blockade (wieder) auf. Stottern gegenüber einer Person gehört hier auch zum Thema. In der Realität kann man solche Szenen meistens einigermaßen überspielen, im Traum sind sie aber ganz deutlich. Es ging um einen viel größeren Druck damals, ehemals, als nur gesehen zu werden, es war eine versteckte und auch sehr unbewusste Sache. Es ging um eine Ablehnungsfrage, um Macht, um ein Tabu.

Zustimmung: Es gibt einzelne spirituelle Träume, wo Zustimmung und eigener Entschluss eine ganz interessante Rolle spielen. Dort kann man erkennen, dass die Götter oder das Schicksal die Lose werfen, dass es also um eine Rolle, um einen Auftrag auf Erden geht. Und dann erlebt man erstaunlicher Weise im Traum, dass der Mensch selber diesem göttlichen Vorschlag „zustimmt". Die Information ist die, wie man sie auch bei manchen Mystikern finden kann, dass unsere Biografie sowohl ein Auftrag von oben ist (a) als auch von uns freiwillig übernommen wird (b). Philosophisch geht es darum, dem Unumgänglichen zuzustimmen, der berühmten Spindel oder Göttin der „Notwendigkeit" (anagke bzw. Ananke), der Zwangsläufigkeit – was als ein praktisches, nüchternes oder spirituell sinnvolles Verhalten anzusehen ist oder angesehen werden kann.

Zuviel: Ein Zuviel an Sachen oder Personen oder z.B. Lautstärke ist meistens ein Negativum.

Zuviel-Wollen: Es kann um Gelderwerb gehen, indem man viel zu viele Rechnungen ausstellt, es kann um eine große Moderation in prominenter unbekannter Umgebung gehen, der Motive sind also sehr viele, mit denen der Traum dem Träumer sagt: du übernimmst dich, du willst zu viel. Solche Übertreibungsabsichten stecken grundsätzlich im Menschen drin. Meistens enden solche Träume mit Enttäuschung, Misserfolg, manchmal auch mit schockierender Einsicht. Auf jeden Fall handelt es sich um Warnträume, die jemandem raten, in irgendwelchen Dingen kürzer zu treten, sich zu schonen, realistischer zu sein, bescheidener zu sein.

Zuwurf: Wir betrachten hier einmal die Konstellation, dass der Empfänger eines Wurfes überrascht ist. Dann wird eine Erinnerung des Lebens gezeigt, z.b. an eine Geburt, wo Schockierendes oder Unzeitiges geschah. Kern wäre: nicht vorbereitet zu sein und deshalb ein Trauma zu erleben. Z.B. bei einer künstlich eingeleiteten oder durchgeführten Geburt, wo der Foetus „nicht vorbereitet" = nicht reif war. Wir beschreiben also hier nur den Symbolaspekt, dass ein Zuwurf zu sehr überrascht. Das passiert ja gerne beim Sport: man bekommt einen Pass, eine Ballabgabe und rechnete aber nicht damit. Bzgl. der Geburt wäre es ein Urmuster (was immer die größte Bedeutung hat), aber Ähnliches gibt es oft im Leben.

Zwei Engel: Siehe „Engel"

Zwei Gefährten: Meint im übertragenen Sinne, wenn z.B. weiblich, manchmal den Aspekt einer Frau, die beispielsweise pubertär, infantil ist und auch eher homophil und lesbisch ist, die also ggf. noch eine ganz andere Seite hat, obgleich sie mit einem Mann zusammenlebt.. Kann so auch eine Aversion gegen Männer und Schwangerschaft zeigen. Tritt mit (unbekannter) Gefährtin im Traum auf. „Zwei" macht das Gefährtensymbol in der Regel negativ. Genauso als zwei (oder vier) Jungs (oder Brüder) oder als zwei Gefährten oder auch als zwei Räuber = eine nicht-entwickelte, negative, aversive Männlichkeit oder Freundesperson. Meint tendenziell Vorpubertäres, mit dem Nebeneffekt: heterosexuell unreif oder unwillig oder unfähig, d.h. etwas feindlich gegenüber dem anderen Geschlecht und auch manchmal gegenüber einem Kind. – Zwei Mädchen können aber umgekehrt, auch als zwei Töchter, positiv das erotische Geben einer Frau darstellen, das

Lustgeschenk; weil „Zwei" auch eine weibliche Zahl ist. Immer muss man auch daran denken, wenn ein Mann mit einem Jüngeren oder eine Frau mit einem Mädchen auftritt, dass das Genitale des Menschen als zweite Person (als wäre es selbständig) dargestellt sein kann. Und es gibt die Begleiter auch sogar als zwei Engel, in manchen Religionen ist das Bild, zumal beim Sterben, verankert. – In der Regel ist mit der Zwei etwas nicht Unwesentliches gemeint. „Zwei" Mädchen sind im Traum einem Mann selten freundlich gesinnt, eines schon eher. Geschlechtsübergreifend können wir solche Doppelung als nicht optimal interpretieren. Da ist Skepsis, Vorsicht geboten ist. Solche Gefährten, Assistentinnen treten im Traum, wenn negativ, dann auch gern feixend auf. Insgesamt können die Zwei störend auftreten, und die Unterstützung der Hauptperson ist nur vorgespielt (archetypisch dargestellt in Kafkas „Schloss"-Roman).

Zwei in einem Bett: Das ist eine meist eher ungute Verschmelzung. Eine Person wird hier in eine Rolle, Identität mit jemand anderem gedrängt, z.B. ein Kuckuckskind in eine falsche Identität (mit einem anderen Elternteil). Oder man hat als Junge noch einen Bruder oder eine Katze im Bett: das ist eher ein belastender Schatten und zeigt Probleme in der Haupt-Identität an, zeigt fremde Einflüsse im Unbewussten an.

Zwei Jungs oder Brüder: Siehe „zwei Gefährten"

Zwei Mädchen": Siehe „zwei Gefährten" (Gefährtinnen)

Zwei: Oft sind Spaltung und Opposita, d.h. Ungutes, Gegensätze gemeint; Einheit ist verloren, auch Dreiheit ist nicht da. Die Zwei ist eine Vorstufe der oft negativen oder leidvollen Vier. Die Zerrissenheit (wie Bürgerkrieg, innere Gegensätzlichkeit) der Zweiheit ist als Attribut zu Personen oder Gegenständen meist ein Zeichen von Leid, Zerstörerischem, z.B. psychisch von einer Krankheit. Bei dem Untergang großer Zivilisationen findet man immer zuerst die innere Zerrissenheit, Spaltung vor! – Neutral jedoch kann die Zwei als Verdoppelung die Verstärkung, Potenzierung von etwas bedeuten. – Doch nicht selten gehört sie als Geheimsymbol klassisch zur Neurose bzw. wenigstens zum Zweifel, zur Unsicherheit. Jesus spricht z.B. von der Stadt, die gespalten ist =

die aus „zwei" Teilen besteht, solche Zweierstrukturen haben keine guten Aussichten, keinen Bestand. Auch „zwei" Personen oder Versuche sind im Traum eher mit Skepsis zu betrachten. – Eine andere, auch positive bzw. neutrale Bedeutung hat die Zwei (auch als 20, 200) jedoch manchmal als typisches Symbol des Weiblichen.

Zwei-Flügel-Tor: Das kann ein zweiflügeliges Hoftor oder auch eine Terrassentür sein oder anderes mehr. Die Zweiflügeligkeit weist ziemlich deutlich auf den Geburtsausgang hin, d.h. sehr oft auf ein Geburtstrauma. Kaiserschnittkinder z.b., die eine natürliche Tor-Passage nicht erlebt hatten, denen also ein engeres, längeres Geburtserlebnis fehlt (!), haben manchmal im Traum ein seltsames Streben oder auch Belastet-Sein, „durch die große zweiflügelige Tür" in der Ferne. Kaiserschnittkinder versuchen im Traum, die Natur nachzuholen. Sie streben das zweiflügelige Tor an, weil sie es unbedingt hätten passieren müssen, als wichtiges Erlebnis und als wichtigen Entwicklungsschritt, als Analogie zu einer inneren Programmierung und natürlichen Spannung und Erwartung.

Zweiheit: Eher eine unbefriedigende, ungute Situation. Z.B. zwei Jungs/ Gefährten oder zwei attraktive Mädchen; solches steuert gern auf ein frustrierendes Ende des Traumes hin.

Zwei-Köpfigkeit: Wir meinen hier ein Wesen im Traum, dass zwei Köpfe hat und zwar einen Kopf oben, in normaler Position, und einen Kopf unten, irgendwo am Unterleib. Ob das zweiköpfige Wesen nun ein Hund oder ein Mann oder eine Puppe ist. Dieses Bild kann gewählt werden (ist gewählt worden), damit ein von männlicher Seite aus missbrauchtes, noch sehr kleines Mädchen darstellen, indirekt ausdrücken kann, dass der Mann oben am Körper und auch unten am Körper „bewegliche Teile" hat.

Zweiradfahrer: Wenn ohne Beifahrer: ist es eher ein Typus ohne starke Bindungsfähigkeit oder -absicht. Also symbolisch ein Single-, Solitär-Typus. Man muss es auch im Kontrast zum Auto sehen, was eine „Beziehungskiste" für Partnerschaft ist.

Zwei-Stücke: Zwei Stücke oder zwei Tiere oder das Zerbrechen einer Einheit in zwei Teile können evtl. darauf hinweisen, dass man es in seiner Umgebung mit einer vielleicht gespaltenen Persönlichkeit zu tun hat – oder allgemein, dass irgendeine Sache ungut ist.

Zweiteiligkeit: Wenn etwas aus zwei Elementen besteht, was aber in der Realität eigentlich nur ein einziges Gerät ist, dann verrät sich irgendeine Spaltung oder Abspaltung und zwar im psychischen oder mentalen Bereich. Wenn also eine Lampe oder ein PC aus betonten zwei Teilen besteht, dann ist subtil vielleicht ein Hinweis darin verborgen, dass es in der Seele oder in einem anderen Symbol eine Uneinheitlichkeit, eine Spaltung gibt. Das kann z.B. von zwei sehr verschiedenen, nachhaltigen Erziehungerlebnissen (zwei Familien) kommen.

Zweiter Platz (Rang, Stelle): Betont wird, dass es hier nicht um Eins, Anfang, Siegen geht. Es hat einen weit unangenehmeren Beigeschmack als in der Realität und bedeutet oft, dass man ausgebootet ist, beiseite geschoben, erheblich unterdrückt, gegebenenfalls nachhaltig behindert wird. Auf jeden Fall wird man abgewiesen – allerdings oder eventuell mit der geringen Chance, später vielleicht doch die Nr. 1 zu werden (evtl. nur vorläufig zurückgestellt?). Es hat auch Ersatzcharakter: die „zweite Rolle" statt Eins, statt Vordergrund, statt Hauptrolle. Zweiter sein kann sogar Verlieren im Sinne des Sterbethemas bedeuten, andeuten oder erinnern, auf jeden Fall bedeutet es im Traum: Verlierer zu sein, knapp, aber entscheidend.

Zweiter: Es gibt die Rolle des Ewigen Zeiten. Männer wie Frauen können sich so fühlen. Es ist zurückzuführen auf die Tatsache, dass man als Kind nicht dem Wunsch der Eltern entsprach, um es vorsichtig auszudrücken. Man ist mit der Ankunft auf der Welt eine Ersatzlösung gewesen. Wörtlich könnte man sagen, man war zweite Wahl und wird das immer bleiben. – Der Archetyp tritt auch auf bei Rundweg, Rennen, Lauf, Wettbewerb im Traum, als Lebenslauf-Symbole. Ob man Zweiter ist oder Zweitletzter, es handelt sich um eine Niederlage, um einen Verlust. Es ist eine harmlose oder beschönigende Beschreibung der Tatsache, das Ziel nicht erreicht zu haben (das wäre nämlich nur der Erste). Also kann eine Niederlage, Enttäuschung in verschiedener Hinsicht gemeint sein.

Zweites Mal: Oft gibt es im Traum die Situation, dass man ein zweites Mal an einer früheren Arbeitsstelle ist oder auch seinen Mann, von dem man geschieden ist, ein zweites Mal heiratet. Interessanterweise sind nun die Umstände anders, und besonders man selbst verhält sich anders. Das belegt dann, dass man beim ersten Mal viele Emotionen und Absichten unterdrückt hat, die darauf drängen, nachträglich ausgelebt zu werden. Man weiß eben später, dass man beim ersten Mal vieles falsch gemacht hat. Es wäre auch damals der Wunsch gewesen, vieles anders gemacht zu haben. Heute könnte man dies und das – damals nicht.

Zweiunddreißig: Mann (3) + Frau (2); oder Männer + Frauen, d. h dann jedermann, alle.

Zwerge: Wie kleine Männchen, Männeken, Puppen manchmal das männliche Glied oder auch Kinder darstellend. Ansonsten Symbol der lokalen Geister, wie Trolle, Kobolde, Nicks und Nixen, Heinzelmännchen, Djinns, die es eventuell in der geistigen Welt gibt, als „Zuständige" für etwas (den Engeln etwas ähnlich), die aber niemand mehr sieht, die meistens geleugnet werden, die nur Kinder, Träumer und Sterbende, ja und die Schamanen, noch sehen können. Wir übersetzen sie als genius loci (Ortsgeist) (1), als Funktion (2) oder als Kind-Eigenschaft (3). Da der Zwerg eher unsichtbar ist oder unter der Erde lebt, bedeutet er auch nicht selten den Foetus (4) vor dem Licht der Welt. Im letzteren Sinne meint „Zwerg" eine Fixation auf einen embryonalen, fötalen Zustand, etwa durch ein Trauma – später als Verhaltensweise indirekt erkennbar, deutlich in den Märchen und Mythen. Besonders in Kinderträumen verweisen nasen- und fingergroße Figuren (sehr kleine Wesen) auf Erfahrungen im Uterus (auch gern in der Vorfahrengeschichte). Als ‚Geister' sind Zwerge nicht gut noch böse, alle Kulturen haben diese Kategorie neben den guten und den bösen Geistern. So mögen sie Können, Einfluss, Qualität der unsichtbaren Welt darstellen, wo die Reaktion dieser an sich neutralen Geister oder Kräfte vom menschlichen Verhalten abhängt.

Wie alle Geister, psychischen Fixationsstufen kann man die Zwerge erzürnen, gewinnen, rufen, beleidigen. Ihre Autarkie ist, wie auch bei psychologischen Komplexen, auf jeden Fall zu berücksichtigen.

Zwiebel: Symbol für eine in vielen Schichten, Aspekten, Schalen verwobene Geschichte.

Zwitter: Siehe „Geschlechtlichkeit"

Zwölf: Das Dutzend meint etwas Volles, Ganzes, Abgeschlossenes. Wie bei der Zehn sind annähernd Fülle und Vollkommenheit gemeint, dadurch auch: gute Werte oder gar Heiliges. Zwölf ist die Zahl des Raumes (Rudolf Steiner), wie auch ähnlich Vier (Mandala), sie stellt eine ideale Strukturierung von etwas dar (etwa von Welt, von materiellem Leben). Die Nachbarn 11 und 13 sind negativer, d. h. man erkennt den Kontrast zur meist guten, gesunden 12. Sie ist als positives Ordnungsmerkmal sowie als Sonnenkultindiz nicht zufällig so oft vorhanden, z.B. als 12 Sternkreiszeichen oder als 12 Gefährten. Zu irgendeiner Eigenschaft gehörend, etwa zu Baum oder Schnee, ist die 12 eine Verstärkung, Potenzierung des Objekts, also z.B. der Baumqualität.

Das Literaturverzeichnis zu beiden Bänden befindet sich am Ende von: **Traumsymbole Band I**